Joseph E. Stiglitz
Der Preis des Profits

Joseph E. Stiglitz

Der Preis des Profits

Wir müssen den Kapitalismus vor sich selbst retten!

Aus dem amerikanischen Englisch
von Thorsten Schmidt

Siedler

Für meine Enkelkinder.
Und für meine lieben Freunde Tony Atkinson und Jim Mirrlees,
die diese Welt viel zu früh verließen.

MIX
Papier aus verantwortungsvollen Quellen
FSC® C014496

Verlagsgruppe Random House FSC® N001967

1. Auflage

in der Verlagsgruppe Random House GmbH,
Neumarkter Straße 28, 81673 München
Umschlaggestaltung: Büro Jorge Schmidt, München
Satz: Greiner & Reichel, Köln
Druck und Bindung: GGP Media GmbH, Pößneck
Printed in Germany
ISBN 978-3-8275-0136-3
www.siedler-verlag.de

Dieses Buch ist auch als E-Book erhältlich.

Inhalt

Vorwort zur deutschen Ausgabe

Ich habe dieses Buch vor allem als Reaktion auf beunruhigende Ereignisse in den USA geschrieben. Die wirtschaftlichen und politischen Missstände, die Zunahme der Ungleichheit und der stagnierende Lebensstandard eines Großteils der US-amerikanischen Bevölkerung sind zutiefst beunruhigend. Aber damit nicht genug. Allzu oft zeigt sich bei Großkonzernen ein verstörendes Maß an moralischer Verkommenheit, und dies betrifft keineswegs nur den Finanzsektor. Dies wiederum führte zur Opioid-Krise und trug zu der Diabetes-Epidemie bei Kindern und zur Klimakrise bei. Die zentralen Institutionen unserer Demokratie einschließlich einer freien Presse, einer unabhängigen Justiz und frei forschenden Hochschulen sehen sich heute ständigen Angriffen ausgesetzt. Und da es die USA oftmals gern etwas größer haben und gründlicher machen als andere Länder, ist die Ungleichheit hier größer, die Angriffe auf demokratische und »der Wahrheit verpflichtete« Institutionen sind heftiger und der Kapitalismus ist rücksichtsloser.

Nun ist es aber leider so, dass die USA zwar vorneweg marschieren, aber kein Einzelfall sind. Es gibt beunruhigende Anzeichen dafür, dass sich andere Länder in eine ähnliche Richtung bewegen könnten, dass einige der grundlegenden wirtschaftlichen und politischen Kräfte, welche die Missstände in den USA hervorgebracht haben, weltweit wirksam sind. Aus diesem Grund ist dieses Buch auch für Europa aktuell.

»Der Preis des Profits« macht für die gegenwärtigen Probleme ganz direkt in erster Linie den Neoliberalismus verantwortlich, also die Überzeugung, »der Markt wird es schon richten«. Der Neoliberalismus mit seiner irrationalen Marktgläubigkeit will nicht sehen, was kollektives Handeln – Einzelpersonen und gesellschaftliche Akteure, wenn sie zusammenarbeiten – erreichen kann. Neoliberale Doktrinen, in den USA meist unter dem Oberbegriff »Angebotspolitik« bekannt, haben in den letzten vierzig Jahren die Wirtschaftspolitik überall auf der Welt geprägt, nicht zuletzt beeinflussten sie entscheidend den Ordnungsrahmen der Eurozone. Nicht nur kann man diese Doktrinen für das, was in den USA geschehen ist, verantwortlich machen, sie erklären auch die – zugegeben weniger drastischen – Entwicklungen in Europa allgemein und in Deutschland im Besonderen. Selbst wenn es hier nicht ganz so schlimm gekommen ist, sind die Muster doch ähnlich: geringeres Wirtschaftswachstum, weitgehende Stagnation des Einkommens bei 90 Prozent der Bevölkerung, deutliche Zuwächse nur bei den Spitzenverdienern und ein nichtnachhaltiges Wirtschaftsmodell.

Weiten Teilen der Bevölkerung erging es in Europa deshalb besser – obwohl das BIP-Wachstum geringer und die Arbeitslosigkeit hier höher ist –, weil die »Staatsfeindlichkeit« in Europa nie die gleichen extremen Ausmaße wie in den USA angenommen hat (oder genauer gesagt: nie mit dem gleichen rhetorischen Furor vorgetragen wurde, denn in Wirklichkeit freuten sich die US-Banken natürlich riesig darüber, dass der Staat sie mit Hunderten von Milliarden Dollar vor der Pleite bewahrte, so wie die US-Stahlindustrie die protektionistische Politik Trumps begrüßte, usw.).

Der Markt brachte die tiefe soziale Spaltung in den USA, die Finanz- und die Klimakrise hervor, aber der Markt allein wird keine dieser Krisen bewältigen. Für jene Krise, bei der besonders dringender Handlungsbedarf besteht, gilt: Wenn wir den Planeten retten wollen, müssen wir die Treibhausgasemissionen drastisch reduzieren, und nur der Staat kann einen verbindlichen Ordnungsrahmen setzen, der dies ermöglicht. Hierzu ist es notwendig, ein neues Gleichgewicht zwischen dem Staat, dem Markt und der Zivilgesellschaft – einen neuen Gesellschaftsvertrag – zu schaffen.

Viele Europäer werden in diesem neuen Gesellschaftsvertrag (den ich »progressiven Kapitalismus« nenne) vertraute Elemente erkennen, denn diese Elemente spielten eine zentrale Rolle in dem europäischen »Sozialmodell«, dessen Varianten in einigen Ländern auch »sozialdemokratisches Modell« beziehungsweise »skandinavischer Wohlfahrtsstaat« genannt werden. Leider haben viele Menschen in Europa dieses Modell für selbstverständlich gehalten; im Zuge einschneidender Sparmaßnahmen nach der Eurokrise kam es jedoch in vielen Ländern zu Kürzungen, die dieses Modell untergraben haben. Schlimmer noch, einige Kritiker sahen im europäischen Sozialmodell sogar die *Ursache* der Eurokrise. Dies ist blanker Unsinn. Weder nahm die Krise ihren Ausgang in den Ländern mit den höchstentwickelten Sozialstaaten, noch wurden diese von ihr am schlimmsten in Mitleidenschaft gezogen. Verursacht wurde die Krise nicht durch einen starken Sozialstaat, sondern durch die Exzesse des Finanzsektors. Die Krise war auch keine Folge einer zu weitgehenden Regulierung – Länder mit einem guten regulatorischen Ordnungsrahmen haben sie viel besser überstanden als jene, die einen Deregulierungskurs eingeschlagen hatten. Aber diese Versuche, den Sozialstaat für die Krise verantwortlich zu machen, haben eines verdeutlicht: Dieselben Sonderinteressen und Ideologien, die zu den Missständen in den USA führten, sind auch in Europa am Werk. Europa darf nicht die Hände in den Schoß legen. Im Gegenteil: Europa muss sein Sozialmodell dringend erneuern und modernisieren. Viele der Ideen, die ich in diesem Buch vorstelle, könnten die Grundlage eines sozialen Wirtschaftsmodells für das Europa des 21. Jahrhunderts bilden.

Ich behaupte in diesem Buch, dass Wachstumsschwäche und Zunahme der Ungleichheit in Wirklichkeit zwei Seiten derselben Medaille sind. Der Neoliberalismus vergaß, dass der Anstieg des Lebensstandards von Erkenntnisfortschritten abhängt, die durch öffentliche Investitionen in die Grundlagenforschung ermöglicht werden. Der Lebensstandard basiert überdies in hohem Maße auf öffentlichen Investitionen in die Infrastruktur und ins Bildungswesen. Werden die öffentlichen Ausgaben in diesen Bereichen gekürzt, dann macht dies ein Land ärmer. Und der Neoliberalismus hat auch dem Unterschied zwischen den Quellen individuellen und gesamtgesellschaftlichen Wohlstands nicht ausreichend Beachtung geschenkt: Individuen können es dadurch zu Reichtum bringen, dass sie andere übervorteilen oder gar – etwa durch Ausübung von Marktmacht – ausbeuten. Das zunehmende Streben nach leistungslosem Einkommen (*rent-seeking*) – der Versuch, sich, u. a. durch gezielte Nutzung von Monopolmacht, ein größeres Stück vom nationalen Wirtschaftskuchen anzueignen, statt den Kuchen selbst zu vergrößern – trägt zu niedrigerem Wachstum und größerer Ungleichheit bei.

Daten sprechen dafür, dass es Europa in den letzten Jahren besser gelungen ist, Monopolmacht einzudämmen, als den USA; aber auch hier darf Europa sich nicht selbstzufrieden zurücklehnen. Die Absahner werden nichts unversucht lassen, um sich weiterhin ungestört in die eigene Tasche wirtschaften zu können. Aus diesem Grund parken sie ihr Geld zum Beispiel so gern auf den Kaimaninseln, den Britischen Jungferninseln und in Panama: Dort können sie Steuern vermeiden bzw. hinterziehen und Gesetze umgehen. Und sie werden sich nicht so leicht aus diesen Steuerparadiesen vertreiben lassen.

Einige haben behauptet, mir seien bei meinen Vergleichen zwischen den USA und Europa die Maßstäbe verrückt, meine Kritik an den USA sei jedenfalls überzogen. Die USA stünden wirtschaftlich besser da als Europa. Die USA haben eine niedrigere Arbeitslosigkeit, ein höheres Wachstum des Bruttoinlandsprodukts und einige der innovativsten Unternehmen der Welt. Da können sie ja wohl nicht alles falsch machen. Und das stimmt natürlich. Die USA haben einige der besten Universitäten der Welt, die von Philanthropen großzügig unterstützt werden, und diese Universitäten bilden die Grundlage der Innovationskraft des Landes. Aber bemerkenswerterweise hat die Regierung Trump einen regelrechten Krieg gegen diese Institutionen vom Zaun gebrochen und ihnen historisch beispiellose Steuern auferlegt.

Aber das BIP pro Kopf oder auch die Arbeitslosenquote sind keine geeigneten Kennzahlen zur Beurteilung der wirtschaftlichen Leistungsfähigkeit von Ländern. Entscheidend ist der Lebensstandard der *meisten* Menschen, und während das BIP pro Kopf gestiegen ist, stagniert der Lebensstandard, und die Lebenserwartung ist schockierenderweise sogar rückläufig. Zwar ist die Arbeitslosenquote niedrig, desgleichen aber die *Beschäftigungsquote.* Eine große Zahl von Arbeitskräften ist wegen des fehlenden Angebots an geeigneten Stellen so frustriert, dass sie gar nicht mehr suchen; viele Amerikaner sind gesundheitlich so stark beeinträchtigt, dass sie keiner Erwerbstätigkeit mehr nachgehen können; und viele Amerikaner sitzen im Gefängnis.

Wir alle können viel voneinander lernen, sowohl von unseren Erfolgen als auch von unseren Misserfolgen, von unseren Hoffnungen und unseren Enttäuschungen. Der Neoliberalismus hatte sowohl in Europa als auch in den USA negative Auswirkungen. Dennoch haben Manche behauptet, der Neoliberalismus sei *alternativlos.*

Dieser Behauptung widerspricht dieses Buch in aller Entschiedenheit: Es *gibt* eine Alternative. Eine andere Gesellschaft *ist* möglich. Dieses Buch zeigt auf, wie wir sie erbauen können, beginnend mit einem neuen Gesellschaftsvertrag.

Vorwort

Ich wuchs im goldenen Zeitalter des Kapitalismus auf, in Gary, Indiana, am Südufer des Lake Michigan. Damals machte es allerdings keinen so goldenen Eindruck, ich erlebte massive Rassendiskriminierung und Segregation, große Ungleichheit, Arbeitskämpfe und immer wieder Rezessionen. Nicht nur meine Schulkameraden waren davon betroffen, auch das äußere Erscheinungsbild von Gary.

Die Stadt verkörpert wie kaum eine andere die Geschichte der Industrialisierung und Deindustrialisierung in Amerika; sie war 1906 als Standort des größten integrierten Stahlwerks der Welt gegründet und nach dem Gründer und Chairman des Stahlkonzerns US Steel, Elbert H. Gary, benannt worden. Gary war eine typische Firmenstadt. Als ich im Jahr 2015 – noch bevor Trump zur beherrschenden öffentlichen Figur wurde – für das 55-jährige Highschool-Klassentreffen dorthin zurückkehrte, waren die Spannungen spürbar, und dies aus gutem Grund. Die Deindustrialisierung, von der das gesamte Land betroffen war, hatte auch Gary erfasst. Die Stadt zählte jetzt nur noch halb so viele Einwohner wie zu meiner Kindheit. Die Stadt war ausgebrannt. Man drehte hier Hollywoodfilme, die in Kriegszonen oder nach der Apokalypse spielten. Manche Klassenkameraden waren Lehrer geworden, einige wenige auch Ärzte und Juristen und viele von ihnen Sekretärinnen. Doch die bewegendsten Geschichten bei dem Treffen erzählten jene, die nach ihrem Abschluss gehofft hatten, Arbeit in den Stahlwerken zu finden. Aber das Land steckte mal wieder in einer Rezession, und so gingen sie zum Militär, mit der Aussicht auf eine Laufbahn im Polizeidienst. Als ich die Liste derjenigen las, die bereits verstorben waren, und die körperliche Verfassung der anderen sah, zeigte mir dies erneut, wie ungleich Gesundheit und Lebenserwartung in diesem Land verteilt sind. Es kam zu einem Streit zwischen zwei Klassenkameraden, einem ehemaligen Polizisten, der die US-Regierung scharf kritisierte, und einem pensionierten Lehrer, der darauf hinwies, dass die Leistungen aus der Sozialversicherung, etwa auch bei Erwerbsunfähigkeit, auf die der Ex-Polizist angewiesen sei, von ebendieser Regierung kämen.

Wer hätte, als ich 1960 Gary verließ, um am Amherst College in Massachusetts zu studieren, vorhersagen können, welchen Lauf die Geschichte nehmen würde und wie sehr meine Geburtsstadt und die Klassenkameraden davon betroffen sein würden? Die Stadt hatte mich geprägt: Die quälenden Erinnerungen an Ungleichheit und menschliches Leid brachten mich dazu, von der theoretischen Physik, für die ich mich begeistert hatte, auf Volkswirtschaftslehre umzusatteln. Ich wollte verstehen, warum unser Wirtschaftssystem bei so vielen Menschen versagte und was man dagegen tun könne. Aber noch während meines Studiums, das mich besser verstehen ließ, warum Märkte oft nicht gut funktionieren, wurden die Probleme schlimmer. Die Ungleichheit nahm so sehr zu, wie man es sich in meiner Jugend niemals hätte vorstellen können. Jahre später, genauer gesagt 1993, als ich in die Regierung von Präsident Clinton eintrat, zuerst als Mitglied und später als Vorsitzender des Wirtschaftswissenschaftlichen Beirats des Präsidenten (Council of Economic Advisers, CEA), rückten diese Probleme gerade erst neu ins Blickfeld; irgendwann Mitte der 1970er- oder Anfang der 1980er-Jahre begann sich die Ungleichheit so übel zu beschleunigen, dass sie 1993 viel höher war als je zuvor in meinem Leben.

Das Studium der Volkswirtschaftslehre hat mich gelehrt, dass die ideologischen Überzeugungen vieler Konservativer falsch sind; ihr beinahe religiöser Glaube an die Macht der Märkte – sie glauben fest daran, dass wir die Steuerung der Wirtschaft weitgehend ungezügelten Märkten überlassen können – entbehrt jeglicher theoretischer und empirischer Grundlage. Die Herausforderung bestand nicht nur darin, andere von dieser Erkenntnis zu überzeugen, sondern auch, Programme und Strategien zu entwickeln, die die gefährliche Zunahme der Ungleichheit und der Destabilisierungsrisiken infolge der Liberalisierung der Finanzmärkte, die in den 1980er-Jahren unter Reagan begonnen hatte, zurückdrehen würden.

Beunruhigenderweise hatte sich der Glaube an die Macht der Märkte in den 1990er-Jahren so weit verbreitet, dass sogar einige meiner Kollegen in der Regierung und schließlich Clinton selbst sich für die Deregulierung der Finanzmärkte einsetzten.[1]

Schon während meiner Tätigkeit als Berater von Präsident Clinton hatte mich die wachsende Ungleichheit zunehmend beunruhigt, aber erst ab dem Jahr 2000 nahm das Problem wahrhaft erschreckende Ausmaße an. Seit der Zeit vor der Großen Depression haben die reichsten Bürger der USA keinen so hohen Anteil am Volkseinkommen mehr für sich abgeschöpft.[2]

25 Jahre nach meinem Eintritt in die Regierung Clinton stelle ich mir folgende Fragen: Wie konnte es dazu kommen? Wie geht es weiter? Und was können wir tun, um das Ruder herumzureißen? Ich nähere mich diesen Fragen als Wirtschaftswissenschaftler, und so verwundert es nicht, dass für mich zumindest ein Teil der Antwort darin besteht, dass unsere Wirtschaft mehrfach versagt hat: Wir haben den Wandel von einer Industrie- zu einer Dienstleistungsgesellschaft nicht gut gemeistert, wir haben es nicht geschafft, den Finanzsektor zu bändigen, wir haben die Globalisierung und ihre Folgen nicht aktiv gestaltet und, was am wichtigsten ist, wir haben nicht angemessen auf die wachsende Ungleichheit reagiert und uns stattdessen zu einer Wirtschaft und Demokratie des einen Prozents für das eine Prozent der Bevölkerung entwickelt.[3] Meine persönlichen Erfahrungen wie auch meine Forschungen haben mir klargemacht, dass Wirtschaftswissenschaft und Politik sich nicht voneinander trennen lassen, vor allem nicht in den USA, wo Geld eine so entscheidende Rolle im Politikbetrieb spielt. Während also das Buch unsere gegenwärtige Lage hauptsächlich aus der Sicht des Ökonomen analysiert, komme ich nicht umhin, mich auch mit der amerikanischen Politik zu beschäftigen.

Viele Aspekte dieser Diagnose sind mittlerweile allgemein bekannt, etwa die massive Expansion des Finanzsektors, die fehlgesteuerte Globalisierung und die immer größere Macht der Märkte. Ich zeige, wie sie miteinander verzahnt sind, wie dies, im Kontext betrachtet, erklärt, warum das Wachstum so mager ausgefallen ist, und warum selbst die Erträge eines noch so geringen Wachstums so ungleich verteilt sind.

Allerdings begnügt sich dieses Buch nicht mit einer Diagnose, es empfiehlt auch eine Therapie: Maßnahmen, die wir in Zukunft ergreifen können. Dafür muss ich die eigentliche Quelle des Wohlstands der Nationen erklären, wobei ich zwischen der Schaffung von Wohlstand und dem Abschöpfen von Wohlstandsgewinnen unterscheide. Letzteres geschieht immer dann, wenn eine Person anderen durch unterschiedliche Formen von Ausbeutung Wohlstandsgewinne raubt. Die eigentliche Quelle des »Wohlstands einer Nation« liegt in Ersterem, in der Kreativität und Produktivität der Menschen dieser Nation und ihrem fruchtbaren Austausch miteinander. Er basiert auf Fortschritten der Wissenschaften, die uns lehren, wie wir die verborgenen Wahrheiten der Natur ergründen und sie für technologische Innovationen nutzen können. Außerdem beruht er darauf, dass wir durch vernunftgeleiteten Diskurs bessere Formen der sozialen Organisation entwickeln, was wiederum zu Prinzipien wie jenen führt, die uns als »Rechtsstaatlichkeit, Gewaltenteilung und ordnungsgemäße Verfahren« bekannt sind. Ich präsentiere die Eckpunkte einer progressiven Agenda, die das genaue Gegenteil der Agenda Donald Trumps und seiner Unterstützer darstellt. Sie kombiniert in gewisser Weise die Programme von Theodore Roosevelt und Franklin Delano Roosevelt und aktualisiert sie für das 21. Jahrhundert. Mein zentrales Argument lautet, dass die Umsetzung dieser Reformen das Wirtschaftswachstum beschleunigen und breiten Wohlstand für alle bringen wird, sodass der Lebensstandard, nach dem die meisten Amerikaner streben, kein Luftschloss bleibt, sondern ein erreichbares Ziel wird. Kurzum, wenn wir die Quellen des Wohlstands einer Nation wirklich verstehen, können wir eine größere wirtschaftliche Dynamik und zugleich mehr Wohlstand für alle schaffen. Hierzu muss der Staat eine andere, vermutlich größere Rolle spielen als heute: Wir dürfen in unserer komplexen Welt des 21. Jahrhunderts nicht vor notwendigen staatlichen Eingriffen zurückschrecken. Ich zeige auch, dass es eine ganze Reihe erstaunlich kostengünstiger politischer Maßnahmen gibt, die den Aufstieg in die Mittelschicht – was zur Mitte des letzten Jahrhunderts den meisten Amerikanern zum Greifen nahe erschien, jetzt aber zusehends unerreichbar ist – wieder zur Norm statt zur Ausnahme machen können.

Reagonomics, Trumponomics und der Angriff auf die Demokratie

Unsere heutige Situation erinnert unwillkürlich an jene Zeit vor 40 Jahren, als die Rechte schon einmal einen Triumph feierte. Auch damals schien es sich um eine weltweite Bewegung zu handeln: Ronald Reagan in den USA, Margaret Thatcher in Großbritannien. Die keynesianische Wirtschaftspolitik, die auf der Annahme beruht, der Staat könne Vollbeschäftigung aufrechterhalten, indem er die Nachfrage steuert (über die Geld- und Fiskalpolitik), wurde von einer angebotsorientierten Wirtschaftspolitik abgelöst, die ihrerseits voraussetzt, Deregulierung und Steuersenkungen würden die wirtschaftlichen Produktivkräfte entfesseln und geeignete Anreize schaffen, um so das Angebot an Gütern und Dienstleistungen und in der Folge auch das Einkommen der Privatpersonen zu steigern.

Déjà-vu: Voodoo Economics

Eine angebotsorientierte Wirtschaftspolitik brachte schon unter Reagan nicht die erhofften Ergebnisse, und sie wird auch unter Trump scheitern. Die Republikaner reden sich selbst und dem amerikanischen Volk ein, die Trump'schen Steuersenkungen würden die Konjunktur anschieben, und zwar so sehr, dass die Steuerausfälle geringer sein werden als von den Skeptikern behauptet. So argumentieren die Verfechter einer angebotsorientierten Politik, aber wir sollten mittlerweile wissen, dass diese nichts bringt. Die Reagan'sche Steuersenkung im Jahr 1981 leitete eine Ära gigantischer Haushaltsdefizite, schwächeren Wachstums und größerer Ungleichheit ein. Mit seiner Steuerreform von 2017 verabreicht uns Trump eine noch größere Dosis an politischen Maßnahmen, die statt auf wissenschaftlichen Erkenntnissen auf eigennützigem Aberglauben beruhen, als dies bei Reagan der Fall war. Präsident George H. W. Bush nannte die Reagan'sche angebotsorientierte Wirtschaftspolitik *Voodoo Economics* (sinngemäß »fauler Zauber«). Trumps Neuaufguss ist Voodoo Economics hoch zwei.

Einige der Unterstützer Trumps geben zu, dass seine Politik alles andere als perfekt sei, aber sie verteidigen ihn damit, dass er zumindest denjenigen Aufmerksamkeit schenke, die lange Zeit nicht beachtet worden sind, er ihnen die Würde zurückgebe und den Respekt erweise, Gehör zu finden. Ich würde es anders ausdrücken: Er ist so raffiniert gewesen, die verbreitete Unzufriedenheit zu erkennen, den Unmut weiter anzufachen und skrupellos auszunutzen. Er ist bereit, das Leben der amerikanischen Mittelschicht zu verschlimmern und 13 Millionen Amerikanern den Krankenversicherungsschutz wegzunehmen – in einem Land, in dem schon jetzt die Lebenserwartung sinkt –, und das zeigt, dass er sie nicht respektiert, sondern verachtet. Obendrein gewährt er den Reichen Steuervergünstigungen, während er die Steuern für die meisten Angehörigen der Mittelschicht erhöht.[4]

Für diejenigen, die Ronald Reagans Regierungszeit miterlebt haben, zeigen sich bemerkenswerte Ähnlichkeiten. Wie Trump nutzte auch er Furcht und Ressentiments aus: Er prägte den Begriff der »Welfare Queen« (sinngemäß: Sozialhilfe-Abzockerin), die hart arbeitende Amerikaner um ihr wohlverdientes Geld bringe. Die unterschwellige Botschaft war klar, denn gemeint waren natürlich in erster Linie Afroamerikanerinnen. Auch er zeigte keinerlei Mitgefühl mit den Armen. Senf und Ketchup als die beiden »Gemüsesorten« hinzustellen, die man für nahrhafte Schulessen benötige, hätte als guter Witz durchgehen können, wäre es nicht so traurig gewesen. Er war ein Heuchler, dessen Lippenbekenntnis zur freien Marktwirtschaft mit weitreichenden protektionistischen Maßnahmen verbunden war. Seine Heuchelei zeigte sich auch in Euphemismen wie »freiwillige Exportbeschränkungen«: Japan konnte wählen, entweder seine Exporte selbst zu drosseln oder sie gedrosselt zu bekommen. Es ist kein Zufall, dass der von Trump ernannte Handelsbeauftragte Robert Lighthizer vor 40 Jahren als stellvertretender US-Handelsbeauftragter unter Reagan in die Lehre ging.

Reagan und Trump teilen auch den unverblümten Willen, Konzerninteressen zu dienen, in einigen Fällen sogar denselben Interessen. Reagan verscherbelte unsere Bodenschätze, indem er den Ölkonzernen erlaubte, sich die riesigen Erdölvorkommen des Landes für einen Bruchteil ihres Werts unter den Nagel zu reißen. Trump kam mit dem Versprechen an die Macht, »den Sumpf trockenzulegen« und so denjenigen eine Stimme zu geben, die glaubten, Washingtons Machtelite habe sie lange Zeit schlichtweg ignoriert. Aber seit seinem Amtsantritt ist der Sumpf schlammiger denn je zuvor.

Ungeachtet all dieser Gemeinsamkeiten gibt es jedoch einige tief greifende Unterschiede, die zu einem Zerwürfnis mit einigen der grauen Eminenzen der Republikaner führten. Reagan hatte sich selbstverständlich mit loyalen Parteigängern umgeben, aber ihm standen auch mehrere hervorragende Staatsdiener in Schlüsselpositionen zur Seite, wie etwa George Shultz (als Außenminister, nachdem er unter Nixon Finanzminister gewesen war.)[5] Für solche Leute zählten Vernunft und Wahrheit, sie sahen etwa den Klimawandel als eine existenzielle Bedrohung an und glaubten an Amerikas Position als globale Führungsmacht. Ihnen wäre es, wie Mitgliedern aller Regierungen davor und danach, peinlich gewesen, bei einer unverblümten Lüge ertappt zu werden. Wenn sie auch hin und wieder versuchten, die Wahrheit zu beschönigen, bedeutete sie ihnen doch etwas. Beim gegenwärtigen Bewohner des Weißen Hauses und den Menschen in seinem Umfeld ist das anders.

Reagan hatte wenigstens die Fassade von Vernunft und Logik aufrechterhalten. Seinen Steuersenkungen lag eine Theorie zugrunde, die bereits erwähnte angebotsorientierte Wirtschaftstheorie, doch sie ist 40 Jahre später endgültig widerlegt. Trump und die Republikaner des 21. Jahrhunderts brauchten nicht mal mehr eine Theorie: Sie haben die Steuern gesenkt, weil sie es konnten.

Diese Geringschätzung von Wahrheit, Wissenschaft, Erkenntnis und Demokratie unterscheidet die Regierung Trump und ähnlicher Staats- und Regierungschefs anderswo von Reagan und anderen konservativen Bewegungen der Vergangenheit. Wie ich darlegen werde, ist Trump in mancherlei Hinsicht eher ein Revolutionär als ein Konservativer. Auch wenn wir vielleicht die Gründe verstehen, warum seine verqueren Ideen bei so vielen Amerikanern Widerhall finden, macht sie das nicht ansprechender oder weniger gefährlich.

Die Trump'sche »Steuerreform« von 2017 veranschaulicht, wie weit sich das Land von früheren Traditionen und Normen entfernt hat. Eine Steuerreform ist normalerweise mit Vereinfachungen und dem Schließen von Schlupflöchern verbunden, sie stellt sicher, dass die Lasten fair geteilt werden und das Steueraufkommen ausreicht, um die laufenden Staatsausgaben zu finanzieren. Selbst Reagan zielte 1986 auf eine Vereinfachung ab. Dagegen hat das Steuergesetz von 2017 alles noch komplizierter gemacht und die meisten klaffenden Schlupflöcher beibehalten, etwa dass Mitarbeiter von Private-Equity-Fonds maximal 20 Prozent Einkommensteuer zahlen, während gewöhnliche amerikanische Arbeitnehmer fast doppelt so viel berappen müssen.[6] Es schaffte die Mindeststeuer ab, die sicherstellen sollte, dass Privatpersonen und Unternehmen Steuerschlupflöcher nicht *übermäßig* ausnutzen und wenigstens einen minimalen Prozentsatz ihres Einkommens als Steuern zahlen.

Man hat nicht einmal mehr vorgegeben, das Defizit zu senken; die einzige Frage war, um wie viel es steigen würde. Ende 2018 wurde geschätzt, dass die Regierung 2019 eine Rekordsumme von über einer Billion Dollar an Krediten aufnehmen müsste.[7] Das ist selbst in Prozent des BIP ein Rekord zu einer Zeit, in der sich das Land weder im Krieg noch in einer Rezession befindet. Da sich die Wirtschaft der Vollbeschäftigung nähert, sind die Defizite eindeutig kontraproduktiv: Die US-Notenbank muss die Zinsen anheben, was Investitionen und Wachstum negativ beeinflusst; dennoch hat lediglich ein Republikaner (Senator Rand Paul aus Kentucky) mehr als nur zaghaft protestiert. Außerhalb des amerikanischen Politikbetriebs hagelte es jedoch Kritik. Selbst der Internationale Währungsfonds, dem es für gewöhnlich widerstrebt, die USA zu kritisieren, da deren Stimme dort lange Zeit tonangebend gewesen ist, hat sich eindeutig zur unverantwortlichen Haushaltspolitik der USA geäußert.[8] Politische Beobachter waren sprachlos angesichts des Ausmaßes an Heuchelei – als es nach der Krise von 2008 tatsächlich eines Konjunkturprogramms bedurfte, eines fiskalisches Impulses, hatten die Republikaner die Meinung vertreten, das Land könne sich ein solches nicht leisten, denn es würde zu untragbar hohen Defiziten führen.

Die Trump'sche Steuerreform war das Produkt eines tiefen politischen Zynismus. Selbst die Almosen, die dieser von den Republikanern ausgeheckte Plan gewöhnlichen Bürgern gewährte – geringfügige Steuersenkungen für die nächsten Jahre –, waren zeitlich befristet. Die Parteistrategie schien auf zwei Annahmen zu beruhen, die ein Armutszeugnis für dieses Land darstellen, sollten sie zutreffen: dass einfache Bürger so kurzsichtig sind, dass sie sich auf die jetzigen geringfügigen Steuersenkungen konzentrieren und deren zeitliche Befristung sowie die Tatsache, dass die meisten Angehörigen der Mittelschicht mehr Steuern zahlen müssen, einfach ausblenden; und dass das, was in der amerikanischen Demokratie wirklich zählt, Geld ist. Die Devise schien zu sein:

»Sorge dafür, dass die Reichen zufrieden sind, und sie werden die Republikanische Partei mit Spendengeldern überhäufen, mit denen die benötigten Stimmen gekauft werden können, um mit dieser Politik weiterzumachen.« Diese Reform zeigte, wie weit sich Amerika vom Idealismus seiner Gründungszeit entfernt hatte.

Auch die unverfrorenen Versuche, Wähler davon abzuhalten, ihr Stimmrecht auszuüben, die hemmungslose Manipulation von Wahlkreisgrenzen und das Unterminieren der Demokratie heben diese Regierung von ihren Vorgängerinnen ab. All das geschah zwar auch schon in der Vergangenheit, aber noch nie mit einer solchen Skrupellosigkeit, Raffinesse und Unverblümtheit.

Was vielleicht am wichtigsten ist: In der Vergangenheit hatten sich führende Politiker beider Parteien bemüht, das Land zu einen. Schließlich hatten sie geschworen, die Verfassung zu achten, die mit den Worten beginnt: »Wir, das Volk ...« Sie fühlten sich trotz allem dem Gemeinwohl verpflichtet. Trump jedoch nutzt Spaltungen gezielt aus und verstärkt sie.

Das zivilisierte Benehmen, welches für das gedeihliche Miteinander in jeder Gesellschaft unabdingbar ist, ist ebenso auf der Strecke geblieben wie der mindeste Anstand – ob in Wort oder Tat.

Selbstverständlich sind die wirtschaftlichen Rahmenbedingungen in den USA und weltweit heute andere als vor 40 Jahren. Damals begann die Deindustrialisierung gerade erst, und wenn Reagan und seine Nachfolger die richtige Politik gemacht hätten, wäre das industrielle Hinterland der USA vielleicht nicht so verödet, wie es heute ist. Wir standen auch noch am Anfang der »Großen Spaltung«, der sich immer weiter öffnenden Schere zwischen dem einen Prozent der Superreichen und dem Rest der Bevölkerung. Man hatte uns gelehrt, die Ungleichheit sinke, sobald ein Land ein gewisses Entwicklungsstadium erreicht habe – und Amerika hatte diese Theorie bestätigt.[9] In den Jahren nach dem Zweiten Weltkrieg ging es allen gesellschaftlichen Gruppen wirtschaftlich besser, aber die Einkommen der Geringverdiener stiegen schneller als diejenigen der Topverdiener. Wir waren die größte Mittelstandsgesellschaft, die die Welt je gesehen hatte. Als 2016 gewählt wurde, hatte die Ungleichheit jedoch ein Ausmaß erreicht, wie man es seit dem Vergoldeten Zeitalter am Ende des 19. Jahrhunderts nicht mehr gesehen hatte.

Sieht man sich an, wo das Land heute steht und wo es vor vier Jahrzehnten stand, wird deutlich, dass, so verfehlt und wirkungslos Reagans Politik gewesen sein mag, die »Trumponomics« den heutigen Rahmenbedingungen noch weniger gerecht wird. Wir hätten schon damals nicht mehr in die scheinbar idyllische Ära der Regierung Eisenhower zurückkehren können; der Wandel von der Industrie- zur Dienstleistungsgesellschaft war in vollem Gange. Heute, 40 Jahre später, scheinen solche Bestrebungen bar jeglichen Realitätsbezugs zu sein.

Der demografische Wandel in den USA hat diejenigen, die sich nach dieser »glorreichen« Vergangenheit sehnen – von deren Wohlstand große Gruppen wie etwa Frauen und Farbige ausgeschlossen blieben –, in ein demokratisches Dilemma gestürzt. Nicht nur werden Nichtweiße schon bald die Mehrheit in diesem Land stellen, hinzu kommt, dass sich die Welt und die Wirtschaft des 21. Jahrhunderts nicht mit einer von Männern dominierten Gesellschaft vereinbaren lassen. Zudem haben unsere Ballungsgebiete, ob im Norden oder Süden der USA, in denen eine Mehrheit der Amerikaner lebt, den Wert der Diversität zu schätzen gelernt. Die Bewohner dieser dynamischen Wachstumsregionen haben auch erkannt, wie wichtig Kooperation ist und dass der Staat eine bedeutende Rolle spielt, wenn Wohlstand allen zugutekommen soll. Sie haben die alten Zöpfe, manchmal fast über Nacht, abgeschnitten. Gehen solche Veränderungen vonstatten, kann die Minderheit in einer demokratischen Gesellschaft – ob es sich um Konzerne handelt, die Verbraucher übervorteilen, Banken, die Kreditnehmer schröpfen wollen, oder um Vergangenheitsnostalgiker, die eine untergegangene Welt wieder auferstehen lassen wollen – ihre wirtschaftliche und politische Vorherrschaft nur dadurch aufrechterhalten, dass sie auf die eine oder andere Weise demokratische Prozesse unterdrückt.

So muss es nicht sein – dass die USA ein reiches Land sind mit so vielen Armen, mit so vielen Menschen, die nur mit Mühe über die Runden kommen. Zwar gibt es Kräfte – etwa den technologischen Wandel und die Globalisierung –, welche die Ungleichheit erhöhen, doch die sehr unterschiedlichen Ausprägungen in verschiedenen Ländern zeigen, dass politische Maßnahmen eine wichtige Rolle spielen. Ungleichheit ist gewollt. Sie ist nicht unvermeidlich. Aber wenn wir unseren gegenwärtigen Kurs nicht ändern, wird die Ungleichheit wahrscheinlich zunehmen, und das Wirtschaftswachstum wird wohl auf dem gegenwärtigen niedrigen Niveau verharren – was seinerseits einigermaßen rätselhaft ist, wo wir doch angeblich die innovativste Volkswirtschaft in der innovativsten Ära der Weltgeschichte sind.

Trump hat keinen Plan, um das Land voranzubringen; sein Plan sorgt dafür, dass die Superreichen die Mehrheit der Bevölkerung weiterhin ausplündern können. Dieses Buch zeigt, dass Trumps Agenda und die der Republikanischen Partei vermutlich sämtliche Probleme, mit denen unsere Gesellschaft konfrontiert ist, verschlimmern werden – sie werden die wirtschaftliche, politische und gesellschaftliche Spaltung verschärfen, die Lebenserwartung weiter verringern, die Lage der Staatsfinanzen weiter verschlechtern und das Land in eine neue Ära immer niedrigeren Wachstums führen.

An vielen Problemen unseres Landes ist Trump nicht schuld, aber er hat sie verschärft: Spaltungen waren da und warteten nur darauf, von einem Demagogen instrumentalisiert zu werden. Hätte Trump nicht die Bühne betreten, wäre in ein paar Jahren ein anderer Demagoge dahergekommen. Weltweit gibt es mehr als genug davon – Le Pen in Frankreich, Morawiecki in Polen, Orbán in Ungarn, Erdoğan in der Türkei, Duterte auf den Philippinen und Bolsonaro in Brasilien. Auch wenn man diese Demagogen nicht über einen Kamm scheren kann, ist ihnen allen doch eine Geringschätzung der Demokratie (Orbán erläuterte sogar stolz die Vorzüge einer *illiberalen* Demokratie) mit ihrer Rechtsstaatlichkeit, freien Medien und unabhängigen Justiz gemeinsam. Sie alle glauben an »starke Männer« – an sich selbst – und treiben einen Personenkult, der in den meisten anderen Ländern der Welt aus der Mode gekommen ist. Und sie machen Fremde für die Probleme ihrer Länder verantwortlich; sie sind nativistische Nationalisten, überzeugt von der angeborenen Überlegenheit ihrer Völker. Diese Generation von Autokraten und Möchtegern-Autokraten zeichnet sich durch eine gewisse Grobschlächtigkeit, teils auch unverhohlene Intoleranz und Frauenfeindlichkeit aus.

Auch andere fortgeschrittene Staaten haben mit den meisten erwähnten Problemen zu kämpfen; aber wie wir sehen werden, sind die USA sozusagen mit negativem Beispiel vorangegangen: Die Ungleichheit ist hier größer, das Gesundheitssystem schlechter und die Spaltung stärker als in anderen Ländern der Welt. Trump gemahnt uns daran, was passieren kann, wenn man diese Wunden allzu lange schwären lässt.

Um dem Populismus das Wasser abzugraben, muss man konkret sagen, wie man es besser machen würde. Das gilt auch für die Wirtschaftspolitik: Um von einem schlechten Plan wegzukommen, muss man zeigen, dass es eine Alternative gibt. Selbst abgesehen vom gegenwärtigen Debakel benötigen wir eine Alternative zu dem Modell, das sich die USA und viele andere Länder in den vergangenen drei Jahrzehnten zu eigen gemacht haben. In diesem Gesellschaftsmodell steht die Wirtschaft im Zentrum, und die Wirtschaft wird durch die Linse »freier« Märkte betrachtet. Das Modell gibt vor, auf einem fortschrittlichen Verständnis von Märkten zu beruhen, in Wahrheit aber verhält es sich genau umgekehrt: Neue wirtschaftswissenschaftliche Erkenntnisse der letzten 70 Jahre haben die Grenzen freier Märkte aufgezeigt. Selbstverständlich hätte jeder, der mit offenen Augen durch die Welt geht, dies selbst sehen können: Phasenweise erhöhte, manchmal massive Arbeitslosigkeit, wie in der Großen Depression der 1930er-Jahre, und eine an manchen Orten so hohe Umweltverschmutzung, dass man die Luft förmlich nicht mehr atmen konnte, waren nur die beiden offenkundigsten »Beweise«, dass sich selbst überlassene Märkte nicht unbedingt gut funktionieren.

Ich werde in diesem Buch vor allem darlegen, was die eigentlichen Quellen des Wohlstands einer Nation sind und wie wir sicherstellen können, dass die Erträge einer revitalisierten Wirtschaft gerecht verteilt werden.

Ich stelle eine Alternative zu den politischen Programmen Reagans einerseits und Trumps andererseits vor, eine Agenda, die auf den Erkenntnissen der modernen Volkswirtschaftslehre beruht und meiner Überzeugung nach zu einem »Wohlstand für alle« führen wird. Dabei werde ich erklären, warum der Neoliberalismus, also der Glaube an unregulierte Märkte, scheiterte und warum die Trumponomics, dieses seltsam verquere »Programm«, das niedrige Steuern für die Reichen, eine Deregulierung der Finanzmärkte sowie die Absenkung von Umweltschutzstandards mit Nativismus und Protektionismus – einem hochgradig regulierten Globalisierungsregime – verbindet, ebenfalls scheitern wird.

Doch zuvor werde ich die modernen wirtschaftswissenschaftlichen Erkenntnisse, auf denen ein Großteil dieser Agenda beruht, kurz rekapitulieren.[10]

Erstens: Märkte erzeugen von sich aus keinen nachhaltigen Wohlstand für alle. Märkte sind für jede gut funktionierende Volkswirtschaft überaus wichtig, und dennoch produzieren sie oft keine fairen und effizienten Ergebnisse, sondern zu viel von gewissen Dingen (etwa Umweltverschmutzung) und zu wenig von anderen (etwa Grundlagenforschung). Und wie die Finanzkrise von 2008 zeigte, sind Märkte von sich aus auch nicht stabil. Vor über 80 Jahren lieferte John Maynard Keynes eine Erklärung dafür, warum Marktwirtschaften oftmals unter anhaltender Arbeitslosigkeit leiden, und er lehrte uns, wie der Staat dauerhaft für Vollbeschäftigung oder wenigstens annähernde Vollbeschäftigung sorgen könne.

Wenn die sozialen Erträge einer wirtschaftlichen Tätigkeit – ihr gesamtgesellschaftlicher Nutzen – und ihre privaten Erträge – der Nutzen für eine Person oder ein Unternehmen – weit auseinanderklaffen, können Märkte allein nicht für Abhilfe sorgen. Der Klimawandel ist hier das Beispiel par excellence: Die globalen sozialen Kosten von Kohlenstoffemissionen sind immens – überhöhte Treibhausgasemissionen stellen eine existenzielle Bedrohung für den Planeten dar – und übersteigen bei Weitem die Kosten, die sämtliche Unternehmen oder auch Länder tragen. Die Kohlenstoffemissionen müssen entweder durch gesetzliche Vorschriften oder durch Bepreisung gesenkt werden.

Auch bei unvollständiger Information und wenn wichtige Märkte nicht existieren (zum Beispiel um bedeutende Risiken wie etwa das der Arbeitslosigkeit zu versichern), funktionieren Volkswirtschaften nicht gut, ebenso bei eingeschränktem Wettbewerb. Diese »Marktunvollkommenheiten« sind weitverbreitet und in gewissen Bereichen wie etwa dem Finanzsektor besonders schädlich. Und daher produzieren Märkte auch nicht genug von sogenannten öffentlichen Gütern wie Brandschutz oder nationale Verteidigung – Güter, die für die gesamte Bevölkerung von Nutzen sind und sich nur schwer anders als durch Steuern finanzieren lassen. Um die Wirtschaft leistungsfähiger zu machen, den allgemeinen Wohlstand zu erhöhen und die Bürger besser gegen Risiken abzusichern, muss der Staat Geld ausgeben – zum Beispiel um eine bessere Arbeitslosenversicherung bereitzustellen oder Grundlagenforschung zu finanzieren –, und er muss durch Regulierung dafür sorgen, dass Menschen andere nicht schädigen. Kapitalistische Volkswirtschaften haben somit von jeher private Märkte mit staatlichen Eingriffen verbunden –

die Frage lautet nicht Märkte *oder* Staat, sondern wie man beide so miteinander kombiniert, dass der größte Nutzen entsteht. Bezüglich dieses Buchs bedeutet dies, dass es staatlichen Handelns bedarf, um eine effiziente und stabile, dynamisch wachsende Wirtschaft zu schaffen und sicherzustellen, dass deren Erträge fair verteilt werden.

Zweitens müssen wir anerkennen, dass der Wohlstand einer Nation auf zwei Säulen ruht. Staaten werden wohlhabender – erreichen einen höheren Lebensstandard –, indem sie produktiver werden, und Produktivitätssteigerungen sind vorrangig auf wissenschaftliche Erkenntnisfortschritte zurückzuführen. Der technologische Fortschritt basiert darauf, neue Erkenntnisse der öffentlich finanzierten Grundlagenforschung anzuwenden. Und der Wohlstand von Nationen steigt infolge der guten Gesamtorganisation einer Gesellschaft, die Menschen erlaubt, sich miteinander auszutauschen, Handel zu treiben und rechtssicher Investitionen zu tätigen. Eine gute gesellschaftliche Organisation ergibt sich aus jahrzehntelanger Reflexion und Diskussion, empirischer Beobachtungen dessen, was sich bewährt hat und was nicht. Dabei hat sich gezeigt, wie wichtig eine demokratische Ordnung mit Rechtsstaatlichkeit, ordnungsgemäßen Verfahren, Gewaltenteilung und einer Vielzahl von Institutionen ist, die daran mitwirken, die Wahrheit aufzudecken, einzuordnen und zu verbreiten.

Drittens darf der Wohlstand einer Nation nicht mit dem bestimmter Einzelpersonen in diesem Land verwechselt werden. Manche Unternehmer feiern mit neuen Produkten, die sich Verbraucher wünschen, Triumphe. Dies ist der gute Weg, um reich zu werden. Andere sind erfolgreich, indem sie ihre Marktmacht nutzen, um Verbraucher oder ihre Mitarbeiter auszubeuten. Dies ist nichts anderes als eine Einkommensumverteilung, es erhöht nicht den Wohlstand des Landes insgesamt. Der wirtschaftswissenschaftliche Fachbegriff dafür lautet »Rente« – beim Streben nach solchen Renten (*Rent-Seeking*) versucht man, sich ein großes Stück vom wirtschaftlichen Kuchen eines Landes zu sichern. Bei der Schaffung von Wohlstand geht es hingegen darum, den Kuchen größer zu machen. Politische Entscheidungsträger sollten gezielt in jeden Markt eingreifen, auf dem überhöhte Renten abgeschöpft werden können, weil sie damit signalisieren, dass die Wirtschaft effizienter funktionieren könnte: Die Ausbeutung, die überhöhten Renten innewohnt, schwächt die Wirtschaft. Wenn *Rent-Seeking* erfolgreich bekämpft wird, werden Ressourcen umgeleitet und produktiv genutzt, um Wohlstand zu schaffen.

Viertens, je geringer die soziale Spaltung und Ungleichheit in einer Gesellschaft sind, umso größer ist ihre wirtschaftliche Leistungsfähigkeit. Besonders schädlich sind Ungleichheiten, basierend auf Rasse, Geschlecht und ethnischer Zugehörigkeit. Dies ist eine deutliche Veränderung gegenüber der bisher in der Volkswirtschaftslehre vorherrschenden Auffassung, wonach es einen Zielkonflikt gebe, also mehr Gleichheit notwendigerweise Wachstum und Effizienz beeinträchtige. Die Ungleichheit zu verringern erweist sich dann als besonders vorteilhaft, wenn diese jene extremen Ausmaße erreicht wie in den USA und etwa durch Ausnutzung von Marktmacht oder Diskriminierung entsteht. Das Ziel einer erhöhten Einkommensgleichheit ist daher nicht mit Kosten verbunden.

Wir müssen uns auch von dem Irrglauben an die *trickle-down economics* verabschieden, also der Vorstellung, dass alle Menschen gleichermaßen von Wirtschaftswachstum profitierten. Diese Annahme lag der angebotsorientierten Wirtschaftspolitik republikanischer Präsidenten seit Ronald Reagan zugrunde. Dabei zeigen die Daten ganz klar, dass die Wohlfahrtsgewinne durch Wachstum nicht einfach »nach unten durchsickern«. Denken Sie nur an die großen Teile der Bevölkerung in den USA und anderen Industrieländern, die wütend und verzweifelt sind, weil infolge der angebotsorientierten Wirtschaftspolitik ihre Einkommen jahrzehntelang weitgehend stagnierten, obwohl das BIP gestiegen ist. Märkte helfen von sich aus diesen Menschen nicht unbedingt, staatliche Programme hingegen können hier durchaus etwas ausrichten.

Fünftens müssen sich staatliche Programme, die Wohlstand für alle erreichen wollen, sowohl auf die Verteilung von Markteinkommen – auch »Prädistribution« genannt – als auch auf Umverteilung konzentrieren, also die Einkommen der Bürger nach Steuern und Transferleistungen. Märkte existieren nicht in einem Vakuum; sie müssen strukturiert werden, und wie wir sie strukturieren, wirkt sich sowohl auf die Verteilung des Markteinkommens als auch auf Wachstum und Effizienz aus. Daher führen Gesetze, die es Unternehmen erlauben, ihre Monopolmacht zu missbrauchen oder überhöhte Boni an ihre Topmanager zu zahlen, die wiederum einen Großteil des Unternehmensgewinns aufzehren, zu mehr Ungleichheit und weniger Wachstum. Mehr soziale Gerechtigkeit erfordert Chancengleichheit, die ihrerseits größere Einkommens- und Vermögensgleichheit erfordert. Vorteile werden immer bis zu einem gewissen Grad über Generationen hinweg weitergegeben, sodass übermäßige Einkommens- und Vermögensungleichheiten in einer Generation zu hohen Ungleichheiten in der nächsten führen. Bildung ist ein Teil der Lösung, aber eben nur ein Teil. In den Vereinigten Staaten sind die Bildungschancen ungleicher verteilt als in vielen anderen Ländern, und bessere Bildung für alle könnte die Ungleichheit verringern und das Wirtschaftswachstum steigern. Die gegenwärtigen, extrem niedrigen Erbschaftssteuern verstärken die Effekte ungleicher Bildungschancen und schaffen so in den Vereinigten Staaten eine Erbplutokratie.

Sechstens: Da die Spielregeln und so viele andere Aspekte unserer Wirtschaft und Gesellschaft vom Staat festgelegt werden, kommt es entscheidend darauf an, was dieser tut; Politik und Wirtschaft können nicht voneinander getrennt werden. Aber wirtschaftliche Ungleichheit schlägt sich zwangsläufig in politischer Macht nieder, und wer diese besitzt, nutzt sie, um sich Vorteile zu verschaffen. Wenn wir die Regeln unseres Politikbetriebs nicht reformieren, führen wir unsere Demokratie ad absurdum, weil dann immer öfter nicht mehr die Bürger, sondern Dollar die Wahlen entscheiden. Wenn wir als Gesellschaft ein effektives System der Gewaltenteilung anstreben, das potenzielle Missbräuche durch die Superreichen verhindert, müssen wir für eine größere Vermögens- und Einkommensgleichheit sorgen.

Siebtens prägt das Wirtschaftssystem, auf das wir seit Anfang der 1970er-Jahre zugesteuert haben – der Kapitalismus US-amerikanischer Spielart –, unsere individuelle und nationale Identität auf eine negative Art und Weise. Was sich heute abzeichnet, widerspricht unseren höheren Werten – die Habgier, der Egoismus, die moralische Verkommenheit, die Bereitschaft, andere auszubeuten, und die Unehrlichkeit, die die Große Rezession von 2009 im Finanzsektor enthüllte, all das zeigt sich nicht nur in den Vereinigten Staaten, sondern auch in anderen Ländern. Die Normen, die festlegen, was wir als akzeptables oder inakzeptables Verhalten ansehen, haben sich in einer Weise verändert, die den sozialen Zusammenhalt, das Vertrauen und auch die Leistungsfähigkeit der Wirtschaft untergräbt.

Achtens: Obwohl Trump und Nativisten weltweit anderen – etwa Migranten und schlecht verhandelten Handelsabkommen – die Schuld an der Misere und insbesondere der misslichen Lage derjenigen geben, die unter den Folgen der Deindustrialisierung leiden, haben wir es uns selbst zuzuschreiben: Wir hätten den Prozess des technologischen Wandels und die Globalisierung besser steuern können, sodass die meisten derjenigen, die arbeitslos wurden, schnell wieder neue Stellen gefunden hätten. In Zukunft müssen wir es besser machen, und ich werde darlegen, wie wir dies tun können. Isolationismus ist allerdings keine Option. Wir leben in einer hochvernetzten Welt und müssen daher unsere internationalen – wirtschaftlichen und politischen – Beziehungen besser gestalten als in der Vergangenheit.

Wir müssen, neuntens, eine umfassende wirtschaftspolitische Agenda für Wachstum und geteilten Wohlstand auf den Weg bringen. Dazu müssen Wachstums- und Gleichheitshindernisse beseitigt werden, wie etwa übermäßige Marktmacht von Konzernen, und ein ausgewogenes Kräfteverhältnis wiederhergestellt werden, zum Beispiel indem die Verhandlungsmacht von Arbeitnehmern gestärkt wird. Es bedeutet auch, mehr Geld für die Grundlagenforschung bereitzustellen und der Privatwirtschaft mehr Anreize zu geben, echten Wohlstand zu schaffen, statt nur in die eigene Tasche zu wirtschaften.

Die Wirtschaft ist selbstverständlich ein Mittel zum Zweck, kein Selbstzweck. Und eine gesicherte bürgerliche Existenz, die den Amerikanern in den Jahren nach dem Zweiten Weltkrieg selbstverständlich erschien, wird für immer mehr von ihnen immer unerreichbarer. Wir sind heute ein viel reicheres Land als damals. Wir können es uns leisten, dafür zu sorgen, dass die allermeisten Amerikaner wieder so leben können. Dieses Buch wird zeigen, wie wir das erreichen können.

Es ist an der Zeit für grundlegende Veränderungen. Eine Strategie der kleinen Schritte – geringfügige Korrekturen an unserem politischen und Wirtschaftssystem – ist unzureichend für die anstehenden Aufgaben. Wir brauchen einschneidende Veränderungen, wie sie in diesem Buch gefordert werden. Aber keine dieser wirtschaftlichen Änderungen wird ohne eine starke Demokratie, die die politische Macht der Vermögenskonzentration ausgleicht, erreichbar sein. Also brauchen wir vor diesen wirtschaftlichen Reformen eine politische Reform.

TEIL I

Den Kompass verloren

»Und wenn ein Haus mit sich selbst uneins wird,
kann es nicht bestehen.«

Markus 3, 25; Abraham Lincoln

1. Einleitung

Dass es in den USA und vielen anderen Industriestaaten nicht besonders gut läuft, ist noch gelinde ausgedrückt. Im ganzen Land herrscht weitverbreiteter Unmut.

Den in den letzten 25 Jahren vorherrschenden wirtschafts- und politikwissenschaftlichen Theorien zufolge war das nicht zu erwarten. Nach dem Fall der Berliner Mauer am 9. November 1989 verkündete Francis Fukuyama *Das Ende der Geschichte*, da Demokratie und Kapitalismus schließlich triumphiert hätten. Eine neue Ära globalen Wohlstands mit höherem Wirtschaftswachstum denn je zuvor stünde jetzt bevor, und Amerika würde dabei die Führung übernehmen.[1]

Im Jahr 2018 scheint von diesen hochfliegenden Ideen nichts mehr übrig zu sein. Die Finanzkrise von 2008 zeigte, dass der Kapitalismus die in ihn gesetzten Erwartungen nicht erfüllte – er schien weder effizient noch stabil zu sein. An einer Fülle von Statistiken ließ sich ablesen, dass die Superreichen am meisten vom Wachstum der letzten 25 Jahre profitiert hatten. Und schließlich weckten Abstimmungen, bei denen Anti-Establishment-Positionen eine Mehrheit erhielten – der Brexit in Großbritannien und die Wahl von Donald Trump in den Vereinigten Staaten –, Zweifel an der politischen Urteilsfähigkeit vieler Wähler in Demokratien.

Unsere Experten haben eine einfache Erklärung dafür geliefert, die richtig, aber nicht erschöpfend ist. Die Eliten haben die Nöte allzu vieler Amerikaner ignoriert, als sie sich für Globalisierung und Liberalisierung – auch der Finanzmärkte – starkmachten und versprachen, diese »Reformen« würden allen nützen. Die versprochenen Vorteile sind jedoch für die meisten Bürger ausgeblieben. Die Globalisierung hat die Deindustrialisierung beschleunigt, weshalb viele Menschen, insbesondere die Geringerqualifizierten und unter diesen vor allem die Männer, den Anschluss verloren haben. Die Finanzmarktliberalisierung bescherte uns die Finanzkrise von 2008, die schwerste Rezession seit der Großen Depression, die 1929 begann. Doch während zig Millionen Menschen weltweit arbeitslos wurden und Millionen von Amerikanern ihr Eigenheim verloren, wurde kein einziger der Topbanker, die die Weltwirtschaft an den Rand des Zusammenbruchs geführt hatten, zur Rechenschaft gezogen. Niemand saß eine Gefängnisstrafe ab, vielmehr wurden sie mit Megaprämien belohnt. Die Banken wurden gerettet, nicht aber diejenigen, die ihnen zum Opfer gefallen waren. Auch wenn es mithilfe wirtschaftspolitischer Maßnahmen gelang, eine zweite Große Depression abzuwenden, ist es nicht weiter verwunderlich, dass diese unausgewogene Rettungsstrategie politische Konsequenzen hatte.[2]

Es war womöglich ein fataler politischer Fehler, als Hillary Clinton die Menschen in den deindustrialisierten Regionen der USA, die ihren Gegenkandidaten unterstützten, »erbärmliche Geschöpfe« nannte (diese Aussage war selbst erbärmlich): Die Betreffenden empfanden es als Ausdruck der typischen Arroganz der Eliten. Eine Reihe von Büchern wie etwa J. D. Vances *Hillbilly Elegie. Die Geschichte meiner Familie und einer Gesellschaft in der Krise*[3] und Arlie Hochschilds *Fremd in ihrem Land. Eine Reise ins Herz der amerikanischen Rechten*[4] dokumentierte die Gefühle derjenigen, die die Deindustrialisierung und ihre Folgen am eigenen Leib erlebt hatten, und der vielen anderen, die ihren Unmut teilten, und bezeugte die wachsende Entfremdung zwischen ihnen und den Eliten des Landes.[5]

Einer der Slogans von Bill Clinton im Präsidentschaftswahlkampf 1992 lautete: »It's the economy, stupid!« (sinngemäß: Allein die Wirtschaft zählt). Das ist eine übermäßige Vereinfachung, und die oben genannten Studien erhellen die Gründe: Menschen wollen Anerkennung, sie möchten das Gefühl haben, dass man ihnen Gehör schenkt.[6] Nachdem sie über 30 Jahre lang von den Republikanern belehrt worden sind, dass der Staat keine Probleme lösen könne, erwarten die Menschen auch nicht mehr, dass er ihre löst. Aber sie erwarten, dass ihre Regierung »für sie eintritt« – was auch immer das bedeutet. Und wenn sie dies tut, dann wollen sie nicht, dass die Regierung sie als »die Abgehängten« bezeichnet. Das ist herabwürdigend. Sie haben schwierige Entscheidungen in einer ungerechten Welt getroffen. Sie wollen, dass einige der Ungerechtigkeiten beseitigt werden. Aber in der Krise von 2008, die durch die den Interessen der Elite dienende Finanzmarktliberalisierung verursacht wurde, schien die Regierung nur für die Eliten einzutreten. Das zumindest war das Narrativ, das schließlich allgemein geglaubt wurde, und wie ich deutlich machen werde, enthält es mehr als ein Körnchen Wahrheit.[7]

Auch wenn der Slogan von Präsident Clinton, es komme *allein* auf die Wirtschaft an, eine allzu holzschnittartige Vereinfachung gewesen sein mag, ist er prinzipiell doch zutreffend. Große Bevölkerungsgruppen in den USA haben von der wirtschaftlichen Entwicklung nicht profitiert. Ganz anders die Reichen, die enorme Vermögenszuwächse verzeichneten. Tatsächlich ist diese wachsende Kluft verantwortlich für die gegenwärtige missliche Lage in den USA und in vielen anderen Industrieländern.

Selbstverständlich hat nicht nur die Wirtschaft, sondern auch die Politik versagt. Unsere wirtschaftliche Spaltung führte zu einer politischen Spaltung, welche wiederum die wirtschaftliche Spaltung verstärkte. Die Wohlhabenden und Mächtigen haben ihre politische Macht genutzt, um die wirtschaftlichen und politischen Spielregeln in einer Weise festzuschreiben, die ihre Privilegien absichert. In den Vereinigten Staaten gibt es eine sehr kleine Elite, die einen immer größeren Teil der Wirtschaft kontrolliert, und eine große und wachsende Gruppe von weitgehend mittellosen Menschen am Fuß der Einkommens- und Vermögenspyramide[8] – 40 Prozent der Amerikaner können keine 400 Dollar für Notfälle ausgeben, ob für die ärztliche Behandlung eines erkrankten Kindes oder für die Reparatur eines Autos.[9] Das Gesamtvermögen der drei reichsten Amerikaner, Jeff Bezos (Amazon), Bill Gates (Microsoft) und Warren Buffett (Berkshire Hathaway), übersteigt das der unteren 50 Prozent der US-Bevölkerung zusammengenommen. Dies zeigt, wie viel Vermögen an der Spitze der Pyramide konzentriert und wie wenig an der Basis zu finden ist.[10]

Buffett, der legendäre milliardenschwere Investor, hatte recht, als er sagte: »Es gibt einen Klassenkampf, aber es ist meine Klasse, die der Reichen, die diesen Kampf angezettelt hat und die ihn gewinnt.«[11] Er wollte den Kampf damit nicht befeuern; vielmehr hielt er die Aussage für eine zutreffende Beschreibung der Situation in den Vereinigten Staaten. Und er stellte auch klar, dass es seines Erachtens nicht in Ordnung, ja sogar unamerikanisch sei.

Die USA waren von Anfang an eine repräsentative Demokratie, und die Gründerväter wollten verhindern, dass die Mehrheit die Minderheit unterdrücken kann. Aus diesem Grund verankerten sie in der Verfassung eine Reihe von Schutzklauseln, darunter auch Beschränkungen staatlicher Machtausübung.[12] Im Lauf der mehr als 200 Jahre, die seither vergangen sind, hat sich die Lage jedoch verändert. Heute gibt es in den USA eine politische Minderheit, die, wenngleich sie die Mehrheit nicht offen unterdrückt, diese doch zumindest beherrscht und daran hindert, im Interesse des gesamten Landes zu handeln. Eine große Mehrheit der Wähler ist für ein schärferes Waffengesetz, einen höheren Mindestlohn, eine strengere Finanzmarktregulierung und einen besseren Zugang zu Gesundheitsversorgung und Hochschulbildung, ohne dass man sich dafür hoch verschulden muss. Eine Mehrheit der Amerikaner stimmte für Al Gore, nicht für George Bush, für Hillary Clinton, nicht für Donald Trump. Eine Mehrheit hat bei den Wahlen zum Repräsentantenhaus für die Demokraten gestimmt, dennoch haben die Republikaner in der Regel, teils indem sie Wahlbezirke manipulierten, die Mehrheit der Abgeordneten gestellt – im Jahr 2018 haben die Demokraten dann endlich wieder mit einem eindeutigen Wahlergebnis das Repräsentantenhaus unter ihre Kontrolle gebracht. Eine überwältigende Mehrheit von Amerikanern stimmte für Senatoren der Demokraten. Und dennoch kontrollieren die Republikaner, weil weniger bevölkerte Bundesstaaten wie Wyoming gleich viele Senatoren entsenden wie die bevölkerungsreichsten Bundesstaaten, New York und Kalifornien, weiterhin den Senat, der eine so wichtige Rolle spielt, weil er zum Beispiel die Ernennung von Richtern am Obersten Gerichtshof bestätigen muss.[13] Bedauerlicherweise ist Letzterer heute kein unparteiischer Schiedsrichter und Ausleger der Verfassung mehr, sondern schlichtweg zu einem weiteren parteipolitischen Schlachtfeld geworden. Unsere verfassungsrechtlichen Garantien haben für die Mehrheit nichts gebracht, da heute eine Minderheit das Sagen hat.

Die Folgen dieser ökonomischen und politischen Verwerfungen gehen weit über den wirtschaftlichen Bereich hinaus: Sie wirken sich auf die Natur unserer Gesellschaft und unsere nationale Identität aus. Eine wirtschaftliche und politische Ordnung, die sich durch einseitige Interessenbegünstigung, Egoismus und Kurzsichtigkeit auszeichnet, bringt emotionalisierte, egoistische und kurzsichtige Menschen hervor, die ihrerseits die Schwächen in unserem wirtschaftlichen und politischen System verstärken.[14] Die Finanzkrise von 2008 und ihre Folgen haben offenbart, dass viele unserer Banker unter dem leiden, was man nur als moralische Verkommenheit bezeichnen kann, denn wie anders sollte man ihre Unehrlichkeit und ihre Bereitschaft, die Schwachen auszunehmen, nennen? Dieses Fehlverhalten ist umso erstaunlicher in einem Land, dessen politischer Diskurs seit Jahrzehnten ganz im Zeichen von »Werten« steht.

Um zu verstehen, wie wir wieder Wachstum »für alle« schaffen können, müssen wir zunächst die eigentlichen Quellen des Wohlstands unserer Nation – beziehungsweise jeder Nation – verstehen. Es sind die Produktivität, Kreativität und Vitalität der Menschen eines Landes; der große naturwissenschaftliche und technische Fortschritt in den letzten 250 Jahren und die Verbesserungen in der wirtschaftlichen, politischen und gesellschaftlichen Organisation, die im gleichen Zeitraum gemacht wurden, wie zum Beispiel Rechtsstaatlichkeit, gut regulierte Wettbewerbsmärkte, demokratische Institutionen mit Gewaltenteilung und eine breite Palette »die Wahrheit vermittelnder« Institutionen. Basierend auf diesen Fortschritten konnte der Lebensstandard im Lauf der letzten 200 Jahre so enorm steigen.

Das nächste Kapitel beschreibt jedoch zwei beunruhigende Entwicklungen der letzten 40 Jahre, auf die ich bereits hingewiesen habe: Das Wachstum hat sich verlangsamt, und die Einkommen weiter Teile der Bevölkerung blieben gleich oder sind sogar zurückgegangen. Zwischen den Reichen und dem Rest hat sich eine große Kluft aufgetan.

Es genügt nicht, den Entwicklungspfad unserer Wirtschaft und Gesellschaft *nachzuzeichnen.* Wir müssen die Macht der Ideen und Interessen, die uns in den letzten 40 Jahren so weit vom Kurs abbrachten, besser verstehen und herausfinden, warum sie bei so vielen so gut ankamen und warum sie grundlegend falsch sind. Dass man es Vertretern von Konzerninteressen überließ, die wirtschaftliche und politische Agenda zu diktieren, hat zu einer stärkeren Konzentration wirtschaftlicher und politischer Macht geführt, und dieser Prozess wird weitergehen. Nur wenn wir verstehen, warum unser Wirtschafts- und unser politisches System uns enttäuscht haben, können wir zeigen, dass eine andere Welt möglich ist.

Das ist die hoffnungsvolle Botschaft: Es gibt – wirtschaftlich, wenn auch nicht politisch – leicht umsetzbare Reformen, die zu mehr Wohlstand für alle führen könnten. Wir können ein Wirtschaftssystem schaffen, das mehr mit weithin geteilten Grundwerten in Einklang steht – höheren Werten, zu denen sich unsere politischen, ökonomischen und religiösen Führungspersönlichkeiten bekennen –, sodass es nicht mehr von habgierigen und unredlichen Bankern ausgenutzt werden kann. Eine solche Wirtschaftsordnung wird uns prägen – sie wird uns als Menschen und als Gesellschaft näher an unsere Ideale heranführen. Und so werden wir eine humanere Wirtschaft gestalten können, die den allermeisten Bürgern wieder jenes typische »Mittelschicht«-Leben zugänglich macht, nach dem sie streben, das jedoch zunehmend unerreichbar geworden ist.

Der Wohlstand der Nationen

Adam Smiths berühmtes Buch von 1776, *Der Wohlstand der Nationen*, ist ein guter Ausgangspunkt, um zu verstehen, wie Nationen gedeihen. Es gilt weithin als das Werk, das die moderne Volkswirtschaftslehre begründete. Smith kritisierte zu Recht den Merkantilismus, jene wirtschaftliche Denkschule, die in Europa während der Renaissance und im frühen Industriezeitalter vorherrschte. Merkantilisten plädierten dafür, möglichst viele Güter zu exportieren, um so an Gold zu kommen; sie glaubten, dies würde den Reichtum ihrer Volkswirtschaften erhöhen und die politische Macht ihrer Nationen steigern. Heute mögen wir über diese naiven Vorstellungen schmunzeln: Gold in einer Schatzkammer zu horten sorgt nicht für einen höheren Lebensstandard. Dabei ist ein ähnlicher Irrglaube auch heute weitverbreitet – insbesondere unter denjenigen, die behaupten, ein Land müsse mehr aus- als einführen, und dieses Ziel mit entsprechenden verfehlten politischen Maßnahmen zu erreichen versuchen.

Der wahre Wohlstand einer Nation bemisst sich danach, inwieweit sie in nachhaltiger Weise einen hohen Lebensstandard für all ihre Bürger gewährleisten kann. Dies wiederum hat mit nachhaltigen Produktivitätssteigerungen zu tun, die teils auf Investitionen in Sachanlagen, aber hauptsächlich in *Wissen* und in der Aufrechterhaltung der Vollbeschäftigung basieren. Denn dies stellt sicher, dass die verfügbaren Ressourcen nicht vergeudet werden beziehungsweise einfach ungenutzt bleiben. Der Wohlstand einer Nation hat jedenfalls nichts, aber auch gar nichts mit der bloßen Anhäufung von Finanzvermögen oder Gold zu tun. Ich werde sogar zeigen, dass die Fokussierung auf Finanzvermögen kontraproduktiv gewesen ist – sein Anwachsen ging auf Kosten des eigentlichen Wohlstands des Landes, was zum Teil erklärt, warum sich das Wachstum in dieser Ära der massiven Expansion des Finanzsektors verlangsamte.

Smith, der zu Beginn der industriellen Revolution schrieb, konnte nicht absehen, was heutzutage den wirklichen Wohlstand von Nationen hervorbringt. Das vergleichsweise hohe Wohlstandsniveau in Großbritannien zur damaligen Zeit und im nachfolgenden Jahrhundert verdankte sich größtenteils der Ausbeutung seiner Kolonien. Smith konzentrierte sich jedoch weder auf Exporte noch auf die Ausbeutung von Kolonien, sondern auf die Rolle von Industrie und Handel. Er wies darauf hin, dass große Märkte die Spezialisierung förderten.[15] Das waren wichtige Erkenntnisse, aber auf die Grundlagen des Wohlstands in einer modernen Volkswirtschaft ging er nicht ein: Er befasste sich nicht mit Forschung und Entwicklung oder dem Erwerb neuen Know-hows aufgrund praktischer Erfahrungen – von Wirtschaftswissenschaftlern »Learning by Doing« (Lernen durch Handeln) genannt.[16] Das hatte einen einfachen Grund: Technische und Wissensfortschritte spielten in der Wirtschaft des 18. Jahrhunderts nur eine geringe Rolle.

Zu Smiths Zeiten stagnierte der Lebensstandard bereits seit Jahrhunderten.[17] Bald nach ihm vertrat der Ökonom Thomas Robert Malthus die Auffassung, eine wachsende Bevölkerung werde die Löhne auf Subsistenzniveau halten. Falls die Löhne jemals darüber anstiegen, würde die Bevölkerung wachsen und den Lohn wieder auf Subsistenzniveau drücken. Ein steigender Lebensstandard wäre demnach schlichtweg ausgeschlossen. Malthus sollte sich gründlich irren.

Die Aufklärung und ihre Folgen

Smith war Teil einer großen intellektuellen Bewegung im späten 18. Jahrhundert, der sogenannten Aufklärung, die oft mit der naturwissenschaftlichen Revolution in Verbindung gebracht wird. Sie beruhte auf Bewegungen, die in den vorangehenden Jahrhunderten aufgekommen waren, beginnend mit der protestantischen Reformation. Vor der Reformation im 16. Jahrhundert, ursprünglich von Martin Luther angestoßen, war die Wahrheit etwas, was geoffenbart, von Autoritäten verfügt wurde. Die Reformation stellte die Autorität der (katholischen) Kirche infrage, und in einem 30-jährigen Krieg, der um 1618 begann, kämpften die Europäer (auch) darum, welche der beiden Konfessionen fortan auf dem Kontinent vorherrschen sollte.

Diese Autoritäten zu hinterfragen zwang Gesellschaften dazu, folgende Fragen zu stellen und zu beantworten: Woher kennen wir die Wahrheit? Wie können wir die Welt um uns herum erkennen? Und wie können und sollten wir unsere Gesellschaft organisieren?

Es entstand eine neue Epistemologie, die sich neben der geistigen Welt auch auf sämtliche Aspekte des Lebens erstreckte: insbesondere auf die Naturwissenschaft mit ihrem System von Vertrauen durch Überprüfung, wo jeder Fortschritt auf früheren Erkenntnissen, die von vorhergehenden Wissenschaftlern gewonnen wurden, basiert.[18] Im Lauf der Jahre entstanden Universitäten und andere Forschungsinstitutionen, die uns halfen, Wahres von Falschem zu scheiden und die Natur unserer Welt zu erkennen. Viele der Dinge, die wir heute als selbstverständlich erachten – von Elektrizität über Transistoren und Computer bis hin zu Smartphones, Lasern und moderner Medizin –, sind das Ergebnis wissenschaftlicher Entdeckungen, die auf Grundlagenforschung beruhen. Und dabei geht es nicht nur um Hightech-Fortschritte: Selbst unsere Straßen und unsere Gebäude beruhen auf naturwissenschaftlichen Fortschritten; ohne sie könnten wir keine Wolkenkratzer, keine Autobahnen und keine moderne Stadt bauen.

Ohne eine königliche oder kirchliche Autorität, die diktierte, wie die Gesellschaft organisiert werden sollte, musste die Gesellschaft selbst darüber entscheiden. Man konnte sich nicht mehr auf – irdische oder himmlische – Autoritäten stützen, um sicherzustellen, dass alles gut lief oder zumindest bestmöglich. Es mussten Regierungssysteme geschaffen werden. Die sozialen Institutionen zu entwerfen, die das Wohlergehen einer Gesellschaft sicherstellen sollten, war schwieriger, als die Gesetzmäßigkeiten der Natur zu entdecken. Im Allgemeinen ließen sich keine kontrollierten Experimente durchführen. Das eingehende Studium vergangener Erfahrungen jedoch konnte aufschlussreich sein. Dabei musste man sich auf logisches Denken und rationales Argumentieren stützen – und berücksichtigen, dass kein Einzelner für sich beanspruchen kann, das Rezept für die optimale Organisation der Gesellschaft zu besitzen. Aus dieser Überlegung folgte die Wertschätzung von Rechtsstaatlichkeit, ordnungsgemäßen Verfahren und Systemen der Gewaltenteilung, die getragen wurden von Grundwerten wie allgemeiner Gerechtigkeit und individueller Freiheit.[19]

Unser Regierungssystem, dem sehr daran gelegen ist, alle Menschen gerecht zu behandeln, erfordert es, die Wahrheit zu ermitteln.[20] Systeme guter Regierungsführung erhöhen die Wahrscheinlichkeit, dass gute und gerechte Entscheidungen getroffen werden. Sie sind vielleicht nicht perfekt, aber sie werden eher korrigiert, wenn sie fehlerhaft sind.

Im Lauf der Zeit sind vielfältige Institutionen entstanden, deren hauptsächlicher Zweck darin besteht, die Wahrheit zu entdecken, zu überprüfen und zu verbreiten, und wir verdanken ihnen einen Großteil des Erfolgs unserer Wirtschaft und unserer Demokratie.[21] Eminent wichtig sind dabei engagierte Medien. Wie alle Institutionen sind auch sie fehlbar; aber ihre Recherchen gehören zum Gesamtsystem der gegenseitigen Kontrolle in unserer Gesellschaft, und sie stellen ein wichtiges öffentliches Gut bereit.

Der naturwissenschaftlich-technische Fortschritt sowie mit der Aufklärung verbundene Veränderungen der gesellschaftlichen, politischen und wirtschaftlichen Organisation führten zu einem Anstieg der gesamtwirtschaftlichen Produktion, der das Bevölkerungswachstum weit übertraf, sodass das Pro-Kopf-Einkommen zu steigen begann.[22] Die Gesellschaft lernte, das Bevölkerungswachstum einzudämmen, und in den Industrieländern entschieden sich immer mehr Menschen dafür, die Familiengröße zu begrenzen, insbesondere als der Lebensstandard zunahm. Der malthusianische Fluch war gebrochen worden. Und so begannen der enorme Anstieg des Lebensstandards während der letzten 250 Jahre (dargestellt in Abbildung 1: nachdem der Lebensstandard jahrhundertelang weitgehend stagniert hatte, begann er sich rasch zu erhöhen, zunächst – gegen Ende des 18. und Anfang des 19. Jahrhunderts – in Europa, aber dann auch in anderen Teilen der Welt, insbesondere nach dem Zweiten Weltkrieg[23]) und die Zunahme der Lebenserwartung, von der wir so enorm profitiert haben.[24] Es war eine dramatische Schicksalswende für die Menschen. Während sie in der Vergangenheit Tag für Tag von morgens bis abends schuften mussten, um ihren lebensnotwendigen Bedarf zu decken, genügten dafür jetzt ein paar Stunden Arbeit pro Woche.[25]

Im 19. Jahrhundert waren die Früchte dieses Fortschritts allerdings sehr ungleich verteilt.[26] Für viele schienen sich die Lebensumstände sogar zu verschlechtern. Thomas Hobbes hatte es über 100 Jahre früher so formuliert: »[…] das Leben des Menschen ist […] armselig, widerwärtig, vertiert und kurz« – und die industrielle Revolution schien die Verhältnisse sogar noch zu verschlimmern.[27] Die Romane von Charles Dickens schilderten höchst einprägsam das Elend breiter englischer Bevölkerungsgruppen zur Mitte des 19. Jahrhunderts.

In den Vereinigten Staaten erreichte die Ungleichheit Ende des 19. Jahrhunderts neue Höchststände – im Vergoldeten Zeitalter und

Abbildung 1: Entwicklung des Lebensstandards

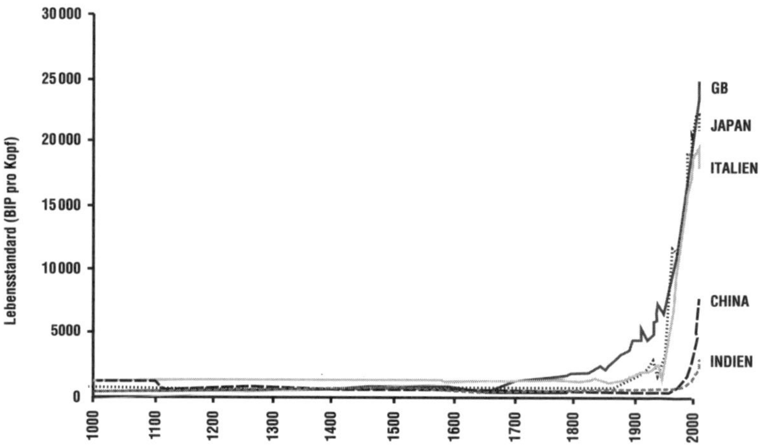

Quelle: *INET*

später in den »Goldenen Zwanzigern«. Zum Glück reagierte die Regierung: Während der Progressive Era (1890 bis 1920) und im Rahmen des »New Deal« verabschiedete Gesetze schränkten die Möglichkeiten ein, Marktmacht auszunutzen, und versuchten, entdeckte Marktversagen zu beheben – einschließlich der unannehmbaren Ungleichheit und Unsicherheit, die sie mit sich gebracht hatten.[28] Unter Präsident Franklin D. Roosevelt verabschiedete der US-Kongress das staatliche Altersrenten- und Erwerbsunfähigkeitsversicherungsprogramm (»Social Security« als Oberbegriff für die öffentliche Altersrenten-, Erwerbsunfähigkeitsrenten-, Witwen- und Waisenrentenversicherung). Im weiteren Verlauf des 20. Jahrhunderts führte Präsident Lyndon B. Johnson ein Programm zur Gesundheitsversorgung älterer Menschen ein und rief einen Krieg gegen die Armut aus. In Großbritannien und den meisten europäischen Ländern ermöglichte der Staat allen Menschen Zugang zu Gesundheitsversorgung, und die Vereinigten Staaten wurden die einzige größere Industrienation, die medizinische Versorgung nicht als ein grundlegendes Menschenrecht anerkannte. In der Mitte des letzten Jahrhunderts entstanden in den Industrieländern »Mittelstandsgesellschaften«, in denen die Früchte dieses Fortschritts zumindest teilweise den meisten Bürgern zugutekamen – und hätte es keine Arbeitsmarktgesetze gegeben, die basierend auf Rassen- und Geschlechtszugehörigkeit gewisse Gruppen ausschlossen, hätten noch mehr Menschen an diesem Fortschritt teilgehabt. Die Menschen führten ein längeres und gesünderes Leben und konnten sich bessere Wohnungen und Kleidung leisten. Der Staat sorgte für die Bildung der Kinder – und ließ damit erwarten, dass der Wohlstand weiter steigen und die Chancengleichheit zunehmen würde. Er bot den Bürgern auch ein Mindestmaß an Sicherheit im Alter und soziale Absicherung gegen andere Risiken wie Arbeitslosigkeit und Erwerbsunfähigkeit.

Die Entwicklung von Markt- und politischen Institutionen, die sich ab dem 18. Jahrhundert herausbildeten, verlief nicht immer reibungslos. Hin und wieder kam es zu Wirtschaftskrisen – die schlimmste davon war die 1929 einsetzende Große Depression, von der sich die USA erst nach dem Zweiten Weltkrieg vollständig erholten. Vor dem Krieg zahlte der Staat Erwerbstätigen, die vorübergehend arbeitslos wurden, Arbeitslosengeld. Nach dem Krieg verpflichteten sich Industrieländer auch, die Vollbeschäftigung aufrechtzuerhalten.

Auch das Bemühen, die Früchte des Fortschritts gleichmäßig zu verteilen, war nicht durchgehend gleich stark ausgeprägt. Wie weiter oben angemerkt, verschlechterte sich die Lage ganz erheblich im letzten Teil des 19. Jahrhunderts und in den 1920er-Jahren, doch in den Jahrzehnten nach dem Zweiten Weltkrieg verbesserte sie sich deutlich. Zwar stiegen die Einkommen aller Gruppen an, doch die unteren Einkommensbezieher verzeichneten die größten Zuwächse. Aber dann, Ende der 1970er-, Anfang der 1980er-Jahre, nahmen die Dinge eine sehr negative Wendung. Die Einkommen der unteren Gruppen begannen zu stagnieren oder zu sinken, während jene anderer Gruppen in die Höhe schossen. Die Lebenserwartung der Wohlhabenden nahm weiterhin zu, während sie bei den Geringqualifizierten allmählich sank.

Der Gegenangriff

Der mit der Aufklärung verbundene Fortschritt hatte seit jeher Feinde. Dazu gehören heute auch religiöse Konservative, denen Ideen wie die Evolution missfallen, und einige, denen die Toleranz und der Liberalismus, die von der Aufklärung gepredigt wurden, ein Dorn im Auge sind.* Hinzu kommen Menschen, deren wirtschaftliche Interessen im Widerspruch zu naturwissenschaftlichen Erkenntnissen stehen – zum Beispiel die Eigentümer von Bergbauunternehmen und ihre Arbeiter, die aufgrund erdrückender Beweise dafür, dass sie in erheblichem Umfang zur globalen Erwärmung und zum Klimawandel beitragen, damit rechnen müssen, ihren Betrieb schließen zu müssen. Aber diese Koalition der religiösen Konservativen und der Sozialkonservativen und derjenigen, deren Eigeninteresse in direktem Widerspruch zu naturwissenschaftlichen Erkenntnissen steht, war nicht breit genug, um die politische Macht zu erlangen. Hierzu bedurfte es der Unterstützung der Wirtschaft insgesamt, die eine Gegenleistung verlangte – Deregulierung und Steuersenkungen. In den USA hält Donald Trump diese Allianz zusammen – ein Präsident, mit dem niemand gerechnet hatte. Es war peinlich, mit anzusehen, wie Wirtschaftsvertreter stillschweigend einen

* Ich sollte betonen, dass Konservatismus und Illiberalismus nicht notwendigerweise Hand in Hand gehen. Allerdings war es in der Vergangenheit oft so, auch wenn es viele Konservative gibt, die leuchtende Vorbilder an Toleranz sind.

engstirnigen, misogynen, fremdenfeindlichen und protektionistischen Präsidenten unterstützten – der doch das Gegenteil jener Werte verkörperte, für die viele von ihnen nach eigenem Bekunden stehen –, nur um ein wirtschaftsfreundlicheres Umfeld mit minimaler Regulierung und insbesondere eine Steuersenkung für sich selbst und ihre Unternehmen zu erhalten. Geld zu scheffeln war ihnen offensichtlich wichtiger als alles andere.

Seit Beginn seines Wahlkampfs und insbesondere seiner Wahl zum Präsidenten ist Donald Trump weit über die traditionelle »konservative« wirtschaftspolitische Agenda hinausgegangen. Wie erwähnt, ist er in mancherlei Hinsicht tatsächlich revolutionär: Er hat die zentralen Institutionen unserer Gesellschaft, durch die wir Wissen zu erwerben und die Wahrheit zu ermitteln versuchen, heftig angegriffen. Auch die Universitäten, die Wissenschaft insgesamt und das Justizsystem hat er attackiert. Am schlimmsten aber wütet er gegen renommierte Nachrichtenmedien, die er als Vermittler von »Fake News« abstempelt. Ironischerweise spielt für diese Medien die Faktenüberprüfung eine zentrale Rolle, während Trump regelmäßig völlig unverfroren die größten Lügen auftischt.[29]

Diese Attacken sind in den USA nicht nur ohne Beispiel, sie sind auch zersetzend, denn sie untergraben unsere Demokratie und unsere Wirtschaft. Auch wenn jede einzelne Attacke hinlänglich bekannt ist, ist es wichtig zu verstehen, was sie motiviert und was ihr eigentliches Ziel ist. Wir müssen auch erkennen, dass das, was auf dem Spiel steht, über Trump hinausgeht: Hätte er keinen Nerv getroffen, wären seine Angriffe auf Institutionen, die der Wahrheit verpflichtet sind, nicht so wirkungsvoll gewesen. Ähnliche Attacken sehen wir in anderen Ländern. Hätte Trump diesen Krieg nicht angezettelt, dann hätte es ein anderer getan.

Gerade deshalb stellt sich die Unterstützung der Wirtschaft für Präsident Trump so zynisch und entmutigend dar, insbesondere für diejenigen, die sich auch nur vage an den Aufstieg des Faschismus in den 1930er-Jahren erinnern. Der Historiker Robert O. Paxton hat Parallelen gezogen zwischen den Vergünstigungen, die Trump den Reichen zukommen lässt, und den Strategien hinter dem Aufstieg der Nazis in Deutschland.[30] So, wie der harte Kern der Trump-Unterstützer ganz klar eine Minderheit ist, war auch der harte Kern der Parteigänger der Faschisten zahlenmäßig zu schwach, um diese auf demokratischem Wege an die Macht zu bringen – sie haben nie auch nur annähernd eine Mehrheit der Stimmen auf sich vereint. Die Erfolge, die Trump verbuchen konnte, verdanken sich einem Bündnis mit der Wirtschaft, genauso wie damals: Die Faschisten kamen nur deshalb an die Macht, weil sie von einer breiten konservativen Koalition gestützt wurden, zu der auch Vertreter der Wirtschaft gehörten.

Angriffe auf Universitäten und die Wissenschaft

Die Attacken auf die Universitäten erregten nicht so viel Aufsehen wie diejenigen auf die Medien, aber sie sind genauso gefährlich für die Zukunft unserer Wirtschaft und unserer Demokratie. Die Universitäten sind die Quelle unseres Wohlstands. Silicon Valley – das Zentrum der Innovationsökonomie der USA – ist wegen der technologischen Fortschritte, die auf der Spitzenforschung an zwei der bedeutendsten Universitäten des Landes, Stanford und der University of California, Berkeley, beruhen, das, was es ist, und dort, wo es ist. Das MIT und Harvard haben in ähnlicher Weise Boston zu einem bedeutenden Zentrum der Biotechnologie gemacht. Der Ruf der USA als globale Innovationsführungsmacht beruht auf den Erkenntnissen der universitären Grundlagenforschung.

Die Universitäten und wissenschaftlichen Forschungszentren haben mehr getan, als neues Wissen zu produzieren: Sie haben einige unserer führenden Unternehmer ins Land gelockt. Die Chance, an einer dieser großartigen Institutionen zu studieren, wollten sie sich nicht entgehen lassen. So wurden etwa zwischen 1995 und 2005 52 Prozent aller neuen Unternehmen im Silicon Valley von Einwanderern gegründet.[31] Einwanderer gründeten auch über 40 Prozent der Unternehmen auf der Fortune-500-Liste von 2017.[32]

Und dennoch wollte Trump die staatliche Förderung der Grundlagenforschung in seinem Budget für das Jahr 2018 zusammenstreichen.[33] Außerdem wurden in dem von den Republikanern eingebrachten Steuergesetz von 2017, wohl zum ersten Mal *überhaupt,* einige gemeinnützige Privatuniversitäten besteuert – viele davon haben bedeutende Beiträge zu dem wissenschaftlichen Fortschritt geleistet, der sowohl für den steigenden Lebensstandard als auch für den Wettbewerbsvorsprung amerikanischer Unternehmen eminent wichtig ist.

Einige Republikaner werfen unseren Universitäten vor, politisch korrekt und intolerant gegenüber Intoleranz und Misogynie zu sein. Es stimmt, dass praktisch alle Wissenschaftler den Klimawandel für eine Tatsache halten und viele von ihnen Bedenken gegen eine angebotsorientierte Wirtschaftspolitik hegen. Universitäten räumen auch Theorien, wonach die Erde eine Scheibe ist, Phlogistontheorien in der Chemie oder Befürwortern der Goldwährung in den Wirtschaftswissenschaften nicht den gleichen Stellenwert ein wie den anerkannten Lehrmeinungen. Es gibt einige Ideen, die an den Hochschulen zu Recht nicht gleichberechtigt neben anderen gelehrt werden.[34] Es wäre unlauter, überholte Theorien zu unterrichten, die mit wissenschaftlichen Methoden wiederholt widerlegt wurden.

Bislang haben die Universitäten der Belagerung widerstanden. Aber man mag sich kaum vorstellen, was mit der Wirtschaft Amerikas und unserem Ansehen in der Welt geschehen würde, sollten Trump und die anderen, die diesen Krieg führen, erfolgreich sein. Wir würden sehr schnell unsere Position an der Spitze der Innovation verlieren. Schon jetzt profitieren andere von Trumps einwanderer- und wissenschaftsfeindlichen Einstellung: Kanada und Australien zum Beispiel bemühen sich aktiv darum, begabte Studenten anzulocken und Forschungsinstitute und Labore zu gründen, die echte Alternativen zu denen im Silicon Valley darstellen.

Angriffe auf das Justizsystem

In jeder Gesellschaft kommt es zu Konflikten, und wenn Parteien verschiedener Meinung sind – egal ob zwei Personen, zwei Unternehmen oder Einzelpersonen und Behörden –, besteht die Aufgabe unserer Gerichte darin, die Wahrheit festzustellen, so weit sie sich ermitteln lässt. Beinahe definitionsgemäß ist es nicht leicht, solche Konflikte beizulegen: Wenn dem so wäre, hätten es die Parteien ja selbst regeln können, und sie hätten sich nicht an Gerichte gewandt, um dort kostspielige und zeitraubende Prozesse zu führen. Wenn Gerichte Entscheidungen treffen, die Trump missfallen, spricht er von »sogenannten Richtern«. Wie gering er das Gerichtswesen schätzt, zeigt sich am deutlichsten in seiner Bereitschaft, völlig unqualifizierte Richter zu ernennen – ein Kandidat für das Bundesbezirksgericht für den Distrikt of Columbia, Matthew Spencer Petersen, hatte keinerlei Prozesserfahrung. Petersen zog seine Kandidatur zurück, nachdem er im Rahmen seiner Bestätigungsanhörung demütigende Fragen über sich ergehen lassen musste, aber er war nur der unqualifizierteste von vielen völlig unqualifizierten Amtsträgern, die Trump ernannt hat.

Wie sich die Angriffe erklären lassen: Selbstverteidigung

Hier lässt sich ein Muster erkennen. Aus der Sicht Trumps und seiner Unterstützer besteht die von all diesen der Wahrheit verpflichteten Institutionen ausgehende Gefahr darin, dass sie zu Einschätzungen gelangen, die den Vorurteilen Trumps, der Menschen in seinem Umfeld und seiner Partei widersprechen. Solche Angriffe und das Bestreben, eine andere Wirklichkeit zu schaffen, gehören von jeher – seit Goebbels' »Großer Lüge« – zum Repertoire des Faschismus.[35] Statt seine Meinung zu ändern, um sie in Einklang mit der Realität zu bringen (etwa in Bezug auf den Klimawandel), greift Trump diejenigen an, die sich bemühen, die Wahrheit zu verbreiten. Die Tatsache, dass diese Angriffe auf eine so große Resonanz stoßen, belegt das teilweise Versagen unseres Bildungssystems. Aber wir können das, was geschieht, nicht allein darauf zurückführen. Aufgrund von Fortschritten auf den Gebieten der Verhaltensökonomik und des Marketings wissen wir, dass man Wahrnehmungen und Überzeugungen manipulieren kann. Zigarettenherstellern gelang es so, Zweifel an wissenschaftlichen Erkenntnissen über die Gesundheitsgefahren des Rauchens zu säen; und unterschiedlichsten Unternehmen gelang es, Verbraucher zum Kauf von Produkten zu animieren, die sie andernfalls vielleicht nicht gekauft hätten, da sie sie bei genauerem Nachdenken weder benötigen noch wollen. Wenn man schlechte und sogar gefährliche Produkte verkaufen kann, lassen sich auch dementsprechende Ideen verkaufen – und dahinter stehen starke Wirtschaftsinteressen. Diese Erkenntnisse wurden von Steve Bannon und Fox News aufgegriffen und angewandt, um Wahrnehmungen bezüglich zahlreicher Themen, vom Klimawandel bis hin zur Ineffizienz der Staatsverwaltung und zu den von der Regierung zu verantwortenden Ungerechtigkeiten, zu verändern.

Gegen die eigenen Interessen wählen

Es ist keine Überraschung, dass Trump und seine Clique daran interessiert sind, die Wahrheit zu untergraben. Aber da so viel auf dem Spiel steht, einschließlich unserer Demokratie und der Verbesserung unseres Lebensstandards in den letzten 250 Jahren, muss man fragen, warum dieser konzertierte Angriff auf ebenjene Institutionen und Ideen, die unsere Zivilisation so weit vorangebracht haben, bei so vielen Menschen auf fruchtbaren Boden zu fallen scheint. Ich habe dieses Buch auch in der Hoffnung geschrieben, dass ein besseres Verständnis der Bedeutung dieser Institutionen dazu führen wird, dass sich mehr Menschen hinter sie stellen, wenn sie angegriffen werden.

Dies ist allerdings nicht das einzige Rätsel im heutigen Politikbetrieb. Man könnte auch fragen: Warum wird ein so hohes Ausmaß an Ungleichheit in einer demokratischen Gesellschaft einfach hingenommen? Selbstverständlich gibt es einige Reiche – eine Gruppe, deren Vermögen und politischer Einfluss in keinem Verhältnis zu ihrer geringen Anzahl steht –, die, ganz offen gesagt, einfach raffgierig und kurzsichtig sind. Sie wollen die Spitze des Rudels bilden, ganz egal, wie viel das die Gesellschaft kostet. Allzu viele stehen im Bann des Nullsummendenkens, glauben also, der einzige Weg, reich zu werden, bestehe darin, denjenigen, die weniger haben als man selbst, etwas wegzunehmen.

Aber auch die meisten Vermögenden sollten – würden sie ihr Eigeninteresse wirklich verstehen – eine Politik, die mehr soziale Gleichheit anstrebt, unterstützen, und dies gilt noch mehr für die übrigen 99 Prozent, die aufgrund der gegenwärtigen Ungleichheit schlechter dran sind. Selbst die oberen zehn Prozent, die immerhin geringfügige Einkommenszuwächse verzeichneten, befürchten, sie könnten auf der sozialen Stufenleiter nach unten purzeln. Und sogar viele der Superreichen sind in ihrer Lebensqualität beeinträchtigt: In anderen Ländern sind sie gezwungen, in hoch gesicherten, geschlossenen Wohnanlagen zu leben, und sie sind in ständiger Sorge, ihre Kinder könnten entführt werden.[36] Das Wirtschaftswachstum des Landes insgesamt wird geschwächt, und auch dies hat negative Auswirkungen auf das obere ein Prozent, denn ein Großteil von ihren Vermögen stammt aus Geldern, die von unten nach oben sickern; schrumpft »unten« der Wohlstand, kann weniger nach oben sickern. Dank der modernen Volkswirtschaftslehre wissen wir, dass Länder mit größerer Ungleichheit (vor allem dann, wenn sie solche Ausmaße erreicht und so erzeugt wird wie in den USA) ein niedrigeres Wachstum aufweisen.[37] Die Wirtschaft ist kein Nullsummenspiel, die Wirtschaftspolitik wirkt sich auf das Wachstum aus – und Maßnahmen, welche die Ungleichheit erhöhen, verlangsamen das Wachstum, insbesondere auf längere Sicht.

Kurzum, es ist schwer, eine *rationale* Erklärung dafür zu finden, dass sich die Bevölkerung der USA einfach mit so hoher Ungleichheit abfindet. Auch mehrere weitere Aspekte der amerikanischen Wirtschaftspolitik lassen sich nur schwer überzeugend erklären, zumindest wenn man davon ausgeht, dass Menschen im Großen und Ganzen rational sind und eine Politik unterstützen, die ihren eigenen Interessen dient, und man überdies annimmt, dass wir in einer funktionierenden Demokratie leben, in der politische Entscheidungen mit den Interessen der Mehrheit übereinstimmen sollten. Abgesehen von den Eigentümern von Kohle-, Erdgas- und Erdölunternehmen sollten zum Beispiel die allermeisten US-Amerikaner daran interessiert sein, gegen den Klimawandel vorzugehen.

Aber so wie Geld die amerikanische Politik verdorben hat, so hat es auch die öffentliche Meinung vergiftet. Den Gebrüdern Koch, Erdöl- und Kohleunternehmen und anderen mächtigen Interessengruppen ist es gelungen, einen Großteil der Bürger durch Täuschung »Klimaskeptiker« werden zu lassen, so wie die Tabakindustrie vor 50 Jahren viele Amerikaner dazu brachte, Erkenntnissen, wonach Zigaretten gesundheitsschädlich sind, skeptisch zu begegnen. Den Kohleunternehmen missfallen empirische Daten, die belegen, dass Treibhausgase zum Klimawandel beitragen, wie auch der Tabakindustrie Daten missfielen, die belegten, dass Tabakrauch Krebs und Lungen- und Herzkrankheiten verursacht.[38] Dies führte zu Hunderttausenden von vorzeitigen Todesfällen.

Entsprechend haben die Reichen anscheinend einen Großteil der Amerikaner davon überzeugt, dass es dem Land ohne Erbschaftssteuer besser gehe, auch wenn dies eine Erbplutokratie begründen würde – die den amerikanischen Idealen eklatant widerspricht –; und obgleich es höchst unwahrscheinlich ist, dass die meisten Amerikaner jemals von der Nachlass- und Erbschaftssteuer betroffen sein werden, da der Freibetrag für ein verheiratetes Paar mehr als elf Millionen Dollar beträgt.

Wissenschaft und rationale Argumentation sind durch Ideologie verdrängt worden. Ideologie ist ein neues Werkzeug kapitalistischer

Habgier geworden. In einigen Bereichen unserer Gesellschaft ist eine Kultur entstanden, die der wissenschaftlichen Vernunft im Großen und Ganzen entgegengesetzt ist. Auf die beste Erklärung dafür habe ich im vorstehenden Absatz hingewiesen: Diejenigen, die mit aus wissenschaftlicher Sicht fragwürdigen geschäftlichen Aktivitäten Geld verdienen – ob sie nun Zigaretten oder Chemikalien herstellen oder Kohle fördern –, haben einen Anreiz, die Wissenschaft als solche zu diskreditieren. Wenn dies so weitergeht und die Republikaner, die diese Sichtweisen unterstützen, an der Macht bleiben, dann ist schwer vorstellbar, wie die amerikanische Wohlstandsmaschine, die auf neue wissenschaftliche Erkenntnisse angewiesen ist, am Laufen gehalten werden kann.

Das Versagen unserer Eliten

Während es schwer zu verstehen ist, warum so viele Menschen die Angriffe auf ebenjene Institutionen unterstützen, die die Grundlage unseres wirtschaftlichen Fortschritts und unserer Demokratie bilden, kann man leicht begreifen, warum sich viele Bürger gegen das »Establishment« und dessen Einsatz für Globalisierung und die Interessen der Finanzmärkte sowie dessen Wirtschaftsideologie allgemein wandten. Die Eliten (in beiden Parteien) haben in den letzten 40 Jahren die von ihnen betriebenen Reformen immer mit großartigen Versprechungen verknüpft – aber sie wurden nie eingelöst.

Die Eliten hatten versprochen, Steuersenkungen für die Reichen, Globalisierung und Liberalisierung des Finanzmarkts würden zu höherem, stabilerem Wachstum führen, von dem alle profitieren würden. Aber dann zeigte sich ein krasses Missverhältnis zwischen Versprechungen und Realität. Als Trump daher diesbezüglich von einem »abgekarteten Spiel« sprach, traf er einen Nerv.

Da ist es nicht weiter verwunderlich, dass sich in der Folge des beschriebenen Versagens der Wirtschaftspolitik – Liberalisierung und Globalisierung brachten nur einigen wenigen Wohlstand, den anderen dagegen Stagnation, Unsicherheit und Instabilität – eine Skepsis gegenüber den Eliten und den Wissensinstitutionen, von denen sie angeblich ihre »Expertise« bezogen, entwickelte. Aber diese Schlussfolgerung war falsch: Wissenschaftler, die etwas von ihrem Fach verstanden, hatten darauf hingewiesen, dass die Globalisierung tatsächlich zu Lohneinbußen bei gering qualifizierten Arbeitskräften führen könnte – auch wenn man berücksichtigte, dass die von ihnen gekauften Güter billiger würden –, sofern der Staat nicht konsequent gegensteuerte. Sie hatten erläutert, dass die Finanzmarktliberalisierung zu Instabilität führen würde. Aber die Cheerleader der Globalisierung und Liberalisierung übertönten sie.[39]

Warum auch immer, wir haben diejenigen vernachlässigt, die während des Prozesses der Deindustrialisierung schmerzhafte Einschnitte hinnehmen mussten.[40] Wir haben stagnierende Löhne und Einkommen sowie die wachsende Verzweiflung einfach ausgeblendet. Wir glaubten, die Malaise zu übertünchen – durch eine Immobilienpreisblase, die für die nun arbeitslosen Industriearbeiter vorübergehend Jobs im Baugewerbe schuf –, sei eine echte Lösung.

Kurzum, unsere Eliten in beiden Parteien dachten, die Konzentration auf das BIP könne die Fokussierung auf Menschen ersetzen. Tatsächlich missachteten sie große Teile der Bevölkerung. Diese Geringschätzung war vielleicht fast so schmerzlich wie die ökonomische Tragödie, die über sie hereinbrach.

Alternative Theorien über den Ursprung des Wohlstands der Nationen

Ich habe den eigentlichen Ursprung des Wohlstands der Nationen beschrieben – er beruht auf Wissen und Erkenntnisgewinn sowie den gesellschaftlichen Institutionen, die wir geschaffen haben, um nicht nur friedlich miteinander leben, sondern auch für unser allgemeines Wohl miteinander kooperieren zu können. Ich habe auch dargelegt, welche Gefahr für die Grundlagen unseres Wohlstands von Trump und seinesgleichen ausgeht. In Anbetracht ihrer unausgegorenen Überzeugungen, die keinerlei Realitätsbezug haben und lediglich den wirtschaftlichen Interessen einiger kurzsichtiger Raffkes (Rent-Seeker) dienen, konnten sie nur dann erfolgreich sein, wenn sie unsere der Wahrheit verpflichteten Institutionen und die Demokratie selbst pauschal angriffen.

Es gibt eine alternative, ältere und weiter verbreitete Theorie über den Ursprung des Wohlstands der Nationen, die in diesem Land in den letzten 40 Jahren leider sehr einflussreich war: die Auffassung, eine Volkswirtschaft funktioniere dann besonders gut, wenn die Dinge vollständig oder größtenteils uneingeschränkten Märkten überlassen werden. Ihre Verfechter haben keine Wahrheiten an sich infrage gestellt, wie Trump es tat. Wie ein guter Zauberkünstler konzentrierten sie sich auf gezielte »Aufmerksamkeitslenkung«. Wenn die Globalisierung viele Abgehängte produziert hatte, wenn Reagans Reformen dazu führten, dass es mehr Arme gab und das Einkommen weiter Teile der Bevölkerung stagnierte, bestand der Trick darin, einfach keine Daten über Armut mehr zu erheben und nicht mehr über Ungleichheit zu sprechen. Man konzentrierte sich auf den Wettbewerb, der immer in irgendeiner Weise auf einem Markt erhalten bleibt, und nicht auf die Macht, die jedes der beherrschenden Unternehmen im Markt hat.

Betrachten wir ein beliebiges Standardlehrbuch der Volkswirtschaftslehre. Das Wort *Wettbewerb* zieht sich durch all seine Kapitel, der Begriff *Macht* taucht lediglich in einem oder zwei Kapiteln auf. Der Terminus *Ausbeutung* wird wahrscheinlich völlig fehlen, denn es ist ein Wort, das aus dem herkömmlichen Wortschatz der Ökonomen gestrichen wurde. Wenn man sich der Wirtschaftsgeschichte der amerikanischen Südstaaten zuwendet, findet man eher eine Abhandlung über den (Wettbewerbs-)Markt für Baumwolle oder für Sklaven denn über die ausbeuterische Machtausübung einer Gruppe mit dem Ziel, sich die Früchte der Arbeit einer anderen Gruppe anzueignen, oder über die politische Machtausübung dieser Gruppe, um sicherzustellen, dass sie dies nach dem Ende des Amerikanischen Bürgerkriegs fortsetzen könnte. Die gewaltigen Lohnungleichheiten zwischen den Geschlechtern, verschiedenen Rassen und Ethnien – wie wir im nächsten Kapitel sehen werden, ein zentrales Merkmal der amerikanischen Wirtschaft – werden, sofern sie überhaupt erwähnt werden, mit einem milden Ausdruck wie *Diskriminierung* bezeichnet. Erst in jüngster Zeit werden ungeschminkte Begriffe wie *Ausbeutung* und *Macht* verwendet, um diese Sachverhalte zu beschreiben.

Zu wenig Wettbewerb – zu viel Macht in ein paar Händen – ist nur einer der Gründe dafür, dass Märkte oftmals nicht gut funktionieren. Dass sie es nicht tun, kann man an einer ganzen Reihe von Phänomenen ablesen: Es gibt zu viele Menschen, die mit ihrem niedrigen Einkommen kein auskömmliches Leben führen können; die Gesundheitsausgaben pro Kopf sind in den USA höher als in jedem anderen Land der

Welt, aber die Lebenserwartung, schon heute niedriger als in anderen Industrieländern, sinkt weiter; wir haben gleichzeitig viele leer stehende Häuser und zahlreiche Obdachlose. Am dramatischsten ist das Marktversagen bei hoher Arbeitslosigkeit – es gäbe genügend Arbeit und auch Menschen, die gewillt wären, sie zu tun. Die Große Depression der 1930er-Jahre und die Große Rezession, die 2007 begann, sind die anschaulichsten Fallbeispiele, aber seit der Entstehung des Kapitalismus haben Marktwirtschaften immer wieder Phasen hoher Arbeitslosigkeit erlebt.

In all diesen Fällen kann der Staat durch zielgerichtetes Handeln, auch wenn es nicht perfekt funktioniert, die Lage verbessern. In konjunkturellen Abschwüngen etwa haben staatliche – geld- und fiskalpolitische – Maßnahmen zur Konjunkturbelebung die Arbeitslosigkeit in den USA gesenkt.[41]

Hat der Staat abgesehen davon, Vollbeschäftigung sicherzustellen, noch weitere Aufgaben, oder sollten Märkte sich selbst überlassen bleiben? Hier müssen wir erst einmal anerkennen, dass Märkte kein Selbstzweck, sondern Mittel zum Zweck sind, nämlich demjenigen, den gesamtgesellschaftlichen Wohlstand zu mehren. Folglich lautet die zentrale Frage, wann Märkte Wohlstand nicht nur für das obere eine Prozent, sondern für die Gesellschaft insgesamt schaffen. Adam Smiths »unsichtbare Hand« (die Annahme, eigennützige Interessen zu verfolgen, führe wie »von unsichtbarer Hand gelenkt« zum gesamtgesellschaftlichen Wohlergeben) ist vielleicht die bedeutendste Idee in der modernen Volkswirtschaftslehre überhaupt, und doch erkannte auch Smith die Grenzen der Macht von Märkten und die Notwendigkeit staatlichen Handelns. Der modernen wirtschaftswissenschaftlichen Forschung – sowohl der Theoriebildung als auch der empirischen Forschung – verdanken wir ein besseres Verständnis der fundamentalen Rolle des Staats in einer Marktwirtschaft. Wir brauchen ihn, damit er tut, was Märkte nicht tun (können), und um zu gewährleisten, dass Märkte so funktionieren, wie sie funktionieren *sollten*.

Damit Märkte von sich aus gut funktionieren, müssen zahlreiche Bedingungen erfüllt sein: robuster Wettbewerb, vollkommene Information, und es muss sichergestellt sein, dass Handlungen von Personen oder Unternehmen anderen keinen Schaden zufügen (es darf etwa keine Umweltverschmutzung geben). In der Praxis sind diese Bedingungen nie erfüllt – nicht einmal annähernd –, was bedeutet, dass Märkte in diesen Fällen die in sie gesetzten Erwartungen nicht erfüllen. Bevor es Umweltschutzgesetze gab, war unsere Luft stark belastet, unser Wasser war untrinkbar, und Flüsse und Seen waren stark verschmutzt – das Gleiche gilt heute für China, Indien und andere Länder, in denen die Umweltschutzvorschriften zu lasch sind oder nur halbherzig durchgesetzt werden.

Für eine dynamische Innovationsökonomie entscheidend ist jedoch der Befund, dass der Privatsektor von sich aus zu wenig für Grundlagenforschung ausgibt. Das Gleiche gilt für andere Investitionsbereiche von hohem gesamtgesellschaftlichem Nutzen (etwa Infrastruktur und Bildung). Hier übersteigt der Nutzen öffentlicher Investitionen bei Weitem deren Kosten. Diese Ausgaben müssen finanziert werden, und dazu braucht es Steuereinnahmen.[42] (Die Privatwirtschaft macht verständlicherweise viel Aufhebens um das, was sie leistet: Ihre angewandte Forschung ist wichtig, aber sie basiert auf öffentlich finanzierter Grundlagenforschung.)

Ich fragte einmal den schwedischen Finanzminister, warum sein Land wirtschaftlich so gut dastehe. Seine Antwort: Weil hohe Steuern gezahlt würden. Er wollte damit sagen, dass die Schweden wüssten, dass Wohlstand hohe öffentliche Ausgaben für Infrastruktur, Bildung, Technologie und soziale Absicherung erfordere und der Staat auf Einnahmen angewiesen sei, um diese Ausgaben nachhaltig zu finanzieren. Viele dieser öffentlichen Ausgaben ergänzen private Ausgaben. Staatlich finanzierte technologische Innovationen können Privatinvestitionen unterstützen. Hochqualifizierte Arbeitskräfte und eine gute Infrastruktur lassen Investitionen rentabler werden. Eminent wichtig für hohes Wachstum ist die Zunahme von Wissen, und die Grundlagenforschung, die dies ermöglicht, muss von der öffentlichen Hand finanziert werden.

Diese Einsichten widersprechen einer »angebotsorientierten« Wirtschaftspolitik, die davon ausgeht, Deregulierung würde die wirtschaftlichen Produktivkräfte freisetzen, niedrigere Steuern wären genau der richtige Anreiz dafür, und die beiden zusammen führten zu Wirtschaftswachstum. Aber nach Reagans Reformen schwächte sich das Wachstum ab. Die Deregulierung, insbesondere des Finanzmarkts, bescherte uns die Rezessionen von 1991, 2001 und die besonders schwerwiegende Große Rezession von 2008. Und Steuersenkungen hatten nicht den Anschubeffekt, den Verfechter einer angebotsorientierten Politik behaupteten. Thomas Piketty und seine Mitautoren haben nachgewiesen, dass die Senkung von Spitzensteuersätzen in vielen Ländern weltweit mit unverändertem oder sogar niedrigerem Wachstum einherging.[43] Wie von den Kritikern dieser Steuersenkungen erwartet, haben weder Reagans Steuerminderungen für die Reichen noch die späteren unter George W. Bush das Angebot an Arbeitskräften oder das Sparvermögen erhöht[44] – und entsprechend haben sie auch das Wachstum nicht angekurbelt.[45]

Ganz offensichtlich hat es mit der »angebotsorientierten« Wirtschaftspolitik und ihrem Versprechen, uneingeschränkte Märkte würden zu mehr Wachstum führen, nicht viel auf sich. Eine leistungsstarke Wirtschaft erfordert viel mehr als niedrige Steuersätze und eine schwache Regulierung.

Die Gefahren einer Rückkehr zu Reagonomics

Viele Konservative sind fast genauso entsetzt über Trump und seinen Angriff auf Normen und Institutionen wie Linke. Sie haben an vorderster Front für die Globalisierung gekämpft, und jetzt mitzuerleben, wie diese von der eigenen Partei zu Grabe getragen wird, versetzt sie in einen Schockzustand. Aber sie (eine Gruppe, die oftmals auch »Never Trumpers« genannt wird) haben dem Land lediglich eine weitere Dosis der gescheiterten politischen Rezepte der Vergangenheit zu bieten – noch niedrigere Steuern für die Reichen und für Konzerne, noch mehr Deregulierung, ein noch weiteres Zurückdrängen des Staats, eine Version der Reagonomics für das 21. Jahrhundert.

Es gibt in den USA heute viel zu viele unterregulierte, monopolistische Märkte, auf denen kein Wohlstand mehr geschaffen wird, sondern Ausbeutung herrscht. Unterdessen besteht die eigentliche Gefahr des zunehmenden Populismus* und Nationalismus in den USA darin,

* Auch wenn Demagogen wie Trump oftmals (in einem tadelnden Sinne) Populisten genannt werden, verzichte ich hier weitgehend darauf, diesen Ausdruck zu verwenden. Manchmal sind Populisten lediglich aufrichtige Politiker, die sich bemühen, auf Forderungen, die großen Rückhalt in der Bevölkerung haben, etwa in Bezug auf das Bildungssystem oder die Gesundheitsversorgung, innerhalb der von der Wirtschaft auferlegten Grenzen einzugehen. Gleichzeitig wird jedoch jeder, der von Angehörigen der Elite propagierte Doktrinen bezüglich Deregulierung, Liberalisierung und Privatisierung kritisiert, ein Populist genannt.

dass sie von einem Ablenkungsmanöver zu etwas viel Bedrohlicherem werden. Unsere Probleme sind nicht auf unfaire Handelsabkommen oder Einwanderer zurückzuführen. Trumps Vorhaben in diesen Bereichen laufen Gefahr, die Probleme des Landes und die bedrückende Lage derjenigen, die unter den Folgen der Deindustrialisierung zu leiden haben, zu verschlimmern. Auch ist noch kein Land einfach dadurch auf einen Pfad hohen und nachhaltigen Wachstums gekommen, dass es sich einfach über Budgetzwänge hinwegsetzt, wie es Trump in seiner den Budgetrahmen sprengenden Steuerreform von Dezember 2017 und mit den Ausgabenerhöhungen vom Januar 2018 offensichtlich getan hat.

Wie ich zeigen werde, haben wir unsere wahren Probleme selbst verschuldet – wir haben zu wenig in Menschen, Infrastruktur und Technologie investiert und zu sehr auf die Fähigkeit von Märkten vertraut, all unsere Probleme zu lösen; wir haben dort, wo es nötig gewesen wäre, zu wenig reguliert, und zugleich manchmal dort, wo es unnötig war, zu viel. Die tägliche Trump-Show lenkt uns davon ab, diese tieferen und wichtigen Probleme anzugehen.

Unsere Demokratie ist in Gefahr

In diesem Buch geht es überwiegend um Ökonomie – ich werde darlegen, dass unsere gegenwärtige Lage aus verfehlten Entscheidungen in der Vergangenheit resultiert und es Alternativen gibt, die zu besseren Ergebnissen führen. Wir werden in diesem Buch allerdings immer wieder sehen, dass Politik und Ökonomie eng miteinander verflochten sind. Aus unseren wirtschaftlichen Ungleichheiten werden politische Ungleichheiten, die ihrerseits zu Regeln führen, die Erstere noch weiter verschlimmern. In ähnlicher Weise wirken auch unsere wirtschaftlichen Fehlentscheidungen auf unser politisches System zurück. Trump ist eine politische Manifestation. Meine größte Sorge für die Zukunft besteht in Folgendem:

Die wirklich Raffgierigen und Kurzsichtigen unter den Superreichen haben erkannt, dass Globalisierung, Förderung der Finanzmarktinteressen und andere Elemente des gegenwärtigen ökonomischen Regelwerks von der großen Mehrheit der Amerikaner nicht unterstützt werden, und zwar aus nachvollziehbaren Gründen. Basierend darauf ziehen sie eine zutiefst beunruhigende Schlussfolgerung: Wenn wir der

Demokratie ihren Lauf lassen und an ein Mindestmaß an Vernunft bei den Wählern glauben, dann werden sie sich für einen anderen Kurs entscheiden. Um ihren unverhohlenen Egoismus durchzusetzen, verfolgen sie daher eine Strategie, die sich auf drei Elemente stützt: Täuschung, Entmündigung und Entmachtung.[46] Täuschung: Sie versuchen anderen weiszumachen, dass Maßnahmen wie die Steuerreform von 2017, die die Reichen noch reicher machen soll, tatsächlich dem Durchschnittsbürger dienten, oder dass ein Handelskrieg mit China irgendwie die Deindustrialisierung rückgängig machen würde. Entmündigung: Sie tun alles in ihrer Macht Stehende, damit diejenigen, die vielleicht für eine progressivere Politik stimmen würden, ihr Wahlrecht nicht ausüben beziehungsweise nicht ausüben können; entweder dadurch, dass sie ihre Registrierung als Wähler erschweren, oder indem sie ihre Stimmabgabe behindern. Und schließlich Entmachtung: Sie legen der Regierung so viele Fesseln an, dass, sollte alles andere scheitern und eine progressivere Regierung gewählt werden, diese Regierung nicht das Notwendige tun könnte, um unsere Politik und Wirtschaft zu reformieren. Ein Beispiel: die von einem zunehmend parteiischen und ideologischen Obersten Gerichtshof der Politik auferlegten Beschränkungen.

Wenn wir nicht umsteuern, wird alles nur noch schlimmer: Wirtschaft, Politik und Gesellschaft werden sich immer dysfunktionaler entwickeln. Die Gegenreaktion gegen die Wissenschaft und die grundlegenden Institutionen, auf welchen der Fortschritt seit Jahrhunderten basiert, und vor allem gegen Wahrheiten generierende Institutionen wird weitergehen.[47] Dies wird zu einer noch ausgeprägteren Wachstumsschwäche und mehr Ungleichheit führen.

Ein andauernder Krieg oder ein dritter Weg?

Heute scheinen wir so weit entfernt zu sein von jenem Moment, als Präsident John F. Kennedy sagte: »Fragt nicht, was euer Land für euch tun kann, fragt, was ihr für euer Land tun könnt.«[48] Reagan hat die US-Wirtschaft in eine neue Richtung gelenkt, aber er hat auch einen Wertewandel hin zu mehr Materialismus und Egoismus befördert. Die Tatsache, dass seine Strategie sich nicht auszahlte, bewirkte keineswegs die erhoffte Kurskorrektur. Sie führte nur dazu, dass sich die Republikaner noch stärker auf diese verfehlten Ideen versteiften.

Wenn wir unser Wirtschaftssystem erneuern und verbessern wollen, müssen wir uns von der Vorstellung verabschieden, das Wirtschaftssystem der USA hätte triumphiert, nur weil wir den Kalten Krieg gewonnen haben. Nicht die freie Marktwirtschaft hatte ihre Überlegenheit bewiesen, vielmehr war lediglich der Kommunismus gescheitert.[49]

Als die Vereinigten Staaten mit den kommunistischen Staaten um die Herzen und Köpfe der Menschen weltweit konkurrierten, mussten wir zeigen, dass unser Wirtschaftssystem dem Wohl aller Menschen gleichermaßen dient. Nach dem Zusammenbruch der Sowjetunion schien es, als gäbe es keinen Wettbewerb mehr, und das marktwirtschaftliche System hatte fortan keinen Anreiz, dieses Versprechen einzulösen.

Für viele Milliarden Menschen in der Dritten Welt und den Schwellenländern bietet China mit seiner markanten »sozialistischen Marktwirtschaft chinesischer Prägung« eine dynamische Alternative zum US-amerikanischen Modell – dessen Ansehen mit der Krise von 2008 ein schwerer Schlag versetzt wurde und jetzt mit Trumps Aufstieg ins Bodenlose zu sinken droht. Und dass man sich heute weltweit der Tatsache bewusst ist, dass der Kapitalismus amerikanischer Spielart hauptsächlich den Reichen nützt und viele Menschen in den USA keinen ausreichenden Zugang zu Gesundheitsversorgung haben, ist der Soft Power der USA sehr abträglich.

Diejenigen, die an die Demokratie glauben, sollte dies zutiefst beunruhigen. Es findet ein »Kampf der Ideen« über alternative Gesellschafts-, Politik- und Wirtschaftssysteme statt, und es sollte uns alarmieren, dass sich weite Teile der Welt von den Vorzügen unseres Systems abwenden.

Glücklicherweise ist der Kapitalismus amerikanischen Stils nur eine von vielen verschiedenen Arten demokratischer Marktwirtschaften, wie wir oben in dem kurzen Hinweis auf Schweden sahen. Andere Demokratien nutzen andere Formen, die das einzulösen scheinen, was sie versprechen: hohes Wirtschaftswachstum und mehr Wohlstand für die meisten ihrer Bürger.

Wir müssen aufhören, uns etwas auf unser Wirtschaftssystem einzubilden. Seine gravierenden Mängel sollten mittlerweile offenkundig sein, vor allem wenn es darum geht, Wohlstand für alle zu schaffen. Es gibt eine Auswahl interessanter Optionen, die wir eingehend prüfen sollten, denn viele der alternativen Formen von Marktwirtschaften haben Stärken, von denen wir lernen könnten.

Die Folgen einer fehlgestalteten Wirtschaftsordnung

All dies bedeutet, dass der Krieg der Interessen – bemäntelt als ein Krieg der Ideen über die beste Methode, die Gesellschaft zu organisieren – nicht so bald enden wird, da etwa Großunternehmen versuchen, auf Kosten aller anderen mehr für sich selbst herauszuschlagen.

Diese Schlacht der Ideen ist nicht nur ein sportlicher Wettkampf. Wir sollten uns nicht in erster Linie deshalb darum bemühen, die Mängel unseres Wirtschaftssystems zu beheben und eine Ordnung zu schaffen, die mehr mit unseren Werten übereinstimmt, weil sich dann unsere Markt- und Demokratiekonzeptionen eher global durchsetzen werden, sondern weil es uns als Individuen und unser Land verändern wird.

Standardkurse in Volkswirtschaftslehre gehen davon aus, dass Menschen von Geburt an feste Präferenzen haben; ihre Vorlieben und Abneigungen würden lebenslang konstant bleiben. Zu glauben, Geschmäcker und Präferenzen seien unveränderlich, ist jedoch blanker Unsinn. Als Eltern versuchen wir, unsere Kinder gut zu erziehen, und auch wenn uns das nicht immer voll und ganz gelingt, glauben wir, dass wir jedenfalls nicht alles falsch machen. Marketingexperten versuchen zu beeinflussen, was wir kaufen. Wir werden von unserer Gesellschaft und Kultur geprägt – und prägen diese unsererseits. Und wie wir unsere Wirtschaft strukturieren, spielt eine zentrale Rolle bei dieser Prägung, weil es bei so vielen unserer Beziehungen zu anderen Menschen um wirtschaftliche Dinge geht. Verhaltensökonomische Studien haben dies bestätigt. Es ist kein Zufall, dass Banker ein so hohes Maß an moralischer Verkommenheit zeigten: Experimente haben nachgewiesen, dass sich Banker – insbesondere dann, wenn man sie daran erinnert, dass sie Banker sind – unredlicher und egoistischer verhalten als der Durchschnittsmensch.[50] Ihr Beruf prägt sie. Und das Gleiche gilt für Ökonomen; auch wenn diejenigen, die sich entscheiden, Wirtschaftswissenschaften zu studieren, vielleicht von Anfang an egoistischer sind als andere, werden sie umso egoistischer, je länger sie Wirtschaftswissenschaften studieren.[51]

Die Art von Marktwirtschaft, die sich in den USA herausgebildet hat, hat egoistische und materialistische Individuen hervorgebracht – Menschen, die oftmals weit entfernt von den Idealen sind, die wir für uns und für andere hochhalten. Andere Organisationsformen der Wirtschaft fördern mehr Kooperation. Alle Individuen zeigen eigennütziges und fremdnütziges (altruistisches) Verhalten (worauf Smith selbst hinwies),[52] und je nachdem, wie unser Wirtschafts- und Sozialsystem gestaltet ist, wird jeweils das eine oder das andere stärker hervortreten.[53] Wenn mehr Menschen egoistischer, materialistischer, kurzsichtiger und moralisch skrupelloser werden, färbt dies auf die Gesellschaft ab, die dann ihrerseits diese Charakterzüge verstärkt.

In der Politik kann das noch gravierendere Konsequenzen haben. Eine kapitalistische »Winner-take-all«-Mentalität, die nur auf die eigene Nutzenmaximierung aus ist, hat sich in unserem politischen System breitgemacht, Normen zerstört und die Fähigkeit zu Kompromissen und zur Konsensfindung untergraben. Wenn sie nicht gezügelt wird, wird sie den nationalen Zusammenhalt zerstören.

Wir sind besser als das, wozu wir anscheinend werden. In den Details mögen wir uneins darüber sein, welche Ziele wir anstreben sollten – es gibt immer *Trade-offs*, Zielkonflikte, wie die Ökonomen betonen –, aber in den wesentlichen Grundfragen sind wir uns weitgehend einig. Um diese alternative Vision zu verwirklichen, müssen wir kollektiv handeln. Der Staat muss Märkte regulieren und das bereitstellen, was diese nicht liefern. Wir müssen das alte ideologische Dogma hinter uns lassen, wonach Märkte sich von selbst regulieren, effizient, stabil und fair sind und der Staat zwangsläufig ineffizient ist. In gewissem Sinne müssen wir den Kapitalismus vor sich selbst retten. Er erzeugt – zusammen mit einer Demokratie, die immer mehr zu einer Plutokratie wird – eine selbstzerstörerische Dynamik, die Gefahr läuft, schon den Anschein eines fairen Marktes mit funktionierendem Wettbewerb und einer demokratischen Ordnung, die diesen Namen verdient, zu zerstören. Es bedarf mehr als nur einer kosmetischen Reform des Systems. Dazu sind wir schon zu weit auf dem falschen Weg gegangen. Wir müssen einen neuen Gesellschaftsvertrag entwerfen, der jedem in unserem reichen Land ermöglicht, ein auskömmliches, menschenwürdiges Leben zu führen.

In diesem Buch geht es um diesen alternativen Zukunftsentwurf. Eine andere Welt ist möglich – die nicht auf dem marktfundamentalistischen Glauben an Märkte und die *trickle-down economics* basiert, der uns in dieses Schlamassel gebracht hat; und auch nicht auf der nationalistischen, populistischen Trump'schen Wirtschaftsdoktrin, die die internationale Rechtsordnung mit Füßen tritt, den globalen Interessenausgleich durch eine Politik »mit dem Knüppel« ersetzt und Amerika letztlich Wohlfahrtsverluste bescheren wird. Ich bin zuversichtlich, dass sich langfristig die Wahrheit durchsetzen wird: Trumps Politik wird scheitern, und Trumps Unterstützer – sowohl die Konzernlenker als auch die Arbeiter, für deren Interessen er sich angeblich einsetzt – werden dies nach und nach erkennen. Niemand weiß, was dann passieren wird. Doch wenn es ein alternatives Zukunftskonzept wie das hier vorgestellte gibt, wird man vielleicht darauf zurückgreifen.

2. Düstere Aussichten

Um das Jahr 1980 herum geschah etwas mit dem kraftvollen Wirtschaftsmotor Amerikas: Das Wachstum schwächte sich ab, und – noch viel wichtiger – die Einkommen stiegen nicht mehr so stark beziehungsweise gingen oftmals sogar zurück. Es geschah fast unmerklich. Selbst als viele Bürger wirtschaftlich immer schlechter dastanden, beschworen die Interessenvertreter der Finanzmärkte, der Globalisierung und des technologischen Fortschritts die »New Economy«, die ständig steigenden Wohlstand bringen sollte, womit sie ganz offensichtlich ein höheres BIP-Niveau meinten. Einige unserer wirtschaftlichen Entscheidungsträger – darunter auch mehrere aufeinanderfolgende Präsidenten der US-Notenbank – riefen die »Great Moderation« (Ära eines gedämpften Konjunkturzyklus) aus, prahlten damit, wir hätten endlich das konjunkturelle Auf und Ab gezähmt, die Schwankungen der gesamtwirtschaftlichen Produktion und der Beschäftigung, die den Kapitalismus seit jeher überschatteten.[1]

Die Finanzkrise von 2008 zeigte, dass unser vermeintlicher Wohlstand auf einem Kartenhaus oder genauer gesagt einem Schuldenberg errichtet worden war. Als neue Daten ein genaueres Bild der Wirtschaft vermittelten, wurde immer deutlicher, dass es langjährige und tief sitzende Probleme gab. Das viel beschworene Wachstum fiel tatsächlich viel niedriger aus als in den Jahrzehnten nach dem Zweiten Weltkrieg. Am verstörendsten war jedoch, dass selbst diese geringen Einkommenszuwächse einigen wenigen Personen an der Spitze der Pyramide zuflossen. Wenn das BIP ansteigt, weil Jeff Bezos mehr verdient – während das Einkommen aller anderen stagniert –, dann kann man nicht von einer gut funktionierenden Wirtschaft sprechen. Aber das entspricht ungefähr der Situation, in der sich Amerika befindet, und dies seit mittlerweile 40 Jahren. Seither hat sich das Durchschnittseinkommen der unteren 90 Prozent der Amerikaner kaum verändert, während das des oberen einem Prozent in die Höhe geschossen ist. (Vgl. Abbildung 2, wo die gerade Linie parallel zur x-Achse das Durchschnittseinkommen vor Steuern der unteren 90 Prozent der Bevölkerung wiedergibt und die obere Linie die Einkommensentwicklung des obersten einem Prozent.)

Einige Volkswirte wollen nicht einmal über Ungleichheit diskutieren.[2] Sie sagen, es sei Aufgabe der Ökonomen, den Kuchen zu vergrößern. Wenn dies geschehe, würden alle davon profitieren – die Flut macht alle Boote flott, wie es Präsident Kennedy ausdrückte. Ich wünschte, dem wäre so. Aber das ist nicht der Fall. Tatsächlich kann eine – allzu schnell – ansteigende Flut kleine Boote zerschmettern.

Und mit einer Volkswirtschaft ist auch dann etwas nicht in Ordnung, wenn das BIP steigt, aber die Umwelt immer stärker geschädigt wird und ein Raubbau an Ressourcen stattfindet. Ein Land, das von seiner Vergangenheit zehrt und nicht in die Zukunft investiert – beziehungsweise das ökologische Erbe seiner Kinder zerstört –, ist eines, in dem es sich die heutige Generation auf Kosten ihrer Nachfahren gut gehen lässt.

Abbildung 2: Entwicklung des Durchschnittseinkommens vor Steuern, USA, 1974–2014

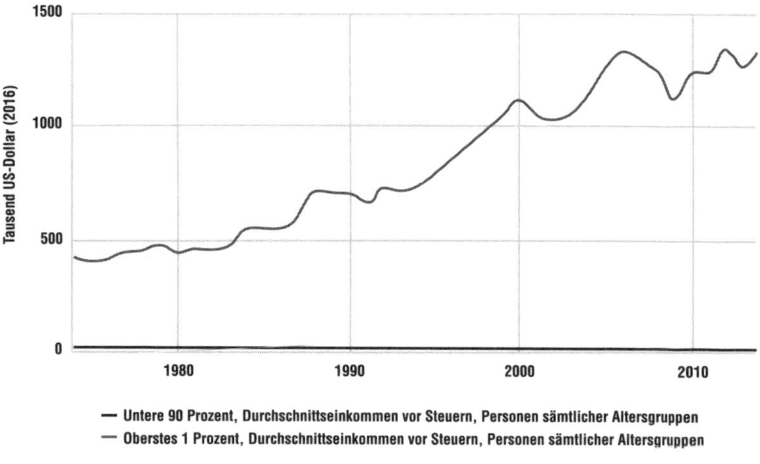

Quelle: *World Inequality Database*

In all diesen Dimensionen geben die USA kein gutes Bild ab, im Vergleich sowohl zu ihrer Vergangenheit als auch zu ihren Konkurrenten. Für viele Amerikaner mag das eine Überraschung sein, denn sie gehen einfach davon aus, die Vereinigten Staaten seien größer, besser und generell stärker als andere Länder. Das reden uns unsere Politiker ja auch unermüdlich ein. Aber sofern man nicht zu jenen gehört, die an die Trump'sche Märchenwelt glauben, lassen die Daten nur einen Schluss zu: Wir sind weit davon entfernt, das leistungsstärkste Land zu sein, und einige Daten deuten sogar an, der Abstand zur Spitzengruppe könnte noch größer sein, als andere Daten nahelegen.

Unter den vielen Erklärungen für diese wirtschaftliche Malaise ist eine ausschlaggebend: Wir haben die Lehren des vorigen Kapitels bezüglich des eigentlichen Ursprungs des Wohlstands einer Nation nicht beherzigt. Allzu viele wurden zu dem Irrglauben verleitet, das, was profitabel sei, sei notwendigerweise auch gut; dabei übersahen sie, dass Gewinne nicht unbedingt auf echter volkswirtschaftlicher Wertschöpfung beruhen müssen, sondern auch durch Ausbeutung gesteigert werden können.[3] Immobilienspekulation, Glücksspiel in Las Vegas oder Atlantic City oder ausbeuterische, gewinnorientierte (Hoch-)Schulen mögen einige wenige reich machen, aber sie können nicht die Grundlage nachhaltigen Wohlstands für die Gesellschaft insgesamt bilden. In den letzten 40 Jahren haben wir nicht annähernd genug in Infrastruktur, in Bildung und in Technologien investiert. Unsere Investitionsquote ist so niedrig, dass sie nicht einmal mit dem Bruttoinlandsprodukt Schritt hielt.[4]

In den folgenden Kapiteln werden wir uns näher ansehen, wie sich der Wandel von echter Wohlstandsschöpfung hin zur Ausbeutung – in Globalisierung, Finanzgetriebenheit der Wirtschaft und Monopolisierung – vollzogen hat. Doch zunächst sollten wir besser verstehen, was schiefgelaufen ist und warum Trumps Slogan »Amerika wieder großartig machen« auf so breite Resonanz gestoßen ist.

Wachstumsschwäche

Nach dem Zweiten Weltkrieg ist die US-Wirtschaft gut 30 Jahre lang – von 1947 bis 1980 – jährlich um 3,7 Prozent gewachsen, während die durchschnittliche Wachstumsrate von 1980 bis 2017 nur 2,7 Prozent betrug, ein ganzer Prozentpunkt weniger.[5] Das ist ein deutlicher Rückgang um fast 30 Prozent. Die Krise von 2008 hat außerdem gezeigt, dass ein Großteil des Wachstums, das in den Jahren vor der Krise verzeichnet wurde, nicht nachhaltig war. Es beruhte auf ökonomisch unvernünftigen Investitionen, wie die übermäßige Bautätigkeit im Markt für Wohnimmobilien vielleicht am besten illustriert.

Internationaler Vergleich der Lebensstandards

Der Glaube an die Einzigartigkeit der USA stützt sich darauf, dass wir einen höheren Lebensstandard und eine höhere Wachstumsrate als andere haben – jedenfalls wurde uns das eingeredet. Wir seien (wie wir ebenfalls glaubten) effizienter und produktiver als andere. Aus dieser Überzeugung folgt, dass wir im Wettbewerb alle anderen ausstechen sollten, das heißt, sie sollten mehr von unseren Gütern kaufen und wir weniger von ihren. Daraus wiederum folgt, dass unsere Rivalen notwendigerweise betrügen, wenn unsere Güter die Märkte nicht »beherrschen«. Was zu beweisen war. Aus diesen schlichten Axiomen ergeben sich dann wirtschaftspolitische Handlungsempfehlungen: Der Betrug muss aufhören! Wenn uns die Regeln des internationalen Handels nicht erlauben, den Betrug zu beenden, dann müssen die Regeln selbst zurechtgebogen werden. Diese Argumentation hat dazu geführt, dass Handelsschranken wie etwa Zölle (die Einfuhrsteuern sind) und Kontingente (die Beschränkung der Menge von Gütern, die importiert werden darf) verhängt wurden. Der Geist des Protektionismus, des Schutzes einheimischer Produzenten vor ausländischer Konkurrenz, ist ganz offensichtlich heute wieder gesund und munter. Das einzige Problem dieser Argumentation besteht darin, dass jeder ihrer Gedankengänge falsch ist. Hier gehen wir auf die zugrunde liegende Prämisse ein – dass die Vereinigten Staaten die produktivste Volkswirtschaft mit dem höchsten Lebensstandard seien. (Die anderen Schritte in dieser Argumentation betrachten wir in Kapitel 5, das sich mit der Globalisierung befasst.)

In Wirklichkeit stehen die USA im Human Development Index, einem breit angelegten Maß des Lebensstandards, an 13. Stelle, unmittelbar vor Großbritannien. Wird die Ungleichheit berücksichtigt, rutschen die USA sogar auf den 24. Platz ab.[6]

Im Jahr 2018 veröffentlichte die Weltbank erstmals einen eigenen »Humankapitalindex«, der erfasst, wie viel ein Land in seine Menschen investiert, wobei sowohl das Bildungs- und das Gesundheitssystem als auch Maßnahmen der sozialen Grundsicherung berücksichtigt werden.[7] Amerika steht hier an 24. Stelle, weit hinter führenden asiatischen Ländern wie Singapur, Japan, Südkorea und Hongkong, unserem nördlichen Nachbarn Kanada (an 12. Stelle) und den meisten unserer europäischen Wettbewerber. Geringe Investitionen in Humankapital heute führen selbstverständlich zu niedrigen Lebensstandards in der Zukunft.

Die OECD (Organisation für wirtschaftliche Zusammenarbeit und Entwicklung), die offizielle Denkfabrik der Industrieländer, führt alle paar Jahre standardisierte Tests an Schülern auf der ganzen Welt durch. Bei diesen Tests, an denen auch Schüler einiger Entwicklungsländer teilnehmen, schneiden Amerikaner in Mathematik unterdurchschnittlich ab – sie belegen den 40. Rang unter den 72 teilnehmenden Ländern – und auch kaum besser in Lesekompetenz (Platz 24) und Naturwissenschaften (Platz 25).[8] Dieses miserable Leistungsniveau ist konstant geblieben, und während in den USA überdurchschnittlich viele Schüler nicht einmal die Standardleistung erreichen, haben wir zugleich unterdurchschnittlich wenige Spitzenleister. Kanada, Korea, Japan, Großbritannien, Norwegen, Litauen und Australien, all diese Länder schlagen uns bei den Hochschulabschlussquoten bei den 25- bis 34-Jährigen – Kanada um mehr als 25 Prozent, Südkorea um fast 50 Prozent.[9]

Niedrige Investitionen in Human- und Sachkapital führen normalerweise zu geringeren Produktivitätszuwächsen. Wenn man die gesamtwirtschaftliche Produktion in verschiedenen Ländern miteinander vergleicht, ist es wichtig, die Anzahl der geleisteten Arbeitsstunden zu berücksichtigen. Amerikaner arbeiten mehr Stunden als Erwerbstätige in anderen Industrieländern (durchschnittlich 1780 Stunden pro Arbeitnehmer pro Jahr gegenüber 1759 andernorts – aber insbesondere viele Stunden mehr als ihre Kollegen in einigen europäischen Ländern wie Frankreich [1514] oder Deutschland [1356]).[10] Dies hängt weniger mit kürzeren Arbeitswochen als mit längeren Ferien zusammen.

Die zusätzlichen Arbeitsstunden erklären einen Großteil des höheren Pro-Kopf-Einkommens. Was die Produktivität – Ausbringungsmenge pro Arbeitsstunde – betrifft, nahm sie in den USA nach der Großen Rezession, 2010 bis 2016, weniger als halb so stark zu wie im Durchschnitt aller Industrieländer.[11]

Wir sind in den letzten 30 Jahren so viel langsamer als China gewachsen, dass China heute, laut den bei diesen Vergleichen herangezogenen Standardkriterien, nicht nur die größte Volkswirtschaft der Welt ist,[12] sondern auch mehr spart als die USA, mehr produziert und über ein höheres Handelsvolumen verfügt.[13]

Ich halte oft Vorlesungen in China, und wenn ich die Statistiken referiere, die erkennen lassen, wie es den meisten Amerikanern – mit Ausnahme der Topverdiener – ergangen ist, sehen mich die Hörer fassungslos an. Vor 40 Jahren war China ein armes Land, vor 60 Jahren sogar ein sehr armes – mit einem jährlichen Pro-Kopf-Einkommen von rund 150 Dollar, was von der Weltbank als »extreme Armut« eingestuft wird.[14] In nur 40 Jahren, in denen in den USA die Einkommen aller – bis auf die Spitzenverdiener – weitgehend stagnierten, haben sich die Einkommen in China mehr als verzehnfacht,[15] und über 740 Millionen Chinesen sind der Armut entronnen.[16]

Wachsende Ungleichheit

Amerika tut sich zwar nicht beim Wachstum hervor, dafür aber bei der Ungleichheit: Bei uns herrscht eine höhere Einkommensungleichheit als in jedem anderen Industrieland; was die Chancenungleichheit anbelangt, rangieren wir ebenfalls weit oben. Es versteht sich von selbst, dass dies dem Selbstverständnis der USA als Land der unbegrenzten Möglichkeiten widerspricht.[17]

Amerikas Arbeiter bekommen ein kleineres Stück von einem Kuchen, der immer langsamer größer wird – ein um so viel kleineres Stück, dass ihre Einkommen stagnieren. Vor allem wenn man das oberste eine Prozent der Arbeitnehmer ausklammert – zu dem auch Banker und Vorstandschefs gezählt werden, die für statistische Zwecke als »Arbeitnehmer« behandelt werden, auch wenn sie in keiner Weise unserer Vorstellung von einem »Arbeiter« entsprechen –, ist die Lohnquote in beispielloser Weise gesunken, von 75 Prozent 1980 auf 60 Prozent 2010, ein 15-prozentiger Rückgang in einer kurzen Zeitspanne von 30 Jahren.[18]

Dagegen haben sich vergleichsweise wenige – die obersten zehn Prozent, das oberste eine Prozent und, am meisten, das oberste 0,1 Prozent – ein immer größeres Stück vom Kuchen der Nation gesichert. Der Anteil des obersten einen Prozents hat sich mehr als verdoppelt; der des obersten 0,1 Prozents in den vergangenen 40 Jahren fast vervierfacht.[19]

Viele Vermögende haben behauptet, alle würden von dem Reichtum profitieren, der den obersten Einkommensbeziehern zuflösse – die Wohlfahrtsgewinne würden nach unten »durchsickern«. Aber das ist fast nie der Fall gewesen, und insbesondere nicht nach den 1980er-Jahren. Es wurde bereits darauf hingewiesen, dass die Einkommen der unteren 90 Prozent weitgehend stagnierten. Andere Statistiken bestätigen dies. Die Unzufriedenheit darüber schien in Amerika unter Männern besonders stark ausgeprägt zu sein, und das war verständlich: Das Medianeinkommen (die Einkommenshöhe, bei der genau 50 Prozent einer Stichprobe darüber und 50 Prozent darunter liegen) einer männlichen Vollzeitkraft – und diejenigen, die eine Vollzeitstelle bekommen, können sich glücklich schätzen, da heute 15 Prozent der männlichen Arbeitskräfte im besten Alter arbeitslos sind – hat sich in den letzten 40 Jahren inflationsbereinigt kaum geändert.[20] An der Basis der Einkommenspyramide sieht es sogar noch schlechter aus, denn die Löhne befinden sich dort inflationsbereinigt mehr oder minder auf dem gleichen Niveau wie vor 60 Jahren.[21] Es ist nicht so, dass das Einkommen insgesamt in den USA stagniert hätte – das BIP pro Kopf hat sich während dieser 60 Jahre mehr als verdoppelt. Und auch die Produktivität amerikanischer Arbeiter ist nicht gleich geblieben: Sie ist in diesem Zeitraum sogar noch stärker angestiegen, nämlich um das Siebenfache. Doch etwas hat sich tatsächlich irgendwann zwischen Mitte der 1970er-Jahre und Mitte der 1980er-Jahre in diesem Land verändert: Während die Entlohnung bis dahin im Gleichschritt mit der Produktivität angestiegen war – sodass zum Beispiel auf einen Produktivitätszuwachs von einem Prozent eine Lohnerhöhung von einem Prozent folgte –, tat sich später eine klaffende Lücke auf, und der Lohn erhöhte sich um weniger als ein Fünftel des Produktivitätsanstiegs – was bedeutet, dass ein größerer Teil jemand anderem als den Arbeitnehmern zufließt.[22]

Auch unter den Arbeitstätigen selbst sind die Lohnungleichheiten größer geworden, was sich in vielfältiger Weise manifestiert: stagnierende beziehungsweise sinkende Löhne bei den unteren Einkommensbeziehern, eine schwindende Mittelschicht und steil ansteigende Spitzengehälter. Innerhalb von Unternehmen ist die Vergütung von Vorstandsmitgliedern verglichen mit den Löhnen einfacher Arbeitnehmer enorm angestiegen. Auch zwischen Unternehmen sind die Unterschiede im Durchschnittslohn größer geworden. Es gibt zahlreiche – oftmals miteinander zusammenhängende – Ursachen wachsender Lohnungleichheit, von denen wir viele weiter unten diskutieren werden: Aufgrund von Globalisierung und technologischem Fortschritt werden weniger gering qualifizierte Arbeitskräfte gebraucht; Gewerkschaften, die eine wichtige Rolle bei der Angleichung der Löhne spielten, sind heute geschwächt. Die Konzentration von Marktmacht hat zugenommen und so auch die Streuung der Unternehmensgewinne – zwischen denjenigen, die Marktmacht besitzen, und denjenigen, die das nicht tun. Ertragsstarke Unternehmen beteiligen ihre Mitarbeiter manchmal an ihren Gewinnen.[23]

Seit vielen Jahren weise ich immer wieder warnend darauf hin, dass die große Kluft – zwischen Reich und Arm – nicht dauerhaft aufrechterhalten werden kann und eine gleichmäßigere Einkommensverteilung auch im langfristigen Interesse der Reichen wäre.[24]

Wirtschaftswissenschaftler wie der verstorbene Sir Anthony Atkinson in Oxford,[25] Thomas Piketty in Paris, Emmanuel Saez in Berkeley und Raj Chetty an Harvard haben eine Fülle von Daten vorgelegt, die die Veränderungen dokumentieren, und ihre Befunde stießen vielerorts auf breite Resonanz. Präsident Barack Obama bezeichnete in einer seiner bedeutendsten Ansprachen Ungleichheit als das drängendste Problem des Landes.[26]

> Die beiden Trends wachsender Ungleichheit und abnehmender Mobilität stellen gemeinsam eine grundlegende Bedrohung für den amerikanischen Traum, für unsere Lebensweise und für das dar, wofür wir weltweit stehen. Und ich erhebe hier nicht einfach nur eine moralische Forderung. Wachsende Ungleichheit und verringerte Mobilität haben auch praktische Konsequenzen.

Aber in der amerikanischen Politik und Wirtschaft schien es noch drängendere Probleme zu geben – die Erholung von der Großen Rezession verlief langsamer, als es Obama und sein Team von Wirtschaftsexperten erwartet hatten, und die Republikaner im Kongress betrieben Fundamentalopposition, die es fast unmöglich machte, irgendein Gesetz zu verabschieden, das mehr erreichen wollte, als nur die Funktionsfähigkeit der Behörden sicherzustellen. Während seiner Präsidentschaft hat Obama nichts gegen das Problem der Ungleichheit, dessen Bedeutung er durchaus erkannte, unternommen – oder vielleicht konnte er es auch nicht. Er verdient jedoch Anerkennung für den Affordable Care Act (»Obamacare«), der einer der bedrückendsten Manifestationen von Ungleichheit, mangelhaftem Zugang zu ausreichender Gesundheitsversorgung, entgegenwirkte. Es ist nicht weiter verwunderlich, dass das Problem der Ungleichheit nicht von selbst wieder verschwand – das wäre gar nicht möglich gewesen. Im Gegenteil, alles ist noch schlimmer geworden.

Ungleichheiten aufgrund von Rasse, ethnischer und Geschlechtszugehörigkeit

Die gerade beschriebenen Ungleichheiten vermitteln kein vollständiges Bild der tiefen Spaltungen in diesem Land, denn es wird auch zerrissen von Ungleichheiten, die auf Rasse, ethnischer und Geschlechtszugehörigkeit basieren, und ein nicht geringer Teil davon resultiert aus brutaler Diskriminierung. Und dies mehr als 50 Jahre, nachdem Bürgerrechtsgesetze verabschiedet wurden, die derartige Diskriminierungen beseitigen sollten. Angesichts unserer Geschichte ist es unabdingbar, diesen Spaltungen entgegenzuwirken, wenn die Menschen in diesem Land jemals zu *einer Nation* werden sollen. (Tatsächlich ist der Ausschluss aus dem Arbeitsmarkt aufgrund von Hautfarbe und Geschlechtszugehörigkeit – und dann Reaktionen auf Bemühungen, für mehr Inklusion zu sorgen – eminent wichtig, um die Ungleichheiten auf den US-amerikanischen Arbeitsmärkten zu verstehen.)

Nachdem die Bürgerrechtsgesetze verabschiedet worden waren, gab es gewisse Verbesserungen, aber dann starteten die Kräfte, die zu Segregation und Diskriminierung geführt hatten, einen Gegenangriff, und der Fortschritt wurde gestoppt und in mancherlei Hinsicht sogar zurückgedreht.

Vor rund 50 Jahren, 1968, setzte Präsident Johnson im Anschluss an die landesweiten Rassenunruhen eine Kommission ein, die die tieferen Ursachen ergründen sollte. Leider hören sich deren Schlussfolgerungen noch immer aktuell an: »Unsere Nation beginnt, in zwei Gesellschaften zu zerfallen, eine schwarze und eine weiße – die getrennt voneinander existieren und ungleich sind.«[27] Die Kommission beschrieb ein Land, in dem Afroamerikaner mit systematischer Diskriminierung, unzureichenden Bildungs- und nicht bedarfsgerechten Wohnungsangeboten zu kämpfen hatten und ihnen der soziale Aufstieg verwehrt blieb – für sie gab es keinen amerikanischen Traum. Als eigentliche Ursache diagnostizierte man »die rassistische Einstellung und das rassistische Verhalten weißer Amerikaner gegenüber schwarzen Amerikanern. Rassistische Vorurteile haben unsere Geschichte entscheidend geprägt; jetzt drohen sie auch unsere Zukunft zu überschatten.«[28]

50 Jahre nachdem wir den Kampf gegen Diskriminierung aufgenommen haben, verdienen Frauen noch immer nur 83 Prozent dessen, was Männer verdienen, farbige Männer erhalten im Schnitt 73 Prozent des Lohns von weißen Männern und hispanische Männer 69 Prozent.[29]

Die Ungleichheit in Amerika umfasst noch viele weitere Dimensionen, etwa den Gesundheitszustand, das Vermögen und – am wichtigsten – Verwirklichungschancen. Die Ungleichheiten in jedem dieser Bereiche sind größer als die Einkommensungleichheiten.

Gesundheitliche Ungleichheit

Keine Statistiken belegen die Benachteiligung vieler Amerikaner so eindrucksvoll wie diejenigen über Gesundheit. Amerikaner haben eine niedrigere Lebenserwartung als Bürger der meisten anderen Industrieländer[30] – mehr als fünf Jahre kürzer als in Japan –, und sie sterben immer früher – die US-amerikanische Gesundheitsbehörde (Centers for Disease Control) stellt seit 2014 Jahr für Jahr fest, dass die Lebenserwartung sinkt.[31] Dieser Rückgang ereignet sich ungeachtet medizinischer Fortschritte, die in den meisten Ländern der Welt zu sinkenden Sterblichkeitsraten und längeren Lebenserwartungen geführt haben.[32] Außerdem gibt es große Unterschiede in der Lebenserwartung zwischen reichen und armen Amerikanern, und sie werden immer größer. Gary Burtless von der Brookings Institution beschreibt, was mit der Lebenserwartung einer 50-jährigen Frau zwischen 1970 und 1990 geschehen ist: »In diesen 20 Jahren hat sich der Abstand in der Lebenserwartung zwischen Frauen im unteren Zehntel und im oberen Zehntel der Einkommensbezieher von etwas über 3,5 Jahre auf über zehn Jahre vergrößert.«[33]

Solche gesundheitlichen Ungleichheiten zwischen den USA und anderen Industrieländern und zwischen den Reichen und den Armen in Amerika sind erwartbar, da in den Vereinigten Staaten bis zur Einführung von Obamacare nicht das Recht jedes Amerikaners auf gesundheitliche Versorgung anerkannt wurde – anders als in praktisch allen anderen Industrieländern.

Anne Case und Angus Deaton (Letzterer Träger des Nobelpreises für Wirtschaftswissenschaften von 2015) haben öffentlich zugängliche Todesstatistiken analysiert, und ihre Erkenntnisse schockierten die Nation: Unter weißen Männern mittleren Alters ohne Hochschulabschluss hat sich die Sterblichkeitsrate zwischen 1999 und 2013 (dem letzten Jahr, für das sie Daten auswerteten) deutlich erhöht. Dies kehrt einen Trend abnehmender Sterblichkeit für diese Kohorte um und läuft den Trends für die meisten amerikanischen Alters- und ethnischen Gruppen sowie jenen in den meisten anderen Industrieländern zuwider.[34]

Noch beunruhigender sind die Todesursachen, die »Krankheiten der Verzweiflung«, wie Case und Deaton sie genannt haben: Alkoholismus, Rauschgiftüberdosis und Selbstmord. Angesichts der von mir beschriebenen Einkommensstagnation in der Mittelschicht und bei Geringverdienern – die durch die enormen Verluste an Arbeitsplätzen und Eigenheimen, die mit der Großen Rezession einhergingen, verschlimmert wurde – sollte uns all dies nicht verwundern.[35]

Ein Rückgang der Lebenserwartung in dieser Größenordnung, der nicht mit einem Krieg oder einer Pandemie (wie HIV) zusammenhängt, war in der jüngeren Vergangenheit erst einmal geschehen: nach dem Zerfall der ehemaligen Sowjetunion, als die dortigen wirtschaftlichen und gesellschaftlichen Strukturen zusammenbrachen und das BIP um fast ein Drittel zurückging.

Ein Land, in dem die Verzweiflung grassiert, in dem es so viele Drogen- und Alkoholabhängige gibt, kann keine gesunde Erwerbsbevölkerung haben. Wie gut es einer Gesellschaft gelingt, sichere, auskömmliche Arbeitsplätze zu schaffen und die Gesundheit der Arbeitnehmer zu gewährleisten, zeigt sich daran, wie viele Bürger im erwerbsfähigen Alter arbeitssuchend oder erwerbstätig sind. Hier schneiden die USA viel schlechter ab als viele andere Länder. Unsere niedrige Erwerbsquote hängt zumindest teilweise direkt mit unseren schlechten Gesundheitsdaten zusammen. Alan Krueger, der ehemalige Vorsitzende des Wirtschaftswissenschaftlichen Beirats des Präsidenten, hat in einer aktuellen Studie herausgefunden, dass fast die Hälfte der nicht erwerbstätigen »Männer im besten Alter« an einem ernsten Gesundheitsproblem leidet, und zwei Drittel von ihnen nehmen auch verschreibungspflichtige Schmerzmittel ein.[36] Der schlechte Gesundheitszustand der amerikanischen Bevölkerung ist nicht auf ein ungesundes Klima oder darauf zurückzuführen, dass kränkliche Menschen in die USA eingewandert wären. Es gibt keine Epidemie, die erklären könnte, warum Amerikaner jünger sterben und weniger gesund sind als Menschen in Europa und andernorts. Vielmehr verläuft der Kausalzusammenhang zumindest teilweise andersherum: Weil unsere Wirtschaft keine guten Arbeitsplätze mit auskömmlichen Löhnen geschaffen hat, haben viele Menschen einfach aufgegeben, und das führt zu sozialen Krankheiten wie Alkoholismus und Drogenabhängigkeit.[37]

Vermögensungleichheit

Die Vermögensungleichheit ist in den USA sogar noch größer als jene des Einkommens – das oberste eine Prozent besitzt in den USA mehr als 40 Prozent des Vermögens, das ist fast das Doppelte seines Anteils am Einkommen.[38] (»Einkommen« bezeichnet die Summe der Geldleistungen, die jemandem in einem Jahr zufließen; »Vermögen« meint die Gesamtheit der Vermögenswerte, die einer Person gehören – für die meisten Amerikaner besteht dies hauptsächlich aus ihrem Haus und ihrem Auto, abzüglich der offenen Verbindlichkeiten aus Auto- und Immobilienkrediten.) Das Vermögen ist besonders wichtig, weil es maßgeblich über den Zugang zu Verwirklichungschancen und Einfluss entscheidet.

Weltweit ist die Vermögensungleichheit sogar noch krasser. Alljährlich veröffentlicht Oxfam Statistiken, die die extreme Ungleichheit belegen: Wie viele Superreiche besitzen genauso viel Vermögen wie die »unteren« 50 Prozent der Weltbevölkerung, rund 3,9 Milliarden Menschen? Die

Zahl ist sehr schnell kleiner geworden: 2017 waren es nur 26 Personen.[39] Vor ein paar Jahren hätte es noch einiger großer Busse bedurft, um diejenigen aufzunehmen, die so viel Vermögen ihr eigen nennen wie die untere Hälfte. Heute besitzen etwas mehr als zwei Dutzend Personen, fast ausschließlich Männer, genauso viel wirtschaftliches Gewicht wie alle Menschen in China, Indien und Afrika zusammengenommen.

Wie schon beschrieben, gibt es zwei grundlegende Wege, um reich zu werden: Entweder man baut Vermögen auf, oder man eignet sich Vermögen von anderen an. Es gibt allerdings noch eine dritte Möglichkeit: durch Erbschaft.

Viele der Superreichen – einschließlich der Familie Walton (die Erben des Walmart-Vermögens) und der Gebrüder Koch – wurden nicht dadurch reich, dass sie hart arbeiteten, sondern – zumindest zum Teil – weil sie das Glück hatten, große Erbschaften zu machen.[40] Amerikaner meinen oft, die Vermögensungleichheit in den USA habe andere Ursachen als im alten Europa, wo sie auf das Grundeigentum der Aristokratie einer längst vergangenen Ära zurückzuführen sei. Dafür haben wir uns in den USA im 21. Jahrhundert zu einer Erbplutokratie entwickelt.

Chancenungleichheit

Die Statistiken über Einkommens-, Gesundheits- und Vermögensungleichheit sind deprimierend genug. Aber noch bedrückender ist die Chancenungleichheit, und das hängt auch damit zusammen, dass sie so sehr unserem Selbstbild und unserem Glauben an eine gerechte Gesellschaft zuwiderläuft.

Einkommen und Vermögen in einer Generation führen zu Reichtum in der nächsten. Vorteile – und Nachteile – werden über Generationen hinweg weitergegeben. Und da fast jedes fünfte Kind in Amerika in Armut aufwächst, kann dies leicht zu Armutsfallen führen. Diejenigen, die in Armut geboren werden, können kaum daraus entkommen. In die richtige Familien geboren zu werden und im richtigen Viertel aufzuwachsen ist in Amerika zum wichtigsten Bestimmungsfaktor eines erfolgreichen Lebens geworden.[41] Der amerikanische Traum von der Chancengleichheit ist ein Mythos: Die Lebenschancen eines jungen Amerikaners hängen stärker davon ab, wie viel seine Eltern verdienen und wie gebildet sie sind, als in fast allen anderen Industrieländern. Ich pflege meinen Studenten zu sagen, dass sie im Leben eine sehr wichtige Entscheidung treffen müssen: Sie müssen sich die richtigen Eltern aussuchen. Wenn sie dabei versagen, können sie sich ihre Zukunft vermasseln.

Natürlich schaffen es einige Leute von unten nach ganz oben; aber die Tatsache, dass die Presse so ausführlich darüber berichtet, bestätigt nur unsere These: Sie sind die Ausnahmen, nicht die Regel. Tatsächlich wird in den USA weit mehr als in anderen Ländern niedriges Einkommen »vererbt« (die sogenannte *Falle des Niedrigeinkommens*). Diejenigen, deren Eltern sich im unteren Bereich der Einkommensverteilung befinden, werden später wahrscheinlich ebenfalls dort angesiedelt sein. Ein Kind eines Topverdieners, das in der Schule schlecht abschneidet, wird in der Verteilung wahrscheinlich höher rangieren als ein Kind einer Person im unteren Bereich, das gute schulische Leistungen zeigt.[42]

Die Kombination von niedrigem Wachstum und geringer Mobilität hat sich als verheerend erwiesen: So stellt Opportunity Insights, ein Forschungsprojekt der Harvard University, in einer Studie mit dem Titel »Der verblassende amerikanische Traum« fest: »Die Chance, dass Kinder später mehr verdienen als ihre Eltern ... ist von ungefähr 90 Prozent für Kinder, die 1940 geboren wurden, auf rund 50 Prozent für Kinder, die heute in den Arbeitsmarkt eintreten, gesunken.«[43] Und das Pew Mobility Project, unterstützt von der Pew Foundation, hat etwas ganz Ähnliches herausgefunden: In der entsprechenden Lebensphase ist nur die Hälfte der Kinder vermögender als ihre Eltern.[44]

Fazit

In den USA und in vielen anderen Industriestaaten hat die Wirtschaft nicht gut funktioniert – und dies gilt insbesondere dann, wenn wir unter »gut funktionieren« steigende Lebensstandards für die meisten Bürger verstehen. Niedriges Wachstum, stagnierende Einkommen und zunehmende Ungleichheit hängen selbstverständlich eng miteinander zusammen, und sie sind zumindest teilweise das Ergebnis einer Politik, die vor 40 Jahren unter Präsident Reagan begann und auf einem tief greifenden und weitverbreiteten Missverständnis dessen, was eine starke Volkswirtschaft ausmacht, beruht. Es ist nicht weiter überraschend, dass extreme

Ungleichheit und Ungleichheiten, die auf mangelnde Chancen zurückzuführen sind, die wirtschaftliche Leistungskraft besonders stark beeinträchtigen. Fehlende Chancengerechtigkeit bedeutet, dass Kinder armer Eltern ihr Potenzial nicht verwirklichen können. Dies ist nicht nur unmoralisch, es besagt auch, dass Amerika seine wertvollste Ressource vergeudet – die Talente seiner Jugend.

Der Slogan »Wir sollten es dem Markt überlassen« entbehrte schon immer jeglicher Grundlage: Märkte müssen strukturiert werden, und dazu bedarf es staatlicher Eingriffe. Die politische Rechte hat dies verstanden, und beginnend mit Reagan restrukturierte sie Märkte so, dass sie den Interessen der Reichen dienen. Sie machte dabei jedoch vier Kardinalfehler: Sie hat nicht begriffen, wie schädlich eine sich vergrößernde Ungleichheit ist; wie wichtig langfristiges Denken ist; dass staatliches Handeln unverzichtbar ist – was für eine bedeutende Rolle der Staat spielt, wenn es darum geht, gerechtes und nachhaltiges Wachstum zu erreichen; und, am wichtigsten, welche große Bedeutung Wissen und Grundlagenforschung haben – obwohl wir uns selbst doch rühmen, eine Innovationsökonomie zu sein –, auf deren Ergebnissen unsere Technologien beruhen. Folglich hat die Rechte Schlüsselfaktoren, die entscheidend waren für den Erfolg des Kapitalismus in den letzten 200 Jahren, in ihrer Tragweite unterschätzt. Das Ergebnis entspricht weitgehend dem, was zu erwarten war: niedrigeres Wachstum und mehr Ungleichheit.

Jetzt, wo wir das ganze Ausmaß des Problems erfasst haben, wollen wir in den folgenden Kapiteln zwei der Faktoren betrachten, die maßgeblich zu diesen unerfreulichen Ergebnissen beitrugen: Wir haben geglaubt, es sei egal, auf welchem Weg man reich werde – ob durch echte Wohlstandsschöpfung, die den nationalen ökonomischen Kuchen vergrößert, oder durch Ausbeutung; und wir haben die verschiedenen Facetten der Ausbeutung, beginnend mit Marktmacht, verkannt. Die Nation verwandte zu viel Energie auf Ausbeutung und zu wenig darauf, echten Wohlstand zu schaffen.

3. Ausbeutung und Marktmacht

Standardlehrbücher der Volkswirtschaftslehre – und ein Großteil der politischen Rhetorik – betonen gern, wie wichtig ein gut funktionierender Wettbewerb sei. In den letzten 40 Jahren haben Wirtschaftstheorie und empirische Daten jedoch Behauptungen widerlegt, wonach der Wettbewerb auf den meisten Märkten weitgehend störungsfrei funktioniere, und auch die Auffassung, wonach die eine oder andere Variante des »Wettbewerbsmodells« unsere Volkswirtschaft gut beziehungsweise angemessen beschreibe.[1] Vielleicht hat das Bild eines innovativen, wenn auch rücksichtslosen Wettbewerbs von unzähligen Unternehmen, die sich bemühen, Verbrauchern bessere Produkte und Dienstleistungen zu niedrigeren Preisen anzubieten, die amerikanische Volkswirtschaft vor langer Zeit einmal gut beschrieben. Aber heute leben wir in einem System, wo einige wenige Unternehmen riesige Gewinne absahnen und jahrelang unbehelligt ihre marktbeherrschende Stellung ausnutzen können.

Die führenden neuen Hightech-Unternehmer legen nicht einmal mehr Lippenbekenntnisse zum Wettbewerb ab – Peter Thiel, kurzzeitig einer der Berater Trumps und eine der bedeutenden Unternehmerpersönlichkeiten des Silicon Valley, erklärte frank und frei: »Wettbewerb ist was für Verlierer.«[2] Auch Warren Buffett, einer der reichsten Männer des Landes und einer der klügsten Investoren, hat dies erkannt. 2010 sagte er vor der Financial Crisis Inquiry Commission:[3]

> »Der wichtigste Faktor bei der Bewertung eines Unternehmens ist seine Preisfestsetzungsmacht. Wenn man die Macht hat, die Preise zu erhöhen, ohne Kunden an einen Konkurrenten zu verlieren, hat man ein sehr gutes Geschäft. Wenn man ein Geschäft hat, das hinlänglich gut läuft, etwa wenn man eine Zeitung oder einen Fernseh-

sender mit einer Monopolstellung besitzt, dann könnte selbst der dämlichste Neffe es profitabel managen.«[4]

Schon zuvor hatte er seinen Investoren erklärt, eine Markteintrittsschranke lasse sich mit einem Burggraben vergleichen:

»Wir wollen, dass der Burggraben so breit ist, dass ihn niemand überqueren kann. Wir fordern unsere Manager auf, den Graben jedes Jahr etwas breiter zu machen.«[5]

Buffett hat recht, und die »wettbewerbsfreie« Welt, die er so freimütig beschreibt, ist eine schlechte Nachricht. Das Problem ist, dass der Wettbewerb überall eingeschränkt wird. Wie nachfolgend erläutert, gibt es vielfältige neue Methoden und Tricks, um sich Marktmacht zu verschaffen, sie auszunutzen und zu erhalten – innovative Instrumente, mit deren Hilfe Manager den »Burggraben« um ihre Unternehmen erweitern können und die es ihnen ermöglichen, die daraus resultierende Macht einzusetzen, um Verbraucher zu übervorteilen und ihre Gewinne zu steigern. Es ist leicht zu verstehen, warum unsere Wirtschaftsführer den Wettbewerb nicht mögen: Er drückt die Gewinne bis zu dem Punkt, wo Unternehmen eine Kapitalrendite erhalten, die gerade ausreicht, um unter Berücksichtigung des Risikos weiterhin in diesen Markt zu investieren. Sie streben nach höheren Gewinnen als jenen in einem Wettbewerbsmarkt – daher müssen sie die »Burggräben« verbreitern, um Konkurrenten abzuhalten, und dabei mit großer Findigkeit vorgehen.

Heute brauchen wir Innovation, um diesen Entwicklungen entgegenzutreten – den Wettbewerb wiederherzustellen und die Wirtschaft wieder ins Gleichgewicht zu bringen. Im Schlussteil dieses Kapitels wird erörtert, wie dies erreicht werden kann.

Der Gesamtzusammenhang

Beginnen wir mit einer einfachen Frage: Warum sind die Telekommunikationspreise in den USA einschließlich der Kosten für Breitband-Internet so viel höher sind als in vielen anderen Ländern – und der Service so viel schlechter?[6] Ein Großteil der neuen Technologien wurde in den Vereinigten Staaten entwickelt. Unsere öffentlich finanzierten Forschungs- und Bildungseinrichtungen lieferten die theoretischen Grundlagen. Telekommunikation ist heute eine globale Technologie, die wenig Arbeitskräfte benötigt – also kann es nicht an den hohen Löhnen liegen. Die Lösung des Rätsels ist einfach: Marktmacht. Die Antwort auf die im letzten Kapitel aufgeworfene Frage, wieso die scheinbar innovativste Volkswirtschaft der Welt ein so niedriges Wachstum aufweist und warum so wenig dieses Wachstums Normalverdienern zugutegekommen ist, liegt größtenteils in der Zunahme der Marktmacht.[7] Sie erlaubt es Unternehmen, Verbraucher auszubeuten, indem sie höhere Preise verlangen, als sie es ansonsten tun könnten, und indem sie Verbraucher auch noch auf andere Weise übervorteilen. Höhere Preise schaden Arbeitnehmern genauso wie niedrigere Löhne. Bei fehlender Marktstärke würden die Wettbewerbskräfte die übermäßigen Gewinne auf null drücken, aber wie wir sehen werden, sind diese übermäßigen Gewinne die eigentliche Ursache der wachsenden Ungleichheit in den USA.[8]

Mittels Marktbeherrschung können Unternehmen Arbeitnehmer ebenfalls direkt ausbeuten, indem sie niedrigere Löhne zahlen, als sie andernfalls müssten, und indem sie Arbeitnehmer in anderer Weise ausnutzen. Aus Marktmacht wird politische Macht. Die enormen Gewinne, die Marktstärke erzeugt, erlauben es Konzernen – in der von Geld beherrschten US-Politik –, Einfluss zu kaufen, der ihre Macht und ihre Gewinne noch weiter steigert, zum Beispiel dadurch, dass Gewerkschaften und die Durchsetzung kartellrechtlicher Bestimmungen geschwächt werden, Banken freie Hand erhalten, ihre Kunden auszunehmen, und die Globalisierung so gestaltet wird, dass die Verhandlungsmacht von Arbeitnehmern weiter abnimmt.

Wohlstand schaffen oder Wohlstand rauben

Länder können auf zweierlei Weise zu Wohlstand gelangen: dadurch, dass sie andere Länder ausrauben, wie es die Kolonialmächte taten, oder indem sie durch Innovation und Wissenschaft Wohlstand schaffen. Letzteres ist die einzige wahre Quelle für die Schaffung von weltweitem Wohlstand.

Und das Gleiche gilt für Individuen. Menschen können dadurch reich werden, dass sie andere ausbeuten – in Gesellschaften ohne Rechtsstaatlichkeit üblicherweise durch Gewaltanwendung oder bei einer ungerechten Rechtsordnung durch Sklaverei. Aber in der modernen amerikanischen Volkswirtschaft tun sie es auf viel subtilere Weise. Etwa indem sie ihre Marktmacht ausüben oder höhere Preise verlangen. Sie können undurchsichtige Mechanismen der Preisgestaltung nutzen, wie etwa im Gesundheitssektor. Sie können ausbeuterische Kreditvergabe, Marktmanipulation, Insiderhandel oder irgendeine andere der missbräuchlichen Praktiken betreiben, die im Finanzsektor typisch sind (und die wir in Kapitel 5 vertiefend erörtern).[9] Eine der Hauptformen des »Wohlstandsraubs« ist Korruption. In weniger entwickelten Ländern kann sie die Form von Bargeld in schlichten weißen Umschlägen annehmen. Die »Korruption amerikanischen Stils« ist viel ausgetüftelter; da werden dann etwa Gesetze verabschiedet, die sicherstellen, dass man für Produkte, die man staatlichen Stellen verkauft, zu viel bezahlt bekommt (Rüstungskonzerne und Pharmaunternehmen) oder dass man für natürliche Ressourcen, die der Allgemeinheit gehören, zu wenig bezahlt (Mineralöl- und Bergbaukonzerne oder Holzunternehmen, die Wälder auf öffentlichem Grund abholzen).[10]

Alternativ können Privatpersonen auch dadurch reich werden, dass sie neue Produkte entwickeln und, bis andere sie nachahmen oder durch weitere Innovationen einen Zusatznutzen für Verbraucher anbieten, hohe Gewinne erwirtschaften. Eine derartige Wertschöpfung vergrößert den wirtschaftlichen Kuchen einer Nation. Genau diese Art von Wohlstandsschöpfung brauchen wir.

Bei der ausbeuterischen Form des Vermögenserwerbs wird lediglich Wohlstand umverteilt – was oft damit einhergeht, dass man Menschen am Fuß der Pyramide etwas wegnimmt und es den Reichen gibt. Tatsächlich wird dabei häufig Wohlstand vernichtet. Unsere Finanziers taten dies durch ausbeuterische Kreditvergabe, missbräuchliche Kreditkartenpraktiken, Marktmanipulation und Insiderhandel. Im weiteren Verlauf dieses Buchs werden wir noch andere Methoden kennenlernen, mit denen die Reichen die anderen Gruppen ausbeuten.

Marktmacht und die Aufteilung des nationalen Kuchens

Verfechter der freien Marktwirtschaft argumentieren oft, die Aufteilung des nationalen Einkommenskuchens hänge vom Wirken unpersönlicher Marktkräfte ab – vergleichbar mit den physikalischen Kräften, die unser Körpergewicht festlegen. Niemand möchte das Gravitationsgesetz widerrufen; und wenn die Waage anzeigt, dass man zu viel Pfunde drauf hat, kann man dafür nicht die Schwerkraft verantwortlich machen, sondern muss sich um seine Essgewohnheiten kümmern. Aber die wirtschaftswissenschaftlichen Gesetze unterscheiden sich von den Gesetzen der Physik: Märkte werden durch die staatliche Rechtsordnung gestaltet, und auf den meisten funktioniert der Wettbewerb nicht richtig. Die Rechtsordnung legt insbesondere fest, wer wie viel Marktstärke besitzt.

Die Verfechter freier Märkte zitieren gern Adam Smith und sein Argument, Einzelpersonen und Unternehmen würden, wenn sie eigennützige Ziele verfolgen, wie von einer unsichtbaren Hand geleitet, zugleich das allgemeine Wohl befördern. Sie vergessen Smiths folgende Ermahnung: »Geschäftsleute des gleichen Gewerbes kommen selten, selbst zu Festen und zur Zerstreuung, zusammen, ohne dass das Gespräch in einer Verschwörung gegen die Öffentlichkeit endet oder irgendein Plan ausgeheckt wird, wie man die Preise erhöhen kann.«[11] Aufgrund dieser stets gegenwärtigen Gefahr verabschiedete der US-Kongress vor rund 125 Jahren Anti-Trust-Gesetze, die geheime Absprachen zur Behinderung des Wettbewerbs verboten und wettbewerbswidrige Praktiken einschränkten.[12]

Der nationale Einkommenskuchen setzt sich zusammen aus Arbeitseinkommen, Kapitalertrag und dem Rest. Den größten Teil des Rests nennen Wirtschaftswissenschaftler »Renten«. Boden- beziehungsweise Grundrenten sind das offensichtlichste Beispiel, aber auch Erträge aus Bodenschätzen, Monopolgewinne und Erträge aus geistigem Eigentum (aus Patenten und Urheberrechten) gelten als »Renten«. Der große Unterschied zwischen zum Beispiel Einkommen aus Arbeit und Renten besteht darin: Wenn Arbeitnehmer mehr arbeiten, wird der nationale Kuchen größer. Auf vollkommenen Märkten erhalten sie als Ertrag für ihre gesteigerten Anstrengungen genau das, was sie dem nationalen Kuchen hinzugefügt haben. Dagegen wird der Eigentümer von Land oder eines anderen Vermögenswerts, der Renteneträge abwirft, nur deshalb bezahlt, weil ihm das Land oder der Vermögenswert gehört. Das Angebot an Grund ist unveränderlich – nichts, was der Eigentümer getan hat, hat den nationalen Kuchen vergrößert –, und dennoch kann er ein hohes Einkommen erhalten. Er bekommt lediglich Geld, das andernfalls anderen zugeflossen wäre. Und das Gleiche gilt für ein Monopol: Wenn seine Macht steigt, streicht der Monopolist mehr Monopolgewinne (oder Monopolrenten) ein. Hier kann der nationale Kuchen jedoch gleichzeitig schrumpfen, weil der Monopolist, um seine Marktmacht auszunutzen, die Produktion drosselt, um die produzierten Güter gezielt zu verknappen.

Daher sind Renten Wachstum und Effizienz bestenfalls nicht förderlich, schlimmstenfalls sogar abträglich. Sie können schädlich sein, weil sie zu wirtschaftlichen Verzerrungen führen, weil sie jene »guten« wirtschaftlichen Aktivitäten »verdrängen«, auf welchen echte Wohlstandsschöpfung basiert. Wird versucht, ein höheres Einkommen zu erzielen, indem zusätzliche Renten erworben werden, nennen wir das *Rent-Seeking*. Wenn talentierte Arbeitskräfte von Branchen angelockt werden, in denen Rent-Seeking möglich ist – ob sie mehr Geld verdienen, indem sie Monopolmacht ausüben, oder im Finanzsektor Kunden betrügen oder diese zu Glücksspiel oder anderen sittenwidrigen Geschäften verleiten –, dann gibt es weniger Talente, die sich in der Grundlagenforschung engagieren, die wirklich nutzenstiftende Güter und Dienstleistungen produzieren und die sonstigen wohlstandsmehrenden Aktivitäten nachgehen. Wenn diejenigen, die für ihre Altersvorsorge oder für ein Erbe sparen, das sie ihren Nachfahren hinterlassen wollen, in Renten abwerfende Vermögenswerte wie Land investieren, sinkt die Nachfrage nach neuen Vermögenswerten wie Sachanlagen, die die Produktivität der Arbeitnehmer erhöhen.

Daraus folgt, dass ein Anstieg von solchen Renten beunruhigend ist, und dies insbesondere dann, wenn die Renten erzeugenden Aktivitäten schädlich sind, ob es sich dabei um erhöhte Monopolmacht oder verstärkte Ausbeutung von Verbrauchern handelt. Und genau das beschreibt den heutigen Zustand der amerikanischen Volkswirtschaft.

Die sinkende Lohn- und Kapitalquote und die steigende Rentenquote

Ein auffälliger Aspekt der wachsenden Ungleichheit ist, dass immer weniger des Volkseinkommens den Arbeitnehmern zufließt (wie im vorangehenden Kapitel beschrieben). Aber der Anteil des Kapitaleinkommens am Volkseinkommen geht ebenfalls zurück.

Die Kapitalquote ist der Anteil am Volkseinkommen, der denjenigen zufließt, die gespart und Vermögen in Form von Maschinen und Gebäuden oder geistigem Eigentum (auch immaterielles Kapital genannt) angehäuft haben. Auch wenn es keine eindeutige Datenquelle gibt, auf die sich leicht zurückgreifen lässt, können wir zuverlässige Rückschlüsse aus vorhandenen Daten ziehen. So lässt sich zum Beispiel Daten über das Volkseinkommen entnehmen, dass der Kapitalstock gewachsen ist. Ein Land mag jedes Jahr mehr investieren, aber jedes Jahr nutzt sich auch ein Teil des alten Kapitals ab. Daher können wir die alljährliche Nettozunahme des Kapitals abschätzen und, davon ausgehend, den Gesamtbetrag des Kapitals, der sich zu jedem beliebigen Zeitpunkt in einer Volkswirtschaft befindet.

Um das gesamte »Kapitaleinkommen« zu veranschlagen, multiplizieren wir diesen Kapitalwert mit seiner Rendite. Leider gibt es auch hier keine Datenquelle, der wir die »Kapitalrendite« direkt entnehmen können. Typische Datenreihen über *beobachtete* Renditen vermengen die eigentliche Kapitalrendite – auf Ersparnisse und Investitionen – mit Marktmachterträgen. Hier wollen wir versuchen, die beiden voneinander zu trennen. Die Logik ist einfach. Wir können die Rendite sicherer Anlagen leicht ermitteln – den Zinssatz, den ein Staat auf Staatsanleihen zahlen muss. Die Frage lautet: Wie hoch ist der zusätzliche Betrag, der notwendig ist, um das Risiko abzugelten, also die »Risikoprämie«? Die risikofreie Kapitalrendite ist infolge des erhöhten globalen Sparangebots aus Schwellenländern wie China gesunken; und seit dem Beginn der Krise von 2008 ist sie besonders stark zurückgegangen, denn damals wurden die Realzinsen (inflationsbereinigte Zinsen) weltweit auf null oder sogar unter null gedrückt. Die Risikoprämie ist auch insgesamt infolge einer verbesserten Risikosteuerung gesunken.[13] Wenn wir die sichere Rendite und die Risikoprämie addieren, erhalten wir die Gesamtkapitalrendite, und da beide Komponenten heute niedriger sind als in früheren Zeiten, ist auch die Gesamtkapitalrendite niedriger. Multipliziert man den zuvor geschätzten Kapitalwert mit der Kapitalrendite, erhält man das Gesamtkapitaleinkommen.

Das Verhältnis des so näherungsweise ermittelten Kapitaleinkommens zum Volkseinkommen ist deutlich gesunken. Mehrere Studien bestätigten dies – einige davon haben sich den Unternehmenssektor näher angesehen, andere haben sich auf das verarbeitende Gewerbe konzentriert und wieder andere auf die Wirtschaft insgesamt.[14]

Wenn der Anteil des Arbeitseinkommens und der Anteil des Kapitaleinkommens (am Volkseinkommen) gesunken sind, dann folgt daraus, dass der Anteil der Renten gestiegen sein muss – und zwar in einem beachtlichen Umfang. Während sich in den USA die Bodenrenten und die Renten aus geistigem Eigentum leicht erhöht haben, sind Unternehmensgewinne eine Hauptquelle von Rentensteigerungen – Gewinne, die über das hinausgehen, was Unternehmen in einer Volkswirtschaft mit funktionierendem Wettbewerb verdienen würden.[15]

Genau die gleichen Ergebnisse erhält man, wenn man das Problem auf eine andere Weise betrachtet. Das Volksvermögen ist der Gesamtwert des Kapitalstocks (einschließlich Sachanlagen, gewerblichen und Wohnimmobilien), des Bodens, des geistigen Eigentums und so weiter eines Landes. Studien haben gezeigt, dass das Volksvermögen in den meisten Industrieländern viel stärker zugenommen hat als das Kapital. Tatsächlich steigt in einigen Ländern, die USA eingeschlossen, das Vermögen-Einkommen-Verhältnis, während das Kapital-Einkommen-Verhältnis sinkt.[16] Der entscheidende Unterschied zwischen Volksvermögen und dem realen Wert des Kapitalstocks ist der Wert der Renten generierenden Vermögenswerte. Dieser Wert ist, auch im Verhältnis zum BIP, enorm angestiegen.[17] Wenn wir die verschiedenen Quellen von »Rentenvermögen« betrachten, erkennen wir, dass es sich vornehmlich deshalb vergrößert hat, weil jene übermäßigen Gewinne anstiegen, die sich der Ausübung von Marktmacht verdanken. Und die Zunahme des Kapitalwerts von Gewinnen rührt zu einem guten Teil von den Profiten der Hightech-Unternehmen her. Mordecai Kurz von der Stanford University hat jüngst gezeigt, dass etwa 80 Prozent des Eigenkapitalwerts börsennotierter Unternehmen auf Renten zurückzuführen sind, die fast ein Viertel der gesamten Wertschöpfung ausmachen, wobei ein Großteil davon im IT-Sektor konzentriert ist. All dies ist eine deutliche Veränderung gegenüber der Situation vor 30 Jahren.[18]

Wie lässt sich die Zunahme von Marktmacht und Gewinnen erklären?

Die Zunahme der Unternehmensgewinne sollte uns nicht überraschen. Die Medaille hat zwei Seiten: Die Arbeitnehmer haben mit der Schwächung der Gewerkschaften und insbesondere mit der Globalisierung, die wir im nächsten Kapitel behandeln, einen Großteil ihrer Verhandlungsmacht eingebüßt.[19] Und in einem Markt nach dem anderen sinkt die Anzahl der Wettbewerber beziehungsweise steigt der Anteil an den Umsätzen, der auf die führenden zwei oder drei Firmen entfällt, oder beides. Die Marktkonzentration hat zugenommen[20] – in geschlagenen 75 Prozent der Branchen stieg sie zwischen 1997 und 2012 an[21] –, und damit geht eine steigende Marktmacht einher.[22] Unternehmen haben diese Marktstärke genutzt, um Preise im Verhältnis zu den Kosten zu erhöhen – die sogenannten Handelsspannen.[23] Dies schlägt sich dann in höheren Gewinnen nieder. Im Ergebnis führt es dazu, dass unsere Großunternehmen sich einen immer größeren Teil des nationalen Einkommenskuchens unter den Nagel reißen, und die Gewinnrate von Unternehmen erreicht neue Höchststände, von einer durchschnittlichen Rendite von rund 10 Prozent bis auf 16 Prozent in einigen der letzten Jahre.[24] Laut einer Schätzung haben 2016 ganze 28 Unternehmen im S&P-500-Index 50 Prozent zum Gesamtbetrag aller Unternehmensgewinne im Index beigesteuert; was zeigt, dass die Konzentration von Marktmacht heute größer ist als in der Vergangenheit.[25]

Weitere Belege für eine Zunahme von Marktkonzentration und -macht

Überall finden sich Belege dafür, dass in unserer Wirtschaft immer weniger Wettbewerb herrscht. Einige sind offensichtlich: etwa die begrenzte Auswahl von Kabelfernseh- beziehungsweise Internet- oder Telefonanbietern. Drei Unternehmen haben einen Marktanteil von 89 Prozent bei sozialen Netzwerken, von 87 Prozent bei Baumärkten, von 89 Prozent bei der Herstellung von Herzschrittmachern und von 75 Prozent auf dem Biermarkt; vier Firmen haben einen Anteil von 97 Prozent am Markt für Katzentrockenfutter, von 85 Prozent am Marmeladenmarkt und von 76 Prozent am Markt für Inlandsflüge.[26] Aber auch in kleinen Nischenmärkten, etwa bei Hundefutter, Batterien und Särgen, gibt es Anhaltspunkte dafür.[27] In einigen Fällen ist die Marktkonzentration vielleicht nicht so leicht zu durchschauen, etwa wenn ein Unternehmen einen großen Anteil am Apothekenmarkt hat, die Apotheken jedoch unter verschiedenen Namen betreibt.

Bei einem Markt mit nur einem Unternehmen sprechen wir von einem Monopol. Wenn es so viele Unternehmen gibt, dass keines die Macht hat, den Preis festzusetzen, nennen wir das vollkommenen (vollständigen) Wettbewerb. Würde ein Unternehmen bei vollständigem Wettbewerb auch nur etwas mehr als den aktuellen Preis verlangen, sänke sein Umsatz auf null. In der realen Welt gibt es in einem Markt fast nie so viele Unternehmen, dass das Modell des vollständigen Wettbewerbs die Wirklichkeit auch nur annähernd realitätsnah beschreiben würde. Andererseits hat ein Unternehmen nur sehr selten gar keine Konkurrenten. Die reale Welt ist irgendwo zwischen vollständigem Wettbewerb und reinem Monopol angesiedelt. Auch wenn Unternehmen nur wenige Wettbewerber haben, können sie einen gewissen Einfluss auf den Preis ausüben. Wenn sie ihre Preise über die Produktionskosten hinaus erhöhen, machen sie etwas weniger Umsatz, aber nicht viel weniger – es ist für sie immer noch profitabel.[28] Je weniger Wettbewerber es gibt, umso schwächer ist üblicherweise der Wettbewerb und desto höher sind die Preise relativ zu den Kosten.[29] Die Fähigkeit, die Preise über den Kosten zu halten, zeugt von Marktstärke.

Gegen Kritik an der Marktmacht der Techgiganten wird gelegentlich eingewandt, Google habe zwar eine beherrschende Stellung auf dem Markt für Online-Suche, aber dennoch müsse das Unternehmen um Werbedollar mit Facebook konkurrieren, und ähnlich gehe es Apple im Smartphone-Markt mit Samsung. Wie ich bereits erwähnte, ist Macht in einem Markt praktisch niemals absolut; sie ist immer eingeschränkt. Aber es ist absurd zu behaupten, weil *ein bisschen* Wettbewerb herrsche, gebe es keine Marktmacht. Und solange es ein bisschen Marktmacht gibt, gibt es Möglichkeiten für Ausbeutung und Übergewinne.[30]

Marktmacht manifestiert sich noch in anderer Weise als nur in höheren Preisen und Gewinnen – zum Beispiel darin, wie Unternehmen ihre Kunden behandeln. So zwingen zum Beispiel viele ihre Kunden dazu, im Fall von Streitigkeiten nicht auf das öffentliche Rechtssystem zurückzugreifen – was das gute Recht jedes Bürgers in einer demokratischen Gesellschaft sein sollte – und stattdessen geheimniskrämerische Schiedsgerichte einzuschalten, die zugunsten der Unternehmen voreingenommen sind.[31] Die meisten von uns haben schon einmal unabsichtlich durch ihre Unterschrift auf ihre Rechte verzichtet, wenn wir eine Kreditkarte erhalten, ein Bankkonto eröffnet, einen Internetanschluss beantragt oder einen Telefonanbieter ausgewählt haben, da diese praktisch alle ähnliche Bestimmungen auferlegen. Der Vorteil einer Marktwirtschaft mit funktionierendem Wettbewerb sollte darin bestehen, dass Verbraucher wählen können. Doch tatsächlich gibt es in diesen und vielen anderen Bereichen keine echte Wahl.[32]

Es gibt noch weitere Manifestationen von – unterschiedlich ausgeprägter – Marktmacht. In einem Wettbewerbsmarkt kann ein Unternehmen von verschiedenen Kunden für das gleiche Produkt keine unterschiedlichen Preise verlangen, denn der Preis wird von den (Grenz-) Kosten der Produktion, nicht von dem Wert, den der Kunde dem Gut beimisst, bestimmt. Dennoch ist eine solche Preisdiskriminierung in unserer digitalen Ökonomie üblich, wie wir in Kapitel 6 sehen werden.

Innovative Methoden zur Schaffung von Marktmacht

Es bestehen kaum Zweifel daran, dass es mehr Marktmacht gibt als früher. Die Frage lautet: Warum? Ich habe bereits Warren Buffetts Erklärung dafür beschrieben: Der beste Weg, um nachhaltig hohe Erträge zu erwirtschaften, besteht für Unternehmen darin, sich mit »Burggräben« zu umgeben. Die so erzeugten Markteintrittsschranken verhindern, dass Gewinne unter dem Wettbewerbsdruck, den neu in den Markt eintretende Unternehmen erzeugen würden, dahinschwinden. Zu den profitabelsten neueren »Innovationen« in den Vereinigten Staaten gehören diejenigen, die die Fähigkeit verbessern, diese Gräben zu schaffen und zu verbreitern und aus der sich daraus ergebenden Marktmacht Profit zu schlagen.

Nach dem wirtschaftswissenschaftlichen Standardmodell stellt die Entwicklung eines besseren Produkts nicht sicher, dass ein Unternehmen damit nachhaltig hohe Erträge erwirtschaften kann. Andere Firmen treten vielleicht ebenfalls in den Markt ein und lassen durch den von ihnen ausgehenden Wettbewerbsdruck die Gewinne dahinschmelzen. Wenn sich der Staub legt, sollten Unternehmen lediglich die normale Rendite auf ihr eingesetztes Kapital erhalten, also die erforderliche Rendite, um sie für den Einsatz ihres Geldes und das getragene Risiko in angemessener Weise zu entschädigen. Es sollten keine *übermäßigen* Renditen anfallen. Es ist nicht weiter verwunderlich, dass das Unternehmen nicht gefällt. Deshalb ist es für innovative Unternehmen aus strategischen Gründen so wichtig, Markteintrittsschranken zu schaffen – »Burggräben«, wie sie Warren Buffett nannte –, damit andere nicht in den Markt eintreten und ihre Gewinne durch Wettbewerbsdruck zunichtemachen können.

Unternehmen wie Microsoft waren führend in der Erfindung neuer Formen von Markteintrittsschranken und kluger Strategien, vorhandene Wettbewerber zu verdrängen; dabei stehen sie sozusagen auf den Schultern von wettbewerbsfeindlichen Riesen, die ihnen vorausgingen. Lehrreich ist diesbezüglich die Saga der Internetbrowser-Kriege in den 1990er-Jahren. Damals war Netscape einer der kühnsten Innovatoren in dem Sektor. Aus Sorge, dieser Emporkömmling könnte irgendwie sein Quasimonopol bei Betriebssystemen für Personal Computer gefährden, versuchte Microsoft, die unliebsame Konkurrenz loszuwerden. Das Unternehmen entwickelte ein nach Meinung vieler Experten minderwertiges Produkt, den Internet Explorer. Dieser hätte sich aus eigener Kraft nicht gegen das Netscape-Produkt behaupten können, aber aufgrund seiner Machtposition im Markt für PC-Betriebssysteme konnte Microsoft durchsetzen, dass er in fast allen PCs in Amerika vorinstalliert wurde. Microsoft verknüpfte seinen Browser mit seinem Betriebssystem und gab ihn gratis mit dazu. Wie soll man mit einem Browser konkurrieren, der kostenlos zur Verfügung gestellt wird? Aber diese Maßnahme erwies sich als unzureichend, sodass Microsoft gezielt für »FUZ« – Furcht, Ungewissheit und Zweifel – darüber sorgte, ob Interoperabilitätsprobleme mit Netscape auftreten könnten. Deshalb befürchteten Nutzer, die Installation des Netscape-Browsers könnte die Funktionstüchtigkeit ihres Computers beeinträchtigen.[33] Durch diese und andere wettbewerbswidrige Handlungen drängte Microsoft Netscape aus dem Markt. Zu Beginn des 21. Jahrhunderts wurde der Netscape-Browser praktisch nicht mehr genutzt. Auch nachdem Microsofts wettbewerbswidriges Verhalten von Behörden auf drei Kontinenten verboten worden war, blieb es weiterhin dominant, bis schließlich neue Unternehmen (wie etwa Google und Firefox) in den Browser-Markt vorstießen.

Heute sind es die neuen Hightech-Giganten, die ihre Marktmacht missbrauchen. So haben europäische Wettbewerbsbehörden wiederholt festgestellt, dass das Unternehmen Google wettbewerbswidrig handelte, zunächst dadurch, dass es bei Internet-Suchanfragen seine eigenen Dienste bevorzugte, und zweitens, indem es seine Macht im Markt für Mobiltelefone missbrauchte. Die EU hat in beiden Fällen Rekordgeldstrafen in Höhe von 2,8 beziehungsweise 5,1 Milliarden Dollar verhängt.

Auch durch Missbrauch des Patentsystems lässt sich der Wettbewerb einschränken. Patente sind eine zeitlich befristete Markteintrittsschranke. Niemand darf ein Produkt herstellen, das mit einem patentierten Produkt identisch ist. Gefragt, wozu Patente eigentlich dienen, würden die meisten Amerikaner wohl an den kleinen Erfinder denken, der Rechtsschutz erhält, damit Großunternehmen ihm nicht seine Idee stehlen. Heutzutage ist die Situation nicht annähernd so einfach, und Patente sind oftmals zu einer wirksamen Marktzutrittsschranke geworden. Viele Innovationen erfordern heute Hunderte, wenn nicht Tausende von Patenten. Und bei der Entwicklung eines neuen Produkts (etwa eines neuen Chips) kann es einem Unternehmen passieren, unwissentlich eines von unzähligen Patenten zu verletzen. Nur ein Großunternehmen verfügt über die Ressourcen, um alle bestehenden Patente zu recherchieren. Außerdem arrangieren sich Großunternehmen oftmals miteinander und erlauben sich gegenseitig, die je eigenen Patente zu nutzen, da sie wissen, dass sie andernfalls durch nicht enden wollende Rechtsstreitigkeiten gelähmt würden. Aber dies stellt einen neuen Marktteilnehmer vor echte Probleme. Neueinsteiger gehören nicht zum Klub. Sie wissen, dass ein echtes Risiko besteht, dass sie verklagt werden, ganz egal, was sie tun oder wie innovativ oder sorgfältig sie auch sind. Sie verfügen nicht über die finanziellen Mittel, um einen Prozess zu gewinnen. Zweifellos werden viele potenzielle Innovatoren so davon abgehalten, es auch nur zu versuchen, da sie das Risiko teurer Gerichtsverfahren scheuen, die sie auch dann in die Insolvenz treiben würden, wenn die Erfolgsaussichten der Gegenseite gering wären.[34] Schon die Drohung mit einer Patentklage kann einem jungen Innovator Schauer über den Rücken jagen.

Eine schnelle Suche unter dem Stichwort »Patentverletzungen« fördert zahlreiche Fälle zutage, bei denen es um Hunderte von Millionen Dollar ging – Streitigkeiten zwischen Qualcomm und Apple, Apple und Samsung und so weiter. Die einzigen sicheren Gewinner bei all diesen

Prozessen sind die Rechtsanwälte; die einzigen sicheren Verlierer sind Verbraucher und kleine Unternehmen, deren Interessen hierbei nicht berücksichtigt werden. Das ist der Kapitalismus amerikanischen Stils im 21. Jahrhundert.

Aber damit ist das Repertoire an wettbewerbswidrigen Praktiken unserer »innovativen« Unternehmen noch nicht ausgeschöpft. Sie haben neue vertragliche Vereinbarungen durchgesetzt, durch die sie ihre Marktmacht noch effizienter nutzen können. Bei Kreditkarten erlauben diese neuen Vertragsformen Einzelhandelsgeschäften etwa nicht, Kunden, die Kreditkarten mit vielfältigen Zusatzleistungen – und hohen Gebühren für die Händler – verwenden, etwas für den Einsatz dieser kostenintensiven Kreditkarten zu berechnen. Kreditkartenunternehmen haben den Preiswettbewerb praktisch ausgehebelt.[35] Der fehlende Wettbewerb bedeutet, dass die dominanten Unternehmen (Visa, MasterCard und American Express) von Händlern Gebühren verlangen können, die viel höher sind als die Kosten für die Erbringung ihrer Dienstleistung.[36] Selbstverständlich werden diese Gebühren schließlich in den Preisen der Güter und Dienstleistungen, die Konsumenten mit diesen Karten kaufen, weitergereicht, sodass es selbst dann, wenn Kreditkarten mit Boni verbunden sind, nicht sicher ist, ob die Kreditkartenkunden damit tatsächlich besser dran sind. Es bedeutet jedoch, dass diejenigen, die bar zahlen und daher die mit Kreditkartenzahlungen verbundenen Rabatte nicht nutzen können, jene Topverdiener subventionieren, die Premium-Kreditkarten wie etwa American Express verwenden.[37] Als ein Bruchteil der Kosten einer Transaktion mögen ein, zwei oder drei Prozent gering anmuten, aber multipliziert mit dem Gesamtvolumen der Transaktionen in Höhe von etlichen Billionen Dollar beläuft sich dies auf zig Milliarden Dollar – Geld, das direkt aus den Taschen von Verbrauchern in die Kassen der Finanzinstitute wandert.[38]

Jede Branche hat sich einfallsreich gezeigt, wenn es darum ging, Marktmacht aufrechtzuerhalten. Unsere Pharmaunternehmen haben sich der lästigen Konkurrenz durch Generikahersteller, die die Preise und folglich auch die Gewinne der Pharmariesen drücken, auf besonders findige Weise entledigt. Sie zahlten diesen einfach Bestechungsgelder dafür, dass sie nicht in den Markt eintraten, aber darin wurde zu Recht ein Verstoß gegen kartellrechtliche Vorschriften gesehen.[39] Und sie haben Mittel und Wege gefunden, die Gültigkeitsdauer von Patenten zu verlängern – eine Praktik, die im Englischen »Evergreening« genannt wird.[40]

Eine weitere kreative Methode, um Marktstärke aufrechtzuerhalten, haben insbesondere die neuen Hightech-Giganten angewandt: »vorsorgliche« Fusionen. Dabei werden potenzielle Wettbewerber aufgekauft, bevor eine Gefahr von ihnen ausgehen kann und bevor die zuständigen Behörden ein solches Vorhaben gründlich daraufhin überprüfen würden, ob es den Wettbewerb einschränkt. Diese Jungunternehmer sind eher bereit, Kasse zu machen – umso mehr, als es dabei um große Summen geht, die ihre kühnsten Träume übertreffen –, als sich auf eine Schlacht mit Google oder Facebook einzulassen.[41]

Weitere Gründe für die Zunahme von Marktmacht

Abgesehen davon, dass unser Unternehmenssektor mit großer Findigkeit Tricks und Kniffe ersinnt, um Marktstärke zu erlangen und zu behalten, gibt es viele weitere Gründe für deren Zunahme. Teilweise resultiert sie lediglich aus der Entwicklung unserer Wirtschaft. Etwa wenn sich die Nachfrage auf Segmente verschiebt, in denen auf lokaler Reputation basierende Marktmacht eine wichtige Rolle spielt. Vielleicht gibt es in einem Gebiet nur einen Ford-Händler oder nur einen Kundendienst für Traktoren von John Deere. In dem Ausmaß, in dem Kunden ihre Fahrzeuge oder Traktoren zur Wartung zurück zum Händler bringen, stellt dies eine Art lokale Marktmacht dar, aus der Unternehmen wie John Deere einen Großteil ihres Gewinns ziehen, auch wenn der Wettbewerb die Gewinne und Preise auf der Produktionsseite ihres Geschäfts gedrückt hat.

Ebenso werden Branchen, in denen ein sogenanntes natürliches Monopol existiert, immer wichtiger. Natürliche Monopole entstehen, wenn es gewisse Kostenersparnisse mit sich bringt, wenn ein einzelnes Unternehmen einen Markt beherrscht, also zum Beispiel die Durchschnittskosten mit dem Produktionsvolumen sinken.[42] In jeder Region zahlt es sich aus, wenn nur ein Unternehmen Strom oder Wasser liefert. Vor 100 Jahren wurden viele der Schlüsselindustrien wie Stahl und Automobile von nur einigen wenigen Unternehmensgiganten beherrscht. Der Wettbewerb war eingeschränkt, weil Neueinsteiger einfach nicht die erforderlichen großen Stückzahlen erreichen konnten, um die Kosten zu senken. Doch selbst wenn es schwierig ist, mit einer Produktion von nur wenigen Hunderttausend Autos ein konkurrenzfähiger Autohersteller zu werden, hat die Globalisierung den Weltmarkt so stark vergrößert, dass viele Unternehmen dennoch das erforderliche Produktionsvolumen erreichen.[43]

Heute ist der Wettbewerb in der »neuen Ökonomie« begrenzt. In weiten Teilen der neuen Innovationsökonomie sind die Forschungs- und Entwicklungskosten der größte Kostenblock. Die Mehrkosten, einen zusätzlichen Kunden zu bedienen, sind dagegen gleich null.[44]

Die Spielregeln ändern

Marktmacht hat auch deswegen so stark zugenommen, weil die impliziten Spielregeln geändert wurden. Zu den wichtigen Regeln gehören jene, die sicherstellen sollen, dass der Wettbewerb auf Märkten funktioniert – die schon erwähnten Kartellgesetze. Neue, gelockerte kartellrechtliche Standards haben es jedoch erleichtert, Marktmacht zu schaffen, zu nutzen und zu missbrauchen.[45] Und unsere Kartellgesetze haben mit dem wirtschaftlichen Wandel nicht Schritt gehalten.

Die allzu laxe Durchsetzung geltender Regeln spielt ebenfalls eine Rolle[46] – die bislang niedrigste Anzahl von Kartellverfahren gab es unter der Regierung von Präsident George W. Bush, und unter Obama war es kaum besser. In 2015 erreichte das Volumen von Fusionen und Übernahmen – Unternehmen, die sich zusammenschlossen, um noch größer und mächtiger zu werden – mit 4,7 Billionen Dollar ein Allzeithoch, und auch wenn nicht alle den Wettbewerb einschränkten, war dies bei vielen der Fall. Unzureichende wettbewerbsrechtliche Maßnahmen erlauben denjenigen, die über eine gewisse Marktmacht verfügen, wie Google, Facebook und Amazon, diese Macht als einen Hebel zu nutzen, um sie zu vergrößern, ihre Reichweite zu erhöhen und sie langfristig zu sichern.

Wachstum und Marktmacht

Es ist leicht zu verstehen, wie Marktstärke zu mehr Ungleichheit führt. Aber sie ist auch für das niedrige Wirtschaftswachstum und die schlechte ökonomische Leistungsbilanz mitverantwortlich. Monopolmacht verzerrt die Marktmechanismen – sie verringert die gesamtwirtschaftliche Effizienz.[47] Jüngste Analysen von David Baqaee von der London School of Economics and Political Science und Emmanuel Farhi von der Harvard University zeigen, wie hoch die Kosten für die Volkswirtschaft sind – die Preisaufschläge zu beseitigen, die auf den mangelnden Wettbewerb zurückzuführen sind, würde die Produktivität der US-Volkswirtschaft um etwa 40 Prozent erhöhen.[48]

Die Errichtung von Eintrittsschranken ist ein integraler Bestandteil von Marktmacht. Dagegen ist eine dynamische Wirtschaft mit funktionierendem Wettbewerb durch den fortwährenden Markteintritt (und -austritt) von Unternehmen gekennzeichnet, wobei der Anteil neuer Firmen üblicherweise hoch ist. Doch der Prozentsatz junger Unternehmen in der amerikanischen Wirtschaft ist wesentlich niedriger als in vielen anderen Ländern, sowohl im »alten Europa« (zum Beispiel in Spanien, Schweden und Deutschland) als auch in neuen Schwellenländern wie Brasilien, und auch niedriger als in der Vergangenheit. Dies deckt sich mit der Annahme, dass der Wettbewerb in der US-Volkswirtschaft zurückgeht und es erfolgreichen Firmen gelingt, hohe Eintrittsschranken zu errichten – sich also mit breiten und tiefen Gräben zu umgeben.[49]

Die deutliche Zunahme von Marktmacht verringert die gesamtwirtschaftliche Produktivität. Aber sie kann sich auch erheblich auf die Verbrauchernachfrage auswirken. In dem Maße, wie Geld von der Basis der ökonomischen Pyramide zur Spitze fließt, sinkt der gesamtwirtschaftliche Konsum, und zwar schlichtweg deshalb, weil die Topverdiener einen geringeren Teil ihres Einkommens für den Konsum aufwenden als die Geringverdiener, die praktisch ihr gesamtes Einkommen ausgeben müssen, nur um ihren Grundbedarf zu decken.

Außerdem wird die Investitionstätigkeit geschwächt, weil der *Mehr*ertrag aus der Produktion zusätzlicher Güter und Dienstleistungen in dem Maße fällt, wie die Monopolmacht ansteigt. Wenn mehr produziert wird, müssen Monopole ihre Preise senken, sodass der Gewinn möglicherweise weit weniger stark ansteigt als auf Wettbewerbsmärkten, wo die Preise weitgehend unbeeinflusst sind vom Produktionsniveau einer jeden Firma. Dies ist ein erklärender Faktor für eine Anomalie, die in den letzten Jahren zu beobachten war: Während die Gewinnraten sehr hoch gewesen sind, sanken die Investitionsquoten (als Anteil am BIP) von 17,2 Prozent in den 1960er- und 1970er-Jahren auf durchschnittliche 15,7 Prozent im Zeitraum 2008 bis 2017. Und dass die Privatinvestitionen zurückgehen, verheißt nichts Gutes für das zukünftige Wachstum.[50]

Es gibt noch einen weiteren Effekt, auf den bereits hingewiesen wurde: Innovation, die darauf ausgerichtet sein sollte, effizientere Produktionsweisen für bessere Produkte zu entwickeln, zielt heute stattdessen vielfach darauf ab, bessere Methoden zu ersinnen, um Marktmacht zu erzeugen und aufrechtzuerhalten und Verbraucher auszubeuten. Auch wenn unsere Finanzunternehmen in Letzterem glänzten, sind sie nicht die Einzigen, wie die Nobelpreisträger George Akerlof und Robert Shiller in ihrem 2015 erschienenen Buch *Phishing for Fools: Manipulation und Täuschung in der freien Marktwirtschaft* eindrücklich darlegten.[51] Es wurde schon beschrieben, wie unsere Zigaretten-, Pharma- und Lebensmittelunternehmen davon profitieren, dass sie Produkte herstellen, die süchtig machen und nicht nur überflüssig, sondern schädlich sind.

Wir haben immer gedacht, hohe Gewinne würden die Leistungsstärke der amerikanischen Wirtschaft, ein besseres Produkt, eine bessere Dienstleistung widerspiegeln. Aber jetzt wissen wir, dass höhere Gewinne auch auf bessere Methoden zur Ausbeutung von Verbrauchern, eine bessere Strategie der Preisdiskriminierung zurückzuführen sind, die es erlauben, die »Konsumentenrente« abzuschöpfen (die positive Differenz zwischen dem Preis, den ein Verbraucher für ein Produkt zu zahlen bereit wäre, und demjenigen, den er in einem Wettbewerbsmarkt zahlen müsste). Diese Ausbeutung bewirkt vor allem, dass Einkommen von den Verbrauchern zu unseren neuen Superreichen und den Unternehmen, die sie besitzen und kontrollieren, umverteilt wird.

Die geschwächte Marktmacht von Arbeitnehmern

Dass Unternehmen Marktmacht ausnutzen, ist nur die halbe Geschichte. Wir stehen heute einem wachsenden Problem der Monopson-Macht gegenüber, also der Fähigkeit von Unternehmen, ihre Marktmacht gegenüber denjenigen auszuspielen, von denen sie Güter und Dienstleistungen kaufen, und insbesondere gegenüber Arbeitnehmern.[52] Ein Monopson liegt dann vor, wenn es in einem Markt nur einen Käufer oder einen Arbeitgeber gibt. Ebenso wie nur wenige Märkte mit einem einzigen Verkäufer (ein Monopol) existieren, gibt es auch nur wenige mit einem einzigen Käufer. Wenn wir weiter oben von Monopolmacht sprachen, meinten wir damit, dass Unternehmen *erhebliche* Marktmacht besitzen, so viel, dass sie den Preis weit über das Wettbewerbsniveau hinaus anheben und so satte Gewinne einstreichen können. Ich habe an früherer Stelle in diesem Buch behauptet, wirtschaftliche Veränderungen hätten zu einer Zunahme von Marktstärke geführt, zumindest in vielen Wirtschaftssektoren. Gleichermaßen hier: Die Verhandlungsmacht von Arbeitnehmern wird schwächer, und damit sinken ihre Löhne.

Das Standardwettbewerbsmodell kennt »atomistische« Arbeitsmärkte, wo Löhne so festgesetzt werden, dass die Nachfrage nach Arbeitskräften dem Angebot entspricht. Niemand besitzt hier Marktmacht. Wenn ein Mitarbeiter ausscheidet, hat dies keine Konsequenzen für das Unternehmen – es sucht einfach nach einer Arbeitskraft mit der gleichen Qualifikation und zum gleichen Lohn. Und was noch wichtiger ist: Nach diesem Modell hat die Kündigung eines Arbeitnehmers keine (negativen) Konsequenzen für ihn, denn er findet mühelos einen gleichwertigen Arbeitsplatz mit dem gleichen Lohn.

Aber dies ist nicht die Welt, in der wir leben. Das Unternehmen kann leicht einen Ersatzarbeitnehmer anstellen, der vielleicht nicht genauso gut ist, aber fast. Andererseits wird der Arbeitnehmer normalerweise nicht schnell und problemlos eine andere, gleichwertige Stelle finden, vor allem nicht bei hoher Arbeitslosigkeit. Eine offene Stelle gibt es vielleicht nur in einer anderen Stadt, sodass der Betreffende umziehen muss. Die Disruption – der Bruch in der Erwerbsbiografie – ist für den Arbeitnehmer und seine Familie kostspielig. Eine längere Phase der Erwerbslosigkeit können sie sich schlichtweg nicht leisten. Jeden Monat sind Hypotheken-, Autokreditraten und andere größere Zahlungen fällig. Kurzum, es existiert eine riesige Asymmetrie der Marktmacht zugunsten des Arbeitgebers.[53]

Ebenso wie Marktmacht auf dem Produktmarkt (jenem für Güter und Dienstleistungen) Firmen erlaubt, höhere Preise zu verlangen, als sie es ansonsten tun könnten, und Preise, die weit über ihren Produktionskosten liegen, ermöglicht sie ihnen auf Arbeitsmärkten, niedrigere Löhne zu zahlen, als sie es andernfalls müssten.

Obgleich es verboten ist, haben sich doch viele unserer führenden Unternehmen, meist insgeheim, abgesprochen, um die Löhne niedrig zu halten; und nur aufgrund von Gerichtsverfahren wurden diese Vergehen aufgedeckt. Unter Steve Jobs verständigten sich Apple, Google, Intel und Adobe darauf, sich nicht gegenseitig Mitarbeiter abzuwerben – kurzum, sie vereinbarten, den Wettbewerb auszuschalten. Die betroffenen Mitarbeiter klagten gegen die wettbewerbswidrige Absprache; das Verfahren wurde gegen Zahlung von 415 Millionen Dollar eingestellt. Auch Disney und eine Reihe weiterer Filmstudios zahlten im Zuge eines Prozesses, in dem man ihnen verbotene Absprachen über den Verzicht auf gegenseitige Mitarbeiterabwerbung vorwarf, eine sehr hohe Vergleichssumme. Sogar Franchiseverträge für Fast-Food-Restaurants enthalten Bestimmungen gegen Mitarbeiterabwerbung. Diese Unternehmen wissen, dass Wettbewerb die Löhne in die Höhe treiben würde. Viele Verträge hindern Arbeitnehmer daran, das Stellenangebot eines Wettbewerbers anzunehmen, ebenfalls mit der Folge, dass der Wettbewerb eingeschränkt und die Löhne gedrückt werden.[54]

So wie sich Adam Smith der Gefahr bewusst war, dass sich Unternehmen heimlich absprechen, um Preise zu erhöhen, so beunruhigte ihn auch die Möglichkeit, dass sie zusammenwirken könnten, um Löhne zu drücken:[55]

> Unter Unternehmern besteht immer und überall eine Art stillschweigendes, aber dauerhaftes und gleichbleibendes Einvernehmen, den Lohn nicht über den jeweils geltenden Satz zu erhöhen … Mitunter finden sich Unternehmer auch zusammen, um die Löhne sogar unter das bestehende Niveau zu senken. Diese Absprache … geschieht stets in aller Stille und möglichst heimlich.

Er hat das Verhalten unserer Wirtschaftsführer im 21. Jahrhundert – ob im Silicon Valley oder in Hollywood – zutreffend vorhergesagt.

Weitere Belege für die Marktmacht von Arbeitgebern

Wir sehen jeden Tag Belege für die Marktmacht von Arbeitgebern, etwa wenn diese Arbeitnehmer zwingen, geteilte Schichten (vier Stunden morgens, drei Stunden frei und vier Stunden abends) zu arbeiten; oder wenn sie ihnen lediglich eine Teilzeitbeschäftigung anbieten, obwohl die Arbeitnehmer gern Vollzeit arbeiten würden, sodass sie keine Krankenversicherungszuschüsse zahlen müssen; oder indem sie deren Arbeitszeitpläne von Woche zu Woche abändern und sie erst am Ende der Vorwoche darüber informieren (sogenannte Bereitschaftsplanungen). Auch die Aufforderung an Arbeitnehmer, Überstunden zu leisten – oftmals ohne Überstundentarife zu zahlen –, gehört dazu.[56] Diese von Arbeitgebern angewandten Strategien wirken sich verheerend auf das Familienleben aus und geben den Betroffenen ein Gefühl von Machtlosigkeit.[57]

Eine Reihe von Veränderungen in Institutionen (die Schwächung von Gewerkschaften)[58], Regeln, Normen und Praktiken hat die Verhandlungsmacht von Arbeitnehmern geschwächt. Wenn Gewerkschaften etwa bessere Konditionen für Arbeitnehmer aushandeln, profitieren davon alle Mitarbeiter in einer Fabrik – auch diejenigen, die der Gewerkschaft nicht angehören. Aber einige Arbeitnehmer sind »Trittbrettfahrer«, das heißt, sie wollen die Vorteile der Mitgliedschaft in einer Gewerkschaft genießen, ohne für diese zu zahlen. Deshalb handeln Gewerkschaften oftmals sogenannte »*union shop*«-Vereinbarungen aus, wonach alle Arbeitnehmer in einem Betrieb verpflichtet sind, Mitgliedsbeiträge an eine Gewerkschaft zu entrichten. Dann können auch alle über Sachverhalte wie die gewerkschaftliche Verhandlungsposition und die für sie wichtigsten betrieblichen Anliegen mit abstimmen.

Unternehmen wollen selbstverständlich so billig wie möglich an Arbeitskräfte kommen, daher mögen sie keine Gewerkschaften. Sie wollen Arbeitnehmer nach Belieben entlassen können – dies macht die Mitarbeiter gefügig und zwingt sie dazu, die Kosten konjunktureller Schwankungen selbst zu tragen. Sie wissen, dass der einzelne Arbeitnehmer gegenüber dem Unternehmen und seinem Management keinerlei Verhandlungsmacht besitzt; aber Arbeitnehmer als Gruppe möglicherweise schon.[59] Daher ist es verständlich, dass Arbeitgeber Gewerkschaften in jeder erdenklichen Weise schwächen wollen. Dies lässt sich relativ leicht dadurch erreichen, dass man es ihnen erschwert, Mitgliedsbeiträge zu kassieren – was Arbeitnehmer dazu ermuntert, die Vorteile einer Gewerkschaft wie etwa höhere Löhne zu genießen, ohne sie mitzufinanzieren. Und ohne ausreichende Finanzausstattung sind Gewerkschaften selbstverständlich weniger erfolgreich darin, die Interessen und Bedürfnisse der Arbeitnehmer durchzusetzen. Daher haben Unternehmen in vielen Bundesstaaten von den Behörden verlangt, im Rahmen von sogenannten »Recht auf Arbeit«-Gesetzen, die jedoch treffender »Recht auf Trittbrettfahren«-Gesetze genannt werden sollten, *union shops* zu verbieten.[60]

Die Schwächung der Gewerkschaften hat nicht nur zu niedrigeren Löhnen geführt,[61] sondern Gewerkschaften auch daran gehindert, Fehlentwicklungen innerhalb des Unternehmens wie etwa exorbitante Vorstandsvergütungen einzudämmen, die auf Kosten nicht nur der gewöhnlichen Arbeitnehmer, sondern auch der Investitionen im Unternehmen gehen und so dessen Zukunft gefährden. Was John K. Galbraith in der Mitte des 20. Jahrhunderts als ein auf Gegenmacht basierendes Wirtschaftssystem beschrieben hat, ist zu einem Wirtschaftssystem geworden, das auf der Vorherrschaft von Großunternehmen und Finanzinstituten beruht – und mehr noch der Macht der Vorstandschefs und anderer Führungskräfte in Konzernen.[62]

Marktmacht eindämmen: Kartellgesetze für das 21. Jahrhundert

Ende des 19. Jahrhunderts befanden sich die Vereinigten Staaten in einer ähnlichen Situation wie heute: Marktstärke und Ungleichheit nahmen zu. Der Kongress verabschiedete daraufhin eine ganze Reihe von Gesetzen, die Marktmacht und deren Missbrauch begrenzen sollten. So beschloss er 1890 den Sherman Antitrust Act. In den nächsten 25 Jahren folgten dann weitere Gesetze, die sicherstellen sollten, dass der Wettbewerb auf den Märkten funktionierte. Diesen Gesetzen lag die Überzeugung zugrunde, dass die Konzentration wirtschaftlicher Macht zwangsläufig zur Konzentration politischer Macht führen würde. Die

Wettbewerbspolitik beruhte nicht auf einer ausgefeilten Wirtschaftsanalyse. Es ging eigentlich um das Wesen unserer Gesellschaft und Demokratie.[63]

Eine Zeit lang wirkten die Kartellgesetze. Große Monopole wurden zerschlagen. Fusionen, aus denen neue Monopole hervorgegangen wären, wurden nur noch eingeschränkt erlaubt. Aber in den anschließenden Jahrzehnten machte sich ein Heer von Juristen und konservativen Ökonomen über das Kartellrecht her und schränkte den Anwendungsbereich kartellrechtlicher Bestimmungen immer weiter ein. Sie interessierten sich nicht für die weitreichenderen Folgen von Marktmacht für unsere Wirtschaft oder unsere Demokratie. Sie wollten einfach Konzern- und Wirtschaftsinteressen freie Hand lassen.

Einige Ökonomieprofessoren versuchten, diesen schamlosen Griff nach der Macht intellektuell zu rechtfertigen. An der Universität Chicago scharte Milton Friedman eine Gruppe von Ökonomen um sich, die versicherten, man müsse sich über Monopole nicht den Kopf zerbrechen, weil in Volkswirtschaften der Wettbewerb grundsätzlich immer funktioniere.[64] In einer innovativen Volkswirtschaft wäre Monopolmacht zeitlich befristet, und der Wettstreit um die Position des Monopolisten würde Innovation antreiben und dem Verbraucherwohl dienen.[65] Ihr zentrales Dogma lautete, der Staat sei schlecht und der Privatsektor gut. Staatliche Bemühungen, in die wunderbaren Funktionsmechanismen des Marktes einzugreifen – gar Monopole einzudämmen –, wären sowohl überflüssig als auch wahrscheinlich kontraproduktiv. Daher sorgten sich Kartellbehörden mehr über das Risiko, dass sie eine Praktik fälschlich als wettbewerbswidrig einstufen würden, obwohl sich darin tatsächlich nur die oftmals komplexe Funktionsweise effizienter Märkte widerspiegelte, als über das Risiko, eine wettbewerbsbeschränkende Praktik fortbestehen zu lassen.[66]

Die Chicagoer Schule hatte einen unverhältnismäßig starken Einfluss auf unsere Politik und unsere Gerichte. Sie führte zu einer Schwächung des Kartellrechts, da Gerichte einfach davon ausgingen, Märkte seien effizient und der Wettbewerb auf ihnen funktioniere reibungslos. Jedes Verhalten, das wettbewerbseinschränkend erscheinen mochte, war demnach in Wirklichkeit nichts anderes als eine effiziente Reaktion auf neue Marktkomplexitäten. Eine immense Beweislast wurde all denjenigen auferlegt, die behaupteten, ein Unternehmen verhalte sich wettbewerbswidrig. Ein ehemaliger Mitarbeiter der Federal Trade Commission (der US-amerikanischen Wettbewerbshüter) formulierte es folgendermaßen: »Wir müssen unsere ganze Energie darauf verwenden zu beweisen, dass Wasser nass ist, sodass wir keine Ressourcen mehr übrig haben, um uns den eigentlichen Wettbewerbsproblemen zuzuwenden.«

Nehmen wir eine verbreitete Form von wettbewerbsfeindlichem Verhalten, den sogenannten Verdrängungswettbewerb. Ein großes, finanzstarkes, dominantes Unternehmen senkt die Preise oder ergreift andere Maßnahmen, um seine Rivalen aus dem Feld zu schlagen. Kurzfristig verliert es Geld, aber das macht es langfristig mehr als wett. Nach dem Markteintritt einer neu gegründeten Fluggesellschaft pflegte American Airlines auf einer Route, die sie dominieren wollte, ihre Kapazitäten zu erhöhen und die Preise zu senken. In der Regel dauerte es nicht lange, bis sich das neue Unternehmen für besiegt erklärte und ausschied. Daraufhin wurden die Kapazitäten wieder verringert und die Preise erhöht. Das war ein intelligenter Schachzug, »Konkurrenzvernichtung« genannt.

Nach der Theorie der Chicagoer Schule würde jeder Versuch, die Preise über die Kosten hinaus zu erhöhen, fast augenblicklich einen Ansturm neuer Marktteilnehmer auslösen. Entsprechend würde es sich für ein Unternehmen niemals auszahlen, einen Verdrängungswettbewerb anzuzetteln, weil es seine anfänglichen Verluste nie wieder hereinholen könnte, indem es Preise oberhalb des Wettbewerbspreises verlangte. Gerichte, die sich die Chicagoer Doktrinen zu eigen gemacht hatten, erlegten denjenigen, die einem Unternehmen Verdrängungswettbewerb vorwarfen, eine so hohe Beweislast auf, dass eine Klage wegen Verdrängungswettbewerbs praktisch keine Erfolgsaussichten hatte.[67]

Was wir jetzt brauchen, ist eine Veränderung dieser (rechtlichen) *Vermutungen* und der mit ihnen verbundenen Beweislasten, ausgehend von der Hypothese, dass der Wettbewerb auf Märkten grundsätzlich funktioniere. Wettbewerbswidriges Verhalten – Handlungen, die den Wettbewerb im Markt einschränken – sollte als rechtswidrig angesehen werden, sofern es keine überzeugenden Anhaltspunkte dafür gibt, dass (a) erhebliche Effizienzgewinne damit verbunden sind und ein erheblicher Teil davon nicht dem Unternehmen selbst, sondern Dritten zugutekommt, und (b) diese Effizienzgewinne nicht auf eine Weise erzielt werden könnten, die den Wettbewerb weniger stark einschränkt.[68] Eine Reihe weiterer Veränderungen an Rechtsvermutungen diskutiere ich weiter unten.

Der Staat muss auch aktiver auf eine breitere Palette von Instrumenten zurückgreifen und darf sich nicht damit begnügen, lediglich Fusionen einzuschränken und gewisse wettbewerbswidrige Praktiken zu verbieten. Es ist lange her, dass der Staat ein marktbeherrschendes Unternehmen wie Standard Oil zerschlagen hat, aber vielleicht ist es an der Zeit zu prüfen, ob Facebook Instagram und WhatsApp abspalten sollte. Fusionen, die zu erheblichen Interessenkonflikten führen, sollten verboten werden (etwa wenn ein Internetanbieter ein Unternehmen übernimmt, das Unterhaltungsinhalte produziert), und wenn sie bereits erlaubt wurden, sollte die Veräußerung bestimmter Unternehmensteile zur Auflage gemacht werden. In ähnlicher Weise sollte Unternehmen mit Marktmacht untersagt werden, in geschäftliche Aktivitäten einzusteigen, bei denen es zu einem Interessenkonflikt mit ihren bestehenden Kunden kommt.[69] Diese neuen wettbewerbspolitischen Leitlinien werden manchmal auch Strukturreformen genannt.

Wie oben erwähnt, können die Auswirkungen von einmal etablierter Marktmacht sehr langlebig sein, sodass es bis zur Wiederherstellung eines funktionstüchtigen Wettbewerbs möglicherweise staatlicher Regulierung bedarf, um sicherzustellen, dass diesbezüglich kein Missbrauch stattfindet. Das Durbin Amendment zum Dodd-Frank-Finanzmarktregulierungsgesetz etwa übertrug dem US-Zentralbankrat die Befugnis, die Gebühren festzulegen, die Debitkartengesellschaften von Händlern verlangen, während es zugleich die noch höheren Gebühren, die Kreditkartenunternehmen berechnen, nicht reglementierte.[70]

Marktmacht zügeln

Wir brauchen daher ein erneutes Bekenntnis zur entschlossenen Bekämpfung der Auswüchse von Marktmacht, wo und wie auch immer es dazu kommt, um den Wettbewerb auf Märkten wiederherstellen zu können. Der Missbrauch von Marktstärke sollte unabhängig davon, wie diese erworben wurde, als Verstoß gegen Kartellgesetze angesehen werden. Jedwedes wettbewerbseinschränkende Verhalten, ob es von Monopson- oder Monopolmacht herrührt, sollte verboten werden, Punkt.

In den Vereinigten Staaten hat ein Unternehmen, das seine Marktdominanz legitim, ohne Einschränkung des Wettbewerbs erlangte, einen großen Freiraum, um seine Marktmacht auszunutzen – es kann nicht nur höhere Preise durchsetzen, sondern den Kunden auch Verträge aufnötigen, die den Wettbewerb einschränken. In Europa dagegen kann es in einem solchen Fall wegen Missbrauchs seiner Marktmacht mit einer Strafe belegt werden.

Das Pharmaunternehmen Valeant, der einzige von der FDA zugelassene Hersteller des mittlerweile patentfreien Medikaments Syprine, eines lebensrettenden Arzneimittels für Patienten mit der seltenen Lebererkrankung Morbus Wilson, nutzte seine Marktmacht 2015, um die Preise für eine Tablette – die in einigen Ländern für einen Dollar verkauft wird – so stark anzuheben, dass eine Jahresration 300 000 Dollar kostete.[71] Dies ist nur ein Fall von vielen allein in diesem Sektor.[72]

Die herrschende kartellrechtliche Doktrin richtet ihr Hauptaugenmerk auf Verbraucher, hat eine kurzfristige Perspektive und geht, wie wir gesehen haben, von der Vermutung aus, dass der Wettbewerb auf Märkten grundsätzlich intakt sei. Demgemäß haben Gerichte bei der Prüfung von wettbewerbswidrigen Handlungen, die darauf abzielen, Wettbewerber aus dem Markt zu drängen, um eine dominante Position zu erringen, die wiederum Preiserhöhungen ermöglicht, auf die kurzfristigen Vorteile niedrigerer Verbraucherpreise abgestellt und sich kaum für die langfristigen Schäden interessiert.

Diese Fokussierung auf die kurzfristigen Vorteile für die Verbraucher ist auch problematisch, wenn es um Monopsone geht. Die schiere Größe gibt Walmart einen solche Macht, dass der Konzern die Preise, die er Lieferanten zahlt, drücken kann. Insbesondere in den Regionen der USA, in denen eine hohe Arbeitslosigkeit herrscht, kann Walmart niedrigere Löhne und schlechtere Arbeitsbedingungen durchsetzen, als dies bei funktionierendem Wettbewerb möglich wäre. Dies ist schlecht für die Wirtschaft, auch wenn Walmart einen Teil der Gewinne infolge seiner Markt-(Monopson-)Macht mit seinen Kunden teilt. Es ist daher falsch, Marktmacht nur danach zu beurteilen, welche Folgen sie für die Verbraucher hat. Mit seinem rücksichtslosen Profitstreben verzerrt Walmart den Wettbewerb; was das Unternehmen gewinnt (einschließlich dessen, was es mit seinen Kunden teilt), ist weniger als das, was der Rest der Wirtschaft verliert.

Fusionen

Die Weiterentwicklung unserer Wirtschaft fordert die herkömmliche kartellrechtliche Praxis noch weiter heraus. Traditionell richteten sich Kartellgesetze gegen die Schaffung von Marktmacht durch Fusionen und Übernahmen. Aber in einem Sektor nach dem anderen wurden Fusionen erlaubt, während die Marktkonzentration ein gefährliches Niveau erreichte – Fluggesellschaften und Telekommunikationsunternehmen sind hier gute Beispiele –, was dafür spricht, dass die gesetzlichen Bestimmungen verschärft werden müssen.

Selbstverständlich behaupten Unternehmen, dass die von ihnen geplanten Fusionen und Übernahmen aufgrund der damit verbundenen Größen- und Verbundvorteile gesamtwirtschaftlich vorteilhaft seien – größere Unternehmen seien produktiver, so beteuern sie. Aber der eigentliche Grund vieler Fusionen – sowohl horizontaler (zwischen Firmen in konkurrierenden Geschäftsfeldern) als auch vertikaler (wo ein Unternehmen mit einem Lieferanten oder Abnehmer seiner Dienstleistung zusammengeht) – ist die Stärkung von Marktmacht. Unternehmen sollten verpflichtet werden, die Effizienzgewinne aus einer geplanten Fusion stichhaltiger zu beweisen. Wenn Preise von Gütern nach der Fusion steigen, ist dies ein Warnsignal, dass es eigentlich darum ging, die Marktstärke zu vergrößern.[73]

Von Fusionen herrührende Interessenkonflikte müssen ebenfalls genauer untersucht werden: Wenn etwa ein Internetunternehmen mit einem Anbieter von Online-Unterhaltung fusioniert, würde man erwarten, dass es seine Marktmacht im Internet dazu nutzt, um sich selbst gegenüber konkurrierenden Unterhaltungsanbietern Vorteile zu verschaffen, selbst wenn es verspricht, »neutral« zu sein. Unsere Wirtschaft wird dynamischer und wettbewerbsfähiger werden, wenn wir Fusionen verbieten, die unweigerlich zu Interessenkonflikten führen; die behaupteten statischen Effizienzgewinne stehen in keinem Verhältnis zu den langfristigen wettbewerbseinschränkenden Wirkungen.[74]

Außerdem muss der Regulierungsrahmen für Fusionen die wahrscheinliche zukünftige Form der Märkte berücksichtigen. Heute werden Fusionen nur dann verboten, wenn der Wettbewerb im Markt *in seiner heutigen Form* erheblich beeinträchtigt wird. Aber in einem dynamischen Sektor kommt es darauf an, welche Folgen die Fusion in dem sich wahrscheinlich entwickelnden Markt haben wird. Die Techgiganten verstehen die Regeln und haben das System ausgetrickst. Sie betreiben das, was wir früher »vorsorgliche« Fusionen nannten; das heißt, sie übernehmen Firmen, wenn diese noch so klein sind, dass bei einer kartellrechtlichen Prüfung keine Einwände erhoben werden. So beseitigen sie zukünftige Herausforderungen für ihre marktbeherrschende Stellung. Facebook übernahm Instagram (2012 für eine Milliarde Dollar) und WhatsApp (2015 für 19 Milliarden Dollar – mehr als 40 Dollar pro User der Plattform). Facebook besaß das technische Know-how, um selbst ähnliche Plattformen aufzubauen, andernfalls hätte es für diese Aufgabe Ingenieure einstellen können. Es gab nur einen Grund, weshalb Facebook bereit war, so viel zu zahlen – um Wettbewerb zu verhindern.

Solche präventiven Fusionen müssen verboten werden. Eine Fusion, die den Wettbewerb in absehbarer Zukunft mit hinlänglicher Wahrscheinlichkeit einschränken wird, sollte untersagt werden.[75]

Neue Technologien und neue Herausforderungen

Selbst wenn das Kartellgesetz so, wie es sich in der zweiten Hälfte des 20. Jahrhunderts herausbildete, sinnvoll gewesen wäre, steht doch fest, dass es mit den Herausforderungen unserer sich ständig weiterentwickelnden Wirtschaft, der neuen Technologien, der neuen Vertragsformen und der neuen Methoden, um Marktmacht zu schaffen und zu vergrößern, nicht Schritt gehalten hat.

Wir verstehen jetzt zum Beispiel besser, wie bestimmte Verhaltensweisen und Vertragsbestimmungen den Wettbewerb untergraben: Eine Garantie eines marktbeherrschenden Unternehmens, mit dem Preis jedes Wettbewerbers (mindestens) gleichzuziehen, verhindert, dass potenzielle neue Konkurrenten in den Markt eintreten – sie wissen, dass sie nicht gewinnen können. Weiter oben haben wir mehrere Bestimmungen in Arbeitsverträgen diskutiert, die den Wettbewerb um Mitarbeiter einschränken.[76] Schiedsklauseln verhindern, dass Arbeitnehmer und Kunden für ausbeuterisches Verhalten angemessen entschädigt werden. Verträge zwischen Händlern und Kreditkartenunternehmen und zwischen Fluggesellschaften und den Betreibern von Computerreservierungssystemen untergruben den Wettbewerb und führten zu exorbitanten Gewinnen. All dies sollte als das angesehen werden, was es ist – wettbewerbswidrig –, und daher verboten werden.

Die Techgiganten wissen, wie sie ihre Macht in vielen Bereichen ausspielen können.[77] Amazon brachte mit dem Versprechen, Tausende von Arbeitsplätzen zu schaffen, Städte überall in den USA dazu, sich als Standort für den zweiten Hauptsitz zu bewerben, etwa durch das Angebot von Steuervergünstigungen – womit die Steuerlast selbstverständlich auf andere verschoben wurde. Kleinunternehmen können dies nicht tun, und daher hat Amazon einen riesigen Vorteil gegenüber lokalen Einzelhändlern. Wir brauchen einen Rechtsrahmen, der solche Unterbietungswettläufe verhindert.[78]

Geistige Eigentumsrechte und Wettbewerb

Es gibt einen Bereich, in dem der Staat Monopole zulässt: Wenn ein Patent erteilt wird, erhält der Innovator eine befristete Monopolmacht. Da wir uns in Richtung einer Wissensgesellschaft entwickeln, wird die Bedeutung geistiger Eigentumsrechte wahrscheinlich zunehmen.

Monopolmacht bedeutet, dass Wissen nicht effizient genutzt wird und Preise höher sind, als sie andernfalls wären. Ein gut konzipiertes Schutzregime für geistiges Eigentum wägt diese hohen Kosten gegen die dynamischen Vorteile ab, die sich aus den von ihm gebotenen Innovationsanreizen ergeben sollen. Aber in den letzten Jahren wurde dieses Gleichgewicht gestört, da Unternehmen erfolgreich auf Änderungen an geistigen Eigentumsrechten drängten, die ihnen mehr Marktmacht verschafften – so viel mehr, dass es mittlerweile sogar zweifelhaft ist, ob das Schutzregime des geistigen Eigentums Innovationen beflügelt oder nicht vielmehr hemmt.[79] Ein offensichtliches Beispiel ist die Verlängerung der Schutzdauer von Urheberrechten. Es gibt keinerlei Belege dafür, dass die Verlängerung auf 70 Jahre nach dem Tod des Urhebers irgendeinen Innovationsanreiz schafft. Diese Bestimmung im Copyright Term Extension Act (Gesetz über die Verlängerung der Schutzdauer der Urheberrechte) von 1998 wurde »Micky Maus«-Klausel genannt – der Disney-Konzern, Inhaber des Urheberrechts an Micky Maus, hat sich nachdrücklich dafür eingesetzt –, aber davon abgesehen gab es keinerlei gesellschaftlichen Nutzen, jedoch erhebliche Kosten in Bezug auf den freien Fluss von Wissen.[80]

Tatsächlich gibt es Anhaltspunkte dafür, dass unser gegenwärtiges Schutzregime des geistigen Eigentums nicht nur zu höheren Preisen führt, sondern auch Innovation abwürgt. Als der Oberste Gerichtshof der USA entschied, dass natürlich vorkommende Gene nicht patentiert werden können, hatte dies dramatische Folgen: Die Tests für ein wichtiges mit Brustkrebs assoziiertes Gen, auf das zuvor ein Patent erteilt worden war, wurden schnell billiger und viel verlässlicher.[81]

Kartellbehörden waren sich in der Vergangenheit durchaus bewusst, dass Patente Marktmacht erzeugen, verstärken und deren Dauer verlängern können. 1956 zwangen sie AT&T dazu, seine Patente in einen Pool einzubringen, auf den andere zugreifen konnten. Um Microsofts Monopolmacht einzudämmen, wurde unter anderem vorgeschlagen, die Gültigkeit seiner Patente zu begrenzen.[82] Geistige Eigentumsrechte auf diese Weise zu beschneiden kann nicht nur den Wettbewerb, sondern auch die Innovation verbessern.

Die Reichweite des Kartellrechts vergrößern: Marktmacht jenseits von Produkten – der Marktplatz der Ideen

Befasst man sich mit dem Phänomen der Marktkonzentration, sind die Medien ein Sektor, der besondere Aufmerksamkeit verdient.[83] Traditionell wurden die Auswirkungen der Medienkonzentration daran gemessen, wie stark die Marktmacht in oftmals eng definierten Werbemärkten ausgeprägt war. Medienübergreifende Fusionen (zwischen Fernsehsendern und Zeitungen), die die Meinungsvielfalt deutlich verringerten, wurden schlichtweg deshalb genehmigt, weil es in dem »relevanten« Werbemarkt Wettbewerb gab. Das ist falsch. In keinem Bereich ist Wettbewerb wichtiger als auf dem Marktplatz für Ideen. Gut informierte Bürger sind für eine gut funktionierende Demokratie unverzichtbar.[84] Wenn Medien nur von einigen wenigen Unternehmen oder reichen Einzelpersonen kontrolliert werden, führt dies dazu, dass ihre Ansichten den nationalen Diskurs bestimmen.

Ein Großteil der Wähler bezieht seine politischen Informationen aus einigen wenigen Nachrichtenquellen, üblicherweise Fernsehsendern. Heute herrscht in allzu vielen Gemeinden im gesamten Land eine extrem konservative Sichtweise in den Medien vor.[85]

Wettbewerb macht einen Unterschied. Eine alternative Zeitung in einer Stadt kann ein Gegengewicht zum Stadtrat und zur tonangebenden Zeitung bilden. Dazu kommt, dass wohlhabende Privatpersonen Medienkonzerne leicht unter ihre Kontrolle bringen können. Daher müssen Fusionen zwischen Mediengesellschaften und mögliche Missbräuche von Marktmacht durch diese noch strenger geprüft werden als Zusammenschlüsse in anderen Sektoren.[86]

Ein besonders ärgerliches Beispiel von Marktstärke ist das Oligopol bei Wissenschaftsverlagen. Kapitel 1 verwies darauf, wie wichtig Wissen für die Steigerung unseres Wohlstands ist. Der wissenschaftliche Fortschritt wiederum beruht auf der Verbreitung von Ideen. Aber in unserer Marktwirtschaft ist dies weitgehend dem Markt überlassen worden, was schließlich ein stark konzentriertes und höchst profitables Oligopol entstehen ließ: Mehr als die Hälfte aller Fachaufsätze und 70 Prozent der sozialwissenschaftlichen Fachaufsätze werden von nur fünf Verlagen publiziert. Das Ganze entbehrt nicht einer gewissen Ironie: Die Verlage erhalten die Artikel kostenlos (in einigen Fällen werden sie sogar dafür bezahlt, diese zu veröffentlichen), die darin beschriebenen wissenschaftlichen Erkenntnisse basieren normalerweise auf öffentlich finanzierter Forschung, die Verlage bringen Wissenschaftler dazu, die eingereichten Aufsätze größtenteils kostenlos zu redigieren, und Bildungseinrichtungen und Bibliotheken (weitgehend öffentlich finanziert) bezahlen dann die Verlage. Deren hohe Preise und übermäßige Gewinne bedeuten, dass weniger Geld für die Forschungsfinanzierung vorhanden ist.[87]

Fazit

Die Idee, Märkte seien eine effektive Methode, um die Produktion von Gütern und Dienstleistungen zu organisieren, ist sehr einflussreich gewesen. Sie bildet das intellektuelle Fundament des Kapitalismus. Aber nach zwei Jahrhunderten intensiver Forschungen verstehen wir heute besser, warum Adam Smiths »unsichtbare Hand« nicht zu sehen ist: Es gibt sie nicht.[88] In den meisten Fällen haben Firmen Anreize, sich Marktmacht zu verschaffen, nicht bloß bessere Produkte anzubieten – und wir haben gesehen, dass amerikanische Unternehmen hierin besonders gut sind. Mithilfe dieser Marktstärke haben sie die Verbraucher, ihre Mitarbeiter und das politische System in einer Weise ausgenutzt, die selbst in einer vermeintlich innovativen Volkswirtschaft zu niedrigerem Wachstum führte. Schlimmer noch: Von diesem Wachstum profitierte nur ein kleiner Teil der Bevölkerung. Tatsächlich haben unsere Konzernlenker sogar Wege gefunden, ihre eigenen Aktionäre zu übervorteilen, indem sie Lücken im Regelwerk für gute Unternehmensführung ausnutzten, um sich selbst überhöhte Vergütungspakete zu genehmigen.[89]

Unsere Wirtschaft hat sich stark verändert, seitdem die ersten Kartellgesetze in Kraft traten und auch noch seitdem sich die Interpretationen der Chicagoer Schule durchgesetzt hatten; auch unser Verständnis wirtschaftlicher Zusammenhänge hat sich geändert; und heute können wir die Unzulänglichkeiten des bestehenden Rechtsrahmens deutlicher erkennen. Aber die grundlegenden politischen und wirtschaftlichen Bedenken angesichts von Machtkonzentration und Ausbeutung, die Anlass für die ersten Gesetze waren, sind noch immer vorhanden – und sogar noch größer geworden. Das Wettbewerbsrecht wurde übermäßig stark eingeschränkt und allzu sehr beeinflusst von (Rechts-)Vermutungen, die unterstellen, der Wettbewerb auf Märkten funktioniere einwandfrei. Heute muss unser Wettbewerbs- und Kartellrecht reformiert werden, um die Realitäten des 21. Jahrhunderts und die Erkenntnisse der modernen Wirtschaftswissenschaften einzubeziehen.

Bei der Eindämmung von Marktmacht geht es jedoch um mehr als nur ökonomische Tatsachen – um die Macht, Preise zu erhöhen, Löhne zu drücken oder Verbraucher und Arbeitnehmer in anderer Weise auszubeuten. Wie wir wiederholt gesehen haben, wird aus Marktmacht politische Macht: Mit den hohen Konzentrationen von Marktstärke und Vermögen, die heute die USA kennzeichnen, ist eine echte Demokratie nicht vereinbar.[90] Aber es gibt noch eine weiter reichende gesellschaftliche Folge: Die Kehrseite von Macht ist *Ohnmacht*. Viel zu viele Amerikaner fühlen sich machtlos gegenüber ihrer Krankenversicherungsgesellschaft, ihrem Internetanbieter, den Fluggesellschaften, mit denen sie reisen, ihrer Telefongesellschaft, ihrer Bank. Und sie ärgern sich darüber. Es hat weitreichende Folgen für ihre individuelle Lebensqualität, für unsere Politik und für jeden Aspekt unseres gesellschaftlichen Lebens.[91] In vielen Bereichen haben sie keine Wahl: So bleibt ihnen zum Beispiel als Mitarbeiter oder Kunde ihrer Bank nichts anderes übrig, als im Fall von Streitigkeiten auf ihre Rechte auf eine öffentliche Gerichtsverhandlung zu verzichten; wie wir gesehen haben, müssen sie einen unternehmensfreundlichen Schlichter akzeptieren.

Dieses Kapitel hat gezeigt, dass sich Marktmacht leicht eindämmen lässt. Wir haben uns dabei auf die Frage konzentriert, wie sich Märkte für Güter und Dienstleistungen wettbewerbsfähiger gestalten lassen. Außerdem muss unser Rechtsrahmen einschneidend verändert werden, um die Macht von Unternehmen über ihre Mitarbeiter zu begrenzen – insbesondere dadurch, dass sich Arbeitnehmer leichter zusammenschließen können, um ihre Interessen durchzusetzen. Das Gleiche gilt, wenn Unternehmen Verbraucher übervorteilen: Kunden müssen leichter gemeinschaftlich Schadensersatz verlangen können – genau das Gegenteil dessen, was bislang geschehen ist, da Gerichte und der US-Kongress die Möglichkeit für Sammelklagen eingeschränkt haben.[92] Wir müssen auch die Macht von Unternehmensführern begrenzen, ihre eigenen Interessen auf Kosten der Belange der übrigen Anspruchsgruppen des Unternehmens zu fördern, etwa Aktionären, Mitarbeitern und der Kommunen, in denen das Unternehmen tätig ist.[93] Um dies zu erreichen, bedarf es unter anderem größerer Transparenz und mehr Mitsprache bei der Entscheidungsfindung.[94]

Bei all diesen Reformen geht es nicht um Perfektion, sondern darum, Auswüchse des amerikanischen Kapitalismus im 21. Jahrhundert einzudämmen. Die Präsidenten Carter und Reagan und deren Nachfolger haben die Regeln des Kapitalismus in einer Weise umgeschrieben, die Stabilität und Effizienz der Wirtschaft verringerte und soziale Ungleichheit erhöhte – so ist eine Volkswirtschaft entstanden, die von allgegenwärtiger Marktmacht geprägt ist.[95] Es ist an der Zeit, diese Regeln erneut umzuschreiben. Dies ist eine Herausforderung, weil es mit politischen Kontroversen verbunden ist, und unsere wirtschaftliche Ungleichheit hat sich in politischer Ungleichheit niedergeschlagen. Diesem Thema wenden wir uns in Teil II zu. Aber zunächst einmal wollen wir uns eingehender mit der Frage befassen, wie die Globalisierung und die massive Expansion des Finanzsektors zur Entstehung von Marktmacht und Ausbeutung beigetragen haben – und auf welche Weise der technologische Wandel möglicherweise alles noch verschlimmert.

4. Der Streit über die Globalisierung in den USA

Die Globalisierung steht im Mittelpunkt der Wirtschaftskrise Amerikas. Einerseits machen Globalisierungskritiker sie für die missliche Lage der amerikanischen Mittelschicht verantwortlich. Laut Präsident Trump wurden unsere Unterhändler bei Handelsgesprächen von gerissenen Verhandlungsführern anderer Länder über den Tisch gezogen. Wir unterzeichneten schlechte Handelsabkommen, die amerikanische Industriearbeitsplätze verschwinden ließen.[1] Diese Kritik an der Globalisierung stieß auf enorme Resonanz, insbesondere in den Regionen des Landes, die von der Deindustrialisierung betroffen sind.

Dagegen behaupten die Befürworter der Globalisierung, all dies sei reiner Unsinn. Amerika habe von ihr profitiert. Eine protektionistische Politik gefährde die Wohlstandsgewinne durch den freien Handel. Letztlich, so sagen sie, werde Protektionismus nicht einmal denjenigen helfen, die ihre Arbeitsplätze im Zuge der Globalisierung verloren haben oder massive Lohneinbußen hinnehmen mussten. Sie selbst, die Vereinigten Staaten insgesamt und die ganze Welt würden schlechter dastehen. Die Anhänger der Globalisierung machen etwas anderes für die Deindustrialisierung und die amerikanische Malaise verantwortlich: Schuld an Arbeitsplatzverlusten und niedrigen Löhnen für gering qualifizierte Arbeitnehmer sei der technologische Fortschritt, und die Globalisierung werde fälschlicherweise angeklagt.

Ich kritisiere seit über 20 Jahren die Art und Weise, wie die Globalisierung gestaltet wurde – aber aus einer ganz anderen Perspektive. Von meinem Blickwinkel als Chefvolkswirt der Weltbank aus war es offensichtlich, dass die globalen Spielregeln »gezinkt« waren – allerdings nicht gegen, sondern zugunsten der Vereinigten Staaten und anderer Industrieländer und auf Kosten der Entwicklungsländer. Die Handelsabkommen waren unfair – sie begünstigten Erstere und benachteiligten Letztere.

Die Idee, unsere Unterhändler seien über den Tisch gezogen worden, ist lachhaft: Bei den Handelsgesprächen Ende des 20. Jahrhunderts konnten wir fast all unseren Forderungen durchsetzen.[2] Gegen den Widerstand der Entwicklungsländer erreichten wir einen starken Schutz geistiger Eigentumsrechte – von dem das geistige Eigentum der fortgeschrittenen Länder, nicht das der Entwicklungsländer profitierte. Wir haben Länder dazu gezwungen, ihre Märkte für unsere Finanzdienstleister zu öffnen – und sogar den Handel mit hochriskanten Derivaten und anderen Finanzprodukten, die maßgeblich zum Zusammenbruch unseres eigenen Finanzsystems beitrugen, zuzulassen.

Es stimmt, dass amerikanische Arbeitnehmer benachteiligt worden sind – insbesondere die Löhne von Geringqualifizierten sanken, auch wegen der Globalisierung. Aber dies ist teilweise darauf zurückzuführen, dass die amerikanischen Unterhändler das bekamen, was sie wollten: Das Problem war die Art und Weise, wie wir die Globalisierung gestalteten und unsere Prioritäten setzten – Handelsabkommen dienten schlichtweg den Unternehmen und gingen auf Kosten der Arbeitnehmer in Industrie- und Entwicklungsländern. Wir haben nicht getan, was wir hätten tun sollen, um jenen Arbeitnehmern zu helfen, denen die Globalisierung schadete. Wir hätten sicherstellen können, dass sie allen zugutekommt, aber die Gier in den Konzernen war einfach zu groß. Die Gewinner wollten nicht mit den Verlierern teilen. Tatsächlich kam ihnen zupass, dass die Löhne unter Druck gerieten, als amerikanische Arbeitnehmer mit jenen in Entwicklungsländern konkurrieren mussten. Dies trieb die Unternehmensgewinne nur noch weiter in die Höhe.

Man könnte meinen, Präsident Trump und ich stünden in dieser Schlacht gegen die Globalisierung auf derselben Seite, aber das stimmt nicht. Grundsätzlich bin ich ein entschiedener Anhänger des Rechtsstaatsprinzips – eines regelbasierten Ordnungsrahmens für den internationalen Handel. So, wie wir innerhalb unserer Wirtschaft einen verbindlichen Rechtsrahmen brauchen – keine Gesellschaft kann ohne einen solchen funktionieren –, so brauchen wir auch ein regelbasiertes internationales System.[3] Trump dagegen will zum Gesetz des Dschungels zurückkehren: Bei einem Handelskonflikt zwischen zwei Ländern »steigen sie gegeneinander in den Ring«, und das stärkere Land gewinnt. Er glaubt fälschlicherweise, dass wir als das stärkste Land der Welt all diese Kämpfe gewinnen werden, und dann könnten wir ein internationales Handelsregime schaffen, das US-Interessen dienlich sei. Dabei übersieht er zwei entscheidende Punkte: Warum sollte sich irgendjemand einem solchen System anschließen, um sich ausnutzen zu lassen, statt sich auf Handels- und andere Wirtschaftsbeziehungen zu Partnern zu konzentrieren, die sich zivilisiert benehmen und andere anständig behandeln? Und andere Länder könnten und würden sich zusammentun, und obwohl die Wirtschaft der USA ungefähr so groß ist wie die Chinas und der EU (wobei das chinesische BIP allerdings schon bald mehr als 30 Prozent über dem US-amerikanischen BIP liegen dürfte), würde sich unser scheinbarer Machtvorteil sehr schnell verflüchtigen, würden sich China und die EU zusammenschließen – oder wenn sich einem von beiden eine große Zahl von »Drittweltländern« anschließen würde.

Trump irrt, wenn er die Globalisierung – ob unfaire Handelsregeln oder unerwünschte Einwanderer – für die Probleme der USA verantwortlich macht, aber auch die Anhänger der Globalisierung irren sich, wenn sie behaupten, sie sei nicht mitverantwortlich für die bedrückende Lage jener weiten Teile der Bevölkerung, deren Einkommen stagniert oder sinkt, und daran sei allein der technische Fortschritt schuld. Die Hauptschuld liegt bei uns selbst: Wir sind mit den Folgen der Globalisierung und des technischen Fortschritts nicht verantwortungsvoll umgegangen. Hätten wir beide Prozesse gut gemanagt, hätten sie jene segensreichen Wirkungen entfalten können, die ihre Anhänger beschworen.

Wir benötigen bessere, fairere internationale Regeln. Aber am meisten brauchen die USA ein besseres Management der durch Globalisierung und technischen Fortschritt herbeigeführten Veränderungen. Es gibt eine Alternative: die progressive Agenda, die ich später skizzieren werde.

In diesem Kapitel beschreibe ich in knappen Worten, warum die Globalisierung ihre Versprechen nicht eingelöst hat und warum Präsident Trump alles nur noch schlimmer machte. Ich skizziere eine alternative Globalisierungsordnung, in der sowohl die reichen als auch die armen

Länder und insbesondere die Arbeitnehmer in beiden besser dastehen werden – nicht aber unbedingt die multinationalen Großkonzerne, die die Globalisierungsagenda gegenwärtig praktisch allein bestimmen.

Die negativen Folgen der Globalisierung

Die Globalisierung wirkt sich sowohl auf die Arbeitsplätze als auch auf die Löhne aus. Wenn ein hoch entwickeltes Land wie die USA arbeitsintensive Güter, die von gering qualifizierten Arbeitskräften hergestellt werden, importiert, sinkt die Nachfrage nach Geringqualifizierten in den USA, einfach deshalb, weil wir weniger von diesen Gütern im Inland produzieren. Wenn wir Vollbeschäftigung anstreben, müssen die Löhne für Geringqualifizierte – inflationsbereinigt – sinken.[4] Und wenn die Löhne nicht in ausreichendem Maße zurückgehen, steigt die Arbeitslosigkeit. So einfach ist das. Jeder, der an das Gesetz von Angebot und Nachfrage glaubt, sollte verstehen, warum sich die Globalisierung (ohne staatliche Programme, die ihre Folgen abmildern) negativ auf gering qualifizierte Beschäftigte auswirkt.

Das Gleiche gilt für Arbeitskräfte allgemein: Die Vereinigten Staaten importieren arbeitsintensive Güter, und daher verringert die Liberalisierung des Handels (wenn US-Märkte durch Abbau von Zöllen und anderen Handelshemmnissen für ausländische Güter geöffnet werden) die Gesamtnachfrage nach Arbeitskräften und dadurch auch die (realen) Gleichgewichtslöhne. Auch hier gilt: Wenn die Löhne nicht sinken, dann tut es die Beschäftigung.

Verfechter des Freihandels behaupten, der Handel erhöhe das BIP eines Landes, da dieses dann seinen komparativen Vorteil nutzen könne (ob durch Spezialisierung oder aufgrund von Rohstoffvorkommen), und irgendwie, auf eine geheimnisvolle Art und Weise, werde jeder dadurch besser gestellt – ein weiteres Beispiel für den Glauben an das »Heruntersickern von Wohlfahrtseffekten«. Aber selbst wenn das Land insgesamt besser dasteht, dann bedeutet dies lediglich, dass jeder besser gestellt sein *könnte*; die Gewinner könnten ihre Gewinne mit den Verlierern teilen, aber es bedeutet nicht, dass sie es auch tatsächlich tun *werden* – und in dem egoistischen Kapitalismus amerikanischen Stils tun sie es nicht.

Außerdem verweisen Verfechter der Globalisierung gern darauf, dass Exporte Arbeitsplätze schaffen, aber sie erwähnen nicht die Anzahl der Arbeitsplätze, die durch Importe vernichtet werden. Wenn die Handelsbilanz mehr oder minder ausgeglichen ist und die Einfuhren arbeitsintensiver sind als die Ausfuhren, dann vernichtet der Handel, aufs Ganze gesehen, Arbeitsplätze.

Wenn die Geldpolitik daraufhin die Zinsen senkt und die niedrigeren Zinsen die Investitionstätigkeit oder den Konsum ankurbeln, dann kann vielleicht wieder Vollbeschäftigung hergestellt werden. Aber manchmal wirkt die Geldpolitik nicht oder zumindest nicht so gut, dass Vollbeschäftigung erreicht würde. Dies erklärt, warum nach der Aufnahme Chinas in die Welthandelsorganisation 2001 die Arbeitslosigkeit in Amerika stieg und die Löhne in den Regionen sanken, die Güter produzierten, die mit den in immer größeren Mengen aus China eingeführten Produkten in Konkurrenz standen.[5]

Selbst wenn durch geld- und fiskalpolitische Maßnahmen *langfristig* wieder Vollbeschäftigung erreicht wird, führt die Globalisierung oftmals kurzfristig zur Vernichtung von Arbeitsplätzen, da Arbeitsplätze bei einer Importschwemme schneller verloren gehen, als bei einer Ausweitung der Exporte geschaffen werden – vor allem dann, wenn Banken nur zögerlich Kredite an neu gegründete Unternehmen vergeben, die die Gelegenheiten, die etwa ein neues Handelsabkommen bietet, nutzen wollen.[6]

Außerdem haben Handelsabkommen und Steuergesetze Unternehmen faktisch dazu ermuntert, die Industrieproduktion ins Ausland zu verlagern, wodurch Arbeitsplätze im Inland abgebaut wurden. Nicht nur sind die Steuern niedriger, sondern unsere Handelsabkommen sorgen auch dafür, dass die Eigentumsrechte amerikanischer Unternehmen im Ausland besser abgesichert sind als im Inland.[7] Solche Abkommen bewahren Unternehmen üblicherweise vor für sie nachteiligen Änderungen des Regulierungsrahmens – ein Schutz, den sie in den Vereinigten Staaten nicht genießen. Wenn geänderte regulatorische Vorschriften jetzt oder zukünftig den Gewinn eines Unternehmens schmälern, kann es gemäß den Bestimmungen in gängigen Investitionsabkommen den betreffenden Staat verklagen, und die Klage wird vor einem unternehmerfreundlichen Schiedsgericht verhandelt.[8] Einer der Gründe, weshalb sich Unternehmen in den USA und nicht in einem Entwicklungsland ansiedelten, wo die Löhne so viel niedriger sind, bestand darin, dass sie sich »sicherer fühlten«. Die Behörden enteigneten sie nicht einfach aus einer Laune heraus. Die Sicherheit der Eigentumsrechte war eine der Stärken der USA. Mit diesen Handelsabkommen änderte sich das allerdings. Ein amerikanischer Investor, der sein Geld in Mexiko oder einem anderen Land anlegt, in dem ähnliche Bestimmungen gelten, ist *besser* geschützt: Die ausländische Regierung darf ihn nicht nur nicht entschädigungslos enteignen, sie darf nicht einmal eine regulatorische Vorschrift ändern. Die US-Regierung dagegen kann entschädigungslos regulatorische Bestimmungen für inländische Unternehmen ändern. Somit haben sich die Vereinigten Staaten selbst um ihren entscheidenden institutionellen Vorteil gebracht, nämlich dass sie Rechtsstaatlichkeit und die Sicherheit der Eigentumsrechte gewährleisteten.

Warum würde ein Land freiwillig auf einen so wichtigen komparativen Vorteil verzichten? Die Großunternehmen verlangten diese Regelungen, weil sie in ihrem *kurzfristigen Interesse* waren. Sie verschafften ihnen nicht nur billigere Arbeitskräfte im Ausland, sondern auch im Inland, weil sie die Verhandlungsmacht von Arbeitnehmern schwächten. Die Drohung von Firmen, Standorte ins Ausland zu verlagern, wurde noch glaubwürdiger.[9]

Die Globalisierung schadet amerikanischen Durchschnittsbürgern aber auch noch in anderer Weise – denn sie bringt das Land um Steuereinnahmen. Konzerne haben erreicht, dass ihre Gewinne nicht doppelt besteuert werden – in anderen Ländern, in denen sie tätig sind, und in den Vereinigten Staaten. Aber nichts wurde getan, um sicherzustellen, dass sie wenigstens einmal besteuert werden. Die Globalisierung erlaubt es Unternehmen, Länder gegeneinander auszuspielen. Die Konzerne überzeugten Regierungen davon, dass sie ins Ausland abwandern würden, wenn die Körperschaftssteuer nicht gesenkt würde. Tatsächlich haben dies einige ortsungebundene Firmen getan, was dem Argument eine gewisse Glaubwürdigkeit verlieh.[10] Nachdem sie eine Herabsetzung der Körperschaftssteuern in einem Land erreicht haben, wenden sie sich an andere Staaten und lassen diese wissen, dass Unternehmen abwandern werden, wenn die Steuern nicht gesenkt werden. Es ist nicht weiter verwunderlich, dass Konzerne diesen Unterbietungswettlauf mögen.[11]

Das Argument, wir müssten die Körperschaftssteuersätze senken, um mit anderen mithalten zu können, wurde von den Republikanern vorgebracht, als sie 2017 den Körperschaftssteuersatz von 35 auf 21 Prozent herabsetzten, so wie es schon früher, 2001 und 2003, ins Feld geführt worden war, als Steuern auf Kapitalerträge und Dividenden gesenkt wurden.[12] Die früheren Steuersenkungen wirkten nicht wie gewünscht – sie führten nicht zu höheren Ersparnissen, nicht zu einer Ausweitung des Arbeitskräfteangebots oder zu höherem Wachstum,[13] und es gibt keinen Grund zu erwarten, dass es bei der Steuersenkung von 2017 anders sein wird. Tatsächlich kann man davon ausgehen, dass die Einkommen der Amerikaner aufgrund der Steuersenkungen in zehn Jahren niedriger sein werden.[14] Unternehmen machen ihre Standortentscheidungen im Wesentlichen davon abhängig, ob es gut ausgebildete Fachkräfte und eine gute Infrastruktur gibt, und für beides benötigt man Steuern. Manche Unternehmen wollen als Trittbrettfahrer Vorteile genießen, für die andere aufkommen sollen; entsprechend hoffen sie, dass andere auch diese grundlegenden öffentlichen Investitionen finanzieren werden.

Als ob dieser Unterbietungswettlauf noch nicht schlimm genug wäre, nutzten unsere Konzerne auch undurchsichtige steuerrechtliche Bestimmungen aus – die normalerweise auf Drängen von Konzernlobbyisten in die entsprechenden Gesetze aufgenommen wurden –, um die tatsächlich gezahlten Steuern immer weiter zu drücken, weit unter den »amtlichen« Steuersatz, in einigen Fällen auf fast null. Der effektive Körperschaftssteuersatz (die tatsächlich gezahlten Steuern in Prozent des Gesamtgewinns) von multinationalen US-Konzernen ging drastisch zurück, und 2012 lag er nur noch bei knapp über der Hälfte des amtlichen Spitzensteuersatzes.[15] Google und Apple behaupteten, ein Großteil ihres Gewinns würde von einigen wenigen Mitarbeitern erwirtschaftet, die in Irland arbeiteten, und diese Gewinne wurden mit 0,005 Prozent besteuert.[16] Es wäre ein Leichtes, diese Schlupflöcher zu schließen, und das sollte durch die US-Steuerreform von 2017 auch eigentlich geschehen. Aber da die Unternehmen an dem neuen Steuergesetz mitschrieben, kam es nicht dazu. Tatsächlich wurde alles noch schlimmer. Früher gab es eine Bestimmung, die sogenannte alternative Mindeststeuer, die das Ausmaß begrenzte, in dem Kapitalgesellschaften sich ihrer Verantwortung, angemessen zur Finanzierung des Gemeinwesens beizutragen, entziehen konnten. Es wäre notwendig gewesen, diese Bestimmung zu verschärfen; stattdessen wurde sie gestrichen.

Aber für unsere Konzerne und Superreichen waren niedrige Steuersätze und massive Schlupflöcher nicht genug. »Steuerparadiese«, Oasen der Verschwiegenheit wie Panama und die Britischen Jungferninseln, wurden geschaffen, um Steuern zu vermeiden und zu hinterziehen.[17] Es wäre einfach, diese Steuerparadiese auszutrocknen. Dazu müsste man ihre Banken nur so lange vom US-Finanzsystem abschneiden, bis sie sich zur Einhaltung der Transparenzanforderungen und anderer Vorschriften, die für US-Finanzinstitute gelten, verpflichteten. Die ökonomische Logik dieser und anderer hier beschriebenen Reformen ist unmittelbar einsichtig: Das Problem ist die Politik, der Einfluss der Reichen, die alles in ihrer Macht Stehende tun, um ihre »Vorteile« zu bewahren. Amerikanische und europäische Banken halfen mit, diese Steuerparadiese zu schaffen – dies gehörte zu ihren »Dienstleistungen« für reiche Kunden und sich selbst.[18]

Ist die Globalisierung oder der technische Fortschritt der wahre Schuldige?

Wie erwähnt, geben Globalisierungsbefürworter dem technischen Fortschritt die Schuld daran, dass Löhne sinken und Arbeitsplätze verloren gehen. Neue Technologien verringern möglicherweise die Nachfrage nach Arbeitskräften, insbesondere nach Geringqualifizierten, und auch das kann niedrigere Löhne und eine höhere Arbeitslosigkeit verursachen.[19] Viele Ökonomen haben versucht, genau aufzudröseln, ein wie großer Prozentsatz der gestiegenen Arbeitslosigkeit beziehungsweise der gesunkenen Löhne auf die Globalisierung zurückzuführen ist. Da beide sehr eng miteinander verflochten sind, halte ich das für praktisch unmöglich. Aber eines ist klar: Auch ohne technischen Fortschritt hätte sich die Globalisierung als solche verheerend auf die Arbeiter in den USA ausgewirkt, da der Staat ihnen keinerlei Hilfen zukommen ließ. Und da der technologische Wandel an sich Arbeitnehmer schon einem hohen Anpassungsstress aussetzt, hat die Globalisierung deren missliche Lage noch verstärkt.

Doch statt die Arbeitnehmer zu unterstützen, hat der Staat – insbesondere in den USA – in vielerlei Hinsicht genau das Gegenteil getan. Die Globalisierung hat die Verhandlungsmacht von Arbeitnehmern geschwächt, die dann durch Gesetze, die Gewerkschafts- und Arbeitnehmerrechte einschränkten, noch weiter untergraben wurde. Die Mindestlöhne um die gleiche Rate zu erhöhen, mit der die Wirtschaft insgesamt wuchs, hätte das Einkommen der Geringverdiener vielleicht geschützt, aber tatsächlich wurden sie nicht einmal um die Inflationsrate erhöht.[20] Kurzum, Politik, technischer Fortschritt und Globalisierung haben die heutigen Probleme gemeinsam verursacht; die Tatsache, dass Gewerkschaften den Kräften der Technologie und der Globalisierung weitgehend ohnmächtig ausgeliefert waren und sind, hat sie zweifellos erheblich geschwächt – warum soll man Beiträge an Gewerkschaften zahlen, die nicht einmal verhindern können, dass die Reallöhne sinken? Die Schwächung der Gewerkschaften trug zu den unausgewogenen Handelsabkommen und stagnierenden Mindestlöhnen bei. Es gab niemanden, der für Arbeitnehmer kämpfte, niemanden, der den enormen Einfluss unserer Konzerne aufgewogen hätte. Die Handelsabkommen waren sowohl ein Symptom als auch eine Ursache der wachsenden wirtschaftlichen Machtgefälle. Und die Art, wie die Globalisierung gestaltet wurde, hat alles nur verschlimmert: Die Lage vieler Arbeitnehmer, die unter der durch den technologischen Wandel verursachten Deindustrialisierung litten, hat sich dadurch noch weiter verschlechtert.

Handelsabkommen im 21. Jahrhundert

Im Verlauf der letzten 60 Jahre sind die Zölle massiv gesenkt worden. Heute stehen in der Regel andere Themen im Mittelpunkt von Handelsgesprächen, etwa Regulierungen und andere »nichttarifäre« Handelshemmnisse, geistiges Eigentum und Investitionen.[21] Die Transpazifische Partnerschaft (TPP), die 44 Prozent des Welthandels abdeckt und 2016 unterzeichnet, aber von Trump am ersten Tag seiner Präsidentschaft gekündigt wurde, veranschaulicht diesen Punkt. Das Wort »Handel« kam im Titel nicht vor, was andeutete, dass der Handel im herkömmlichen Verständnis nicht im Zentrum des Abkommens stand.[22] Die US-Wirtschaft wäre laut Schätzungen der Regierung selbst bei vollständiger Umsetzung des Abkommens nur um 0,15 des BIP gewachsen. Nach anderen, weniger tendenziösen Schätzungen war selbst diese niedrige Zahl noch viel zu hoch gegriffen.[23]

Wenn bei TPP und anderen Abkommen aus jüngerer Zeit nicht der

Handel im Mittelpunkt stand, stellt sich die Frage, worum es bei ihnen dann ging. Ganz einfach: um Investitionen, geistiges Eigentum, Regulierung und eine Vielzahl weiterer Punkte, die für Unternehmen bedeutsam sind. Die Auseinandersetzung um diese neuen Themen unterscheidet sich deutlich von den traditionellen Streitfragen bei Handelsgesprächen, die Zölle betrafen. Damals waren Zollsenkungen mit einem Interessenkonflikt zwischen Herstellern in einem Land (die geschützt werden wollten) und Produzenten in einem anderen (die in einen neuen Markt eintreten wollten) verbunden, wobei die Verbraucher von den niedrigeren Preisen profitierten. In jüngerer Vergangenheit stehen oftmals nicht Geschäftsinteressen in zwei Ländern in Konflikt, sondern Verbraucherinteressen in beiden Ländern laufen Geschäftsinteressen in beiden Ländern zuwider. Konsumenten wollen vor unsicheren, ungesunden und umweltschädlichen Produkten geschützt werden; Unternehmen weltweit wollen einfach nur ihren Gewinn maximieren, und weniger pingelige Unternehmen wollen, dass ihre Regierung sie in diesem Kampf unterstützt und einen weiteren Unterbietungswettlauf antreibt. Das Streben nach regulatorischer Angleichung (die Ausrichtung an gemeinsamen »Standards«) bedeutet üblicherweise eine Harmonisierung auf dem niedrigstmöglichen Niveau. Der Nutzen einer solchen Angleichung ist bestenfalls begrenzt, und die Kosten können erheblich sein, vor allem wenn sich die Unternehmen durchsetzen und der gemeinsame Standard ein niedriger ist.

Viele Europäer lehnen gentechnisch veränderte Lebensmittel ab. Sie wollen, dass diese verboten oder zumindest eindeutig als solche gekennzeichnet werden. Die USA meinen, eine solche Kennzeichnung werde Europäer davon abhalten, amerikanische Produkte zu kaufen – und das stimmt. Dementsprechend behaupten die USA, eine Kennzeichnungspflicht sei ein Handelshemmnis; aber damit liegen sie falsch: Jedes Land sollte das Recht haben, seine Bürger, seine Umwelt und seine Wirtschaft in einer Weise zu schützen, die ihm angemessen erscheint. Die Kennzeichnungspflicht für Genfood verfolgt nicht die Absicht, einheimische Produzenten zu schützen; vielmehr spiegelt sie tatsächliche Sorgen vieler EU-Bürger wider. In ähnlicher Weise ist es in den letzten 25 Jahren ein wichtiges Anliegen der US-Handelspolitik gewesen, Länder dazu zu bringen, ihre Märkte für Derivate zu öffnen (die Finanzprodukte, die bei dem Crash von 2008 eine so zentrale Rolle spielten) – damit amerikanische Finanzinstitute ihren Gewinn steigern können, auch wenn solche Produkte die Volkswirtschaften dieser Länder gefährden. Mit der strengen Regulierung von Derivaten verfolgen viele Länder keine *protektionistischen* Absichten, vielmehr wollen sie ihre Volkswirtschaften vor einem wirklich gefährlichen Finanzprodukt schützen. Meines Erachtens sollten Regierungen das Recht zu solchen protektionistischen Maßnahmen haben, und ich verstehe Länder, die Handelsabkommen ablehnen, welche ihnen diesbezüglich die Hände binden.

Geistiges Eigentum

Geistiges Eigentum ist heute eine wichtige handelspolitische Frage. Die großen Pharmakonzerne – die Hersteller der teuren Markenmedikamente – haben versucht, mithilfe von Bestimmungen über geistiges Eigentum in Handelsabkommen die Herstellung viel preiswerterer Nachahmerpräparate zu verhindern oder zu verzögern. So haben sie beispielsweise alles in ihrer Macht Stehende getan, um diese Konkurrenten möglichst lange vom Markt fernzuhalten.

Lange Zeit träumten die multinationalen Konzerne davon, ein strenges internationales Abkommen über geistiges Eigentum zu bekommen, und im Jahr 1995 gingen ihre Wünsche mit dem Übereinkommen über »handelsbezogene Aspekte der Rechte des geistigen Eigentums« (TRIPS) teilweise in Erfüllung.[24] Das Abkommen zielte nicht darauf ab, die Innovation zu fördern. In Kapitel 3 haben wir gesehen, wie geistige Eigentumsrechte zu Monopolmacht führen und Unternehmensgewinne in die Höhe treiben. Schlecht konzipierte Schutzregime des geistigen Eigentums fördern die Innovation grundsätzlich nicht. Bei TRIPS ging es eigentlich nur darum, die Gewinne der großen Pharmakonzerne und von Firmen in einigen anderen Branchen zu steigern.[25] Ein steter Geldfluss aus armen Entwicklungsländern und Schwellenländern in die USA sollte sichergestellt werden.[26] Es ist daher nicht weiter verwunderlich, dass es kein ausgewogenes Abkommen war, nicht einmal innerhalb des Bereichs des geistigen Eigentums. Das geistige Eigentum der Entwicklungsländer – sowohl das der genetischen Ressourcen, die in ihrer reichen Biodiversität enthalten sind, um deren Erhaltung sich so viele intensiv bemühen, als auch das des traditionellen Wissens – wurde in dem Abkommen nicht anerkannt.[27]

Protektionismus ist keine Lösung

Auch wenn die Globalisierung und insbesondere die schlecht konzipierte Handelsliberalisierung zu Deindustrialisierung, Arbeitslosigkeit und Ungleichheit beigetragen haben, wird die protektionistische Politik Donald Trumps keines dieser Probleme lösen. Sein unüberlegter Angriff auf die regelbasierte internationale Ordnung wird einige davon sogar noch verschlimmern. Bestehende Abkommen neu zu verhandeln wird weder das Handelsbilanzdefizit verringern noch dazu führen, dass Industriearbeitsplätze zurückkommen. Denn das Handelsbilanzdefizit wird weitgehend von makroökonomischen Faktoren, nicht von Handelsabkommen bestimmt. Makroökonomische Faktoren legen den Wechselkurs fest – also den Wert einer Währung im Verhältnis zu einer anderen –, und dieser wiederum beeinflusst die Exporte und Importe enorm. Bei einem starken Dollar exportieren wir weniger und importieren mehr.[28]

Wenn ein Land wie die USA so wenig spart, dass selbst seine mageren Investitionen seine Ersparnisse übertreffen, muss es sich Kapital im Ausland beschaffen, um das Defizit zu finanzieren. Wenn Kapital in ein Land hineinströmt, steigt der Wechselkurs, weil Investoren ihre Währungen in Inlandswährung umtauschen. Das heißt, wenn Kapital in die USA strömt, steigt der Wert des Dollars im Verhältnis etwa zum Euro. Amerikanische Güter und Dienstleistungen werden dann für Europa teurer, was die amerikanischen Exporte entsprechend sinken lässt. Es bedeutet auch, dass europäische Güter weniger kosten, sodass die USA mehr einführen. Dies ist der eigentliche Knackpunkt: Da die Vereinigten Staaten mehr importieren, verschwinden Arbeitsplätze in den importkonkurrierenden Branchen. So entstehen Forderungen nach »Protektion« – Schutz vor ausländischen Importen, entweder durch mengenmäßige Beschränkungen oder durch Besteuerung ausländischer Einfuhren (Verhängung von Zöllen). In sehr wettbewerbsintensiven Märkten können schon niedrige Zölle ausländische Verkäufer wirksam ausschließen.[29]

Weil das Außenhandelsdefizit insgesamt gleich der Lücke zwischen inländischer Ersparnis und inländischen Investitionen ist, beeinflussen (wirtschafts-)politische Maßnahmen, die sich auf die nationale Ersparnisbildung oder die Investitionen auswirken, zugleich das Außenhandelsdefizit. Daher wird das Steuergesetz von 2017 hier einen stärkeren Einfluss ausüben als jedes zweiseitige Handelsabkommen. Denn es bewirkt Folgendes: Die Steuerreform von 2017 führt dazu, dass das zukünftige Haushaltsdefizit des Bundes und damit zugleich der Kapitalbedarf, den die USA langfristig im Ausland decken müssen, um dieses zu finanzieren, enorm ansteigen werden. Letzteres wird den Dollar aufwerten (gegenüber dem Wert, den er andernfalls hätte) und dadurch das Handelsbilanzdefizit vergrößern. Es ist eine einfache Beziehung: Eine Erhöhung des Haushaltsdefizits führt üblicherweise dazu, dass sich das Handelsbilanzdefizit vergrößert.[30] Und dies gilt unabhängig davon, ob es Trump gelingt, Handelsabkommen auszuhandeln.

Handelsabkommen spielen eine Rolle, aber mehr für das Handelsgefüge als für das Außenhandelsdefizit. Veränderungen des Handelsgefüges wiederum wirken sich auf das *bilaterale* Außenhandelsdefizit aus (das Handelsbilanzdefizit zwischen zwei Ländern), auch wenn sie das *multilaterale* Außenhandelsdefizit (das Handelsbilanzdefizit über alle Länder hinweg, also die Differenz zwischen dem Gesamtwert der US-Exporte und -Importe) weitgehend unverändert lassen. Würden die Vereinigten Staaten etwa einen Zoll von 25 Prozent auf chinesische Waren verhängen, würden sie weniger Bekleidung aus China und mehr aus einem anderen Land wie zum Beispiel Malaysia einführen. Und weil vergleichbare malaysische Bekleidung geringfügig teurer ist als in China hergestellte Bekleidung (wenn sie es nicht wäre, würden wir bereits Kleidung aus Malaysia importieren), würden die Preise für Bekleidung in den Vereinigten Staaten ansteigen. Der Lebensstandard in den USA würde dementsprechend sinken.

Ein besonders wichtiger Punkt: Unabhängig davon, ob es Trump gelingen wird, bestehende Handelsabkommen nachzuverhandeln, wird die industrielle Produktion wahrscheinlich nur in begrenztem Umfang in die Vereinigten Staaten zurückkehren.[31] Und selbst wenn sie hier wieder Fuß fasst, wird das in kapitalintensiven Werken, mit nur wenigen Arbeitern, stattfinden. Und es ist auch keineswegs sicher, dass die neuen Arbeitsplätze an denselben Orten geschaffen werden, an denen die alten verloren gingen. Protektionismus wird daher das Problem derjenigen, die ihre Arbeitsplätze in der Industrie verloren haben, nicht lösen.

Betrachten wir das neue Handelsabkommen zwischen den USA, Kanada und Mexiko. Es soll die Einfuhr mexikanischer Kfz-Teile geringfügig verringern. Selbst wenn das Abkommen die beabsichtigte Wirkung erzielt, werden amerikanische Autos teurer und daher weniger attraktiv. Wir gewinnen vielleicht ein paar Arbeitsplätze in der Produktion von Kfz-Teilen, werden sie jedoch in der Autoproduktion verlieren, weil der Absatz von in den USA hergestellten Autos zurückgeht.

Betrachten wir ein weiteres Beispiel: der Zoll, den die Vereinigten Staaten 2018 auf chinesische Sonnenkollektoren verhängten. Er wird die Kohleindustrie in den USA nicht wiederbeleben. Er wird wahrscheinlich nicht einmal zur Entstehung einer Sonnenkollektorindustrie in den USA führen. China liegt bei der effizienten Produktion von Sonnenkollektoren bereits so weit vorne, dass es für die Vereinigten Staaten schwer sein wird, den Rückstand aufzuholen, insbesondere wenn man die Arbeitskosten in den USA berücksichtigt. Wahrscheinlicher ist es, dass in den Vereinigten Staaten verwendete Sonnenkollektoren weiterhin in China hergestellt werden, aber die Zölle werden sie verteuern und daher für amerikanische Verbraucher und Unternehmen weniger attraktiv machen. Dies wird Arbeitsplätze in jenen Firmen vernichten, die Sonnenkollektoren installieren – ein junger, aber boomender Sektor, der mehr als doppelt so viele Amerikaner beschäftigte wie der Kohlebergbau, bevor neue, höhere Zölle auf Solarkollektoren verhängt wurden. Prognosen, wonach Zölle zu weniger Beschäftigung in diesen »grünen Sektoren« führen würden, scheinen sich zu bewahrheiten, und dies bedeutet, dass weniger Energie umweltfreundlich produziert wird.

Zweifellos wurden im Prozess der Globalisierung Arbeitsplätze vernichtet, aber der Prozess der rücksichtslosen Deglobalisierung, wie er von Trump betrieben wird, wird weitere Jobs kosten. Die Welt hat effiziente globale Lieferketten aufgebaut, und kluge Nationen machen sich diese zunutze. Wenn sich die USA aus diesen Lieferketten ausklinken, wird dies US-Unternehmen weniger wettbewerbsfähig machen. Entscheidend aber ist, dass hohe Anpassungskosten anfallen. Es war schwer genug, sich an die Globalisierung anzupassen, und wir – insbesondere unsere Arbeiter – bezahlten einen hohen Preis. Aber wir werden abermals einen hohen Preis zahlen, wenn wir versuchen, uns an die Deglobalisierung anzupassen.[32]

Globale Kooperation im 21. Jahrhundert

Während protektionistische Maßnahmen den USA beziehungsweise den von der Deindustrialisierung betroffenen Arbeitnehmern nicht helfen werden, können sie sich überaus negativ auf die Handelspartner der USA und die Weltwirtschaft auswirken. Während der letzten 70 Jahre hat die internationale Gemeinschaft eine regelbasierte Ordnung geschaffen, die Handel und Zusammenarbeit fördert. Die USA spielten beim Aufbau dieses Systems eine zentrale Rolle. Wir haben dies nicht aus Uneigennützigkeit getan, sondern weil wir überzeugt waren, eine solche Ordnung sei besser für die ganze Welt, die USA eingeschlossen. Man glaubte, Handel und Austausch würden das gegenseitige Verständnis über Grenzen hinweg fördern, und dies werde den Frieden festigen und Kriege, die eine Geißel des 20. Jahrhunderts waren, unwahrscheinlicher machen. Es war auch ökonomisch sinnvoll: Eine regelbasierte, gut gemanagte Globalisierung versprach allen Ländern Vorteile zu bringen. Und die US-Wirtschaft insgesamt profitierte davon – das Problem war, dass wir nicht dafür sorgten, dass die Früchte dieses Wachstums gerecht verteilt wurden.

Handelskriege und globale Zusammenarbeit

Heute wird diese regelbasierte Welthandelsordnung angegriffen. Als Präsident Trump erstmals andeutete, er werde einen Handelskrieg mit China anzetteln, wurde dies innerhalb und außerhalb der USA mit ungläubigem Staunen aufgenommen. Schließlich schien es den Interessen beider Seiten, und insbesondere den Unternehmensinteressen, die lange Zeit die Außenwirtschaftspolitik der USA diktiert zu haben schienen, diametral zuwiderzulaufen. Aber Rationalität und Widerspruchsfreiheit hatten Trump noch nie ausgezeichnet. Die anfänglichen Handelsgeplänkel um Stahl, Aluminium, Waschmaschinen und Sonnenkollektoren wuchsen sich 2018 zu einem umfassenden Handelskrieg aus, als die USA Zölle auf chinesische Waren im Wert von 200 Milliarden Dollar erhoben und China Vergeltung übte. Trump ist überzeugt, dass Amerika diesen Krieg gewinnen wird, einfach weil es mehr aus China einführt als dorthin exportiert. Aber das ist aus mehreren Gründen abwegig. Entscheidend sind die Instrumente, die jeder Seite zur Verfügung stehen, die Entschlossenheit und die Fähigkeit, der anderen Seite Schaden zuzufügen, die Fähigkeit, den von der anderen Seite verursachten Schaden wettzumachen, und der Rückhalt in der Bevölkerung. Weil die chinesische Wirtschaft noch immer stärker staatlich gelenkt ist als die US-amerikanische, kann die chinesische Regierung ihre Maßnahmen nicht nur zielgenauer konzipieren, sondern auch Kompensationsmaßnahmen besser auf jene Sektoren abstimmen, die andernfalls darunter leiden würden. China will sich schon seit einiger Zeit von seiner Exportabhängigkeit lösen, und die USA beschleunigen diesen Prozess lediglich – und stärken Chinas Entschlossenheit, seine technologischen Fähigkeiten zu verbessern. Außerdem ist der Anteil an den chinesischen Ausfuhren, der tatsächlich »in China hergestellt« wird, viel kleiner als der entsprechende Anteil bei den US-Exporten, sodass ein Rückgang des »Dollar-Anteils« an den chinesischen Ausfuhren die chinesische Volkswirtschaft viel weniger beeinflusst als ein Rückgang des »Dollar-Anteils« der US-Ausfuhren die US-Volkswirtschaft.[33]

In China steht zu Beginn dieses Handelskriegs auch die Bevölkerung geschlossener hinter der Regierung, während ihn die USA mit einer gespaltenen – vielleicht sogar mehrheitlich ablehnenden – Bevölkerung beginnen.[34] Und schließlich gibt es viele weitere ökonomische und anderweitige Maßnahmen, die China ergreifen könnte, angefangen von Restriktionen gegen in China tätige amerikanische Firmen bis hin zu einem aggressiveren Vorgehen im Südchinesischen Meer.

Wahrscheinlich werden am Ende alle verlieren, da sich die negativen Folgen protektionistischer Maßnahmen weit über direkte ökonomische Kanäle hinaus erstrecken. Wir brauchen an vielen Fronten – jenseits des Handels – internationale Kooperation. So brauchen wir etwa die Hilfe Südkoreas und Chinas im Umgang mit Nordkorea und die Unterstützung Europas im Umgang mit Russland. Eine solche Hilfe ist unwahrscheinlicher, wenn unsere Länder Handelskriege gegeneinander führen.

Globalisierung in einer Welt mit mehreren Wertesystemen

Der Drohung mit einem Handelskrieg liegen einige tief greifende Missstände im Welthandelssystem zugrunde, die nicht nur diejenigen betreffen, die aufgrund der Art und Weise, wie es gemanagt wurde, Wohlstandseinbußen erlitten. Viele Verfechter der Globalisierung nahmen an, einem Freihandelssystem könnten Länder mit völlig unterschiedlichen Wertesystemen angehören. Werte beeinflussen unsere Wirtschaft – und unseren komparativen Vorteil – in tief greifender Weise. Es könnte sein, dass eine weniger freie Gesellschaft auf einem bedeutenden Gebiet, etwa Künstliche Intelligenz, überlegen ist. Big Data ist hier sehr wichtig, und China hat weniger Hemmungen, Daten zu sammeln und zu nutzen. Könnten oder sollten sich Europäer darüber beschweren, dass die USA aufgrund von Sträflingsarbeit (Häftlinge stellen fast fünf Prozent der Industriearbeiter in den USA) einen unfairen Wettbewerbsvorteil haben, weil Häftlinge normalerweise weit weniger als den Mindestlohn erhalten? Oder dass die Vereinigten Staaten aufgrund der Tatsache, dass sie Kohlenstoffemissionen nicht begrenzen, einen unlauteren Vorteil genießen?

Als die USA und Europa vor rund 25 Jahren ihren Handel mit China stetig ausweiteten, hoffte man, dass dadurch der Prozess der Demokratisierung beschleunigt würde. Wie bereits erwähnt, deutete der Westen und insbesondere die USA den Fall des Eisernen Vorhangs als den Sieg unseres wirtschaftlichen und politischen Systems; es wäre nur eine Frage der Zeit, bis alle, vielleicht mit Ausnahme einiger weniger Schurkenstaaten wie Nordkorea, zur Einsicht kommen und Demokratie und Kapitalismus amerikanischer Prägung übernehmen würden.

Aber das war vor der Finanzkrise von 2008, die die Grenzen des Kapitalismus amerikanischen Stils aufzeigte; vor der Wahl Trumps, die die Grenzen der Demokratie amerikanischen Stils aufzeigt; und bevor der chinesische Präsident Xi die Amtszeitbegrenzung für sich abschaffte, was dafür spricht, dass China sich möglicherweise nicht so schnell, wie von uns erhofft, vom Autoritarismus verabschieden und ihn, im Gegenteil, vielleicht sogar noch verschärfen wird. Das besondere chinesische Wirtschaftsmodell – einige nennen es »Staatskapitalismus«, China selbst spricht von einer »sozialistischen Marktwirtschaft chinesischer Prägung« – hat sich als bemerkenswert robust erwiesen, und das Land überstand die Weltfinanzkrise von 2008 besser als alle anderen. Auch wenn sich das Wachstum mittlerweile abgeschwächt hat, wächst die chinesische Wirtschaft immer noch dreimal so schnell wie die europäische und doppelt so schnell wie US-Wirtschaft. Der Erfolg dieses Modells erwies sich in Verbindung mit den massiven chinesischen Auslandshilfeprogrammen als verlockend für viele Länder in der Dritten Welt, die versuchen, ein eigenes Wirtschaftsmodell für sich zu definieren.

Als China vor 40 Jahren seine Umstellung auf ein marktwirtschaftliches System begann, hätte sich niemand vorstellen können, dass dieses verarmte Land in weniger als einem halben Jahrhundert ein BIP erreichen würde, das annähernd dem der USA entspricht. Der Erfolg Chinas in einigen Hochtechnologiesektoren wie Künstliche Intelligenz und Cybersicherheit hat Befürchtungen nicht nur hinsichtlich der internationalen Wettbewerbsfähigkeit der USA, sondern auch der nationalen Sicherheit geweckt. Unternehmen sind mittlerweile auch weniger enthusiastisch in Bezug auf China: Während sie das Land früher als eine Goldgrube ansahen, bedeuten höhere Löhne, strengere Umweltschutzbestimmungen und sonstige regulatorische Standards und ein stärkerer Wettbewerb durch chinesische Unternehmen, dass das China-Geschäft nicht mehr so lukrativ ist wie früher, und die Zukunftsaussichten sind noch weniger rosig.

Amerikanische Unternehmen beklagen, es sei unfair, wenn China als eine Bedingung für den Marktzugang von ihnen verlange, Gemeinschaftsunternehmen einzugehen (die mit der Weitergabe von geistigem Eigentum verbunden sind). Chinas Antwort darauf lautet, niemand zwinge irgendein Unternehmen, auf dem chinesischen Markt Fuß zu fassen; ausländische Firmen würden die Bedingungen für den Zugang zum chinesischen Markt kennen.[35] China ist ein Entwicklungsland – wenn auch ein großes – mit einem Pro-Kopf-Einkommen, das gerade einmal ein Fünftel jenes der USA beträgt. Es arbeitet hart daran, den Abstand zwischen sich und weiter fortgeschrittenen Ländern zu verkürzen, insbesondere die Wissenslücke zu schließen, und in einigen Bereichen, von denen manche überaus wichtig sind, ist ihm dies bereits gelungen. Es gibt kein internationales Gesetz beziehungsweise keine Rechtsnorm, die Gemeinschaftsunternehmen mit allem, was damit verbunden ist, verbieten würde.[36]

Allerdings ruht der Erfolg Chinas heute auf einer breiten Basis, und er ist nicht abhängig von Gemeinschaftsunternehmen mit westlichen Firmen oder vom Diebstahl geistigen Eigentums. In einigen Bereichen wie soziale Medien und Künstliche Intelligenz befindet sich das Land bereits an der Spitze. Die Anzahl der Patente, die chinesischen Antragstellern erteilt werden, steigt dramatisch an.[37] Auf vielen anderen Gebieten hat es die Wissenslücke, die es von den fortgeschrittenen Ländern trennt, bereits weitgehend geschlossen. Auf das Verhalten der Regierung Trump gegenüber China passt die Redensart: Den Brunnen erst zudecken, wenn das Kind schon hineingefallen ist.[38]

Wenn wir erst einmal die abstruse Idee hinter uns lassen, durch den Handel werde sich China kurzfristig in eine Demokratie verwandeln, bleibt eine wirklich wichtige Frage übrig: Wie kann es einen völlig freien Handel mit einem Land geben, das ein so grundverschiedenes Wertesystem hat? Was heißt es zum Beispiel, »gleiche Wettbewerbsbedingungen« mit einem Land zu haben, dem Datenschutz nicht viel bedeutet, das aber bereit ist, Webseiten, die ihm politisch missfallen, zu zensieren und zu blockieren? In abgeschwächter Form wird diese Frage schon lange diskutiert. Die Schwellenländer und die Entwicklungsländer sind der Ansicht, es könne so lange kein faires Welthandelssystem geben, wie die USA und die EU auf Landwirtschaftssubventionen bestehen – in jenem Sektor, auf den Milliarden von Armen weltweit für ihren Lebensunterhalt angewiesen sind. Die Vereinigten Staaten behaupten, versteckte Subventionen würden die gesamte chinesische Wirtschaft durchdringen; China entgegnet, solche Subventionen gebe es in allen Volkswirtschaften – etwa die hohen landwirtschaftlichen Subventionen, die massiven Rettungspakete für den Finanzsektor und die enormen Ausgaben für Forschung des US-Verteidigungsministeriums, deren Ergebnisse (wie etwa Boeing-Passagierflugzeuge) mitunter in Konsumgüter einfließen. Europa hat ebenfalls gegen diese versteckten Subventionen für Flugzeuge protestiert, so wie die USA die transparentere europäische Unterstützung für Airbus kritisieren.

Wir müssen heute der Tatsache ins Auge sehen, dass unterschiedliche Länder ihre Volkswirtschaften entsprechend ihren jeweiligen Werten und Überzeugungen gänzlich unterschiedlich organisieren. Nicht jeder will einen Kapitalismus amerikanischer Spielart mit der großen Macht, die er Konzernen verleiht, und seiner Ungleichheit. Und zweifellos will nicht jeder so weitreichende staatliche Eingriffe in die Wirtschaft und die Gleichgültigkeit gegenüber dem Datenschutz, wie sie in China üblich sind. Ein wertfreies System der uneingeschränkten Globalisierung kann nicht funktionieren; aber das gilt auch für ein System, in dem die Spielregeln von dem einen oder anderen Land diktiert werden. Wir müssen eine neue Form der Globalisierung finden, die auf einer Art friedlicher Koexistenz beruht; dabei müssen wir anerkennen, dass, obwohl wir grundverschiedene Wertesysteme haben, es nach wie vor große Bereiche gibt, wo wir zum wechselseitigen Vorteil miteinander Handel treiben können. Wir brauchen ein Mindestmaß an Regeln – ein rechtlich bindendes Regelwerk, eine Art Straßenverkehrsordnung für den internationalen Handel. Wir können andere nicht dazu zwingen, unser regulatorisches System zu übernehmen, und wir sollten auch nicht gezwungen sein, ihre zu übernehmen. Und es wird für uns alle viel besser sein, wenn diese Regeln global und multilateral sind und sich alle Länder darauf verständigen können.

Die Mängel der Globalisierung beheben

Protektionismus ist nicht die richtige Antwort auf die Probleme, denen sich die USA beziehungsweise die übrigen Länder der Welt gegenübersehen. Aber es bringt auch nichts, die Globalisierung einfach in ihrem bisherigen Ordnungsrahmen weiter voranzutreiben. Wir können in den kommenden Jahrzehnten nicht genauso weitermachen wie in den letzten 30 Jahren. Denn dies wird vermutlich noch mehr Leid, noch mehr politische Wirren verursachen.

Wir haben gesehen, dass die Globalisierung in der Vergangenheit auf der Grundlage einer Reihe falscher Prämissen gemanagt wurde: dass alle Menschen davon profitierten (ohne staatliche Eingriffe gibt es große Verlierer) und es *genüge*, die Globalisierung in wirtschaftlicher Hinsicht gut zu gestalten (tatsächlich wurde sie in einer Weise gemanagt, die der politischen Agenda der Konzerne nützte, was die Verhandlungsmacht der Arbeitnehmer schwächte und die Macht der Konzerne, insbesondere in bestimmten Sektoren, stärkte). Man ließ die Arbeitnehmer wissen, dass sie sich aufgrund der Globalisierung – um die Wettbewerbsfähigkeit von Ländern zu erhalten – mit niedrigeren Löhnen, schlechteren Arbeitsbedingungen und Kürzungen wichtiger staatlicher Leistungen abfinden müssten. Wie soll eine solche Politik den Lebensstandard von Arbeitnehmern verbessern? Wir wissen jetzt, dass die Wachstumseffekte in den fortgeschrittenen Industrieländern überschätzt wurden, während die Verteilungseffekte unterschätzt wurden.

Die Schwellenländer, die – wie China – die Globalisierung klug und ausgewogen managten, haben bekanntlich enorm davon profitiert. China blieb die mit kurzfristigen Kapitalströmen – hochmobilen Geldern, die von einem Tag auf den anderen in ein Land hineinfließen und wieder abgezogen werden – verbundene Instabilität erspart. Es lockte ausländische Investoren dergestalt an, dass die Wissenslücke, die es von den höher entwickelten Ländern trennte, verkleinert wurde. Es förderte die Exporte, wobei es insgesamt einen stabilen Wechselkurs aufrechterhielt, und in früheren Stadien seiner Entwicklung (allerdings nicht in jüngster Vergangenheit) hat es seine Währung längere Zeit gezielt geringfügig abgewertet. Am wichtigsten war aber, dass die chinesische Regierung zwar eine Erhöhung der Ungleichheit zuließ, aber zugleich sicherstellte, dass fast jeder Chinese von der Globalisierung profitierte (wie bereits erwähnt, wurden 740 Millionen Menschen aus der Armut herausgeführt).

Es ist verlockend zu behaupten, das Wachstum Chinas sei auf Kosten des Wachstums der Industrieländer gegangen; aber das wäre falsch. Das Standardargument, dass – bilateraler – Handel für beide Länder *wechselseitig vorteilhaft* sein kann, ist im Großen und Ganzen nach wie vor gültig (sofern Staaten Risiken und Chancen angemessen steuern); aber große Gruppen innerhalb eines Landes können Wohlstandsverluste erleiden, sofern keine staatlichen Ausgleichsmaßnahmen ergriffen werden. In den USA hat es die Regierung verabsäumt, dies zu tun, und das Ergebnis war absehbar.[39]

Die Auswirkungen der Globalisierung gehen weit über die Wirtschaft hinaus. Infolge der globalen Verbreitung von medizinischem Wissen stieg die Lebenserwartung an, die Verbreitung entsprechender Ideen führte zur globalen Anerkennung von Genderrechten. Wir haben gesehen, wie globale Steuervermeidung und -flucht Länder um die Einnahmen brachte, die sie benötigten, um grundlegende öffentliche Leistungen zu erbringen. Gleichzeitig hat die Art und Weise, wie die Globalisierung gestaltet wurde, oftmals lokale Gemeinschaften und in manchen Fällen sogar Nationalstaaten untergraben. Ladeninhaber vor Ort sind oft die Säulen einer Gemeinschaft. Aber diese lokalen Geschäfte werden heute von großen Ketten verdrängt, die ausländische Waren erheblich billiger einkaufen können. Die Loyalität ihrer Geschäftsführer gilt in erster Linie dem Unternehmen, nicht der jeweiligen Gemeinde, und die Manager bleiben oftmals nicht lange genug an einem Ort, um Wurzeln zu schlagen.

Die Regeln der Globalisierung sind alles andere als ideal. Sie haben die Interessen der Konzerne zulasten der Arbeitnehmer, der Verbraucher, der Umwelt und der Wirtschaft insgesamt geschützt. Pharmakonzerne erhielten ein Regime zum Schutz geistigen Eigentums, das ihnen Wettbewerbsvorteile gegenüber kleinen Unternehmen verschafft und Ertragsinteressen über Menschenleben und Umweltschutz, ja sogar über langfristige Wachstumsaussichten und Innovationschancen stellt. Da wir es multinationalen Konzernen erleichtert haben, Steuern zu vermeiden, entfällt ein größerer Teil der Steuerlast auf Arbeitnehmer und Kleinbetriebe. Es ist auch nicht sinnvoll, durch Investitionsabkommen Eigentumsrechte für Investitionen im Ausland besser zu schützen als Eigentumsrechte im Inland.

Es gibt eine Liste leicht umsetzbarer Reformen: Unsere Investitionsabkommen sollten sich auf eine Sache konzentrieren – sicherstellen, dass amerikanische Unternehmen nicht benachteiligt werden.[40] Die Bestimmungen über geistiges Eigentum in unseren Handelsabkommen sollten den Zugang zu Generika sicherstellen, nicht den großen Pharmakonzernen hohe Gewinne verschaffen. Außerdem sollten wir uns überlegen, wie erreicht werden könnte, dass die Globalisierung weniger für Steuervermeidung und -flucht missbraucht wird.

Höchstwahrscheinlich bekämen wir bessere internationale Handelsregeln, würden diese in einem transparenteren und demokratischeren Prozess ausgearbeitet. Gegenwärtig verhandeln US-Handelsbeauftragte diese Abkommen hinter verschlossenen – wenn auch nicht völlig verschlossenen – Türen. Konzernvertreter sitzen faktisch mit am Tisch, da der Handelsbeauftragte mit ihnen diskutiert, was er bei den Verhandlungen durchsetzen soll, während gleichzeitig Kongressabgeordnete oftmals ausgeschlossen sind, da der Handelsbeauftragte sich vielfach weigert, sie auch nur in seine Verhandlungsposition einzuweihen.[41]

Am wichtigsten aber ist, dass wir, unabhängig von den Regeln, einfachen Bürgern helfen, sich an den wirtschaftlichen Strukturwandel anzupassen, ganz gleich, ob diese Veränderungen auf die Globalisierung oder auch den technischen Fortschritt zurückzuführen sind.[42] Märkte sind von sich aus kaum in der Lage, wirtschaftliche Transformationen zu meistern. Länder, die ihre Bürger bei der Umstellung unterstützten, wie etwa die skandinavischen Staaten (zum Beispiel Schweden und Norwegen), haben eine dynamischere Wirtschaft, ein Gemeinwesen, das offener gegenüber Veränderungen ist, und sie bieten ihren Bürgern einen höheren Lebensstandard. Dazu bedarf es einer aktiven Arbeitsmarktpolitik, die Menschen hilft umzuschulen und neue Arbeitsplätze zu finden; und einer Industriepolitik, die dafür sorgt, dass neue Arbeitsplätze so schnell entstehen, wie alte vernichtet werden, und die Regionen, in denen viele Arbeitsplätze verloren gehen, hilft, neue wirtschaftliche Chancen aufzuspüren.[43] Es werden auch engmaschige soziale Sicherungsnetze benötigt, damit niemand durch die Lücken fällt. Aber die Verantwortlichen an den Schaltstellen der Globalisierung und unserer Volkswirtschaften haben ausgerechnet zu einer Zeit, da wir ihrer besonders dringend bedürfen, Kürzungen dieser Programme verlangt – vorgeblich, um in einer globalisierten Welt die Wettbewerbsfähigkeit zu erhalten.

Es ist – zumindest wirtschaftlich gesehen – leicht, die Regeln der Globalisierung umzuschreiben und sie besser zu managen. Weiter unten (in Kapitel 9) erläutere ich, wie wir den Ordnungsrahmen der Globalisierung und des technischen Fortschritts so reformieren können, dass alle beziehungsweise zumindest die meisten Bürger davon profitieren und möglichst wenige zurückgelassen werden.

5. Die Finanzmärkte und die Krise in den USA

Der Finanzsektor hat maßgeblich zur heutigen wirtschaftlichen, gesellschaftlichen und politischen Malaise beigetragen: zu der fast zehn Jahre dauernden Wirtschaftskrise in den USA sowie der zunehmenden Ungleichheit und Wachstumsschwäche. Ressourcen – einschließlich einige der begabtesten jungen Menschen – gingen in die Finanzindustrie, statt die *Real*wirtschaft zu stärken. Ein Sektor, der ein Mittel zum Zweck – Güter und Dienstleistungen effizienter zu produzieren – hätte sein sollen, wurde zu einem Selbstzweck. Jede produktive moderne Volkswirtschaft ist auf einen gut funktionierenden Finanzmarkt, der der Gesellschaft dient, angewiesen, und aus diesem Grund ist es unabdingbar, den Finanzsektor zu reformieren, damit er der Gesellschaft dient und nicht umgekehrt.

Seit den Anfangstagen der Republik fürchtete man, mächtige Banken könnten die Demokratie untergraben – deshalb waren so viele gegen die Gründung der First National Bank, und deshalb lehnte es Präsident Andrew Jackson 1836 ab, ihre Lizenz nach 20-jähriger Laufzeit zu verlängern. Diese Bedenken haben sich in den letzten Jahren mehr als berechtigt erwiesen, wie sich bei dem Versuch zeigen sollte, die Banken zu regulieren, um eine Wiederholung der Krise von 2008 zu verhindern. Mehr als drei Viertel der Amerikaner hielten eine strengere Regulierung für notwendig. Da jedoch auf jeden Kongressabgeordneten fünf Lobbyisten kommen, hatten die zehn größten Banken des Landes genauso viel beziehungsweise mehr Einfluss als 250 Millionen Amerikaner. Die Verabschiedung des Dodd-Frank Act (der schließlich 2010 in Kraft trat) zog sich zwei Jahre hin; das Gesetz sollte die Probleme beheben, die zu der Krise geführt hatten, allerdings blieb es weit hinter dem zurück, was erforderlich gewesen wäre. Kaum dass die Tinte trocken war, machte sich dieses Heer von Lobbyisten an die Arbeit, um es zu entschärfen – mit großem Erfolg, denn 2018 wurde die überwiegende Mehrzahl der Banken von der vorgeschriebenen strengeren Beaufsichtigung ausgenommen.[1]

Die Bankenrettung von 2008 selbst demonstrierte deren Macht. Sie hatten die Krise herbeigeführt, aber die Regierung schüttete ihr Füllhorn über den Banken und Bankern aus – obwohl diese keinerlei Verantwortung für die von ihnen verursachte Krise übernahmen –, während die Leidtragenden der Krise, die Arbeitnehmer und Eigenheimbesitzer, kaum Unterstützung erhielten – sie schienen bloße Kollateralschäden in dem von Financiers geführten Krieg der Raffgier zu sein. Die Tagebuchaufzeichnungen derjenigen, die sich mit Obama und dessen Finanzminister, Tim Geithner, trafen, als sie ihren Plan zur Belebung der Konjunktur entwickelten, zeigen, wer mit am Tisch saß und wer nicht. Eigenheimbesitzer, die von Zwangsversteigerungen bedroht waren, nicht – die großen Finanzkonzerne dagegen schon.[2]

Es war notwendig, die Banken zu retten, um den Kreditfluss aufrechtzuerhalten (denn dieser ist das Lebenselixier einer jeden Volkswirtschaft). Aber man hätte die Banken retten können, ohne die Banker, die Aktionäre und die Anleihengläubiger zu retten; man hätte nach den Regeln des Kapitalismus spielen können, die verlangen, dass Aktionäre und Anleiheninhaber eines Unternehmens – auch einer Bank –, das seine Schulden nicht mehr bedienen kann, zunächst all ihre Ansprüche verlieren, ehe der Steuerzahler zur Kasse gebeten wird.[3]

Als wir Geld in die Banken pumpten, um deren Anleiheninhaber und Aktionäre zu retten, hätten wir ihnen außerdem Bedingungen auferlegen können – etwa dieses Geld dazu zu verwenden, Eigenheimbesitzern und Kleinunternehmen zu helfen, und nicht, um ihren eigenen Mitarbeitern hohe Prämien zu zahlen. Aber das haben wir nicht. Obama und sein Team setzten ihr ganzes Vertrauen in die Banker – die uns während des zurückliegenden Jahrzehnts allen Grund gegeben hatten, ihnen *nicht* zu vertrauen; sie glaubten, wenn sie den Banken, deren Anleihengläubigern und Aktionären nur genug Geld gäben, würde dies irgendwie »nach unten durchsickern« und alle würden davon profitieren. Aber so kam es nicht – in den ersten drei Jahren der wirtschaftlichen Erholung kamen 91 Prozent der Wachstumsgewinne dem reichsten einen Prozent der Amerikaner zugute. Millionen verloren ihre Häuser und ihre Arbeitsplätze, während die Banker, die uns all dies eingebrockt hatten, ihre

Millionen an Boni einsackten. Was wir bekamen, war weder effizient noch fair, aber es entsprach dem, was man in einer Demokratie erwarten würde, in der die Banken eine Vorzugsbehandlung genießen.

Finanzsektor und Gemeinwohl

Die Bemühungen um eine Reform des Finanzsektors richteten sich beiderseits des Atlantiks vor allem darauf, die Banken davon abzuhalten, der übrigen Gesellschaft zu schaden, denn genau das hatten sie durch ihre leichtfertige, teilweise ausbeuterische Kreditvergabe, missbräuchliche Kreditkartenpraktiken und die Ausnutzung von Marktmacht in großem Stil getan. In den Jahren nach der Krise von 2008 haben wir erfahren, dass sie sich schlechter verhielten, als wir es uns je hätten vorstellen können: Wells Fargo, die nach Bilanzsumme drittgrößte Bank der USA, eröffnete Konten für Privatpersonen ohne deren Einverständnis, mehrere Banken betrieben auf Devisen- und Zinsmärkten Marktmanipulationen, und die Ratingagenturen und die meisten Investmentbanken haben massiv betrogen.

Die weitverbreitete moralische Verkommenheit stellt die wichtigste und schwierigste Herausforderung für die Zukunft da: Wie lassen sich die Normen und die Kultur im Finanzsektor erneuern?[4] Die Banker wussten, dass unser Rechtssystem damit überfordert war, eine Vielzahl von Betrugsfällen und Vertragsverletzungen aufzuarbeiten, bei denen sich Banken einfach weigerten, von ihnen unterzeichnete Verträge einzuhalten.[5] Verklagt uns ruhig, schienen sie zu sagen. Die Banken wussten, dass denjenigen, die Gerechtigkeit wollten, Gerichtsverfahren bestenfalls viel zu lange dauern würden; schlimmstenfalls hofften sie, ihre fadenscheinigen Argumente würden einen den Banken wohlgesinnten Richter überzeugen. Falls sie verloren, müssten sie lediglich den Schaden begleichen. Aber vielleicht würden sie gewinnen. Vielleicht würde die betrogene Partei, die nicht so zahlungskräftig war wie die Großbanken, aufgeben und sich mit einem Bruchteil des geschuldeten Betrags zufriedengeben. Für die Banker war es eine sichere Wette. Für diejenigen, die sich auf ihre vertraglichen Garantien verlassen hatten, war es etwas ganz anderes: Aufgeschobene Gerechtigkeit ist aufgehobene Gerechtigkeit.

Am wichtigsten aber ist, dass unser Wirtschaftssystem nicht funktionieren kann, wenn kein Vertrauen herrscht, und dies gilt ganz besonders für Banken. Wir vertrauen ihnen, dass sie uns unser Geld zurückgeben, wenn wir es wollen, und wir vertrauen darauf, dass sie uns nicht betrügen, wenn wir komplexe Finanzprodukte kaufen. Aber unsere Banken haben immer wieder gezeigt, dass sie nicht vertrauenswürdig sind, und haben so die Funktionstüchtigkeit der gesamten Volkswirtschaft untergraben. Ihre Kurzsichtigkeit veranlasste sie dazu, jeglichen Anspruch auf »Reputation« aufzugeben. Aber wie schon Peter Thiel erklärt hatte, Wettbewerb sei etwas für Verlierer, so stellte der Chef von Goldman Sachs, Lloyd Blankfein, klar, dass die Reputation in Bezug auf Ehrlichkeit und Vertrauenswürdigkeit – die traditionell als die wichtigsten Aktivposten einer Bank galten – ein altertümliches Relikt der Vergangenheit sei. Goldman Sachs hatte ein Wertpapier geschaffen, das so konzipiert war, dass es ausfallen musste. Als sie das Produkt an andere verkauften, spekulierten sie genau darauf (durch sogenannte Leerverkäufe); aber selbstverständlich sagten sie ihren Kunden nicht, dass dieses Produkt auf den Ausfall angelegt war und sie dieses Wissen nutzten, um darauf zu wetten. Wenn Sie das für unmoralisch halten, gehören Sie wahrscheinlich zu den 99 Prozent aller Menschen, deren »altmodische« Sichtweise in der heutigen Geschäftswelt fehl am Platze zu sein scheint. Blankfein hat dieser Vorstellung, Banker seien vertrauenswürdige Menschen, ein Ende gesetzt, da er (tatsächlich) sagte, jeder Mensch, der einem Banker vertraue, sei ein Narr.[6]

Auch die Wirtschaft wurde durch die Kurzsichtigkeit des Finanzsektors geschwächt – der praktisch niemals über das nächste Quartal hinausdachte.[7] Kurzsichtigkeit ließ Banken mit ihrem kurzfristigen Gewinnstreben ihre langfristige Reputation verspielen, als sie Investoren (wie im Fall von Goldman Sachs) oder auch gewöhnliche Einleger (wie im Fall von Wells Fargo) über den Tisch zogen. Die gleiche Kurzsichtigkeit (beziehungsweise die Erwartung, damit durchzukommen) veranlasste auch viele der Investmentbanken und Ratingagenturen zu betrügen.

Ein dysfunktionaler Finanzsektor, eine dysfunktionale Volkswirtschaft

Eine der zentralen Funktionen des Finanzsektors ist die sogenannte Intermediation, das heißt, er bringt diejenigen, die überschüssige Gelder besitzen, mit denjenigen zusammen, die mehr Mittel benötigen. Dies ist ein von alters her üblicher Prozess: In einer primitiven Agrargesellschaft könnte ein Landwirt mit überschüssigem Saatgut dieses einem Nachbarn anbieten. In einer modernen Volkswirtschaft besteht die Intermediation darin, Gelder von den Haushalten, die für ihre Altersvorsorge oder eine Anzahlung auf eine Immobilie oder die Finanzierung des Studiums ihrer Kinder sparen, einzusammeln und sie dem Unternehmenssektor für Investitionen zur Verfügung zu stellen.

Im Lauf der Zeit hat sich die Intermediation allerdings zunehmend wegverlagert von einer Beziehung zwischen Sparern und Unternehmen, die expandieren und neue Arbeitsplätze schaffen wollen. Vielmehr vermitteln die Banken verstärkt zwischen Sparern und Haushalten, die mehr ausgeben wollen, als sie verdienen, zum Beispiel durch Kreditkartendarlehen. Das Kreditkartengeschäft war so profitabel, weil es so leicht war, Verbraucher auszunutzen, Wucherzinsen, Verzugsgebühren (auch wenn Kunden gar nicht in Verzug waren) und eine Vielzahl anderer Gebühren zu verlangen. Dies galt insbesondere, als zunehmend dereguliert wurde und Beschränkungen für das »ausbeuterische« – auf Übervorteilung von Kreditnehmern abzielende – Geschäftsgebaren der Banken aufgehoben wurden. Sie konnten jetzt so richtig absahnen, indem sie ihre Marktmacht dazu nutzten, *sowohl* Verbrauchern als auch Händlern hohe Gebühren aufzuerlegen. Außerdem konnten Banken bei der Kreditvergabe Verbraucher leichter ausbeuten als Unternehmen; mit Konsumentenkrediten konnten sie einfacher Geld verdienen als mit Krediten an kleine und mittlere Unternehmen (KMU). Für die KMUs wurde es folglich immer schwieriger, Kredite zu erhalten, insbesondere solche von Großbanken. Tatsächlich war das Volumen der KMU-Kredite (*nicht* inflationsbereinigt) 2016, Jahre nach Krise, noch immer 14 Prozent niedriger als im Jahr 2008. In einigen europäischen Ländern war der Rückgang sogar noch größer.[8]

Und so haben die Banken auch auf einem der zentralen Felder, auf dem Intermediation notwendig war – zwischen langfristigen Sparern und langfristigen Investoren –, schlechte Arbeit geleistet. Viele Sparer weltweit haben einen langfristigen Horizont – Pensionsfonds, Stiftungsfonds von Hochschulen und sonstige Stiftungsvermögen und Staatsfonds, die das Geld eines Landes für zukünftige Generationen verwalten. Ein Großteil des wichtigsten Investitionsbedarfs ist ebenfalls langfristig, etwa Infrastruktur und der klimafreundliche Umbau des Energiesystems der Welt. Aber zwischen langfristigen Investoren und langfristigen Sparern stehen kurzsichtige Finanzmärkte. Die Banken waren schlichtweg der Aufgabe nicht gewachsen, über die langfristige sinnvolle Verwendung von Finanzmitteln zu entscheiden. Sie wollten kurzfristige Projekte, die ihnen schnelle Gewinne einbrachten. Ebenso wenig konnten sie Finanzprodukte entwickeln, die geholfen hätten, langfristige Risiken wirksam abzusichern.

Öffentliche multinationale Entwicklungsbanken wie die Weltbank, die Asiatische Infrastruktur-Investitionsbank, die New Development Bank (auch BRICS-Bank genannt[9]) und die Afrikanische Entwicklungsbank, die sich auf langfristige Entwicklungsprojekte konzentrieren, sind in die Bresche gesprungen. Aber ihre Kapitalausstattung ist zu gering, und sie können die Defizite eines dysfunktionalen privaten Finanzsystems nicht gänzlich wettmachen.

Zockende Banken und das Streben nach mehr Marktmacht

Banken wandten sich auch Aktivitäten zu, die viel lukrativer waren als die Intermediation – etwa hochriskanten Spekulationsgeschäften. Was in Las Vegas vielleicht einfach nur eine Wette genannt werden würde, erhält an der Wall Street einen hochtrabenderen Namen: »Derivat« (eine Wette zum Beispiel auf die zukünftige Entwicklung von Zinsen, Wechselkursen oder Erdölpreisen) oder »Credit Default Swap« (Kreditausfallversicherung), eine Wette darauf, ob ein Unternehmen oder eine andere Bank insolvent geht oder beinahe. Dies sind keine 25-Cent-Münzautomatenspiele; es handelt sich in der Regel um Wetten, bei denen es um viele Millionen Dollar geht. Dieser Wettmarkt existiert, weil er de facto teilweise staatlich abgesichert ist. Wenn die Verluste allzu groß werden, rettet der Staat die betreffende Bank. Für die Banken handelt es sich um risikolose Wetten: Wenn das Ereignis eintritt, *auf das sie setzen*, streichen sie die Gewinne ein; andernfalls werden sie vom Staat aufgefangen. Und nur weil der Staat sie absichert, sind sie überhaupt bereit, sich auf diese Wette einzulassen, sie wissen, dass der Vertrag eingehalten wird, komme, was da wolle.

Der Dodd-Frank Act versuchte, diese Art von staatlich abgesichertem Glücksspiel, das sich als so kostspielig erwiesen hatte, zu beenden. Diese Form von Spekulation führte dazu, dass die US-Regierung ein einzelnes Unternehmen, den Versicherer AIG, mit einem Rettungspaket in Höhe von 180 Milliarden Dollar vor dem Zusammenbruch bewahrte – mehr »Konzernwohlfahrt« auf einen Schlag, als alle bedürftigen Kinder in den USA über einen Zeitraum von mehr als einem Jahrzehnt durch unsere Wohlfahrtsprogramme erhielten.[10]

Die Unverfrorenheit, mit der die Banken auf Bemühungen reagierten, ihre Zockerei auf Kosten der Allgemeinheit einzudämmen, war atemberaubend: 2014 verfassten Lobbyisten der Citigroup die gesetzliche Bestimmung, die den Banken wieder das Zocken erlaubte, wobei der Staat de facto für Verluste haftete, und brachten diese in einem Abänderungsantrag zu einem soeben verabschiedeten Gesetz (über Haushaltsfinanzierung des Bundes) unter.[11]

Erstaunlicherweise haben sich Banken sogar geweigert, die mit der Vergabe von Hypothekendarlehen verbundenen Risiken zu tragen. Zehn Jahre nach der Finanzkrise, ein Dutzend Jahre nach dem Platzen der Blase auf dem Immobilienmarkt, muss die Regierung noch immer eine Bürgschaft für die allermeisten Hypothekendarlehen übernehmen. Die Banken wollen zwar die bei der Vergabe von Hypothekendarlehen erhobenen Gebühren einstreichen, die Verantwortung für ihre Fehleinschätzungen jedoch nicht übernehmen. Sie wollen, dass der Staat für Verluste aufgrund verfehlter Kreditentscheidungen einsteht. Es entbehrt nicht einer gewissen Ironie, dass in einem Land, welches vorgeblich den Kapitalismus hoch schätzt, der private Sektor behauptet, die einfache Aufgabe, Hypothekendarlehen zu gewähren und das damit verbundene Risiko zu tragen, überfordere ihn. Sämtliche Vorschläge zur Reform des Hypothekenmarkts scheiterten daran, dass die Banken beteuerten, sie könnten oder wollten die mit der Vergabe von Hypothekendarlehen verbundenen Risiken nicht tragen.

Ein weiteres lukratives Nebengeschäft für Banken sind »Fusionen und Übernahmen«, also die Förderung von Unternehmenszusammenschlüssen, wodurch Unternehmen immer größer werden, was die sowieso schon hohe Marktkonzentration und -macht noch weiter steigert. Eine einzige Fusion oder Übernahme kann den daran beteiligten Banken Hunderte von Millionen Dollar an Provisionseinnahmen einbringen. In Kapitel 3 haben wir erörtert, welche wirtschaftlichen und gesellschaftlichen Folgen diese Machtballungen haben – und die Banken waren Komplizen, wenn nicht sogar die treibenden Kräfte dieser Transformation der Wirtschaft.

Ein drittes, sehr lukratives Geschäftsfeld der Banken ist dem Gemeinwohl besonders abträglich: multinationalen Konzernen und reichen Privatpersonen zu helfen, Steuern zu vermeiden, indem sie Gelder von Hochsteuer- in Niedrigsteuerländer umlenken und dabei Gesetze umgehen beziehungsweise gegen sie verstoßen.[12] Gleichzeitig haben sich Banken Bemühungen zur Reform des globalen Steuer- und Finanzsystems widersetzt. Jedes Jahr entziehen sich zig Milliarden Dollar der Besteuerung.

Wir wollen an einem Beispiel veranschaulichen, wie Banken die Steuervermeidung erleichtern. Apple hat seine Innovationskraft nicht nur dazu genutzt, beliebte Produkte herzustellen, sondern in Zusammenarbeit mit dem Finanzsektor auch dazu, Steuern zu vermeiden. Einige der Apple-Aktionäre, die die Schatzkiste sahen, auf der das Unternehmen hockte, wollten ihren Anteil daran. Wäre dieses Geld im Ausland geblieben, hätte Apple gemäß dem alten Steuergesetz (das bis 2017 galt) keine Steuern zahlen müssen; wäre es jedoch ins Inland transferiert worden, hätte das Unternehmen auf den Gewinn Körperschaftsteuern zahlen müssen. Daher wandte sich Apple an die Finanzmärkte. Durch Aufnahme von Krediten zum Zweck einer Dividendenzahlung konnte Apple zwei Fliegen mit einer Klappe schlagen: Es vermied die Rückführung seiner Gewinne und die Steuern, die dann fällig geworden wären. Aber seine Aktionäre bekamen, was sie wollten: Geld floss in ihre Taschen.

Wie bei dem oben beschriebenen Beispiel von Steuervermeidung – als Apple seine Gewinne nach Irland verlagerte – zeigt sich auch hier ein völliger Mangel an moralischem Verantwortungsbewusstsein in der Führungsetage: Obgleich das Wachstum des Konzerns auf Technologien basierte, die von der US-Regierung entwickelt beziehungsweise finanziert worden waren, war Apple – genauso wie die Banken – gewillt zu nehmen, nicht aber zu geben, obwohl es eindringliche Lippenbekenntnisse zu seiner gesellschaftlichen Verantwortung ablegte. Für mich ist es das wichtigste Element der gesellschaftlichen Verantwortung eines Unternehmens, dass es seine Steuern zahlt.

Mehr Disintermediation

Aber der Finanzsektor scheitert nicht nur daran, seine traditionelle Aufgabe der Intermediation – also Gelder vom Haushaltssektor in den Unternehmenssektor zu überführen – zu erfüllen, vielmehr tut er heute das genaue Gegenteil: Er *entnimmt* dem Unternehmenssektor Geld und transferiert es an die privaten Haushalte, sodass den Reichen noch mehr ihres Vermögens direkt zur Verfügung steht. So können Banken zum Beispiel Unternehmen den Rückkauf eigener Aktien durch Kredite finanzieren, wie das Beispiel Apple verdeutlicht, wobei erhebliche Steuervorteile anfallen.[13] Geld fließt aus Unternehmen *heraus*. Die Unternehmen haben dann weniger Geld für Zukunftsinvestitionen. Sie können weniger Arbeitsplätze schaffen. Empfänger sind die Eigentümer der Aktien, überproportional die Superreichen.[14] Die Summen, die für diese Aktienrückkäufe eingesetzt werden, haben in den letzten Jahren durchweg die Investitionen von Nichtfinanzunternehmen (ihre Kapitalbildung) übertroffen – ein großer Unterschied gegenüber den Jahren nach dem Zweiten Weltkrieg, als kaum Aktienrückkäufe getätigt wurden.[15] Nachdem die von den Republikanern eingebrachte Vorlage für ein neues Steuergesetz im Dezember 2017 verabschiedet worden war, kam es zu einer Welle von Aktienrückkäufen, wobei 2018 einen neuen Rekord aufstellte.[16]

Vom traditionellen Bankwesen zu einem dysfunktionalen Finanzsystem

Der Finanzsektor ist nicht immer so dysfunktional gewesen wie heute. Während er anwuchs, von 2,5 Prozent des BIP in 1945 auf acht Prozent zur Zeit der Krise, hat sich die US-Wirtschaft keineswegs besser entwickelt. Tatsächlich verlangsamte sich das Wachstum, und die Wirtschaft wurde instabiler – was schließlich in der schlimmsten Krise in 75 Jahren gipfelte.

Die Defizite im Finanzsektor zeigten sich jedoch erst nach und nach in den letzten 25 Jahren, als er sich vom traditionellen Bankwesen wegentwickelte. Dort übergaben Privatpersonen ihre Ersparnisse einer Bank, die diese an Unternehmen auslieh, die ihrerseits das Geld dazu nutzten, mehr Arbeitskräfte einzustellen oder weitere Maschinen zu kaufen. Das Geld floss denjenigen zu, die diese Mittel am besten zu nutzen verstanden. Die Bank versuchte nicht, den letzten Penny aus dem Kreditnehmer herauszupressen: Sie wusste, dass es verantwortungsbewusste Kreditnehmer abschrecken und übermäßige Risikobereitschaft fördern würde, wenn sie einen zu hohen Zinssatz verlangte.[17] Außerdem unterhielt die Bank eine langfristige Geschäftsbeziehung zum Kreditnehmer, das heißt, sie stand dem Unternehmen in guten wie in schlechten Zeiten bei. Man spricht in diesem Fall auch von einer festen Kunde-Hausbank-Beziehung.

Das moderne Bankwesen hat dies in vielfältiger Hinsicht verändert. Im traditionellen Bankwesen waren Banker langweilige, aber hoch angesehene Personen, tragende Säulen ihrer Gemeinden, die andere ihrer Seriosität versichern wollten – sie wollten andere überzeugen, dass sie ihr Vertrauen verdienten, und zwar so sehr, dass diese den Bankern ihr Geld anvertrauten. Sie trugen die Konsequenzen einer leichtfertigen Kreditvergabe: Wenn sie nicht sorgfältig arbeiteten und die Kreditnehmer ihre Schulden nicht zurückzahlen konnten, verloren sie ihr Kapital.

In dem neuen »Originate-to-Distribute«-Modell, welches sich im Bankwesen des 21. Jahrhunderts schließlich allgemein durchsetzte,[18] kreieren Banken zwar die Kredite, reichen diese aber (in verbriefter Form) an andere weiter, die das Risiko einer sorgfaltswidrigen Kreditgewährung tragen. Sie verdienen ihr Geld nicht mehr mit der Differenz zwischen dem Zinssatz, den ihnen Kreditnehmer zahlen, und dem Zinssatz, den sie Einlegern gewähren, sondern mit Provisionen, die sie auf jeder Stufe des Prozesses verlangen.

Durch Staatsbürgschaften abgesicherte Kredite

Das Volumen der Kredite, die eine Bank ausreichen kann, ist nicht begrenzt durch die Summe ihrer Kundeneinlagen. Somit unterscheidet sich diese Situation grundlegend von dem einfacheren landwirtschaftlichen Fallbeispiel, das wir weiter oben beschrieben haben. Eine »Saatgutbank« könnte einem Bauern, der mehr anpflanzen will, nur dann Saatgut leihen, wenn ein anderer Bauer der Bank Saatgut zur Verfügung stellt. Aber seit mehreren Hundert Jahren wissen Banken, dass von den Guthaben, die Kunden auf ihren Konten halten, zu jedem beliebigen Zeitpunkt immer nur ein Teil zurückgefordert wird. So entstand das sogenannte Mindestreservesystem, bei dem der Betrag, den Banken zur Auszahlung vorhalten, nur einem Bruchteil der Einlagen entspricht. Heute funktioniert dieses System, weil wir uns darauf verlassen, dass der Staat sicherstellt, dass die Reserven ausreichen, dass die nicht als Reserve gehaltenen Beträge umsichtig verwaltet werden und dass der Staat im Fall einer Deckungslücke einschreitet.

Auch wenn die Kreditvergabe nicht die lukrativste Geschäftstätigkeit der Banken war, verdienten sie mit dem Geldverleih eine schöne Stange Geld – nicht nur weil ihre Ausleihungen höher verzinst wurden als ihre Einlagen, sondern auch, weil sie Kredite gewissermaßen aus dem Nichts schaffen konnten. Die Bank konnte einfach in ihre Bücher schreiben, eine Person X habe ein Guthaben (ein Recht, Geld auszugeben) in Höhe von beispielsweise 100 000 Dollar. In gewissem Sinne schuldete die Bank dem Kreditnehmer dieses Geld. Aber sie hatte mit dieser Ausleihung zugleich einen gleichwertigen Vermögensgegenstand geschaffen, den Kredit als solchen. Für den Kreditnehmer besitzt das Guthaben einen realen Wert, weil andere einen von ihm ausgestellten Scheck annehmen. Diese anderen sind allerdings nur deshalb bereit, einen solchen Scheck zu akzeptieren, weil die US-Regierung stillschweigend als Bürge für die Bank auftritt. Tatsächlich verdienen Banken ihr Geld damit, dass sie sich das Vertrauen in die US-Regierung zunutze machen. Dies bedeutet, dass im Fall eines Bankenzusammenbruchs die Steuerzahler die Zeche zahlen. Da Bankgeschäfte so profitabel sind und ihre Gewinne mit dem Kreditvolumen steigen, haben Banken einen Anreiz, die Behörden davon zu überzeugen, dass sie nicht viele Reserven benötigen.[19] Dies war eine der großen Auseinandersetzungen nach der Krise von 2008. Je geringer die Reserven sind, umso größer sind die Gewinne der Banken – aber umso größer ist zugleich das vom Steuerzahler zu tragende Risiko. Aus gesamtgesellschaftlicher Perspektive geht es allerdings um mehr als nur darum, Risiken von den Banken weg auf den Staat zu verlagern. Wenn höhere Reserven vorgeschrieben werden und für die Banken daher mehr auf dem Spiel steht, werden sie bei der Kreditvergabe vorsichtiger, es gibt weniger faule Kredite, und die Wirtschaft wächst stärker.

Private und gesellschaftliche Interessen

Banker interessieren sich nicht für die Leistungsfähigkeit der Volkswirtschaft insgesamt, sie streben nach Gewinn. Private und gesamtgesellschaftliche Interessen sind auch hier nicht deckungsgleich. Entsprechend hat der ehemalige Präsident der US-Notenbank, Alan Greenspan, bei einer Anhörung vor dem Kongress über die Ursachen der Finanzkrise ausgesagt, er sei davon ausgegangen, die Banken würde ihre Risiken besser steuern. Dies sei sein großer »Denkfehler« gewesen – ein Fehler, der die Weltwirtschaft Billionen von Dollar kostete.[20] Er war überrascht. Mich überraschte, dass er überrascht war: Jeder, der etwas von Wirtschaft und den Anreizen versteht, die Banken und Banker haben, konnte ohne Weiteres erkennen, dass sie Anreize dazu hatten, überhöhte Risiken einzugehen. Greenspan hätte dies wissen müssen.[21]

Der Finanzsektor selbst wurde ein Opfer einer Reihe von Doktrinen, die in der Ära Reagan in Mode kamen: Unternehmen sollten die Interessen ihrer Aktionäre verfolgen, denn dann würden sie zugleich dem Wohl der Wirtschaft und Gesellschaft insgesamt dienen.[22] Und Aktionäre bedeutete jetzt nicht mehr langfristig orientierte Investoren, denen am Wohlergehen eines Unternehmens über einen Zeitraum von Jahren oder Jahrzehnten gelegen ist, sondern kurzfristige Spekulanten, die sich nur für den heutigen Aktienkurs interessieren und jeden Dollar an kurzfristigen Gewinnen abschöpfen wollen, ohne Rücksicht auf die langfristigen Konsequenzen. Es wurden Anreizstrukturen geschaffen, um diese kurzfristige Betrachtungsweise zu fördern – und sie wirkten, mit der Folge, dass es zur schwersten Finanzkrise in 75 Jahren kam.

Ansteckungseffekte

Die Missstände im Finanzsektor sind schon an sich schlimm genug. Leider ahmen zu viele andere Unternehmen das Verhalten der Banken nach. Sie versuchen, mit den hohen Gehältern und Anreizstrukturen gleichzuziehen, die zu kurzsichtigem Verhalten beitragen, indem sie die heutige Entwicklung des Aktienkurses für wichtiger erachten als die langfristigen Wachstumsaussichten. Außerdem sind Unternehmen zwangsläufig empfänglich für die Sichtweisen ihrer Geldgeber, und wenn diese kurzfristig orientiert sind, dann sind sie es auch. Daher hat der Finanzsektor so viel zur Ausbreitung eines der schlimmsten Übel des Kapitalismus amerikanischer Prägung beigetragen: Man kann auf der Grundlage eines Quartalshorizonts keine langfristigen Investitionen in Menschen, Technologien und Fabriken tätigen. Eine Volkswirtschaft mit einem kurzfristigen Horizont ist eine mit einer niedrigen Wachstumsrate.

Fazit

Der Finanzsektor veranschaulicht in vielerlei Hinsicht all das, was in unserer Wirtschaft schiefläuft. Der Sektor ist das Beispiel par excellence für Rent-Seeking – die Banker bereicherten sich auf Kosten des Rests der Gesellschaft. Dies erwies sich eindeutig als ein Negativsummenspiel, bei dem die übrige Gesellschaft sehr viel mehr verlor, als die Banker gewannen. Sie beuteten diejenigen aus, die sich in Finanzfragen nicht auskannten, aber Diebe kennen keine Ehre: Sie beuteten sich auch gegenseitig aus. Die Wirtschaft wurde mannigfaltig geschädigt: Ressourcen, die für die Schaffung von echtem Wohlstand hätten verwendet werden können, wurden zur Ausbeutung eingesetzt, da der sich stets vergrößernde Finanzsektor einige der begabtesten Köpfe des Landes anlockte. Aber dies brachte den USA nur niedrigeres Wachstum, eine höhere Volatilität und größere Ungleichheit ein. Der Finanzsektor verdeutlicht auch, was auf unregulierten Märkten falsch läuft: Als die Banker hemmungslos ihre eigenen Interessen verfolgten, erhöhte dies nicht etwa den gesamtgesellschaftlichen Wohlstand, sondern führte zur größten Finanzkrise seit der Großen Depression.

Im vom Geld beherrschten US-amerikanischen Politikbetrieb konnten die Banker aufgrund ihres Reichtums Regeln durchsetzen, die es ihnen erlaubten, auf Kosten anderer, durch Deregulierung, immer mehr Geld zu verdienen. Und als dies kläglich scheiterte, nutzten sie ihren Einfluss, um sich das größte öffentliche Rettungspaket der Geschichte zu sichern, während sie diejenigen, die sie ausgebeutet hatten, Immobilienbesitzer und Arbeitnehmer gleichermaßen, sich selbst überließen.

Die Liebe zum Geld ist vielleicht nicht die Wurzel allen Übels, aber der Finanzsektor ist zweifellos schuld an vielen Missständen in den USA. Die Kurzsichtigkeit und moralische Verworfenheit unserer geldgierigen Banker breiteten sich aus und infizierten unsere Wirtschaft, unsere Politik und unsere Gesellschaft. Sie haben viele Amerikaner materialistischer, egoistischer und kurzsichtiger gemacht.

Amerikanische Wähler jedweder politischen Couleur haben genug von den Großbanken und dem Fehlverhalten des Finanzsektors. Die Tatsache, dass Obama es unterließ, die Banken für ihre Vergehen verantwortlich zu machen – während er ihnen gleichzeitig mit einem Rettungspaket in Höhe von fast einer Billion Dollar unter die Arme griff –, trug zur Enttäuschung über die Regierung und zum Aufstieg zunächst der Tea-Party-Bewegung und später Trumps bei.[23] Mit Trumps Slogan »Wir werden den Sumpf trockenlegen« war vor allem der politische Einfluss von Wall Street gemeint, obwohl Trump später sein Kabinett mit einer noch nie da gewesenen Zahl reicher Finanziers besetzte.

Die Wut der Öffentlichkeit auf die Großbanken ist berechtigt. Banken haben ihre Marktstärke dazu genutzt, der Gesellschaft zu schaden, und dabei die Wirtschaft als Geisel genommen. Ohne Markt- und politische Macht hätten sie mit keiner ihrer Missetaten davonkommen können. In einem effizienten Wettbewerbsmarkt würden Unternehmen, die ihren Ruf in der Weise ruinierten, wie es all unsere Großbanken getan haben, nicht überleben. Aber sie haben nicht nur überlebt, sie streichen überdies Rekordgewinne ein.[24] Und statt die Banken für ihre Vergehen zu bestrafen, haben wir sie gerettet und sie in einigen Fällen sogar belohnt. Ein so rücksichtsloses und verwerfliches Verhalten, wie es der Finanzsektor in den letzten Jahrzehnten zeigte, muss sowohl für die Institutionen als auch für Einzelpersonen Konsequenzen haben. Man könnte argumentieren, dass unser politisches System jetzt den Preis dafür zahlt, dass der Finanzsektor für seine Verfehlungen nicht konsequent zur Rechenschaft gezogen wurde: Politiker aus beiden Parteien zeigten sich den Banken gegenüber loyaler als gegenüber denjenigen, denen das politische und das Finanzsystem eigentlich dienen soll.

Dennoch ist der Finanzsektor für jede Volkswirtschaft überaus wichtig. Wir brauchen Kredite, um Unternehmen zu gründen und zu vergrößern und um Arbeitsplätze zu schaffen. Aber er muss nicht diese gigantischen Ausmaße annehmen, um seine Aufgaben zu erfüllen. Heute haben wir einen zu stark aufgeblähten Finanzsektor, der zu viel von dem tut, was er nicht tun sollte, und zu wenig von dem, was nötig wäre. Er hat seine Macht weniger dafür genutzt, der Gesellschaft zu dienen, als dafür, Erträge für sich selbst abzuschöpfen.

Wir haben die Vielzahl von Methoden durchschaut, die der Finanzsektor anwendet, um uns zu schaden – auch wenn beinahe täglich neue Formen von Raffinesse und neue Beispiele moralischer Verkommenheit ans Licht kommen. Es besteht allgemeines Einvernehmen über den regulatorischen Rahmen, der den Schaden, den der Sektor dem Rest der Gesellschaft sowohl durch direkte Ausbeutung als auch durch leichtfertige Kreditvergabe zufügt, wirksam reduzieren würde. Dies umzusetzen ist nicht allzu schwierig.[25] Es bedarf umfangreicher Regulierungen, die verhindern, dass Banken so groß und so miteinander verflochten werden, dass man sie nicht pleitegehen lassen kann, und außerdem Vorschriften, die Banken davon abhalten, übermäßig hohe Risiken einzugehen, den Markt zu manipulieren, ihre Marktmacht auszunutzen und ihre Kunden in sittenwidriger Weise zu übervorteilen und auszubeuten.

Aber das gravierendste Versagen der Banken bestand darin, dass sie nicht taten, was sie hätten tun sollen – Kredite zu vernünftigen Konditionen an Unternehmen auszureichen, die Investitionen tätigen wollten, die das Wirtschaftswachstum angekurbelt hätten. Viele dieser Projekte sind langfristig ausgerichtet, doch ihr kurzfristiger Fokus veranlasste die Banker dazu, sich auf Geschäfte zu konzentrieren, mit denen sich leichter Gewinne erzielen ließen. Die vielen Bemühungen, Banken davon abzuhalten, Schaden anzurichten, verfehlten diesen entscheidenden Punkt: dafür zu sorgen, dass der Finanzsektor tatsächlich tut, was er tun soll.

Indem wir die hochriskanten und missbräuchlichen Geschäftspraktiken der Finanzbranche einschränken, ermuntern wir sie dazu, mehr von dem zu tun, was sie tun sollte. Aber das wird nicht genügen. Wir müssen den Finanzsektor auch wettbewerbsfähiger machen.

Überall auf der Welt müssen Regierungen Finanzmittel für kleine und neu gegründete Unternehmen, langfristige Investitionen einschließlich Infrastruktur, hochriskante Technologieprojekte und bankenmäßig unterversorgte Kommunen bereitstellen – ungeachtet geltender Antidiskriminierungsgesetze haben Banken bestimmte Personengruppen benachteiligt. Selbst in dem kapitalistischen Land par excellence, den

Vereinigten Staaten, hat die Regierung lange Zeit die Wirtschaft aktiv mit Finanzmitteln versorgt. Vielleicht muss sie noch mehr tun – wie viel mehr, wird davon abhängen, wie gut es uns gelingt, unser regulatorisches Regelwerk zu reformieren, und wie gut es den Banken gelingt, sich selbst zu reformieren. Öffentliche Gelder etwa für Hypothekendarlehen bereitzustellen bedeutet auch Konkurrenz für den privaten Sektor, und das wird dessen ausbeuterische Praktiken vielleicht wirksamer eindämmen als Bemühungen, durch Regulierung wettbewerbsintensiveres und verantwortungsvolleres Verhalten zu erzwingen.

Das Problem liegt nicht darin, dass uns das ökonomische Wissen oder das geeignete Instrumentarium fehlte, sondern in der Politik: In einem von Geld beherrschten politischen System hat die Quelle von Geld – der Finanzsektor – zwangsläufig auch große politische Macht. Leider werden sich die Banken mit Händen und Füßen sowohl gegen Vorschriften wehren, die ihre missbräuchlichen Praktiken eindämmen, als auch gegen solche, die produktives wirtschaftliches Handeln fördern, sodass das ökonomisch Vernünftige eben politisch nicht leicht durchsetzbar sein wird. Gleichzeitig veranschaulicht dies die in der Frühzeit der Republik bekundete Besorgnis, die sich auf den unverhältnismäßigen politischen Einfluss eines großen Finanzsektors bezog – und es verdeutlicht ein zentrales Thema im Schlussteil dieses Buchs: Wenn wir die notwendigen wirtschaftlichen Reformen zustande bringen wollen, müssen wir unsere politischen Prozesse reformieren.

6. Die neuen Technologien als Herausforderung

Silicon Valley und die damit verbundenen technologischen Fortschritte sind zu einem Symbol der Innovationskraft und des dynamischen Unternehmertums in den USA geworden. Legendäre Persönlichkeiten wie Steve Jobs und Mark Zuckerberg brachten Verbrauchern auf der ganzen Welt bahnbrechende neue Produkte, die sich äußerst großer Beliebtheit erfreuen und es uns ermöglichen, uns besser miteinander zu vernetzen. Intel stellt Chips her, die unsere Produkte schneller »denken« – Rechenoperationen ausführen – lassen als die leistungsfähigsten menschlichen Gehirne. Künstliche Intelligenz (KI) kann Menschen heute nicht nur in einfachen Spielen wie Schach schlagen, sondern auch in komplexen wie Go, wo die Anzahl der möglichen Spielzüge größer ist als die der Atome im Universum.[1] Bill Gates scheint die besten Eigenschaften Amerikas zu verkörpern – nachdem er ein Vermögen von schätzungsweise 135 Milliarden Dollar angehäuft hatte, begann er damit, große Summen für wohltätigen Zwecke zu spenden, so etwa für die weltweite Bekämpfung von Infektionskrankheiten und die Verbesserung des Bildungswesens in den Vereinigten Staaten.

Und dennoch haben all diese – zweifellos segensreichen – Fortschritte auch eine dunklere Seite. Sie wecken begründete Sorgen bezüglich des Verlusts von Arbeitsplätzen. Außerdem sind die neuen Branchen anfällig für zahlreiche Missbräuche – von Marktmacht über Verletzung der Privatsphäre bis zu politischer Manipulation.

Vollbeschäftigung in einer Welt der Hochtechnologie

Auf dem Arbeitsmarkt geht große Angst um. Im 20. Jahrhundert haben wir Maschinen geschaffen, die stärker waren als Menschen. Heute können wir Maschinen herstellen, die bei der Erledigung von Routinetätigkeiten effizienter sind als Menschen. KI stellt uns heute sogar vor eine noch größere Herausforderung. Wir können Maschinen bauen, die nicht nur programmierte Aufgaben besser erledigen als Menschen, sondern – zumindest auf bestimmten Gebieten – auch besser *lernen*.

Daher sind Maschinen bei vielen Schlüsseltätigkeiten Menschen überlegen. Bessere Bildung und berufliche Weiterbildung von Arbeitnehmern mögen für viele kurzfristig Abhilfe schaffen, aber Computer können Radiologen ersetzen und tun es schon heute, sodass nicht einmal ein Doktortitel eine Garantie für einen sicheren Arbeitsplatz bietet. Laut Prognosen sollen selbst fahrende Pkws und Lkws innerhalb weniger Jahre menschliche Fahrer ersetzen; falls dies zutrifft, ist es besonders besorgniserregend, weil der Beruf des Lkw-Fahrers heute vielen Männern einen Job bietet, die höchstens einen Highschool-Abschluss gemacht haben.

Es besteht die Sorge, dass diese Arbeitskräfte ersetzenden Maschinen die Löhne – insbesondere von gering qualifizierten Arbeitnehmern – drücken und die Arbeitslosigkeit erhöhen werden. Die natürliche Antwort darauf besteht darin, Arbeitnehmer besser zu qualifizieren. Aber in vielen Bereichen wird das nicht ausreichen: Mit KI können Roboter komplexe Aufgaben schneller erlernen und besser lösen als selbst gut ausgebildete Fachkräfte.

Manche meinen, wir müssten uns nicht beunruhigen: Wir bräuchten uns nur anzusehen, wie es in der Vergangenheit gewesen ist. Märkte hätten auch in Phasen der wirtschaftlichen Restrukturierung neue Arbeitsplätze geschaffen. Außerdem, so behaupten diese Technikoptimisten, sei die Geschwindigkeit des Wandels überzeichnet worden. Tatsächlich zeige er sich nicht einmal in den makroökonomischen Daten: Die Produktivitätszuwächse der letzten Jahre seien deutlich niedriger als in den 1990er-Jahren und in den Jahrzehnten nach dem Zweiten Weltkrieg.

In seinem Bestseller *The Rise and Fall of American Growth: The US Standard of Living Since the Civil War* behauptet Robert Gordon von der

Northwestern University, die Innovationsgeschwindigkeit habe sich sogar verlangsamt.[2] Ja, wir haben Facebook und Google, aber diese Innovationen verblassen im Vergleich zu Elektrizität oder auch Innentoiletten und sauberem Wasser, die so viel zur Verbesserung der Gesundheit und der Lebenserwartung beigetragen haben.

Die Erfahrungen der Vergangenheit sind jedoch möglicherweise keine gute Richtschnur für die Zukunft. Vor mehr als 50 Jahren behauptete John von Neumann, einer der führenden Mathematiker in der Mitte des 20. Jahrhunderts, irgendwann könne ein Punkt erreicht sein,[3] an dem es billiger sei, eine Maschine zu produzieren, die einen Menschen ersetze, als einen Menschen einzustellen und auszubilden. Diese Maschinen würden ihrerseits von anderen Maschinen produziert werden. Die Entscheidung von Unternehmen, Maschinen statt menschlicher Arbeiter einzusetzen, wird nicht nur von der Produktivitätssteigerung, sondern auch von der relativen Leichtigkeit und den niedrigen Kosten, mit denen die richtige Maschine entworfen, hergestellt und bedient werden kann, beeinflusst. So können Maschinen beispielsweise nicht streiken. Man benötigt keine Personalabteilung, um dafür zu sorgen, dass sie zufrieden sind. Maschinen werden nicht durch Emotionen belastet. Neumanns Vorhersage hat sich bereits für gewisse Aufgaben bewahrheitet; wie erwähnt, sind Computer schon heute Radiologen überlegen. Aber die Ersetzung menschlicher Arbeitskraft durch Maschinen könnte sich auf vielen Gebieten beschleunigen, wenn man an die Fortschritte der KI in den letzten fünf Jahren denkt.[4]

Einige dieser Entwicklungen werden nicht dazu führen, dass Arbeitskräfte ersetzt werden, sondern sie werden das menschliche Leistungsvermögen steigern. Solche Innovationen werden auch IA-Innovationen (»Intelligenz-assistierende« Innovationen) genannt und können die Nachfrage nach Arbeitskräften erhöhen und Löhne nach oben treiben, und in der Vergangenheit war dies oft der Fall. Aber ich würde nicht darauf wetten, dass es so weitergeht. Es ist durchaus möglich, dass sich das Problem des Wegfalls von Arbeitsplätzen, so schlimm es in der Vergangenheit bereits gewesen ist, noch vergrößern könnte. Der technologische Fortschritt könnte sich auf eine Weise vollziehen, die in der wirtschaftswissenschaftlichen Literatur »Polarisierung« genannt wird: einer relativen Zunahme von Arbeitsplätzen, die eine sehr hohe Qualifikation erfordern, während der übrige Beschäftigungszuwachs auf Arbeitsplätze mit sehr niedrigen Qualifikationsanforderungen und entsprechend niedrigen Löhnen entfällt.[5]

In dem Maße, wie Maschinen Arbeitskräfte ersetzen, steigt die Arbeitslosigkeit an; diese Situation wird treffend von einer nicht belegten, aber oft erzählten Anekdote über den Chef der Ford Motor Company und den Vorsitzenden der Automobilarbeitergewerkschaft eingefangen, die in einer neuen Fabrik auf den Hallenboden hinuntersehen, wo ein Großteil der Arbeit von Robotern erledigt wird. »Wie wollen Sie diese Roboter dazu kriegen, ihre Gewerkschaftsbeiträge zu zahlen?«, stichelte der Ford-Chef. »Diese Roboter werden nicht in Ihre Gewerkschaft eintreten.« Worauf der Gewerkschaftschef antwortete: »Und wie wollen Sie sie dazu bringen, Ihre Autos zu kaufen?«[6]

Der Mangel an Arbeitsplätzen wird zu einer unzureichenden Nachfrage führen, und die Wirtschaft könnte (ohne massive staatliche Intervention) in einen Zustand der sogenannten säkularen (langfristigen) Stagnation verfallen. Der Gipfel der Ironie läge darin, dass der technische Fortschritt so dazu führen könnte, dass es vielen Menschen nicht wie erwartet besser, sondern schlechter ginge. Einige behaupten, genau dies sei im Vorfeld der Großen Depression in den Vereinigten Staaten geschehen.[7] Ein hohes Innovationstempo in der Landwirtschaft habe in den Jahren vor Beginn der Großen Depression die Preise einiger Agrarerzeugnisse rasch sinken lassen.[8] Infolgedessen fiel das Nettoeinkommen je Farm (Einnahmen abzüglich Ausgaben) zwischen 1929 und 1932 preisbereinigt um über 70 Prozent.[9]

Der schnelle Einkommensrückgang und die damit verbundene Verringerung des Vermögens der Landwirte, als der Wert von Agrarland und Häusern in ländlichen Gebieten sank, hatten mehrere weitreichende Folgen: Die arbeitslos gewordenen Landwirte konnten es sich nicht leisten, in die Städte abzuwandern, und aufgrund ihrer sinkenden Einkommen arbeiteten sie härter und produzierten mehr, was die Preise noch weiter drückte. Außerdem konnten sie sich aufgrund ihrer Einkommenseinbußen die in den Städten produzierten Güter, wie etwa Autos, nicht leisten.[10] Daher machte sich die verschlechterte Lage der Landwirte schnell in den Städten bemerkbar, und die Folgen wiederum wirkten auf die Landwirte zurück: Niedrigere Einkommen in den Städten bedeuteten eine niedrigere Nachfrage nach landwirtschaftlichen Gütern, niedrigere Preise und noch mehr schmerzhafte Einkommenseinbußen auf den Farmen. Die Volkswirtschaft war in einem Gleichgewichtszustand auf niedrigem Niveau gefangen, aus dem sie erst durch den Zweiten Weltkrieg befreit wurde, als massive staatliche Interventionen – die Kriegsanstrengungen – dazu führten, dass Menschen aus dem ländlichen Raum in die Städte abwanderten, wo sie für die neuen urbanen Arbeitsplätze ausgebildet wurden: So begann die Wohlstandsära nach dem Zweiten Weltkrieg.

Diese Erfahrung zeigt uns, dass schlecht gemanagte Innovation möglicherweise nicht Wohlstand für alle bringt, sondern das genaue Gegenteil bewirkt. Aufgrund von Fortschritten in den Wirtschaftswissenschaften wissen wir heute besser, wie wir eine Volkswirtschaft, in der ein Innovationsschub stattfindet, steuern sollten. Entscheidend ist es, Vollbeschäftigung aufrechtzuerhalten. Wir können das mithilfe fiskalpolitischer Maßnahmen (Senkung der Steuern oder Erhöhung der Ausgaben – die Erhöhung der öffentlichen Investitionen kann die Konjunktur in besonders effektiver Weise stimulieren) tun, sollte die Geldpolitik (Senkung der Zinssätze oder Ausweitung des Kreditangebots) wirkungslos bleiben. Sowohl die Geld- als auch die Fiskalpolitik regen die Gesamtnachfrage an, und wenn die Konjunktur in ausreichendem Maße angeschoben wird, ist jederzeit wieder Vollbeschäftigung erreichbar.[11]

Das mit technologischer Innovation verbundene »Beschäftigungsproblem« ist folglich ein politisches Problem. Ideologische Verbohrtheit kann insbesondere dann, wenn sie mit hässlichen parteipolitischen Grabenkämpfen einhergeht, die Bereitstellung eines ausreichenden fiskalischen Stimulus aus politischen Gründen erschweren.[12] Wir sahen dies in der Großen Rezession. Die Federal Reserve senkte die Zinsen auf null, aber das genügte nicht, um wieder Vollbeschäftigung herzustellen. Dennoch lehnten Republikaner und andere fiskalische Falken ein angemessenes staatliches Konjunkturprogramm ab. Diese Ablehnung ist besonders ärgerlich, weil der Staat damals Kredite zu negativen Realzinsen (unter Berücksichtigung von Preissteigerungen) aufnehmen konnte, und daher war es eine besonders günstige Zeit, um jene öffentlichen Investitionen zu tätigen, die das Land dringend brauchte.

Sich allzu stark auf die Geldpolitik zu fokussieren bringt ein weiteres Problem mit sich: Wenn die Kapitalkosten so niedrig sind, zahlt es sich für Unternehmen aus, in Maschinen zu investieren, die Arbeitskräfte ersetzen. Unternehmen müssen entscheiden, wofür sie knappe

Forschungs- und Investitionsgelder verwenden wollen, und sie konzentrieren sich dabei auf Faktoren, auf die ein Großteil der Kosten entfällt. Da die Federal Reserve die Zinssätze für so lange Zeit sehr niedrig hielt, waren die Kapitalkosten im Verhältnis zu den Arbeitskosten besonders niedrig – und da ist es nicht weiter überraschend, dass sich die Aufmerksamkeit darauf richtete, die Arbeitskosten zu senken. Die Nachfrage nach Arbeitskräften, die sowieso schon nicht ausreichte, um Vollbeschäftigung aufrechtzuerhalten, wurde noch weiter geschwächt.[13]

Niedrigere Löhne und gestiegene Ungleichheit

Aber es mag nicht damit getan sein, wieder Vollbeschäftigung herzustellen. Wenn Maschinen Arbeitskräfte *ersetzen*, dann verringert sich die Nachfrage nach Arbeitskräften in sämtlichen Lohngruppen, sodass die Löhne sinken müssen, wenn wieder Vollbeschäftigung erreicht werden soll. Dies ist eine einfache Anwendung des Gesetzes von Angebot und Nachfrage. Aber es bedeutet, dass – sollte der Staat nicht intervenieren – große Gruppen von Erwerbstätigen Wohlstandsverluste hinnehmen müssen.[14]

Selbstverständlich sollten technologische Fortschritte grundsätzlich in der Lage sein, uns alle besserzustellen, und das gilt auch für die Globalisierung. Der nationale Kuchen ist größer geworden; es gibt mehr zu verteilen, und daher kann jeder ein größeres Stück bekommen. Aber wenn Maschinen Arbeitskräfte ersetzen, wird dies nicht von selbst geschehen: Die verringerte Nachfrage nach Arbeitskräften und vor allem nach Geringqualifizierten wird die Löhne drücken, sodass das Einkommen von Arbeitnehmern sinkt, während das Volkseinkommen steigt. Eine Wirtschaftspolitik, die Reiche in der Hoffnung besserstellt, deren zusätzliches Einkommen werden »nach unten« durchsickern, wird nicht funktionieren, wie sie schon bei der Globalisierung nicht funktionierte.

Aber der Staat kann dafür sorgen, dass alle oder zumindest die meisten Menschen besser dastehen. Dazu bedarf es zumindest vier politischer Maßnahmen: Erstens muss sichergestellt werden, dass die wirtschaftlichen Spielregeln fairer gestaltet werden, sie die Arbeitnehmer nicht benachteiligen – und, was am wichtigsten ist, die großen Technologiekonzerne die neuen Technologien nicht dazu nutzen, ihre Marktmacht in der weiter unten in diesem Kapitel beschriebenen Weise zu vergrößern. Die gesamtwirtschaftliche Produktivität würde steigen und die soziale Ungleichheit abnehmen, wenn die Verhandlungsmacht der Arbeitnehmer gestärkt und die Monopolmacht von Unternehmen geschwächt würde. Zweitens, geistige Eigentumsrechte können so ausgestaltet werden, dass die Erträge der Fortschritte, die größtenteils auf staatlich finanzierter Grundlagenforschung beruhen, breiter gestreut werden. Drittens, eine progressive Steuer- und Ausgabenpolitik kann helfen, Einkommen umzuverteilen.

Viertens sollte der Staat den wirtschaftlichen Strukturwandel beim Übergang von einer Industrie- zu einer Dienstleistungsökonomie fördern. Dieser Wandel entspricht den strukturellen Veränderungen, die sich vor 100 Jahren beim Übergang von der Landwirtschaft zur Industrie ereigneten. Beim gegenwärtigen Strukturwandel muss der Staat vielleicht sogar noch mehr tun als damals, weil in vielen expandierenden Dienstleistungssektoren wie Gesundheit und Bildung die staatliche Finanzierung verständlicherweise eminent wichtig ist. Würde der Staat beispielsweise mehr Arbeitskräfte einstellen, die sich um die Betagten, Kranken und Behinderten kümmern und unsere Kinder unterrichten, und würde er diesen Menschen auskömmliche Löhne zahlen, würde das die Löhne in der gesamten Wirtschaft in die Höhe treiben.[15] Würden wir als Gesellschaft unsere Kinder, unsere Kranken und unsere Senioren wertschätzen, wären wir bereit, mehr Geld für sie auszugeben. Wenn wir zum Beispiel gebildetere Kinder wollen, brauchen wir mehr besser bezahlte Lehrer. Ein höheres Gehalt wird den Lehrerberuf insbesondere für höher qualifizierte Arbeitskräfte attraktiver machen. Hierzu wiederum bedarf es höherer Steuereinnahmen – aber der größere Kuchen, das gestiegene Einkommen, das sich technologischen Fortschritten verdankt, stellt sicher, dass wir solche Steuern erheben und dennoch dafür sorgen können, dass Kapitalisten und Innovatoren finanziell gut dastehen, besser als heute.

Kurzum, gegen die Arbeitslosigkeit, die sinkenden Löhne und die zunehmende materielle Bedrängnis von Arbeitnehmern, die eine Folge des technologischen Fortschritts sind, ließe sich leicht etwas unternehmen, wäre nur der politische Wille dazu vorhanden. In Teil II dieses Buchs werden wir auf die Frage zurückkommen, wie man dies am besten tun kann.

Marktmacht und KI

In früheren Kapiteln wurde darauf hingewiesen, wie Marktstärke in vielen Sektoren der Wirtschaft zugenommen hat, und auch darauf, dass sowohl die wirtschaftliche Wachstumsschwäche insgesamt als auch die zunehmende Ungleichheit mit diesem Anstieg der Marktmacht zusammenhängen. Besonders gravierend sind diese Probleme und ihre Folgen aus den in Kapitel 3 erläuterten Gründen in den neuen Technologiebranchen.

Big Data – die riesigen Datenmengen, die Unternehmen wie Amazon, Google und Facebook über jeden einzelnen Nutzer zusammentragen können – und KI beschwören das Schreckgespenst einer noch größeren Zunahme von Marktmacht herauf. Wenn ein Unternehmen (wie Google, Facebook oder Amazon) eine bedeutende, vielleicht beherrschende Stellung auf einem Gebiet einnimmt, auf dem es Daten sammeln kann, dann weiß es über den einzelnen Nutzer mehr als andere, vorausgesetzt, es teilt diese Daten nicht mit anderen – und es hat keinen Anreiz, dies zu tun. Die Befürworter von Big Data behaupten, mithilfe dieses Ansatzes ließen sich Produkte entwerfen, die besser auf die Kundenbedürfnisse zugeschnitten seien. Es besteht auch die Hoffnung, dass die bereitgestellten Informationen langfristig eine maßgeschneiderte medizinische Versorgung ermöglichen werden. Die Suchmaschinenbetreiber erklären, die Daten erlaubten ihnen zielgerichtetere Werbung, sodass Verbraucher eher für sie nützliche Informationen erhielten.[16] Dies sind die positiven Möglichkeiten von Big Data. Aber die marktbeherrschenden Unternehmen können diese Daten mithilfe von KI auch in einer Weise nutzen, die ihre Marktmacht und ihre Gewinne auf Kosten von Verbrauchern erhöht.

Die potenziellen Folgen der Marktstärke, über die die neuen Technologiegiganten verfügen, sind größer und schädlicher als alles, was wir an der Wende vom 19. zum 20. Jahrhundert sahen. Damals konnten Unternehmen wie Swift, Standard Oil, American Tobacco, American Sugar Refining Company oder US Steel aufgrund ihrer Marktbeherrschung die Preise für Lebensmittel, Stahl, Tabak, Zucker oder Öl erhöhen. Heute geht es um mehr als nur um Preise.

Die Marktmacht der neuen Technologiegiganten zeigt sich am dramatischsten jedes Mal, wenn Facebook seine Algorithmen ändert, die festlegen, was Nutzer zu sehen bekommen und in welcher Reihenfolge. Ein neuer Algorithmus kann den raschen Niedergang eines Medienkanals herbeiführen, oder er kann neue Möglichkeiten schaffen – und dann eventuell wieder beenden –, große Zielgruppen anzusprechen (wie etwa in Facebook Live).

Aufgrund der starken Marktposition verdienen die Technologiegiganten die uneingeschränkte Aufmerksamkeit der Wettbewerbsbehörden, die nicht nur ihr Standardinstrumentarium gegen sie einsetzen, sondern auch neue Instrumente schaffen müssen, um deren innovative Methoden, Marktmacht auszuüben und auszuweiten, zu bekämpfen. Wie bereits erwähnt, sollten wir zumindest erwägen, WhatsApp und Instagram von Facebook abzuspalten. Und wir müssen die Möglichkeiten für Interessenkonflikte einschränken, wie sie etwa auftreten, wenn Google seinen eigenen Online-Laden eröffnet, der mit denjenigen konkurriert, die auf seiner Plattform werben.

Höchstwahrscheinlich werden wir jedoch weiter gehen und beispielsweise den Zugang zu Daten und ihre Nutzung einschränken müssen. In den folgenden Abschnitten beschreibe ich einige vielversprechende Ideen.

Big Data und gezielte Kundenansprache

Weil Unternehmen durch KI und Big Data beurteilen können, wie sehr jeder Nutzer verschiedene Produkte wertschätzt und wie viel er folglich dafür zu zahlen bereit ist, können sie ihre Preise differenzieren, das heißt einen höheren Preis von jenen Verbrauchern verlangen, die das Produkt höher schätzen oder weniger Optionen haben.[17] Preisdifferenzierung ist nicht nur unfair, sondern untergräbt auch die Effizienz einer Volkswirtschaft: Die wirtschaftswissenschaftliche Standardtheorie geht davon aus, dass es keine Preisdifferenzierung gibt.[18] Jeder zahlt das Gleiche. Aber KI und Big Data machen es möglich, dass verschiedene Menschen unterschiedliche Preise zahlen.

Daher können sich Technologieunternehmen mithilfe von KI und Big Data einen größeren Teil der gesamtwirtschaftlichen Wertschöpfung aneignen, sodass der Rest der Gesellschaft – einfache Verbraucher – schlechter dasteht. So weiß etwa Staples, ein US-Einzelhändler für Bürobedarf, nachweislich, ob Verbraucher, die in einem bestimmten

Postleitzahlengebiet leben, ein Geschäft in ihrer Nähe haben, das vergleichbare Produkte verkauft; wenn nicht, kann Staples einen höheren Preis für Internetbestellungen verlangen.[19] Versicherungsunternehmen können entsprechend den Postleitzahlenregionen, in denen ihre Kunden leben, ihre Prämien differenzieren – basierend nicht nur auf den Risikoprofilen der Personen in jener Region, sondern auch auf ihrer Marktmacht und demzufolge ihrer Fähigkeit, höhere Prämien zu verlangen. In beiden Beispielen, Konsumartikel und Versicherungen, lebten in den Postleitzahlenregionen, in denen höhere Preise verlangt wurden, überwiegend Minderheiten – KI und Big Data erwiesen sich somit als neue Instrumente ethnischer Diskriminierung.

Die Digitalwirtschaft des 21. Jahrhunderts ermöglicht es Unternehmen, noch besser gezielt Personen anzusprechen, die sie auch in anderer Weise übervorteilen können.[20] Sie können die Schwächen von Menschen ausnutzen. KI könnte zum Beispiel jemanden mit einer Suchtpersönlichkeit aufspüren, der den Verlockungen eines Spielcasinos erliegen könnte, und ihm einen Anreiz geben, nach Las Vegas zu reisen oder das nächstgelegene Casino aufzusuchen. So weist die Soziologin Zeynep Tüfekçi darauf hin, dass diese Unternehmen in der Lage sind, all unsere Schwächen auszunutzen, etwa ein irrationales Verlangen nach neuen Schuhen oder Handtaschen oder Reisen zu Traumstränden. Sie können uns mit Informationen füttern, die uns unser Einkommen verschwenden lassen, wobei unser emotionales Selbst gegenüber unserem abwägenden Selbst die Oberhand gewinnt.[21] Der Nobelpreisträger Richard Thaler hat den Kampf beschrieben, der im Innern vieler Menschen zwischen diesen verschiedenen Identitäten tobt. Die neuen Technologien greifen aufseiten unseres emotionalen Selbsts in diesen Kampf ein. Beunruhigenderweise könnten Big Data und KI Unternehmen in die Lage versetzen, umfassenden Einblick in diese Dynamiken zu gewinnen und ihre Praktiken entsprechend anzupassen, um ihren Gewinn zu maximieren.

Big Data ist auch in vielen Forschungsfeldern von unschätzbarem Wert. Je mehr Daten eine Genetikfirma besitzt, umso besser kann sie die DNA einer Person analysieren und gewisse Gene aufspüren. Gewinnmaximierende Unternehmen wollen daher möglichst viele Daten über Personen sammeln – und diese nicht teilen. Bei diesem Streben nach Gewinn sind Todesopfer lediglich eine andere Form von Kollateralschaden, wie die folgende Geschichte verdeutlicht. 1990 begann ein großes internationales Forschungsprojekt mit dem Ziel, das menschliche Genom vollständig zu entschlüsseln, das sogenannte Humangenomprojekt. Es wurde 2003 erfolgreich abgeschlossen. Aber einige Privatunternehmen erkannten, dass sie, wären sie nur schnell genug, selbst Patente auf jedes entschlüsselte Gen anmelden könnten. Das wäre vielleicht eine echte Goldgrube. So erhielt zum Beispiel Myriad, ein in Utah ansässiges Unternehmen, ein Patent auf zwei Gene, BRCA1 und BRCA2, und es entwickelte einen Test, mit dem sich die Trägerinnen dieser Gene identifizieren ließen. Dies war eine nützliche Erfindung, weil eine Trägerin dieser Gene ein hohes Brustkrebsrisiko hat. Myriad verlangte allerdings unverschämte Preise – zwischen 2500 und 4000 Dollar, was dem Preis der Sequenzierung eines ganzen Genoms entspricht. Und so konnten sich viele Frauen diesen Test schlichtweg nicht leisten. Und nicht nur die Preise von Myriad waren hoch, sondern wie alle Tests war auch der ihre unvollkommen. Unterdessen entwickelten Wissenschaftler an der Yale University einen angeblich präziseren Test, den sie zu einem viel geringeren Preis anbieten wollten, was ihnen von Myriad als »Eigentümerin« des Patents untersagt wurde. Der Grund waren nicht nur entfallende Gewinne, sondern auch der Wunsch des Unternehmens, alleinigen Zugriff auf die Daten zu haben. Dieser konkrete Fall ging gut aus: Die Association for Molecular Pathology verklagte Myriad; sie brachte vor, natürlich vorkommende Gene sollten nicht patentierbar sein. Am 13. Juni 2013 hat sich der Oberste Gerichtshof der USA in einer richtungsweisenden Entscheidung dieser Auffassung einstimmig angeschlossen. Seither sind die Preise für den Test gesunken, während seine Qualität gestiegen ist – was einen bemerkenswerten Beleg dafür darstellt, wie sich Patente negativ auf die Innovationskraft einer Volkswirtschaft auswirken können.[22]

Um diese Art von Ausbeutung bewerkstelligen zu können, müssen Unternehmen riesige Datenmengen über jeden Einzelnen von uns zusammentragen, was den Schutz personenbezogener Daten erheblich beeinträchtigt. Einige meinen, nur diejenigen, die etwas auf dem Kerbholz haben, hätten Grund, sich wegen eines verringerten Datenschutzes Sorgen zu machen. Aber das stimmt nicht. Jeder, der über eine große Menge an personenbezogenen Daten verfügt, könnte gezielt ausgewählte Informationen veröffentlichen, die vielleicht zumindest kompromittierend wären. Diktatoren und autoritäre Herrscher wissen schon seit Langem um die Macht von Information. Aus diesem Grund hat es für Geheimdienste solcher Länder höchste Priorität, umfangreiche Akten über alle politisch relevanten Personen zu führen. Hierzu bedurfte es früher allerdings riesiger Netzwerke von Spionen. Dank Big Data und der Informationstechnologie können heute Unternehmen und Regierungen ganz einfach eine elektronische Akte anlegen, die viel umfangreicher ist als alles, was sich die Stasi jemals hätte erträumen können. Das erleichtert die Transformation eines autoritären in ein totalitäres Regierungssystem.

Einige trösten sich mit dem Gedanken, dass Big Data sich nicht im Besitz des Staats, sondern in privater Hand befinde, etwa von Unternehmen wie Google, Facebook oder Amazon. Ich tue das nicht. Sobald wir über die Probleme der Cybersicherheit nachdenken, verwischt sich die Grenze zwischen Öffentlichem und Privatem. Edward Snowdons Enthüllungen vermittelten uns einen Eindruck von der gewaltigen Menge an Daten, die US-Behörden schon heute über uns sammeln, und sie verdeutlichten in unmissverständlicher Weise, dass die NSA mühelos auf sämtliche Daten im Besitz privater Unternehmen zugreifen konnte.[23] Und Enthüllungen darüber, wie Facebook einen Teil seiner Daten nutzte und anderen (zum Beispiel Cambridge Analytica) erlaubte, seine Daten zu verwenden, und die Sicherheitsmaßnahmen, die es zum Schutz der Daten ergriffen bzw. nicht ergriffen hat, sollten uns auch nicht allzu sehr beruhigen.

George Orwells dystopischer Roman *1984* und ein neuerer Roman, *The Circle* von Dave Eggers, veranschaulichen unsere Ängste vor einer uns kontrollierenden Big-Brother-Regierung – und Big Data befähigt Regierungen, ihre Kontrolle weit über das, was sich Orwell vorstellen konnte, hinaus auszudehnen.[24]

Kurzum, die Aufweichung des Schutzes unserer persönlichen Daten als Teil unserer Privatsphäre sollte uns Sorgen machen. Beim Datenschutz geht es um Macht. Die Big-Data-Unternehmen wissen das, aber das Gleiche scheint nicht unbedingt für jene zu gelten, deren Daten sie abschöpfen.

Diese Macht kann auf vielfältige Weise genutzt und missbraucht werden. Unternehmen wie Facebook, Amazon und Google, die Zugriff auf riesige Datenbestände haben, können, wie bereits erwähnt, ihren

Informationsvorteil nutzen, um ihre Marktstellung gegenüber Rivalen zu stärken und ihre Marktmacht in anderen Bereichen gezielt einzusetzen. Der immense Wettbewerbsvorteil durch einen »Informationsvorsprung« bedeutet, dass es für potenzielle Konkurrenten noch schwerer – vielleicht sogar unmöglich – wird, in den Markt einzutreten. Sowohl Wirtschaftstheorie als auch -geschichte sagen uns, dass ein fest etablierter Monopolist weniger Anreize zu Innovation hat. Er wird sich stärker darum bemühen, seine Marktmacht auszuweiten und zu festigen, als darum, den Kundennutzen seiner Produkte und Dienstleistungen zu verbessern.[25]

Noch verstörender ist die Tatsache, dass nicht nur Russland, sondern auch Facebook seine Daten nutzte, um die politische Meinung in den Vereinigten Staaten zu manipulieren.

Die Regulierung von Daten und ihrer Nutzung

Wenn relativ wenige Unternehmen große Datenmengen besitzen, hat dies für die gesamte Gesellschaft weitreichende Folgen in Bezug auf Marktmacht, Datenschutz und Sicherheit. Das sollte uns beunruhigen. Wie könnte man in angemessener Weise darauf reagieren? Der Staat könnte zum Beispiel festlegen, wem die Daten gehören, und Vorschriften über ihre zulässige Nutzung erlassen.[26]

Europa hat einige erste Schritte unternommen.[27] Selbstverständlich beklagen die US-Techgiganten, europäische Behörden würden diese Maßnahmen aus reinem Antiamerikanismus ergreifen. Sie irren sich. Die EU handelt so, weil sie gesetzlich dazu verpflichtet ist, auf Märkten für einen funktionierenden Wettbewerb zu sorgen, und weil in allen europäischen Ländern der Datenschutz berechtigterweise einen hohen Stellenwert genießt. Die Vereinigten Staaten zeigen sich hier widerwillig, nicht zuletzt aufgrund des starken politischen Einflusses der Technologiegiganten.[28]

Um die Marktmacht und deren Missbräuche durch führende Technologiekonzerne einzudämmen, wird unter anderem vorgeschlagen, das Verfügungsrecht über personenbezogene Daten der jeweiligen Person zuzuerkennen. Das würde bedeuten, dass jedes Unternehmen, das die Daten nutzen will, sich diese zu einem bestimmten Preis beschaffen könnte; und die betreffende Person konnte missbräuchliche Nutzungen verbieten. Und ein Teil des Werts der Daten würde dem Betreffenden statt den Technologiekonzernen zufließen. Es gab eine Reihe von Versuchen, dem Einzelnen so zumindest eine gewisse Kontrolle über seine Daten zu geben – in Europa müssen Nutzer Google ausdrücklich erlauben, ihre Daten zu verwerten. Anhänger der freien Marktwirtschaft unterstützen eine derartige Lösung: Man solle den Einzelnen selbst entscheiden lassen. So haben einige Internetanbieter ihren Kunden einen kleinen Rabatt angeboten, wenn diese ihnen erlauben, ihre Daten zu nutzen, und die meisten Kunden nahmen dieses Angebot an. Ein Geschäftsführer brüstete sich mir gegenüber, sein Unternehmen gelange sehr kostengünstig an jene Daten, die so wertvoll für das Unternehmen seien und die es so erfolgreich zu Geld mache.

Einige meinen, das sei doch in Ordnung. Der Nutzer entscheide frei darüber, ob er anderen seine Daten überlasse. Aber es gibt viele Bereiche, in denen wir als Gesellschaft beschließen, in die freien Entscheidungen von Individuen einzugreifen. So verbieten wir Personen bestimmte Handlungen, die nur ihnen selbst schaden, wie etwa die Teilnahme an Schneeballsystemen oder den Verkauf von Organen. Das muss erst recht – und in noch höherem Maße – für Daten gelten, weil die Daten einer Person, kombiniert mit jenen anderer Personen, die Fähigkeit von Unternehmen verbessern, alle Verbraucher zu übervorteilen. Viele Menschen ermessen nicht wirklich, was mit ihren Daten geschieht oder geschehen könnte, insbesondere wenn sie in den falschen Händen landen. Sie wissen nicht, ob die Unternehmen, die ihre Daten besitzen, ausreichende Vorkehrungen zu deren Schutz getroffen haben. Die meisten wissen nicht einmal, wie die Haftbarkeit in diesen Fällen aussieht oder was ein Datenschutzverstoß nach sich zieht. Aufgrund des nicht unparteiischen Rechtssystems in den USA wird es im besten Fall kostspielig sein, Gerechtigkeit zu erlangen. Und der Equifax-Skandal verdeutlicht, wie sehr im US-amerikanischen Unternehmenssektor Irreführung und Betrug an der Tagesordnung sind. In diesem Unternehmen, das Daten über Privatpersonen zusammengetragen hatte – in der Regel ohne deren Einverständnis –, kam es 2017 zu einem massiven Datenschutzverstoß, sodass auf einen Schlag Informationen über 150 Millionen Amerikaner gestohlen werden konnten. Equifax hatte die Daten nicht nur nicht gesichert, sondern später versucht, mit dieser Verletzung von Datenschutzpflichten auch noch Geld zu verdienen; das Unternehmen zwang Nutzer dazu, eine Haftungsverzichtserklärung zu unterschreiben, wenn sie wissen wollten, ob ihre Daten gestohlen worden waren.[29]

Es gibt unterschiedliche Wege, die Datennutzung durch Unternehmen zu regeln. Eine zurückhaltende Regulierung würde lediglich Transparenz und eine Überprüfung der Datenschutzrichtlinien des Unternehmens auf ihre Übereinstimmung mit geltendem Recht verlangen. Eine stärkere Regulierung würde eine strengere Aufsicht und schärfere Verbote bedeuten, sodass gewisse Nutzungen und der Verkauf von Daten untersagt wären. So ließe sich zum Beispiel zumindest sicherstellen, dass Menschen wissen, was mit ihren Daten geschieht. Das Zusammenstellen (»Agglomerieren«) von Datensätzen könnte eingeschränkt werden, da die Risiken etwa einer Verletzung der Privatsphäre und anschließenden Ausbeutung von Personen mit der Menge an Daten, die ein Unternehmen besitzt, zunehmen. Man könnte jeden Einzelnen gesetzlich dazu verpflichten, seine »Einwilligung nach fachgerechter Aufklärung« für die Nutzung seiner Daten zu erteilen. Das Problem besteht darin, zu definieren, was das bedeutet, und dafür zu sorgen, dass dem Willen des Betreffenden tatsächlich nachgekommen wird. Viele waren erschüttert über die umfassende Nutzung ihrer Facebook-Daten, obwohl sie sich durch ihre Privatsphäre-Einstellungen für geschützt hielten.

Der Staat könnte darüber hinaus für die Nutzung persönlicher Daten durch ein Unternehmen einen Mindestpreis festsetzen – oder auch Unternehmen verbieten, Daten einer Privatperson länger, als für die Durchführung der vereinbarten Transaktion(en) notwendig ist, zu speichern.[30]

Auch ein Überprüfungsverfahren wäre vorstellbar: Jedes Unternehmen, das über eine große Menge an personenbezogenen Daten verfügt, müsste vor einem Aufsichtsgremium darlegen, wie diese Informationen genutzt werden. In Anbetracht des bemerkenswerten »Sündenregisters« einiger Technologiegiganten müsste jede unwahre Angabe streng bestraft werden.

Weitere Schritte wären denkbar: So könnten wir eine Steuer auf die Nutzung oder Speicherung von Daten erheben. (Die Technologien, die es erlauben, Massendaten zu sammeln, zu speichern und zu nutzen, ermöglichen auch deren unproblematische Besteuerung.) Oder verlangen, dass Daten nur in aggregierter Form gespeichert werden, ohne individuelle Identifikatoren (sogenannte Anonymisierung von Daten); so könnten

Forscher Informationen über Verhaltensmuster zusammentragen, die gezielte Ansprache von Einzelpersonen wäre jedoch ausgeschlossen.[31]

Es gäbe auch die Möglichkeit, Daten als ein öffentliches Gut zu behandeln; dann könnten wir verlangen, sämtliche gespeicherten Daten (in verarbeiteter oder unverarbeiteter Form) jedermann zugänglich zu machen. Dies würde die Fähigkeit der heutigen Technologiegiganten einschränken, ihren Datenvorteil zu nutzen, um ihre Monopolmacht weiter zu festigen. Aber hier stellen uns Datenschutzbelange vor ein Dilemma: Die Kontrolle von Big Data durch ein paar große Technologiekonzerne verstärkt deren Marktmacht. Wenn wir diese Marktmacht brechen wollen, indem wir anderen den Zugriff auf die Daten erlauben, erhalten wir einen großen gemeinsamen Datenpool. Das bedeutet einen größeren Verlust an Privatsphäre und mehr Gelegenheiten zur kommerziellen Verwertung, wobei die neuen Marktteilnehmer um die optimale Nutzung der Daten miteinander konkurrieren. Dazu gehört auch die Verwendung der Informationen zu dem Zweck, Konsumenten in den oben beschriebenen Weisen auszubeuten. Es eröffnet die Möglichkeit eines noch weiter gehenden Datenmissbrauchs. Höchstwahrscheinlich wird die Lösung des Problems zum Teil darin liegen, sowohl die Nutzung als auch die Zusammenstellung von Daten zu beschränken.

Neue Technologien und die Bedrohung der Demokratie

Noch beunruhigender als die potenziellen Bedrohungen durch die neuen Technologien für unsere Wirtschaft und unsere Privatsphäre sind jene für unsere Demokratie. Die neuen Technologien sind zweischneidige Schwerter. Befürworter haben das Positive hervorgehoben: Die Schaffung eines größeren öffentlichen Raums, in dem jeder seine Stimme zu Gehör bringen kann. Aber wir haben auch eine viel dunklere Seite kennengelernt; etwa als sich Russland wiederholt in demokratische Wahlen eingemischt hat, scheinbar in dem Bestreben, das Vertrauen in westliche Demokratien zu untergraben. Die neuen Technologien lassen sich zur Manipulation einsetzen, nicht nur um ökonomische Erträge zu steigern, sondern auch, um gewisse Meinungen zu fördern und andere in Zweifel zu ziehen. Die Reichen sind dabei im Vorteil – und die Familie von Robert Mercer und andere, die den heimlichen und subversiven Versuch von Cambridge Analytica finanzierten, die Wahl von 2016 zu manipulieren, haben gezeigt, wie es geht. So haben die neuen Technologien einen zusätzlichen Weg eröffnet, um aus Macht und Geld noch mehr Macht und Geld zu generieren.

Zahlreiche Reformen sind vorgeschlagen worden, aber keine davon wird die Aufgabe überzeugend lösen. Einige Länder erlegen den Plattformen größere Pflichten auf. Deutschland geht entschieden gegen die Verbreitung von Hasskommentaren im Netz vor, was angesichts seiner Geschichte vielleicht nicht weiter verwunderlich ist. In einigen Fällen können schon einfache Verzögerungen – die Verlangsamung des Internets, die Verringerung der Wahrscheinlichkeit, dass Fehlinformationen sich rasend schnell ausbreiten oder zu einem Trend werden – wirksam sein. In der Zwischenzeit ließen sich Verfahren der Faktenüberprüfung in Gang setzen; die Kennzeichnung von weiterversandten Nachrichten als faktenüberprüft beziehungsweise nicht faktenüberprüft könnte sinnvoll sein.

Es würde auch helfen, die Offenlegung von Quellen bezahlter Werbebotschaften, die auf sozialen Medien als vermeintlich wahre Nachrichten zirkulieren, gesetzlich vorzuschreiben und aus dem Ausland finanzierte Werbebotschaften, die unsere Wahlen beeinflussen sollen, zu verbieten. Diese Maßnahmen sollten auch dann umgesetzt werden, wenn Facebook und Twitter dadurch Gewinneinbußen erleiden. Um zu verhindern, dass Banken als Vehikel für Gelder, die mit terroristischen Aktivitäten verknüpft sind, oder für Geldwäsche missbraucht werden, sollten wir von ihnen verlangen, dass sie eine Know-Your-Customer-Legitimationsüberprüfung von Neukunden durchführen. Facebook, Twitter und den anderen Internetplattformen sollten wir ähnliche Pflichten auferlegen. Allein diese neuen Vorschriften hätten, konsequent durchgesetzt, die Einmischung Russlands in die US-Wahlen und in Wahlen in anderen Ländern weitgehend verhindert.

Die Social-Media-Plattformen sind tatsächlich mit Verlagen vergleichbar; beide verbreiten Nachrichten und übermitteln Werbebotschaften. Zeitungen haften für das, was sie veröffentlichen, die Technologiegiganten dagegen haben ihren politischen Einfluss genutzt, um sich einer entsprechenden Haftpflicht zu entziehen.[32] Wären sie in ähnlicher Weise haftpflichtig, würden sie sorgfältiger darauf achten, welche Informationen sie verbreiten, und mehr in deren Überprüfung investieren, sodass wir ein sichereres und ehrlicheres Internet hätten.[33]

Wir können auch versuchen, kritischere Informationskonsumenten heranzubilden. Einige Länder, wie etwa Italien, verbessern die öffentliche Medienbildung (auch über Social Media) und somit die Fähigkeit von Nutzern, offenkundig falsche Behauptungen zu erkennen.[34]

Ein aktives, öffentlich finanziertes Medium kann auch eine Rolle dabei spielen, versuchte Einmischungen, etwa Russlands, in die US-amerikanische Politik publik zu machen. Russland ist vielleicht nur deshalb so erfolgreich gewesen, weil seine Machenschaften unbemerkt blieben. Wie bereits erwähnt, gibt es keine wichtigere Aufgabe kollektiven Handelns, als die Integrität der Prozesse kollektiver Entscheidungsfindung und der Informationen sicherzustellen, auf deren Grundlage diese Entscheidungen in rationaler Weise getroffen werden sollten. Dies ist ein öffentliches Gut, das öffentliche Unterstützung erfordert. Viele Länder (wie Schweden und Großbritannien) haben aktive, unabhängige, aber öffentlich finanzierte Medien, die sich das Vertrauen der Öffentlichkeit verdient haben; dennoch wollen viele Konservative diese erfolgreichen Medien zurückdrängen – vielleicht weil sie Angst vor der Wahrheit haben und ihnen von den Reichen kontrollierte Medien (zum Beispiel Murdoch und sein Sender Fox News) lieber sind, die eher auf ihrer Seite stehen. Man sollte diesen Bemühungen entgegentreten; und Länder, die keine leistungsfähigen, unabhängigen und finanziell gut ausgestatteten öffentlichen Medien besitzen, sollten versuchen, diese zu etablieren.

Leider kennen diejenigen, die die neuen Technologien zur Manipulation einsetzen wollen, die Unzulänglichkeiten unseres regulatorischen Ordnungsrahmen und geben sich größte Mühe, Regelungslücken auszunutzen. Es ist ein Krieg, und zum jetzigen Zeitpunkt sieht es so aus, als würden diejenigen, die die Demokratie untergraben, ihn gewinnen.

Dies ist in erster Linie auf die Handschellen zurückzuführen, die wir uns bei unseren Bemühungen, die Meinungsfreiheit zu schützen, selbst anlegen. Sogar der Oberste Gerichtshof der USA, der dem Grundrecht der Redefreiheit einen hohen Stellenwert beimisst, hat dieses 1919 in einem Verfahren *(Schenck vs. Vereinigte Staaten)* eingeschränkt, was in der berühmten Metapher zum Ausdruck kommt, dass es niemandem erlaubt sei, in einem dicht besetzten Theatersaal (wahrheitswidrig) auszurufen, es brenne. Im Kampf um eine sachkundige Öffentlichkeit sind die hier beschriebenen Maßnahmen, um die zersetzende Wirkung derjenigen zu unterbinden, die mithilfe von Desinformation unsere Demokratien schwächen wollen, kleine Kompromisse. Möglicherweise bedarf es weiterer Schritte.

Letztendlich könnten die Marktmacht und das Missbrauchspotenzial einer Plattform wie Facebook für eine Gesellschaft, die dem Gemeinwohl verpflichtet ist, einfach zu groß sein. Als der US-Erdölkonzern Standard Oil zu groß und zu mächtig wurde, haben wir ihn zerschlagen. Aber in diesem Fall gab es keine nennenswerten Größenvorteile, und daher waren die ökonomischen Kosten der Zerschlagung begrenzt. Facebook andererseits mag das sein, was wir früher ein natürliches Monopol nannten.[35] Sowohl es zu zerschlagen als auch seine geschäftlichen Aktivitäten zu regulieren könnte sich als schwierig erweisen. Im Fall einer Zerschlagung wird es vielleicht noch komplizierter, es zu regulieren. Es wird uns vielleicht nichts anderes übrig bleiben, als Facebook zu einem öffentlichen Versorgungsunternehmen zu erklären, mitsamt der damit verbundenen strengen öffentlichen Aufsicht.[36]

Kritiker solcher Maßnahmen sind besorgt, wie sich das auf die Innovationskraft der Wirtschaft auswirkt. Obwohl ich fest davon überzeugt bin, dass sich strenge Regulierung durchaus mit guten Innovationsanreizen vereinbaren lässt, müssen wir fragen, wie sehr uns mögliche negative Folgen dieser regulatorischen und anderweitiger Maßnahmen auf die volkwirtschaftliche Innovationsfähigkeit beunruhigen sollten. Wie schon erwähnt, ist der gesamtgesellschaftliche Nutzen dieser Innovationen möglicherweise sehr viel geringer als das, was uns die Silicon-Valley-Unternehmer weismachen wollen. Eine strengere öffentliche Aufsicht (oder sogar eine Verstaatlichung) könnte es uns ermöglichen, die Innovationskräfte in eine konstruktivere Richtung zu lenken. Es mag für Unternehmen wichtig sein, eine bessere Methode für zielgerichtete, maßgeschneiderte Werbung oder für das Abschöpfen eines größeren Teils der Konsumentenrente zu finden – es kann ihre Ertragskraft erheblich steigern. Aber dies ist ein weiterer Fall, in dem der gesellschaftliche Nutzen und die privaten Erträge divergieren. Der gesellschaftliche Nutzen einer diskriminierenden Preisgestaltung und anderer Formen der Ausbeutung von Konsumenten ist tatsächlich negativ.[37]

Ich glaube, in den USA und in anderen Ländern mit starker demokratischer Tradition könnte eine strenge gerichtliche und parlamentarische Kontrolle der notwendigen Maßnahmen zur Zähmung der sozialen Medien – um die weitere Aufweichung des Datenschutzes, politische

Manipulation und Marktausbeutung zu verhindern – mit zivilgesellschaftlicher Beteiligung in einem offenen und transparenten Prozess funktionieren, selbst wenn in Ländern mit schwächeren Institutionen und einem schwächeren Bekenntnis zur Demokratie Missbräuche zu befürchten wären. Außerdem könnten wir einen effektiven regulatorischen Ordnungsrahmen entwickeln, der Innovation dort fördert, wo sie besonders wichtig ist.[38] Es handelt sich hier möglicherweise um existenzielle Fragen für unsere Demokratie und Gesellschaft in den kommenden Jahren.

Globalisierung in der Ära von KI

Weltweit unterschiedliche Auffassungen über die Schutzbedürftigkeit persönlicher Daten und die Bedeutung von Cybersicherheit stellen möglicherweise zukünftig das größte Globalisierungshemmnis dar. Einige meinen sogar, wir würden auf ein »Splinternet« zusteuern, da sich die Rechtsrahmen in China, den USA und Europa immer weiter auseinanderentwickelten.[39] Wenn KI und Big Data so wichtig sind, wie einige behaupten, mag China, das dem Schutz der persönlichen Daten seiner Bürger keine Bedeutung beimisst, einen enormen Vorteil haben. Amerikanische Unternehmen werden behaupten, dass sie aufgrund des Wettbewerbsvorteils, den chinesische Unternehmen deswegen gegenüber US-Firmen besitzen, irgendeine Form von Schutz gegen chinesische Wettbewerber benötigen. Aus dem gleichen Grund könnten europäische Unternehmen protektionistische Maßnahmen gegen amerikanische Firmen verlangen, weil die USA lockerere Datenschutzgesetze haben.

Unter dem Einfluss unserer Technologiegiganten könnte die US-Regierung verlangen (und Trump tut das), dass sich alle Länder an amerikanische Standards anpassen und Europa folglich seinen bisherigen Rechtsrahmen zum Datenschutz annulliert.[40] Das ist allerdings eine ausgesprochen provinzielle Sichtweise. Den Europäern ist Datenschutz aus guten Gründen wichtig. Europa hat keinen Anlass, den Forderungen der amerikanischen Regierung nachzugeben, ob diesen nun eine echte Sorge um das Wohl amerikanischer Bürger oder die Macht der großen Technologiekonzerne in dem von Geld beherrschten US-amerikanischen Politikbetrieb zugrunde liegt. China nachzueifern ist unannehmbar (und sollte es sein). Ich befürchte, andernfalls würde Big Brother Wirklichkeit. Es ist besser, dass wir uns Europa mit seinen strengen Datenschutzrichtlinien anschließen und, wenn nötig, Mittel und Wege finden, um mögliche Vorteile, die andere aus dem unbeschränkten Zugang zu Big Data ziehen, zu kompensieren.[41]

Fazit

Wir haben gesehen, dass einige der neuen Technologien womöglich sämtliche der in den vorangehenden Kapiteln dargestellten Probleme – insbesondere diejenigen, die mit Arbeitsplätzen und Löhnen, Ungleichheit und Marktmacht zusammenhängen – verschlimmern. Außerdem werfen sie einige neue Probleme, etwa bezüglich Datenschutz und Cybersicherheit auf. Während nicht klar ist, wie die »Lösungen« aussehen, ist offenkundig, dass der Markt es nicht einfach von selbst regeln wird.

In früheren Kapiteln wurde erörtert, in welcher Weise uns die Marktwirtschaft – unser kapitalistisches System – prägt. Sie macht zumindest viele Menschen egoistischer und weniger moralisch. Und so ist auch einer der beunruhigendsten Aspekte einiger der neuen Technologien die Art und Weise, wie sie unsere individuelle Psychologie und unser gesellschaftliches Zusammenleben verändern.

Es gibt immer mehr empirische Belege für die vielfältigen Auswirkungen der neuen Technologien auf kognitive und Verhaltensaspekte ihrer Nutzer. Die Aufmerksamkeitsspannen werden kürzer. Und die kniffligsten Probleme lassen sich nicht mit kurzen Aufmerksamkeitsspannen lösen. Direkte zwischenmenschliche Kontakt nehmen eher ab, und wir neigen verstärkt zu Kontakten mit Menschen, die uns ähnlich sind. Auf diese Weise nimmt die Polarisierung der Gesellschaft zu, und jeder von uns lebt zusehends in seiner eigenen Echokammer. In einer solchen Welt wird es immer schwieriger, eine gemeinsame Basis zu finden, und auch die soziale Kooperation wird erschwert. Es gibt einen größeren Spielraum für Mobbing – was die schlechtesten Seiten in uns zum Vorschein bringt, und dies geschieht zudem hinter verschlossenen Türen, wo keine sozialen Korrekturmechanismen greifen. Während wir also auf eine oberflächliche Weise besser miteinander vernetzt sein mögen, dürften sich die Tiefe und Qualität sozialer Kontakte verschlechtern.

Selbst in der Hightech-Branche ist man besorgt. Niemand weiß, wohin uns das führen wird. Aber eines ist schon heute klar: Die Aufspaltung der US-amerikanischen Gesellschaft in einander sich regelrecht bekriegende Lager, die die Welt durch völlig verschiedene mentale Filter betrachten und teils sogar von der Richtigkeit »alternativer Fakten« überzeugt sind, macht es immer schwieriger, sich in politischen Sachfragen zu einigen und eine langfristige Politik zu betreiben.[42]

Die zentrale These dieses Buchs lautet, dass all dies nicht so sein muss – zumindest nicht in dem Ausmaß, den es heute angenommen hat. Technologische Fortschritte *sollten* ein Segen sein. Sie *sollten* unsere Fähigkeit verbessern, allen Menschen Zugang zu den Grundgütern eines menschenwürdigen Daseins zu verschaffen. Aber diese Fortschritte können – und werden sehr wahrscheinlich – zur Verelendung weiter Teile der Bevölkerung führen, wenn der Staat nicht entschlossen eingreift. Im nächsten Kapitel gehen wir ausführlich auf die Frage ein, warum wir *gemeinsam* handeln müssen. Die Probleme können weder von Märkten noch von einzelnen Personen allein gelöst werden.

7. Wozu brauchen wir den Staat?

Der Grundsatz, wonach wir durch Kooperation viel mehr erreichen können, als wenn wir allein arbeiten, ist seit Langem anerkannt. Vielleicht haben frühe Reis anbauende Gesellschaften, die auf Bewässerung angewiesen waren, als Erste erkannt, wie wichtig umfassendes »kollektives Handeln« ist. Alle profitierten vom Bau und von der Instandhaltung von Bewässerungskanälen, und dies musste gemeinschaftlich organisiert und finanziert werden. Außerdem brauchte man in den vielen Gebieten, in denen Wasser knapp war, Regeln für die faire Aufteilung des verfügbaren Wassers – auch dies musste gemeinschaftlich entschieden werden. In anderen Regionen führte die Notwendigkeit, die Gemeinschaft vor Plünderern zu schützen, zu frühen Formen kollektiven Handelns. Die Gemeinschaft konnte durch Kooperation eine Art von Schutz bieten, den die Einzelnen auf sich gestellt nicht zuwege gebracht hätten.

Die Verfassung der Vereinigten Staaten zeigt, dass die Bürger der gerade unabhängig gewordenen Bundesstaaten die Notwendigkeit kollektiven Handelns einsahen. So heißt es in der Präambel:

> **Wir, das Volk** der Vereinigten Staaten, von der Absicht geleitet, unseren Bund zu vervollkommnen, die Gerechtigkeit zu verwirklichen, die Ruhe im Innern zu sichern, für die Landesverteidigung zu sorgen, das allgemeine Wohl zu fördern und das Glück der Freiheit uns selbst und unseren Nachkommen zu bewahren, setzen und begründen diese Verfassung für die Vereinigten Staaten von Amerika.

Dies alles waren Dinge, die man *zusammen* tun musste. Das gemeinsame Handeln schuf die Grundlage des Gemeinwohls, und es geschah nicht nur durch freiwillige Zusammenschlüsse, sondern auch auf Geheiß der *Regierung*, mit all den Machtbefugnissen, über die sie verfügte. Das gesellschaftliche Wohlergehen wurde nicht nur von Bauern und Händlern, die ihre eigenen Interessen verfolgten, gefördert – in einem sozusagen »libertären Traum« –, sondern auch durch eine starke Regierung mit genau definierten, wenn auch begrenzten Befugnissen.

Diese Notwendigkeit, gemeinschaftlich vorzugehen, schien manchmal in Konflikt zu stehen mit dem amerikanischen Individualismus, der Vorstellung also, dass wir (oder zumindest die Erfolgreichsten unter uns) es durch eigene Kraft geschafft haben und sogar noch erfolgreicher wären, wenn uns der Staat nicht in unserer Handlungsfreiheit einschränkte. Diese Vorstellung ist weitgehend ein Mythos. In einem wörtlichen Sinne hat es niemand durch eigene Kraft geschafft; die biologischen Realitäten erlauben dies schlichtweg nicht. Und selbst unsere größten Genies wissen, dass das, was sie vollbracht haben, auf den Arbeiten anderer aufbaut.[1] Ein einfaches Gedankenexperiment sollte uns zu einer gewissen Demut veranlassen: Was wäre aus mir geworden, wenn ich bei Eltern in einem abgelegenen Dorf in Papua-Neuguinea oder im Kongo aufgewachsen wäre? Jedes amerikanische Unternehmen profitiert von der Rechtsstaatlichkeit, der Infrastruktur und den Technologien, die im Lauf von Jahrhunderten geschaffen wurden. Steve Jobs hätte das iPhone nicht entwickeln können, wenn er nicht auf zahllosen vorherigen Erfindungen hätte aufbauen können, die sich zu einem Großteil öffentlich finanzierten Forschungsprojekten aus den vorangegangenen 50 Jahren verdankte.

Eine gut funktionierende Gesellschaft erfordert daher ein Gleichgewicht zwischen individuellem und kollektivem Handeln. In den ersten Jahrzehnten nach ihren Revolutionen haben die Sowjetunion und das kommunistische China dieses Gleichgewicht verloren. Heute herrscht die Sorge, dass wir es mit dem Individualismus übertrieben haben könnten.

In diesem Kapitel möchte ich sowohl die Notwendigkeit als auch die Grenzen kollektiven Handelns erkunden. In den vorangehenden Kapiteln wurde erläutert, was bei der Globalisierung und der Expansion des Finanzsektors schiefgelaufen ist. Wir haben die Folgen der wachsenden Macht von Konzernen und der Schwächung von Gewerkschaften beschrieben. Wir haben gesehen, wie diese zu niedrigerem Wachstum mit zunehmender Ungleichheit und allmählichen Wohlstandsverlusten weiter Teile der Bevölkerung führten. Und wir haben gelernt, dass technologische Fortschritte das Zeug dazu haben, alles noch schlimmer zu machen. Jedoch nichts davon war unvermeidbar. Diese Veränderungen hätten anders gemanagt werden können, und dann hätte es mehr Gewinner und weniger Verlierer gegeben. Die Märkte haben das getan, was ihnen die Spielregeln zu tun erlaubten – entsprechend den Anreizen, die diese Regeln ihnen boten. Was wir brauchen, sind andere Spielregeln – wir brauchen kollektives Handeln, um unsere Marktwirtschaft zu *reformieren*. In jedem Kapitel wurden dazu konkrete Vorschläge unterbreitet. Dieses Kapitel versucht, sie alle zusammenzuführen, indem es Grundsätze formuliert, die uns helfen sollen, die Rolle kollektiven Handelns jeweils sachgerecht zu bestimmen. Danach werden wir sehen, dass es in unserer sich ständig weiterentwickelnden Wirtschaft dringlicher denn je des Staats bedarf – anders als viele auf der Rechten behaupten, die einem Rückzug des Staats das Wort reden.

Die Notwendigkeit kollektiven Handelns

In den letzten 50 Jahren haben Ökonomen immer besser verstanden, unter welchen Umständen eine Form kollektiven Handelns notwendig ist, damit gesellschaftliche Ziele erreicht werden können – und welche sich selbst überlassenen Märkte keine effizienten oder fairen Ergebnisse produzieren.[2] Ich habe in diesem Buch zum Beispiel mehrfach darauf hingewiesen, dass gesamtgesellschaftlicher Nutzen und private Erträge vielfach nicht deckungsgleich sind – so werden Unternehmer ohne entsprechende gesetzliche Verpflichtungen die Kosten der von ihnen verursachten Umweltverschmutzung nicht in ihrer Wirtschaftlichkeitsrechnung berücksichtigen. Märkte produzieren von sich aus zu viel Umweltverschmutzung, Ungleichheit und Arbeitslosigkeit und zu wenig Grundlagenforschung.

Es gibt gewisse Dinge, wie die nationale Verteidigung, von denen wir alle profitieren; diese werden »öffentliche Güter« genannt und müssen vom Staat bereitgestellt werden.[3] Wenn wir uns auf die private Bereitstellung eines öffentlichen Guts verlassen, wird davon zu wenig produziert. Menschen oder Unternehmen denken nur an ihren eigenen Gewinn, nicht an den gesamtgesellschaftlichen Nutzen.[4]

Während Verteidigung das offensichtlichste Beispiel ist, gibt es viele weitere: So wie Reis anbauende Volkswirtschaften von der Infrastruktur eines guten Kanalsystems profitieren, so profitieren wir alle von einer qualitativ hochwertigen Infrastruktur aus Straßen, Flughäfen, Strom, Wasser und Abwasserentsorgung.

Erkenntnisfortschritte sind ebenfalls öffentliche Güter. Kapitel 1 verdeutlichte, dass sie hauptverantwortlich für Steigerungen des Lebensstandards sind. Wir alle profitieren von Innovationen wie Transistoren und Lasern. Daher muss die Grundlagenforschung öffentlich finanziert werden.

Eines der wichtigsten öffentlichen Güter ist eine effiziente und faire Staatsverwaltung, die uns allen zugutekommt.[5] Personen und Institutionen, die im öffentlichen Interesse handeln – einschließlich unabhängiger Medien und Denkfabriken –, müssen vom Staat unterstützt werden, wenn wir eine gute Regierungsführung erreichen wollen.

Es gibt viele anderen Bereiche, in denen Märkte nicht das tun, was sie tun sollten, und wo kollektives Handeln dem Wohlstand förderlich sein kann. Wir haben aus einem einfachen Grund eine Vielzahl von Sozialversicherungsprogrammen (von Altersrenten über Gesundheitsversorgung für Rentner bis zur Arbeitslosenversicherung): Es gibt große Risiken mit entsprechend weitreichenden Auswirkungen auf das individuelle Wohlergehen, aber bevor der Staat eingriff, hatte der Markt entweder keine Versicherungen gegen diese Risiken angeboten oder nur zu sehr hohen Preisen mit hohen Transaktionskosten.[6]

Dynamische Volkswirtschaften befinden sich in einem fortwährenden Prozess der Transformation, und Märkte bewältigen diese Übergänge von sich aus nicht besonders gut. Wir verwandeln uns heute von einer Industrieökonomie in eine globalisierte und urbanisierte Dienstleistungs- und Innovationsökonomie, verbunden mit einem deutlichen demografischen Wandel.

Die Koordinierung einer großen, komplexen Volkswirtschaft ist ebenfalls eine schwierige Aufgabe. Bevor der Staat aktiv steuernd in das Wirtschaftsgeschehen eingriff, gab es häufig längere Phasen andauernd hoher Arbeitslosigkeit. Keynesianische Maßnahmen verkürzten Rezessionen und verlängerten die Aufschwungphasen. Heute hat jedes Land eine staatlich geleitete Zentralbank, und die meisten sind der Auffassung, es sei Aufgabe des Staats, die Wirtschaft zu stabilisieren.

Selbst wenn Märkte effizient und stabil wären, könnten die Ergebnisse gesellschaftlich unannehmbar sein (und das sind sie oftmals), etwa wenn allzu viele Menschen fast nicht mehr ihren Lebensunterhalt bestreiten können oder ein allzu großer Teil der Wertschöpfung eines Landes einigen wenigen zufließt. Eine Kernaufgabe des Staats besteht darin, Chancengerechtigkeit und soziale Gerechtigkeit für alle sicherzustellen. Defizite der Kapitalmärkte bedeuten, dass diejenigen, die das Pech haben, in armen Familien geboren zu werden, nicht in der Lage sein werden, mit eigenen Mitteln oder denen ihrer Eltern ihr Potenzial auszuschöpfen. Es ist unfair, und es ist ineffizient.

Es ist unabdingbar, dass der Staat hier eingreift. Das sollte unstrittig sein. Die Frage, wie diese Aktivitäten von staatlicher Seite *organisiert* werden sollten, ist allerdings schwieriger zu beantworten. In einigen Bereichen arbeitet die öffentliche Hand weitaus effizienter als der private Sektor; dies gilt etwa für die von der staatlichen Rentenversicherung in den USA erbrachten Rentenzahlungen oder die durch Medicare bereitgestellte Krankenversicherung.[7]

In einigen Fällen haben sich öffentlich-private Partnerschaften – etwa bei Infrastrukturprojekten – durchaus bewährt. Das Privatunternehmen stellt das Kapital bereit, um etwa eine Straße auf öffentlichem Grund zu bauen, bewirtschaftet diese dann 30 Jahre lang und übereignet sie anschließend der öffentlichen Hand. Allerdings trägt bei diesen Partnerschaften oftmals die öffentliche Hand die Verlustrisiken, während das Privatunternehmen die Gewinne einsteckt. Wenn das Unternehmen nicht auf seine Kosten kommt, kündigt es den Vertrag; nimmt es mehr ein, als es investiert hat, behält es den Gewinn. Es ist eine sichere Wette.[8]

Diese Beispiele verdeutlichen, dass die Regierung immer wieder aufs Neue überprüfen muss, wie Dienstleistungen am besten erbracht werden können. Ideologische Überzeugungen helfen uns hier und andernorts nicht weiter. Der beinahe religiöse Glaube, dass Privatunternehmen der öffentlichen Hand immer und überall überlegen seien, ist falsch und gefährlich.[9]

Die Spielregeln definieren

In vielen Bereichen ist es am besten, die Produktion dem privaten Sektor zu überlassen. Dies bedeutet jedoch nicht, dass der private Sektor Carte blanche bekommen sollte. Er muss reguliert werden. Wir müssen verstehen, warum und wann wir Regulierung brauchen, wie wir den regulatorischen Prozess am besten steuern und warum in vielen Bereichen heute nicht Überregulierung, sondern Unterregulierung das Problem ist.

In einer Gesellschaft wechselseitiger Abhängigkeiten ist Regulierung *unverzichtbar*.[10] Der Grund ist einfach: Das, was eine Person tut, wirkt sich auf andere aus, und ohne Regulierung blieben diese Auswirkungen unberücksichtigt.[11] Ein Unternehmen, das die Umwelt verschmutzt, verkürzt die Lebenserwartung und erhöht das Risiko für Lungenerkrankungen von jedem, der die Luft einatmet – zugegebenermaßen nur geringfügig, aber multipliziert mit Millionen von Firmen, addiert sich dies zu einer erheblichen Umweltbelastung. Ein gewissenloses Unternehmen, dem es ausschließlich darum ginge, möglichst viel Gewinn zu machen, würde es vorziehen, keine Umweltschutzinvestitionen zu tätigen.

Die Zehn Gebote waren ein Regelwerk für eine einfach strukturierte Gesellschaft, das sicherstellen sollte, dass Menschen friedlich zusammenleben. Ampelanlagen sind ein einfacher regulatorischer Mechanismus, der es Fahrzeugen, die in verschiedene Richtungen unterwegs sind, erlaubt, abwechselnd in die gewünschte Richtung weiterzufahren. Um den Nutzen dieser und anderer Regulierungen zu erkennen, muss man nur eine beliebige Großstadt in einem Entwicklungsland besuchen und sich das Chaos ansehen, das ohne Ampeln entsteht.

Das für das Funktionieren einer modernen Gesellschaft notwendige Regelwerk ist selbstverständlich komplex. Banken verstehen es, Kunden durch betrügerische oder ausbeuterische Kreditpraktiken auszunutzen. Großbanken gehen überhöhte Risiken ein, weil sie wissen, dass sie »zu groß sind, um sie pleitegehen zu lassen«, und das heißt, dass der Staat sie notfalls retten wird – 2008 war lediglich der jüngste Fall, wo dies passierte. Es ist daher verständlich, wenn man versucht, Banken davon abzuhalten, überhöhte Risiken einzugehen oder Kunden zu übervorteilen. Die Banken drängten auf Deregulierung – die Aufhebung der Vorschriften, die sie davon abhielten, andere auszunutzen und keine überhöhten

Risiken einzugehen. Gleichzeitig forderten sie erfolgreich Gesetze, die festschrieben, dass Forderungen aus ihren Derivaten – jene riskanten Produkte, die maßgeblich zu der schweren Finanz- und Wirtschaftskrise von 2008 beitrugen – bei einem Bankrott vorrangig vor Lohnansprüchen von Arbeitnehmern oder sonstigen Forderungen bedient werden sollten. So erreichten sie, was sie eigentlich wollten: eine Reihe von Gesetzen und Regulierungen, die Banken gegenüber allen anderen privilegierten. Und natürlich forderten sie in der Krise von 2008 und weiteren staatliche Rettungspakete.

Bei der Deregulierungsinitiative, die die Banken so nachdrücklich betrieben, ging es daher eigentlich um die Durchsetzung eines regulatorischen Ordnungsrahmens, der die Großbanken begünstigen sollte. Die Frage sollte daher immer lauten, *welche Regulierungen*, nicht *Deregulierung.* Kein Land, keine Volkswirtschaft kann ohne Gesetze und Regulierungen funktionieren. Die Banken wollten Rechte ohne Pflichten, ein Regelwerk, das ihnen die Freiheit gab, andere zu übervorteilen und überhöhte Risiken einzugehen, ohne ihnen die Pflicht aufzuerlegen, für die Folgen ihrer Handlungen einzustehen.

Die »Freiheit« einer Person kann die »Unfreiheit« einer anderen sein. Das Recht einer Person, die Umwelt zu verschmutzen, steht dem »Recht« einer anderen Person entgegen, nicht an den Folgen der Umweltverschmutzung zu sterben. Die Liberalisierung des Finanzmarkts gab Banken das Recht, andere auszunutzen – und in einem gewissen Sinne räumte sie ihnen sogar eine Art Rechtsanspruch darauf ein, uns allen Geld abzupressen, da die hierdurch entstandene Finanzkrise die Allgemeinheit zwang, rund eine Billion Dollar zu berappen.

Schon immer gab es Menschen, die nicht dadurch reich werden wollen, dass sie ein besseres Produkt erfinden oder anderweitig einen Beitrag zur Gesellschaft leisten, sondern schlichtweg durch Ausbeutung – Ausnutzung von Marktmacht, von Informationsunvollkommenheiten, von insbesondere jenen Menschen, die schutzbedürftig, arm oder weniger gebildet sind. Nehmen wir ein klassisches Beispiel: Fleischgroßhändler versuchten Verbraucher zu übervorteilen, indem sie ihnen verdorbenes Fleisch verkauften, bis Upton Sinclair diese Missstände in seinem 1906 erschienenen Roman *Der Dschungel* aufdeckte. Das Buch verursachte einen derartigen Skandal, dass die Branche anschließend sogar nach neuen gesetzlichen Vorschriften rief, um das Vertrauen in Fleischwaren wiederherzustellen. Oder ein weiteres Beispiel: Es besteht weitgehende Einigkeit darüber, dass Eltern alles tun würden, um das Verhungern ihrer Kinder zu verhindern oder um ihnen dringend benötigte Arzneimittel zu kaufen – sie würden dafür sogar Kredite zu Wucherzinsen aufnehmen. Deshalb kennen so viele Länder und Religionen Gesetze und Regeln gegen Wucher – und humane, wohlhabende Gesellschaften tun ihr Möglichstes, damit Menschen gar nicht erst in derartige Ausnahmesituationen kommen. Ganz allgemein sollten wir immer dann besorgt sein, wenn es eine allzu große Asymmetrie in der Verhandlungsmacht gibt.

Regulierungskritiker behaupten, unser Rechtssystem schrecke ausreichend vor Ausbeutung ab, man müsse nur an das Beispiel verurteilter Straftäter wie des Anlagebetrügers Bernie Madoff denken. Aber das stimmt nicht: Wir brauchen gesetzliche Vorschriften, die es erschweren, dass es überhaupt zu Fehlverhalten kommt. Es ist besser, diese Handlungen zu verhüten, als anschließend den Scherbenhaufen aufzuräumen, weil der angerichtete Schaden nie vollständig behoben werden kann – wie der Fall Madoff mehr als deutlich vor Augen führt. Entsprechend sollte es auch Gesetze zur Prävention von ausbeuterischem Verhalten geben, wie etwa bei jenen gewinnorientierten Colleges, die den verständlichen sozialen Aufstiegswunsch junger Menschen ausnutzen, ohne eine (den Studiengebühren) entsprechende Gegenleistung zu erbringen, oder auch von ausbeuterischen Kreditpraktiken, wie sie auf dem US-Hypothekenmarkt vor der Krise von 2008 gang und gäbe waren oder wie sie bei Kurzzeitkrediten heutzutage vielfach üblich sind.

Kurzum, wir brauchen Regulierung, damit Märkte so funktionieren, wie sie funktionieren sollten – mit uneingeschränktem Wettbewerb, Transaktionen zwischen gut informierten Vertragspartnern, bei denen eine Partei nicht versucht, die andere über den Tisch zu ziehen. Ohne das Vertrauen darauf, dass Märkte hinlänglich gut reguliert sind, würden sie womöglich sogar verschwinden. Wer würde eine Aktie kaufen, wenn dahinter mit einiger Wahrscheinlichkeit nur eine Betrugsmasche steckt?

Der regulatorische Prozess

Es ist schwierig, ein gutes, effizientes regulatorisches System zu konzipieren, aber es ist uns bemerkenswert gut gelungen, Sachverstand mit leistungsfähigen Kontrollmechanismen zu verbinden. Es ist notwendig, eine Politisierung des regulatorischen Prozesses weitgehend zu vermeiden. Der US-Kongress legt die kurz- und langfristigen Ziele von Regulierungen fest, und unabhängige, aber rechenschaftspflichtige Behörden sind für die konkrete Ausgestaltung verantwortlich; dabei setzen sie den Willen des Gesetzgebers so unparteiisch wie möglich um (zumindest in der Theorie). Wir haben sogar Verordnungen erlassen, die sicherstellen sollen, dass Regulierungen auf faire und effiziente Weise erlassen und vollzogen werden. So sieht unsere Rechtsordnung für alle neuen Regulierungen eine Kosten-Nutzen-Analyse vor. In der Regel beläuft sich der Nutzen auf ein Vielfaches der Kosten. Die neue Regulierung muss »öffentlich bekannt gemacht« werden, und es muss die Möglichkeit geben, Stellung dazu zu nehmen; dies ist ein transparenter Prozess, in dem diejenigen, die Bedenken haben, ihre Einwände vorbringen können. Kommentatoren können Verbesserungen und Änderungen vorschlagen. (Vertreter von Sonderinteressen bringen sich hier sehr nachdrücklich ein, während die Belange der Allgemeinheit oftmals vernachlässigt werden, sodass ein viel zu wirtschaftsfreundlicher Ordnungsrahmen herauskommt.)[12] Anschließend muss die Behörde, die die Verordnung erlassen will, auf die Stellungnahmen reagieren und schließlich eine endgültige Fassung veröffentlichen. Und diejenigen, die die Regulierung ablehnen, können dagegen klagen, mit der Begründung, sie widerspreche den vom Kongress festgelegten Regelungszwecken, verstoße gegen eine andere Rechtsnorm, Verordnung oder gar gegen die Verfassung beziehungsweise sei nicht in einem ordnungsgemäßen Verfahren zustande gekommen. Kurzum, wir haben bedeutende demokratische Schutzvorrichtungen in das Regulierungsverfahren eingebaut. Dies bedeutet nicht, dass jede Vorschrift ideal ist. Oftmals verfügen wir über alles andere als vollkommene Informationen darüber, wohin sich ein Markt entwickeln wird, und es kommt alles anders als erwartet. Manchmal ändern sich die Rahmenbedingungen, und eine Vorschrift, die zu einem bestimmten Zeitpunkt sinnvoll war, ist es zu einem späteren nicht mehr.[13] Alle menschlichen Institutionen sind fehlbar. Dennoch haben wir uns bei der Schaffung eines funktionierenden Ordnungsrahmens achtbar geschlagen.[14]

Regulierungen erneuern

Zurzeit benötigt die US-Wirtschaft im Großen und Ganzen mehr Regulierung, zumindest in einigen Schlüsselbereichen. Die Wirtschaft hat sich schnell gewandelt, und unser rechtlicher Ordnungsrahmen hielt damit nicht Schritt. Vor 20 Jahren zum Beispiel kannten wir noch nicht die von Kohlenstoffemissionen ausgehenden Gefahren; heute ist das anders, und wir benötigen einen Regulierungsrahmen, der dem gerecht wird. Vor 20 Jahren war Fettleibigkeit nicht dasselbe Problem wie heute. Nun müssen wir unsere Kinder vor süßen und salzhaltigen Lebensmitteln schützen, die geradezu darauf angelegt sind, süchtig zu machen. Vor 20 Jahren hatten wir auch noch keine Opioidkrise, die teilweise auf das Konto der Pharmaindustrie geht. Wir hatten noch keine Unzahl von gewinnorientierten Bildungseinrichtungen, die Studenten und deren staatliche Kredite ausnutzen.[15]

Der Konflikt um die Netzneutralität liefert ein anschauliches Beispiel, wie unabdingbar staatliche Regulierung ist und wie Unternehmensinteressen das System zu ihrem Vorteil manipulieren. Netzneutralität besagt, dass diejenigen, die das Internet kontrollieren (in den USA gibt es drei große Internetanbieter – Comcast, Charter und AT&T –, sodass man kaum von einem echten Wettbewerbsmarkt sprechen kann), all diejenigen, die Internet nutzen wollen, gleich behandeln müssen – insbesondere ist es ihnen nicht erlaubt, irgendjemanden in Bezug auf die Geschwindigkeit zu bevorzugen.[16] 2015 wurde die Netzneutralität geltendes Recht, als die Federal Communications Commission (FCC) die Open Internet Order erließ; sie regulierte das Internet so, als wäre es ein öffentliches Versorgungsunternehmen, was eine Ungleichbehandlung der Nutzer (daher der Begriff »Netzneutralität«) verbot. Aber nur zwei Jahre später, im Dezember 2017, widerrief der von Trump ernannte FCC-Vorsitzende Ajit Pai die Open Internet Order. Internetanbieter unterliegen jetzt keinen gesetzlichen Beschränkungen mehr, wenn sie die Geschwindigkeiten, die sie verschiedenen Online-Unternehmen einräumen, drosseln.[17]

Das Ende der Netzneutralität liegt noch nicht lange genug zurück, als dass man sagen könnte, was die Folgen sein werden. Aber es besteht die Sorge – die von vielen Verbrauchern und Ökonomen geteilt wird, die das Internet im Wesentlichen als ein öffentliches Versorgungsunternehmen ansehen –, dass sich mit dem Gesetz des Dschungels die Starken und Mächtigen durchsetzen werden. Großunternehmen werden bei den Internetanbietern bessere Konditionen herausholen; die Internetanbieter wiederum werden die Lage für sich auszunutzen wissen. Sie werden ihre Marktmacht bei der Kontrolle des Internets in Marktmacht bei der Bereitstellung von Inhalten (wie etwa Unterhaltung) über das Internet verwandeln.

Videostreaming-Anbieter liefern ein gutes Beispiel dafür, wie der Verlust von Netzneutralität den Wettbewerb beeinträchtigen und sogar große und scheinbar mächtige Unternehmen benachteiligen könnte. Netflix ist sehr datenintensiv – der Reiz für seine Kunden beruht auf dem schnellen und kontinuierlichen Transfer von Videodateien, der einen zügigen und großvolumigen Datenstrom in die Wohnungen der Nutzer erfordert. Von daher würde die Verlangsamung der Internetgeschwindigkeit sein Geschäftsmodell erheblich beeinträchtigen. Wenn ein Internetanbieter einen eigenen, mit Netflix konkurrierenden Videostreaming-Dienst hätte, könnte er sich selbst bevorzugen, indem er den Breitbandzugang von Netflix einschränkt.

Ohne Netzneutralität kann der monopolistische Internetanbieter von Nutzern wie Netflix auch einen Großteil ihres Gewinns abschöpfen und einen hohen Preisaufschlag für den Zugang zu hohen Geschwindigkeiten verlangen. Würde Netflix nicht nachgeben und das Lösegeld zahlen, könnte der Internetanbieter nach Belieben den Dienst verlangsamen, auch wenn es keinerlei Kapazitätsproblem gäbe.

Kritiker der Netzneutralität behaupten gern, der Markt werde dieses Problem von selbst lösen: Wenn Verbraucher nicht bekämen, was sie wollten, würden sie zu einem anderen Internetanbieter wechseln, der Netflix mit verlässlich hoher Geschwindigkeit streamt. Aber bei nur drei großen nationalen Anbietern haben Verbraucher nur eine begrenzte Wahl; tatsächlich gibt es für Kunden, die Breitbandinternet haben wollen, in vielen Teilen des Landes nur eine Option.[18] Selbst wenn auf lange Sicht neue Marktteilnehmer verlässlichere Internetdienste anbieten würden, so würde doch auch hier gelten, was John Maynard Keynes in anderem Zusammenhang sagte, nämlich dass wir auf lange

Sicht alle tot sind: Netflix könnte nicht so lange durchhalten. Das Wissen, dass die Internetanbieter eine solche Marktmacht besitzen, dämpft die Innovationsbereitschaft in der gesamten Branche. Das führt im Ergebnis zu mehr Ungleichheit, weniger Innovation und niedrigerem Wachstum.[19]

Staatsversagen

Wir haben erläutert, warum kollektives Handeln gebraucht wird. Aber das bedeutet nicht, dass es leicht oder immer erfolgreich ist. Kollektives Handeln nimmt viele Formen an und ereignet sich auf vielen Ebenen. Eine ganze Reihe von Nichtregierungs- und Wohltätigkeitsorganisationen bemüht sich um das Gemeinwohl. Unsere nicht gewinnorientierten Hochschulen wie Harvard und Columbia, die in hohem Maße durch freiwillige Spenden unterstützt werden, gehören zu unseren erfolgreichsten Organisationen; sie produzieren Wissen und geben es an die jeweils nächste Generation weiter.

Dennoch ist der Staat die wichtigste Institution für kollektives Handeln.[20] Aber da liegt der Haken: Die Machtbefugnisse, die den Staat befähigen, das gesamtgesellschaftliche Wohlergehen zu steigern, können von einigen Gruppen oder Einzelpersonen innerhalb der Gesellschaft auch dazu genutzt werden, ihre eigenen Interessen auf Kosten anderer zu fördern. Das wird manchmal auch Staatsversagen genannt, im Gegensatz zum Marktversagen. Kritiker staatlicher Eingriffe behaupten fälschlicherweise, dass das Bemühen, Marktversagen durch staatliche Maßnahmen zu beheben, einer Therapie gleiche, die schlimmer sei als die Krankheit selbst, und Staatsversagen sei weitverbreitet. Wir können nicht auf den Staat verzichten, wir können nicht zum Gesetz des Dschungels zurückkehren. Wir brauchen staatliche Eingriffe. Die Frage ist, wie wir am besten sicherstellen, dass Staatshandeln dem Gemeinwohl dient. Jene Länder, die gute Antworten auf diese Frage gefunden haben, mit starken und effektiven staatlichen Institutionen, sind die erfolgreichsten. Die ostasiatischen Länder zum Beispiel, denen innerhalb nur weniger Jahrzehnte der Sprung von armen Entwicklungsländern hin zu mächtigen Schwellenländern gelungen ist, hatten Regierungen, die ihren Entwicklungsprozess entscheidend voranbrachten.[21] In ähnlicher

Weise war der Staat die gesamte Geschichte der USA hindurch eminent wichtig für die Entwicklung der US-Wirtschaft.[22]

Ökonomen haben erforscht, wann staatliche Eingriffe die gewünschten Ergebnisse brachten und wann sie scheiterten, und sie wissen daher heute viel besser, wie sich Staatsversagen vermeiden lässt. Viele Fälle von Staatsversagen hängen mit sogenannter Vereinnahmung zusammen: Privatunternehmen und reiche Privatpersonen nutzen ihr Geld und ihren Einfluss, um die Regierung oder staatliche Amtsträger dazu zu bewegen, ihre Interessen zu befördern. Wir müssen ständig auf der Hut vor dieser Möglichkeit sein und Regeln und Institutionen etablieren, die diese Vereinnahmung erschweren.

Die amerikanischen Gründerväter erkannten auch, dass kritische und unabhängige Medien ein zentrales Element einer gesunden Demokratie sind. Ein weiteres ist Transparenz.

Viele Kritiker der Sichtweisen, die ich in diesem Buch darlege, verbinden Skepsis gegenüber dem Staat mit einem unbedingten – und ungerechtfertigten – Glauben an die Märkte. An früherer Stelle habe ich in diesem Zusammenhang von Marktfundamentalismus (gelegentlich auch »Neoliberalismus« genannt) gesprochen: der Vorstellung, uneingeschränkte Märkte seien von selbst effizient und stabil, und wenn wir Märkte einfach ihre Wunder vollbringen ließen, würde die Wirtschaft wachsen und alle würden davon profitieren (die sogenannten *trickle-down economics*). In früheren Kapiteln wurden diese Ideen widerlegt – als wären die Krise von 2008, die episodische hohe Arbeitslosigkeit und unsere massive Ungleichheit nicht Beweis genug. All diese Probleme wären viel schlimmer, hätte es keine massiven staatlichen Eingriffe gegeben.

Wie bereits erwähnt, müssen Märkte grundlegend durch Regeln und Vorschriften strukturiert werden – um zumindest zu verhindern, dass eine Partei oder Gruppe andere ausnutzt oder anderen Kosten auferlegt (zum Beispiel durch Umweltverschmutzung). Diese Regeln und Vorschriften müssen in einer *öffentlichen* und *transparenten* Weise festgelegt werden.

Außerdem gibt es viele Dinge, die Märkte von sich aus nicht vollbringen – von der Erhaltung unserer Umwelt über ausreichende Investitionen in Bildung, Forschung oder Infrastruktur bis hin zur Absicherung vieler der erheblichen sozialen Risiken, die auf ihnen auftreten.

Die gegenwärtige Debatte über die Rolle des Staats

Die *politischen Realitäten* in den USA des 21. Jahrhunderts sehen so aus, dass diejenigen, die unseren Lebensstandard und die in diesem Buch beschriebenen Werte bewahren wollen, ihre Mitbürger davon überzeugen müssen, dass es eine alternative Politik gibt, die stärker mit ihren Interessen und Werten übereinstimmt als der Kurs, auf dem sich das Land gegenwärtig befindet, nämlich Trumps Nativismus und Protektionismus, oder auch als der »marktfundamentalistische« Kurs, auf den Reagan das Land vor rund 40 Jahren setzte. Leider haben uns gesellschaftliche Fragen wie Abtreibung oder Schwulenrechte allzu oft davon abgelenkt, die richtigen wirtschaftspolitischen Weichenstellungen vorzunehmen – nämlich die Frage zu beantworten, wie wir ein hohes, inklusives – allen zugutekommendes – Wachstum erreichen können.[23]

Heute hindert uns hauptsächlich mangelndes Vertrauen in die Regierung daran, die von mir vorgestellten Ideen zu akzeptieren. Selbst wenn kollektives Handeln wünschenswert wäre, hat die politische Rechte ein weitverbreitetes Misstrauen gegen die Regierung gefördert.

Vertrauen setzt die Überzeugung voraus, das politische System sei fair und unsere Führungspersönlichkeiten würden nicht ausschließlich für sich selbst arbeiten. Nichts zerstört Vertrauen so sehr wie Heuchelei und die Diskrepanz zwischen den Worten und Taten von Führungspersönlichkeiten. Schon lange vor Trump schufen unsere Eliten und führenden Politiker (in beiden Parteien) die Voraussetzungen für Misstrauen, indem sie auf eine Politik setzten, die nur ihnen selbst zu nützen schien. Die eigentlichen Gewinner der Politik, für die sie sich in den 1980er- und 1990er-Jahren einsetzten, waren die Eliten: Die Behauptung, alle würden profitieren, war nichts als ein eigennütziges Märchen. Auch die durch diese Politik verursachte Große Rezession von 2008 haben dieselben Eliten ohne Einbußen überstanden: Die Banker behielten ihre Boni und Arbeitsplätze, während Millionen Menschen ihre Häuser und zig Millionen ihre Arbeitsplätze verloren.[24] Etwas war gründlich schiefgelaufen, und es war nicht einfach nur höhere Gewalt, eine Flut, wie sie einmal in 1000 Jahren auftritt. Aber obwohl fast täglich ein neues Fehlverhalten unserer Banker zum Vorschein kam, wurde praktisch niemand zur Verantwortung gezogen. Vieles von dem, was erlaubt war, hätte eigentlich verboten sein müssen. Die Regierung wählte ein paar

»demonstrative« Fälle aus, eine kleine chinesische Bank hier, einen mittleren Bankmanager da. Aber die Topmanager, die für die »Erfolge« der Banken, ihre Milliarden von Dollar an Gewinnen, so großzügig belohnt worden waren, schienen immun zu sein. Sie rechneten sich die hohen Gewinne der Banken als ihr Verdienst an, während sie für deren »Sünden« jegliche Verantwortung ablehnten.[25]

Wir hatten ein System geschaffen, in dem die »Gerechtigkeitsungleichheit« genauso groß zu sein schein wie die Einkommens-, Vermögens- und Machtungleichheit. Kein Wunder, dass so viele Amerikaner wütend waren.

Allerdings hätte diese Wut in anderer Weise kanalisiert werden können. Sie hätte sich gegen jene richten können, die hauptsächlich an der bedrängten Lage der schwindenden Mittelschicht schuld waren: diejenigen, die sich für eine unbeschränkte Globalisierung und Expansion der Finanzmärkte eingesetzt hatten, gleichzeitig aber progressive Steuern, Transferprogramme und Hilfsmaßnahmen für Arbeitnehmer ablehnten, die infolge der Globalisierung arbeitslos wurden oder Leidtragende der massiven Expansion und Deregulierung der Finanzmärkte.[26] Warum die Wut schließlich diese Form annahm – einen Angriff auf Menschen wie etwa Einwanderer, deren Interessen sich *mehr* mit ihren eigenen deckten, wenn auch nicht zur Gänze –, ist eine Frage, die zweifellos noch jahrelang intensiv diskutiert werden wird. Vielleicht lag es daran, dass die »Clinton«- und »Obama«-Demokraten als die Heuchler par excellence wahrgenommen wurden; wenigstens taten die Republikaner nicht so, als wäre ihnen etwas an den einfachen Arbeitnehmern gelegen. Möglicherweise war es einfach nur Pech: der Auftritt eines Demagogen, der mit einer einfachen Botschaft – die Durchschnittsamerikaner seien von den »aufgeklärten« Eliten betrogen worden – auf breite Resonanz in der Bevölkerung stieß und damit erfolgreich eine sozusagen »feindliche Übernahme« der Republikanischen Partei bewerkstelligen konnte. Allerdings war es im Grunde keine feindliche Übernahme, denn die Partei stand mehrheitlich hinter Trumps Intoleranz, Misogynie, Nativismus und Protektionismus und einer historisch beispiellosen Ausweitung des Haushaltsdefizits in Friedens- und Nichtrezessionszeiten, solange es ihnen half zu bekommen, was sie wollten – Steuersenkungen für die Reichen und die Konzerne sowie Deregulierung. Durch diesen Pakt mit dem Teufel hatten sie ihre Werte und Prioritäten verdeutlicht.

Wie sich Ideen verbreiten, an einem Ort oder zu einer bestimmten Zeit auf breite Resonanz stoßen, ist in vielerlei Hinsicht ein Rätsel. Nichts scheint unabänderlich zu sein, auch wenn es Voraussetzungen gibt, die das eine oder andere Ergebnis wahrscheinlicher machen. Es war nicht unabänderlich, dass Deutschland den Albtraum Hitler durchmachte, und es gab zahlreiche Gelegenheiten, bei denen sich die Wirtschaftselite gegen ihn hätte stellen können. Wir wissen nicht, was geschehen wäre, hätte sie es getan, aber es ist zumindest nicht auszuschließen, dass die Geschichte einen anderen Verlauf genommen hätte. Wird jemand in 50 Jahren einen ähnlichen Satz über die amerikanische Geschäftswelt unserer Tage schreiben?

Der Staat wird immer wichtiger

Die US-amerikanische Volkswirtschaft des 21. Jahrhunderts unterscheidet sich erheblich von der des 20. Jahrhunderts und sogar noch stärker von dem Wirtschaftssystem, über das Adam Smith in der Frühzeit der amerikanischen Republik schrieb. Diese Veränderungen machen es unabdingbar, dass der Staat eine viel größere Rolle spielt als in jenen früheren Epochen. In den folgenden Absätzen beschreibe ich sechs grundlegende Veränderungen unserer Volkswirtschaft, die jeweils mehr kollektives Handeln erfordern.

Die **Innovationsökonomie.** Die Produktion von Wissen unterscheidet sich von jener von Stahl oder anderen gewöhnlichen Waren. Märkte investieren von sich aus nicht genug in Grundlagenforschung, die Quelle, aus der sich alle anderen Fortschritte speisen – aus diesem Grund ist der Staat ihr wichtigster Finanzier.

Die **urbane Ökonomie.** Mit der Industrialisierung und dem Eintritt in das postindustrielle Zeitalter hat sich der Trend zur Urbanisierung massiv verstärkt. Ballungsräume verfügen über entscheidende Vorteile, aber zugleich lassen sie sich nur schwer in effektiver Weise managen. Auf engem Raum kann das, was jemand tut, weitreichende Auswirkungen auf andere haben. Ohne Verkehrsregeln kommt es zu einem Verkehrskollaps und zahllosen Unfällen; ohne Umwelt- und Gesundheitsschutzvorschriften wären Städte noch immer die unangenehmen Orte, die sie einst gewesen sind, mit kurzer Lebenserwartung und grassierenden Krankheiten. Die Lärmbelastung würde die Lebensumstände noch unerfreulicher gestalten. »Ungeplante« Städte in Schwellenländern vermitteln uns ein Bild davon, wie unerträglich Städte ohne wohldurchdachte Raumordnungspläne sein können.

Eine **durch planetarische Begrenzungen eingeschränkte Ökonomie.** Zu Smiths Zeiten war man sich der Zerbrechlichkeit der natürlichen Umwelt kaum bewusst. Heute treiben wir Raubbau an unserer Biosphäre. Sich selbst überlassene Märkte haben gezeigt, dass sie fähig sind, Städte unbewohnbar zu machen: Man denke nur an die früheren Smogglocken von London oder Los Angeles. Der Markt hat diese Städte nicht aus eigener Kraft sauber gemacht, vielmehr erzwangen staatliche Vorschriften Verhaltensänderungen. Zu geringen Kosten für jeden Einzelnen und jedes Unternehmen haben alle enorm davon profitiert.

Die **komplexe Ökonomie.** Die Steuerung einer Volkswirtschaft in der Smith'schen Welt von Bauernhöfen und Stecknadelfabriken ist etwas ganz anderes als jene einer postindustriellen, globalisierten und finanzmarktgetriebenen Innovationsökonomie. Damals hingen Schwankungen der gesamtwirtschaftlichen Lage hauptsächlich mit dem Wetter zusammen. Aber dann folgte eine 200-jährige Ära, in der starke konjunkturelle Schwankungen mit enormen gesamtgesellschaftlichen Kosten auftraten. Die Krise von 2008 war kein Naturereignis; sie war vom Menschen gemacht, etwas, das unser Wirtschaftssystem uns *angetan* hat. Unser System hat uns im Stich gelassen – und in vielfältiger Weise leiden wir noch immer unter den wirtschaftlichen und politischen Folgen. Ein komplexeres System mit mehr Verflechtungen, in dem jeder Marktteilnehmer versucht, noch den letzten Dollar Gewinn herauszupressen, hat sich als ein sehr fragiles System erwiesen.[27]

Die **Wirtschaft im Wandel.** Unsere Wirtschaft verändert sich unaufhörlich: Agrargesellschaften wandelten sich zu Industriegesellschaften, die schließlich zu Dienstleistungsgesellschaften werden. Überdies hat sich die Wirtschaft globalisiert und finanzialisiert. Heute müssen wir lernen, eine komplexe, urbane Ökonomie mit planetarischen Beschränkungen und einer rasch alternden Gesellschaft zu steuern; dies stellt die Verteilung von Einkommen und Wohlstand zwischen den Generationen vor neue Herausforderungen. Wie bereits erwähnt, meistern Märkte Transformationen von sich aus nicht besonders gut: Teils weil Menschen in Sektoren oder an Orten, die sich im Niedergang befinden, einfach nicht über die Ressourcen verfügen, um in die Sektoren der Zukunft investieren zu können. Detroit, Michigan, und Gary, Indiana, meine Heimatstadt, verdeutlichen, was geschieht, wenn man es dem Markt überlässt. Länder, die ihren unter Druck stehenden Bürgern und Regionen geholfen haben, sich an den wirtschaftlichen Wandel anzupassen, wie etwa Schweden, haben eine dynamischere Wirtschaft und ein Gemeinwesen, das offener für Veränderungen ist.

Eine ***globalisierte Wirtschaft*****, in welcher die Ereignisse innerhalb eines Landes oftmals davon abhängen, was jenseits seiner Grenzen geschieht.** Unsere wechselseitige Abhängigkeit hat zugenommen, und wir sind in höherem Maße Risiken ausgesetzt, die oftmals die Risikotragfähigkeit des Einzelnen übersteigen. Es bedarf vermehrt globalen kollektiven Handelns, um diese wechselseitigen Abhängigkeiten und Risiken klug zu managen; aber die politische Globalisierung hat nicht mit der wirtschaftlichen Schritt gehalten, und es fehlt an geeigneten Institutionen, um die wirtschaftliche Globalisierung effizient zu steuern. Die Belastungen muss weiterhin der Nationalstaat tragen, aber in dem Maße, wie seine Belastungen zunehmen, schrumpft seine Fähigkeit, in geeigneter Weise darauf zu reagieren, und dies vor allem deshalb, weil die Konservativen nicht wollen, dass er reagiert. Die Globalisierung selbst trug zu dieser verminderten Reaktionsfähigkeit bei: Sie hat neue Gelegenheiten zur Steuervermeidung und -flucht geschaffen, und einige haben (fälschlich) behauptet, Steuern und staatliche Programme müssten gekürzt werden, um in einer globalisierten Welt wettbewerbsfähig zu sein.

Fazit

In diesem Kapitel wurde die Notwendigkeit kollektiven Handelns beschrieben. Durch gemeinsames und einvernehmliches Vorgehen können wir viel mehr erreichen, als wenn wir allein agieren. Menschen kommen zusammen, um in vielfältiger Weise miteinander zu kooperieren. Sie tun sich zusammen und gründen Unternehmen, um Güter zu produzieren, Klubs und Vereine, um gesellige Kontakte zu pflegen, freiwillige Vereinigungen und Nichtregierungsorganisationen, um sich gemeinsam für Anliegen, die ihnen wichtig sind, einzusetzen. Sie schließen sich zu Gewerkschaften zusammen, um Tarifverhandlungen zu führen, und reichen Sammelklagen ein – kooperative Handlungen einer Gruppe von Menschen, die etwa durch ein Unternehmen geschädigt wurden und wissen, dass sie, auf sich allein gestellt, nicht in der Lage wären, Schadensersatz einzuklagen.[28] Um das gegenwärtige Machtungleichgewicht aufrechtzuerhalten, haben Großunternehmen und die politische Rechte alles darangesetzt, es Arbeitnehmern zu erschweren, sich gewerkschaftlich zu organisieren, und es Privatpersonen zu erschweren, Sammelklagen einzureichen oder Gerichte anzurufen.

Der Staat ist eine institutionalisierte Form menschlicher Kooperation. Der Unterschied zwischen dem Staat und allen anderen Formen der Kooperation liegt in der Fähigkeit, Zwang anzuwenden: Der Staat kann Menschen und Institutionen dazu zwingen, Handlungen zu unterlassen (wie etwa das Tragen einer Schusswaffe, die zum Tod eines Nachbarn führen und anderweitige Schäden anrichten könnte) oder Handlungen auszuführen (Steuern zu zahlen, um Streitkräfte, die uns verteidigen, zu finanzieren). Weil wir uns in unserer modernen Gesellschaft auf so vielfältige Weise gegenseitig helfen und schaden können, muss der Staatsapparat groß und komplex sein. Wegen des »Trittbrettfahrerproblems« – viele Menschen möchten von öffentlich bereitgestellten Gütern und Dienstleistungen profitieren, angefangen von den Streitkräften, der Polizei und der Feuerwehr über das von öffentlichen Forschungseinrichtungen produzierte Grundlagenwissen bis hin zum Schutz unserer Umwelt, ohne ihren gerechten Anteil an den Kosten zu tragen – müssen Abgaben zwangsweise erhoben werden, das heißt, die Besteuerung von Einkommen ist unvermeidlich. Entscheidungen darüber, was der Staat tun beziehungsweise nicht tun sollte, wie er es tun und wer dafür zahlen sollte, müssen daher im Rahmen eines politischen Prozesses getroffen werden.

Wie Marktinstitutionen sind auch politische Institutionen komplex; sie haben die Macht, Gutes zu tun, aber auch Schaden zuzufügen. Sie können von unten nach oben umverteilen – von den Armen und der Mittelschicht zu den Reichen; sie können bestehende Machtbeziehungen festigen, erhalten und verstärken, und sie können soziale Ungerechtigkeiten verschlimmern, statt sie zu verringern. Sie können ein Instrument der Ausbeutung sein, statt diese zu verhindern.

Von Anfang an waren Demokratien mit der Herausforderung konfrontiert, öffentliche Institutionen so zu gestalten, dass sie das Gemeinwohl nachhaltig befördern. Heute stehen die USA vor dieser Herausforderung. Das nächste Kapitel beschreibt einige der notwendigen Schlüsselreformen, um sicherzustellen, dass unsere Demokratie den meisten Bürgern statt nur einigen wenigen an der Spitze das bringt, was sie sich von ihr erwarten. Die nachfolgenden Kapitel zeigen, wie wir mit dieser erneuerten Demokratie unsere Wirtschaft revitalisieren könnten, um sie wettbewerbsfähiger und dynamischer zu machen und die soziale Ungleichheit zu verringern – damit für die meisten Amerikaner der Aufstieg in die Mittelschicht wieder erreichbar wird.

TEIL II

Die amerikanische Politik und Wirtschaft erneuern: Was zu tun ist

8. Die Wiederherstellung der Demokratie

Die USA wurden als eine repräsentative Demokratie gegründet. Entscheidend war dabei die verfassungsrechtliche Verankerung eines Prinzips der starken Gewaltenteilung und der Bill of Rights – der ersten zehn Zusatzartikel mit den Grundrechten; auf diese Weise wurde sichergestellt, dass Minderheitenrechte von der Mehrheit geschützt werden. Aber die USA haben sich in ein Land verwandelt, in dem eine Minderheit die Mehrheit zu beherrschen scheint. Wir haben ein Präsidentschaftswahlsystem, in dem jemand Präsident werden kann, obwohl er deutlich weniger Stimmen erhält als sein Gegenkandidat: So war es bei zwei der drei Präsidenten, die im 21. Jahrhundert ihr Amt antraten. Außerdem gibt es bei den Wahlen zum Repräsentantenhaus, jenem Zweig der Legislative, der ein möglichst wirklichkeitsgetreues Abbild der Wahlbevölkerung liefern sollte, das Problem der Manipulation von Wahlbezirksgrenzen. So konnten die Demokraten 2012 nicht einmal im Repräsentantenhaus eine Mehrheit erringen, obwohl sie landesweit 1,4 Millionen Stimmen mehr als die Republikaner erhielten. Und unser Senat, der jedem Bundesstaat das gleiche Gewicht einräumt, hat infolge der Bevölkerungskonzentration das Problem des beherrschenden Einflusses der Minderheitspartei noch verschärft, zumindest wenn man es aus dem Blickwinkel der Nation insgesamt betrachtet.

Wir waren ein Vorbild für die Welt, als wir eine moderne Demokratie und demokratische Institutionen schufen; heute scheinen wir den Anschluss verloren zu haben. Es wäre vielleicht anders gekommen, wenn diese Präsidenten und Gesetzgebungsorgane ein Mindestmaß an Anstand gezeigt hätten, eine Bescheidenheit, die die Tatsache widergespiegelt hätte, dass sie nicht von der Mehrheit der Amerikaner unterstützt wurden. Stattdessen haben sie das »Winner-takes-all«-Prinzip in beispielloser Weise ausgereizt. Die Herrschaft der Minderheit über die Mehrheit ist entschieden undemokratisch; sie hat Wähler abgeschreckt und die Legitimität der amerikanischen Regierung im In- und Ausland geschwächt. Politische Anliegen wie Waffenkontrolle, Mindestlohn und eine strengere Finanzmarktregulierung werden von großen Mehrheiten der Amerikaner gutgeheißen, können aber nicht in Angriff genommen werden. Das Buch begann mit einer kurzen Diskussion des Steuergesetzes von 2017 – Steuersenkungen stoßen gemeinhin auf überwältigende Zustimmung. Diesmal durchschauten die Wähler jedoch, dass es sich um eine Steuersenkung für die Reichen zulasten der Mittelschicht und der nächsten Generation handelte; entsprechend wurde sie von einer Mehrheit abgelehnt – es war die unpopulärste Steuersenkung überhaupt.[1]

Es zeichnet sich immer deutlicher ab, dass die Republikanische Partei eine dauerhafte Herrschaft der Minderheit über die Mehrheit anstrebt. Das ist für sie unabdingbar, weil die von ihr befürworteten politischen Maßnahmen – angefangen von einer regressiven Besteuerung (die Reichen werden niedriger besteuert als der Rest) über Einschnitte bei der staatlichen Rentenversicherung und der öffentlichen Krankenversicherung für Senioren bis hin zur Verschlankung des Staats ganz allgemein – für die meisten Wähler ein rotes Tuch sind. Die Republikaner müssen sicherstellen, dass die Mehrheit nicht das Sagen hat. Und wenn die Mehrheit ans Ruder kommt, müssen sie sicherstellen, dass sie nicht die von ihnen gewünschte, ihren Interessen dienliche Politik umsetzen kann. Die Republikaner haben die »Demokratie in Ketten gelegt«, wie es Nancy MacLean, Professorin für Geschichte an der Duke University, formulierte.[2]

Wenn man sich vor Augen führt, wie weit diese Agenda bereits umgesetzt wurde, wird unmissverständlich klar, welche politischen Reformen die USA benötigen, denn sie sind die Voraussetzungen für die nachhaltigen wirtschaftlichen Reformen, für die ich in diesem Buch plädiere. Dieses Kapitel konzentriert sich auf drei entscheidende Bereiche: ein faires Wahlrecht, ein effektives System der staatlichen Gewaltenteilung und die Verringerung der Macht des Geldes in der Politik.

Wahlrechtsreformen und der politische Prozess

Ein System, das Minderheitenrechte schützen soll, wurde pervertiert. In einem demokratischen Gemeinwesen, das dem Ideal der Gerechtigkeit verpflichtet ist, müssen Minderheitenrechte geschützt werden. Aber es ist auch wichtig, Mehrheitsrechte zu schützen.

Den politischen Willen der Minderheit gegenüber demjenigen der Mehrheit zu privilegieren lässt sich zunächst dadurch erreichen, dass man den Prozess der Stimmrechtsausübung kontrolliert.[3] Die politische Auseinandersetzung in unserem gespaltenen Land über das Stimmrecht – wer bei Wahlen abstimmen darf – und Repräsentation ist nicht neu: Bei der Ausarbeitung der Verfassung gelang es Vertretern der Südstaaten, die Anzahl ihrer eigenen Abgeordneten dadurch zu erhöhen, dass sie verlangten, Sklaven sollten jeweils als drei Fünftel einer freien Person gezählt werden, obwohl Sklaven selbst kein Wahlrecht besaßen.[4] Aber mit der jüngsten Verschärfung der parteipolitischen Gegensätze hat diese Auseinandersetzung eine weitere unschöne Wendung genommen. Die Republikaner setzen alle Hebel in Bewegung, um all denjenigen de facto das Wahlrecht zu entziehen, die sie ihrer Meinung nach nicht unterstützen. Die USA haben eine lange Geschichte der Wahlrechtsentziehung: Eines der anschaulichsten Beispiele ist die Tatsache, dass in vielen US-Bundesstaaten verurteilte Verbrecher nicht wählen dürfen. Die massenhafte Inhaftierung mag viele Gründe haben,[5] aber eine ihrer Folgen ist eindeutig ein massenhafter Wahlrechtsausschluss: Rund 7,4 Prozent der Afroamerikaner – insgesamt 2,2 Millionen – durften bei der Wahl von 2016 nicht ihre Stimme abgeben, weil bundesstaatliche Gesetze ihnen dies verboten.[6]

In einigen von den Republikanern dominierten Bundesstaaten wird auch versucht, die Stimmrechtsausübung dadurch einzuschränken, dass man es Berufstätigen erschwert, sich in die Wählerliste einzutragen oder das Wahllokal aufzusuchen.[7] Die Republikaner können keine Wahlsteuer erheben, wie es einst die abgespaltenen Südstaaten taten; aber sie können die Transaktionskosten der Registrierung und Stimmabgabe erhöhen, was sich als genauso abschreckend erweisen kann. Statt die Registrierung so einfach wie möglich zu machen – damit jeder Bürger sein Grundrecht ausüben kann –, etwa durch das Angebot, sich beim Abholen des Führerscheins registrieren zu lassen, machen die Republikaner sie so schwer wie nur irgend möglich. So wird zum Beispiel mitunter die Vorlage schwer beschaffbarer Ausweispapiere verlangt.

Historisch gesehen hatte keine Partei ein Monopol auf Bemühungen, Bürger vom Wahlrecht auszuschließen: Als die Demokraten den Süden kontrollierten, versuchten sie, Afroamerikaner und Arme davon abzuhalten, ihre Stimme abzugeben. Aber eine der Spaltungen, die sich aufgetan haben, betrifft unterschiedliche Sichtweisen des Wahlrechtsausschlusses: Heute wird leider vor allem eine Partei mit Wahlrechtsentzug identifiziert.[8]

Außerdem werden Wahlen in einer Weise abgehalten, die es vielen Berufstätigen erschwert, ihre Stimme abzugeben; so haben manche Wahllokale verkürzte Öffnungszeiten (die in Indiana zum Beispiel schließen um 18 Uhr),[9] in anderen Fällen werden Wählerregistrierungen angezweifelt, und in wieder anderen Fällen werden Wahlkabinen an schwer erreichbaren Orten platziert. Die USA sind eines der wenigen Länder, in denen nicht sonntags gewählt wird, wenn die meisten Menschen nicht arbeiten.

Das Wahlsystem ist auch noch in anderer Weise unfair. Die Manipulation von Wahlbezirksgrenzen etwa sorgt dafür, dass manche Stimmen mehr zählen als andere.[10]

Es gibt sechs Reformen, die uns weiterbringen könnten: erstens, die Stimmabgabe erfolgt sonntags (oder per Brief oder indem man den Wahltag zu einem Feiertag erklärt); zweitens, die Wahlberechtigten werden dafür bezahlt, dass sie ihre Stimme abgeben (oder diejenigen, die nicht zur Wahl gehen, müssen ein Bußgeld zahlen, wie in Australien üblich); drittens, die Registrierung der Wähler wird erleichtert; viertens, ehemalige Strafgefangene werden nicht länger vom Wahlrecht ausgeschlossen; fünftens, die Manipulation der Wahlbezirksgrenzen hört auf; und, sechstens, »Dreamer« – junge Menschen, die in den USA aufgewachsen sind und keine andere Heimat als die USA kennen – erhalten die Möglichkeit, die US-Staatsbürgerschaft zu erwerben.

Diese Reformen basieren auf einer Reihe einfacher Prinzipien: Jeder Amerikaner sollte seine Stimme abgeben, und jede Stimme sollte gleich viel zählen. Die Wahlbeteiligung in den USA ist erschreckend niedrig.[11] Diese Reformen würden das ändern. Sie würden auch die Macht des Geldes verringern – eine der kostspieligsten Operationen in jedem Wahlkampf besteht darin, jene Wahlberechtigten zu identifizieren, die wahrscheinlich den eigenen Kandidaten unterstützen werden, und sicherzustellen, dass sie tatsächlich wählen gehen. Eine höhere Wahlbeteiligung verspricht eine repräsentativere Regierung. Es ist eine staatsbürgerliche Tugend, zur Wahl zu gehen; wir wissen, dass es Zeit kostet, seine Stimme abzugeben – und oftmals bekommen einfache Arbeitnehmer diese Kosten am deutlichsten zu spüren. In einer Gesellschaft, in der Leistungszulagen selbstverständlich sind, scheint es ein geringer Preis zu sein, Menschen durch Anreize dazu zu bringen, ihre demokratischen Rechte auszuüben – im Gegensatz zu den Schranken, die errichtet wurden, um sie davon abzuhalten.

»Keine Besteuerung ohne Vertretung« war die Devise, die die Amerikanische Revolution entfachte, und trotzdem haben wir ein System geschaffen, in dem eine große Zahl von Menschen besteuert werden kann, ohne parlamentarisch vertreten zu sein – diejenigen, die eine Haftstrafe verbüßten, und temporäre Migranten. Einmal ganz zu schweigen von unseren Bürgern im District of Columbia oder Puerto Rico.

Wenn man durch das Central Valley in Kalifornien fährt, sieht man viele Wanderarbeiter auf den Feldern: Sie leben in Wohncontainern, trinken verschmutztes Wasser, leiden häufig an Krankheiten und sind politisch machtlos.[12] Viele entstammen Familien, deren Mitglieder schon seit Generationen als landwirtschaftliche Hilfsarbeiter über die Grenze pendeln – politische Rechte aber bleiben ihnen verwehrt. Der Anblick erinnert ein wenig an die Baumwollfelder des Südens vor dem Bürgerkrieg. Schlimmer noch, unser politisches System und unser Wirtschaftssystem arbeiten Hand in Hand, um diese extremen Ungerechtigkeiten aufrechtzuerhalten: Die Masseninhaftierung sorgt für ein großes Angebot an billiger Sträflingsarbeit und stellt sicher, dass vielen Menschen, die wahrscheinlich die Demokraten wählen würden, das Stimmrecht vorenthalten wird; temporäre Arbeitsmigranten ohne Zugang zur Staatsbürgerschaft können ihre Anliegen nicht in den politischen Prozess einbringen, jedenfalls nicht selbst. Diese Personen sind *temporäre* Zuwanderer, auch wenn sie vielleicht Jahr für Jahr zurückkommen und ihren gesamten Lebensunterhalt mit dem bestreiten, was sie in den USA verdienen, weil wir ihnen keine dauerhafte Aufenthaltserlaubnis gewähren – denn diese wäre der erste Schritt zum Erwerb der Staatsbürgerschaft und zu politischen Mitspracherechten. Auch den Arbeitgebern gefallen diese Verhältnisse, denn sie liefern ihnen nicht nur billige, gefügige Arbeitskräfte, vielmehr helfen die niedrigen Löhne der Arbeitsmigranten auch, die Löhne andernorts zu drücken.

Den Missbrauch politischer Macht verhindern: Das System der Gewaltenteilung bewahren

Langjährige Erfahrungen in demokratisch regierten Ländern haben gezeigt, wie wichtig Systeme der Gewaltenteilung sind.[13] Eine demokratische Ordnung soll sicherstellen, dass weder ein Einzelner noch eine einzelne Gruppe unverhältnismäßig viel Macht besitzt – und entsprechend sollte etwa die US-amerikanische Bill of Rights dafür sorgen, dass auch eine Mehrheit einer Minderheit gewisse Grundrechte nicht entziehen konnte. Das System wurde deshalb so konzipiert, weil übermäßige Macht oftmals missbraucht wird (»Macht korrumpiert, und absolute Macht korrumpiert absolut«, wie Lord Acton berühmtes Diktum lautet) und weil alle Individuen und Institutionen fehlbar sind. Ein System der Gewaltenteilung verhütet die Anhäufung und den Missbrauch von Macht. Es ist beunruhigend zu sehen, wie Präsident Trump unser System und unsere fachkundige Bürokratie aushebelt, die maßgeblich dazu beitragen, dass es nicht zu einer übermäßigen Politisierung des öffentlichen Verwaltungshandelns gekommen ist. So hat er zum Beispiel vorgeschlagen, Ermessensspielräume bei der Entlassung von Staatsbediensteten zu vergrößern, und damit über 100 Jahre währende Bemühungen, die Staatsverwaltung zu entpolitisieren, konterkariert. Gesetze und andere Rechtsnormen werden im Rahmen eines politischen Prozesses erlassen, aber ein unpolitischer Verwaltungsapparat sollte diese fair und sachbezogen vollziehen. Eine der Stärken der Vereinigten Staaten ist die Kompetenz und Integrität ihres Beamtenapparats, die Trump zu untergraben versucht.[14] Die Konservativen kritisieren schon seit Langem die angebliche Inkompetenz der Regierung; vielleicht sollen diese »Reformen« den Vorwurf zu einer sich selbst bewahrheitenden Prophezeiung machen, als Teil einer konzertierten Agenda zur Schwächung und zunehmenden Politisierung der Exekutive.

Es versteht sich von selbst, dass ein zentrales Element einer progressiven politischen Agenda darin besteht, den Bemühungen, unser System zu schwächen, entgegenzutreten; tatsächlich müssen wir unsere Systeme der Gewaltenteilung und die Rolle unserer sachkundigen Beamtenschaft und unabhängigen Behörden stärken. Wir müssen intensiver darüber nachdenken, wie wir demokratische Rechenschaftspflicht aufrechterhalten und gleichzeitig Politisierung vermeiden und die Professionalisierung, Effizienz und Leistungsfähigkeit der Staatsverwaltung verbessern können.[15] Andere Länder haben gezeigt, dass es machbar ist.

Das Gerichtswesen

Gerade die Gerichte hat Trump besonders heftig angegriffen. Als ein Gericht nach dem anderen entschied, dass er mit seinem Einreiseverbot gegen Muslime seine Kompetenzen überschritten habe – da es gegen individuelle Grundrechte verstoße –, legte er, wie andere Präsidenten vor ihm, die mit einer unliebsamen Entscheidung konfrontiert waren, Revision ein. Aber er tat noch mehr, wobei er sich aus dem »Lehrbuch der Despoten« bediente: Er attackierte die Gerichte selbst und untergrub dadurch das Vertrauen in die Gerichte und deren Rolle als faire Streitschlichter.[16]

Allerdings hat der Oberste Gerichtshof der USA sein Ansehen als fairer und kluger Streitschlichter nicht erst unter Trump verloren. Vielmehr handelte es sich um einen allmählichen Erosionsprozess, das Ergebnis einer langfristigen Strategie der Republikaner, das Gericht mit Richtern zu besetzen, die wahrscheinlich Entscheidungen treffen würden, die im Einklang mit ihrer ideologischen Einstellung und den Interessen der Eliten stünden. Die Strategie scheint aufgegangen zu sein: In den letzten 20 Jahren gab es eine ganze Reihe von unverkennbar parteiischen Entscheidungen. Selbstverständlich wünschten sich Präsidenten von jeher einen Gerichtshof, der ihre jeweiligen Standpunkte teilt; sie waren sich jedoch auch stets bewusst, wie wichtig es ist, dass der Oberste Gerichtshof als ein fairer, ausgewogener und kluger Streitschlichter wahrgenommen wird. Vielleicht gebührt Präsident George H. W. Bush das zweifelhafte Verdienst, erstmals zum Angriff auf den Obersten Gerichtshof geblasen zu haben, als er einen völlig unqualifizierten Kandidaten, Clarence Thomas, als Richter nominierte.

Die dreisten Versuche der Republikaner, die Gerichte mit parteiischen Richtern zu besetzen, haben ein weiteres Problem geschaffen, das sich den disparaten »Prinzipien« verdankt, die ihrer eigentümlichen

Koalition zugrunde liegen, die, unter anderen, Libertäre, Trump'sche Protektionisten und das Establishment der Konzerne zusammenbringt.[17] Dies ist insbesondere dann der Fall, wenn der Gerichtshof über politische Streitfragen und Spielregeln entscheidet, so etwa, als er George W. Bush zum Präsidenten erklärte, obwohl dieser landesweit deutlich weniger Stimmen erhalten hatte als sein Gegenkandidat. Normalerweise halten die Republikaner die Rechte der Bundesstaaten hoch. Aber in dem Verfahren *Bush v. Gore* wäre Gore gewählt worden, wenn sich der Bundesstaat durchgesetzt hätte. Und so haben die den Republikanern nahestehenden Richter am Obersten Gerichtshof ihre eigenen Wertvorstellungen mit Füßen getreten, um das ihnen genehme politische Ergebnis zu rechtfertigen.[18] Als der Gerichtshof mit seiner Entscheidung in dem Fall *Citizens United v. Federal Election Commission* unbegrenzte Wahlkampfspenden zuließ und so die Rolle des Geldes und der wirtschaftlichen Ungleichheit in unserem politischen System verstärkte, behauptete er, Geld habe die amerikanische Politik (noch) nicht korrumpiert.

»Konservative« (den Republikanern zuneigende) Richter standen vor dem Problem, dass sie scheinbar von Prinzipien geleitete und kohärente Entscheidungen treffen mussten, die zugleich ihren parteiischen Standpunkten entsprachen. In dem Maße, wie die Republikanische Partei immer prinzipienloser wurde, ist diese Aufgabe immer schwieriger geworden.[19]

Dies führte im Ergebnis zu einem Gerichtshof, der von vielen schlichtweg als ein weiteres Instrument in einer weitreichenden parteipolitischen Auseinandersetzung betrachtet wird statt als eine salomonische Institution, deren Weisheit die Menschen dieses Landes zusammenführen soll, als ein Gericht, das die wirtschaftlichen und ethnischen Spaltungen vergrößert und die sowieso schon tiefen politischen und weltanschaulichen Gräben noch vertieft hat.[20]

Es ist naiv zu glauben, der Oberste Gerichtshof könne sich gänzlich der Parteipolitik entziehen. Aber wir könnten einen Obersten Gerichtshof haben, der ausgewogener ist und in dem solche Manipulationen nicht so häufig vorkommen. Eine einfache institutionelle Reform, die uns ein Stück weiterbringen würde, wäre die Umwandlung einer Ernennung auf Lebenszeit in eine, beispielsweise, 20-jährige Amtszeit. Diesen Vorschlag gibt es seit Jahrzehnten, aber er hat in letzter Zeit an Dringlichkeit und an Unterstützung gewonnen, da die Spaltung des Obersten

Gerichtshofs immer weiter zunahm.[21] Durchschnittlich erreichen in jeder (vierjährigen) Präsidentschaft ungefähr zwei Richter das Ende ihrer Amtszeit.[22] Diese Reform könnte auch den Anreiz zu jener extremen parteipolitischen Frontbildung verringern, die sich am Ende von Obamas Regierungszeit zeigte, als der Kongress es ablehnte, den von Obama vorgeschlagenen hochqualifizierten Kandidaten Merrick Garland auch nur in Erwägung zu ziehen.[23]

In der Verfassung ist die Zahl der Richter am Obersten Gerichtshof nicht genau festgelegt. Da die Republikaner traditionelle Normen auf so vielfältige Weise verletzt haben, insbesondere indem sie sich weigerten, Garlands Nominierung auch nur zu erwägen, heißt es von vielen Seiten, die Demokraten sollten zurückschlagen, indem sie die Anzahl der Richter am Obersten Gerichtshof um mindestens zwei erhöhen, sollten sie das Präsidentenamt und beide Häuser des Kongresses kontrollieren. So verlockend dies sein mag, könnte es doch zu einer weiteren Schwächung der demokratischen Institutionen Amerikas führen: Jede Seite wäre im Fall entsprechender Machtverhältnisse versucht, die Anzahl der Richter weiter zu erhöhen, um den Obersten Gerichtshof unter ihre Kontrolle zu bringen – bis die Opposition an die Macht käme. Der Gerichtshof wird schon heute viel zu sehr als eine Waffe in der parteipolitischen Auseinandersetzung angesehen; ein solches Vorgehen könnte diese Wahrnehmung bestätigen.

Dennoch sollte es nicht akzeptabel sein, dass eine Minderheit, die schamlos alle von uns beschriebenen Mechanismen nutzt, um an die Macht zu kommen, diese dann dafür missbraucht, den Obersten Gerichtshof mit eigenen Kandidaten zu besetzen und so sicherzustellen, dass sich ihre Interessen und ihre Ideologie im Fall eines Machtverlusts weiterhin durchsetzen.

Die oben erwähnten Amtszeitbegrenzungen für Richter am Obersten Gerichtshof könnten dieses vertrackte Problem wahrscheinlich am besten lösen. Die nächste von den Demokraten gestellte Regierung sollte einen dementsprechenden Verfassungszusatz vorschlagen, und als eine vorübergehende Maßnahme, bis der Zusatz verabschiedet worden ist und in vollem Umfang in Kraft tritt, sollte die Anzahl der Richter am Obersten Gerichtshof erhöht werden.

Die Macht des Geldes

Die wachsende Macht des Geldes ist die vielleicht größte Schwäche des amerikanischen politischen Systems, sodass es sich eher mit dem Schlagwort »ein Dollar, eine Stimme« als mit »eine Person, eine Stimme« beschreiben lässt. Wir alle kennen die Komponenten dieser Verflechtung von Geld und Politik: Lobbyisten, Wahlkampfspenden, »Drehtüren« zwischen Politik und Wirtschaft und von den Reichen kontrollierte Medien. Wohlhabende Privatpersonen und reiche Konzerne nutzen ihre Finanzkraft, um sich politische Macht zu kaufen und ihre Ideen zu verbreiten, manchmal sogar mit »Fake News«. Fox News ist zum Symbol dafür geworden, und seine Macht ist mittlerweile gut dokumentiert.[24]

Leute mit Geld nutzen dieses, um sich durch das politische System noch mehr Reichtum zu sichern. Die Ölkonzerne erhielten Zugang zu Liegenschaften im Eigentum des Bundes, die Erdölvorkommen und andere Bodenschätze bergen, und mussten nur einen Bruchteil des Werts dieser Ressourcen zahlen. Das war nichts anderes als Diebstahl am amerikanischen Volk – aber es war ein heimlicher Diebstahl, denn nur wenige Amerikaner wussten, dass sie übervorteilt wurden. Als die Regierung Clinton diese Konzerne zwingen wollte, einen Preis zu zahlen, der dem tatsächlichen Wert der Bodenschätze entsprach, starteten die Konzerne eine erfolgreiche Kampagne, um sich die Ressourcen unseres Landes auch weiterhin billig unter den Nagel reißen zu können.

Während Unternehmen dem Staat für die Überlassung öffentlicher Vermögenswerte zu wenig zahlen, bezahlt die öffentliche Hand für das, was sie von Privatunternehmen kauft, zu viel. Die Pharmaunternehmen brachten eine kleine Klausel in dem Gesetz unter, das die Versorgung älterer Menschen mit Medikamenten im Rahmen von Medicare regelt: Die US-Regierung, der größte Käufer von Arzneimitteln weltweit, durfte den Preis nicht herunterhandeln. Durch diese und andere Bestimmungen wollten Pharmaunternehmen höhere Preise durchsetzen und höhere Gewinne erwirtschaften. Es funktionierte. Medicare-Medikamente kosten viel mehr als zum Beispiel jene, die von anderen staatlichen Programmen wie etwa Medicaid bereitgestellt werden. *Für die gleichen Markenmedikamente zahlt Medicare 73 Prozent mehr.* Dies führt im Ergebnis dazu, dass Steuerzahler jedes Jahr den Pharmakonzernen zig Milliarden Dollar zusätzlich hinblättern.[25]

Was sagt es über unser politisches System aus, wenn nicht nur der Präsident, sondern auch einige der größten Parteispender – insbesondere der Republikanischen Partei – ihr Vermögen mit Spielcasinos gemacht haben, die bekannterweise für Geldwäsche, andere verbotene Aktivitäten und Profitmacherei mit Spielsucht genutzt werden?[26] Sie wissen, dass ihr Vermögen vom Wohlwollen der Öffentlichkeit abhängt. Wenn die Behörden allzu aggressiv gegen Geldwäsche vorgingen, würde ihr Gewinn einbrechen. In ähnlicher Weise wussten Projektentwickler, dass eine in ein Steuergesetz eingeschleuste kleine Klausel, die ihnen eine Vorzugsbehandlung gewährt – wie etwa in jenes Gesetz, das Ende 2017 verabschiedet wurde und das Immobilienfonds den gleichen, um 20 Prozent niedrigeren, Steuersatz wie Kleinbetrieben einräumt –, ein Vermögen für sie bedeuten konnte.[27] Und ihnen war auch klar, dass eine geringfügige Änderung der Rechtsvorschriften – zum Beispiel die verpflichtende Offenlegung der wahren Käufer teurer Immobilien, was deren Nutzung zur Geldwäsche erschweren, wenn nicht gar verhindern würde[28] – ihr gesamtes Geschäftsmodell zunichtemachen könnte. Die in diesem Absatz vorgestellten Beispiele gehören zu den abstoßendsten Formen von Rent-Seeking mit den größten marktverzerrenden Effekten; aber es sollte uns nicht überraschen, dass eine von Rent-Seekern geführte Regierung eine Regierung *für* Rent-Seeker ist; und eine solche wird Wachstum und soziale Gerechtigkeit vernachlässigen.

Der Oberste Gerichtshof verstärkt die Macht des Geldes in der Politik

Es ist nicht leicht, die Macht des Geldes innerhalb unserer demokratischen Ordnung zu bekämpfen; aber andere Länder mit einem ähnlich starken Bekenntnis zu Demokratie und Presse- und Meinungsfreiheit haben sich besser geschlagen als wir.

Unsere Probleme sind weitgehend hausgemacht – beziehungsweise, um genauer zu sein, vom Obersten Gerichtshof verschuldet, der mit einigen knappen Fünf-zu-vier-Entscheidungen eine Reihe extremer Positionen eingenommen hat. *Citizens United* ist ein Beispiel.[29] In diesem Fall erlaubte der Supreme Court unbegrenzte Parteispenden von Konzernen, gemeinnützigen Organisationen, Gewerkschaften und PACs (politischen Aktionskomitees); nur direkte Wahlkampfspenden dieser

Organisationen blieben beschränkt. Das Argument, juristischen Personen sollten unbegrenzte Ausgaben erlaubt werden, weil andernfalls ihre »Rechte« beschnitten würden, ist unsinnig. Juristische Personen sind keine Menschen. Menschen haben Rechte, aber juristische Personen werden vom Staat erschaffen, und deshalb können wir sie mit beliebigen Eigenschaften »ausstatten«. Wenn wir die Spenden von juristischen Personen beschränken, werden keine individuellen Rechte beschnitten; tatsächlich könnte man das Gegenteil behaupten. Ich kaufe eine Aktie, basierend darauf, wie ich die wirtschaftlichen Aussichten des betreffenden Unternehmens einschätze. Es schwächt die Wirtschaft, wenn man diese Einschätzungen mit der Frage verbinden muss, ob man mit den politischen Urteilen des Vorstandschefs einverstanden ist. Tatsache ist, das Aktionäre nur wenig Einfluss auf das haben, was Konzerne tun, und wenn ein Vorstandschef firmeneigene Gelder für politische Zwecke verwendet, ist dies fast genauso verwerflich, als würde er in die eigene Tasche wirtschaften.[30]

Der Oberste Gerichtshof entschied: Weil das Geld nicht direkt dem Kandidaten zufließe, stelle die Spende kein »Bestechungsgeld« dar und erwecke auch nicht »den Anschein der Bestechung«, solange keine direkte Abstimmung mit dem Kandidaten stattfinde. Letzteres ist offenkundig falsch. Der bloße Eindruck der Bestechlichkeit kann das Vertrauen in unsere demokratischen Institutionen untergraben. Viele Amerikaner halten das politische System unter anderem deshalb für ein abgekartetes Spiel, weil sie zu Recht meinen, es werde von Geld beherrscht.[31] Es bestehen kaum Zweifel daran, dass die meisten Amerikaner die gängige Spendenpraxis schlichtweg als Korruption ansehen. Wenn ein Zigarettenhersteller bekannt gibt, dass er Kandidaten, die gegen eine strengere Regulierung der Tabakindustrie sind, mit Geldspenden unterstützen wird, führt dies zwangsläufig zu einem unverhältnismäßig großen Einfluss;[32] es veranlasst etwa Kandidaten dazu, sich öffentlich gegen eine strengere Regulierung von Tabakerzeugnissen auszusprechen. Es ist eine Form der Bestechung, die kaum weniger plump und genauso effektiv ist wie altmodische Methoden. Die fünf Richter, die die *Citizens United*-Entscheidung mittrugen, schienen in einer anderen Welt zu leben als der Rest Amerikas – jedenfalls taten sie ihr Bestes, um im Sinne der Vertreter der Hochfinanz innerhalb der Republikanischen Partei zu argumentieren.[33]

Noch schlimmer war die Entscheidung in einem Fall, in dem es um ein Gesetz des Bundesstaats Arizona ging. Der Bundesstaat wollte Wahlkampfspenden oder -ausgaben ausgleichen, wenn sie eine bestimmte Höhe überschritten (etwa wenn ein reicher Kandidat 100 Millionen Dollar für seinen Wahlkampf ausgab – mehr als sein Rivale je einwerben könnte –, würde der Staat die Wahlkampfkasse des Rivalen auffüllen),[34] um für eine größere Gleichheit der Wettbewerbsbedingungen zu sorgen. Das Gericht entschied, dass jeder Bürger das Recht hätte, durch Geldspenden für ungleiche Wettbewerbsbedingungen zu sorgen, und durch das Gesetz würde ihnen dieses Recht vorenthalten.[35]

Eine Agenda, um die Macht des Geldes in der Politik zu beschränken

Eine diesbezügliche allgemeine Agenda umfasst mehrere Punkte: Verringerung des Bedarfs an privater Finanzierung, Förderung einer größeren Transparenz, Eindämmung von Spenden und anderen Quellen monetärer Einflussnahme.

Strengere Offenlegungsvorschriften

Offenlegungs- und Anzeigepflichten sollten die Macht des Geldes eindämmen: Sonnenlicht ist das stärkste Antiseptikum, wie es heißt. Kongressabgeordnete, die gegen eine strengere Regulierung von Tabakerzeugnissen stimmten, könnte es in Verlegenheit bringen, wenn bekannt würde, dass sie hohe Summen von der Tabakindustrie erhielten. Doch Transparenz hat sich aus zwei Gründen als nicht so wirksam wie erhofft erwiesen: Erstens, Politiker und die Interessen, denen sie dienen, sind dreister, als es irgendjemand erwartet hätte. Weil der Einfluss des Geldes so allgegenwärtig ist, kann die Offenlegung des einen oder anderen Falles leicht mit einem Achselzucken abgetan werden. »Das tut doch jeder.« Wir haben so viele Schlupflöcher in unsere Transparenzregeln eingebaut, dass sie wirkungslos sind, insbesondere gegenüber dem Treiben der notorisch verschwiegenen PACs.

Echte und vollständige Transparenz wäre ein Schritt in die richtige Richtung. Selbst wenn wir sie nicht völlig erreichen, könnten wir viel mehr Transparenz haben als heute, und das würde helfen. Es gibt keinen Grund, die Geldgeber und Aktivitäten der PACs nicht vollständig offenzulegen.

Die Beschränkung von Wahlkampfausgaben

Offenlegung allein genügt jedoch nicht. Wir müssen die Wahlkampfausgaben verringern. Und hier kommt das Spannungsverhältnis zwischen den Prinzipien der Redefreiheit und fairer Wahlen ins Spiel. Man kann die beiden am besten dadurch miteinander in Einklang bringen, dass man den Bedarf an Spendengeldern verringert, die mit Spenden verbundenen Vorteile reduziert und es den Reichen und Mächtigen erschwert, Geld zu spenden, insbesondere in unbegrenzter Höhe durch die intransparenten PACs. In Anbetracht der großen Vermögens- und Machtgefälle in den USA ist Letzteres besonders wichtig.

Es würde den Bedarf an privaten Spendengeldern schon erheblich verringern, wenn Wahlkämpfe öffentlich finanziert und öffentlich-rechtliche Sendeanstalten dazu verpflichtet würden, Kandidaten ausreichend Sendezeit einzuräumen. Und das Gleiche würde eine früher im Kapitel erörterte Wahlpflicht erreichen – ein Großteil der Wahlkampfausgaben dient dazu, diejenigen »zum Urnengang zu mobilisieren«, die wahrscheinlich mit der Position des Kandidaten übereinstimmen.

Der öffentliche Ausgleich von Ausgaben (um hohe Spenden für einen Kandidaten oder hohe Ausgaben eines reichen Kandidaten durch öffentliche Wahlkampfunterstützung für Rivalen ohne finanzielle Mittel zu kompensieren) würde die Macht des Geldes ebenfalls verringern – dazu müsste allerdings der Oberste Gerichtshof seine Rechtsprechung ändern, was wiederum lediglich erforderte, dass ein Richter seinen Standpunkt ändert.

Juristische Personen werden vom Staat erschaffen, und aus diesem Grund besitzen sie auch nur die Rechte, mit denen der Staat sie ausstattet. Die Beschränkung ihres Rechts, politische Spenden zu machen, ist kein Verstoß gegen die in der Verfassung verbürgten Individualrechte. Die Privatpersonen, denen eine juristische Person gehört, dürfen Spenden tätigen – die selbstverständlich den Beschränkungen unterliegen, die der Kongress beschließt. Diese Privatpersonen auferlegten Beschränkungen sind sinnvoll – sie sind der verständliche Versuch, die Macht des

Geldes einzudämmen. Aber ebenso sinnvoll ist es, Unternehmen und den intransparenten PACs noch strengere Auflagen zu machen.

Kurzum, *Citizens United*, die Entscheidung des Obersten Gerichtshofs, die Spenden für politische Wahlkämpfe in unbegrenzter Höhe erlaubt, muss aufgehoben werden.[36] Aber auch davon abgesehen kann viel getan werden. Unternehmen sollten nur dann an Parteien oder Politiker spenden dürfen, wenn eine qualifizierte Mehrheit ihrer Aktionäre (etwa zwei Drittel) dafür stimmt – damit nicht nur die Stimme des Vorstandschefs gehört wird. Wenn Aktionäre selbst spenden wollen, ist das etwas anderes – das ist bereits ausreichend gesetzlich geregelt.

»Drehtüren« begrenzen

Eine besonders ärgerliche Form der politischen Einflussnahme ist die sogenannte Drehtür, bei der Politiker nicht heute, sondern in Zukunft, nachdem sie aus ihrem Amt ausgeschieden sind, mit gut dotierten Stellen in der Privatwirtschaft belohnt werden.[37] Aus öffentlichen Ämtern in die Privatwirtschaft zu wechseln ist eine weithin übliche Praxis, die das Vertrauen in staatliche Institutionen zersetzt. Wenn Mitarbeiter des US-Finanzministeriums und anderer Behörden, die gerade noch ihrem Land gedient haben, praktisch übergangslos für die Wall Street arbeiten, wirft das die Frage auf, ob sie nicht schon immer der Wall Street dienten. Das Drehtürphänomen durchzieht den gesamten Staatsapparat, sogar das Militär, wo Generäle und andere hohe Offiziere anscheinend nahtlos vom Dienst an ihrem Land zur Arbeit für Rüstungsunternehmen wechseln.

Mehrere Regierungen haben sich bemüht, den Zugang zu Drehtüren zu erschweren, mit begrenztem Erfolg. Ein Teil des Problems liegt darin, dass Leute mit diesem Ziel unabhängig von den Regeln immer Wege finden werden, diese zu umgehen. Typischerweise unterliegen sie in ihren *direkten* Kontakten zu der Behörde, für die sie zuvor tätig waren, gewissen Beschränkungen. Aber sie können ihren Kollegen im Unternehmen Tipps geben, was sie zu wem sagen sollen – und ihre Anwesenheit in vielfältiger anderer Weise spüren lassen.

In dieser Frage bedarf es vor allem der richtigen Normen und ethischen Maßstäbe. Und das »Habgier-ist-gut«-Ethos des amerikanischen Kapitalismus im 21. Jahrhundert behindert die Schaffung der richtigen

Normen. Ein ehemaliger Amtsträger, insbesondere einer mit weitergehenden politischen Ambitionen, sollte sich klarmachen, dass die Annahme eine großen Schecks von Goldman Sachs für eine kurze Rede ungehörig erscheinen könnte. Und dies gilt erst recht für einen Ex-Finanzminister, Ex-Außenminister oder den Präsidenten. Jeder Amtsträger sollte insbesondere kein Geld von einem Finanzinstitut entgegennehmen, das von einer Entscheidung profitierte, die er während seiner Amtszeit traf. Pflichtbewusste Regierungsbeamte sollten gerade in dieser Zeit, in der der Regierung so viel Skepsis entgegenschlägt, jeden Anschein von Korruption vermeiden. Aber nach den Normen des Kapitalismus des 21. Jahrhunderts gilt ein Ex-Regierungsbeamter, der solche großzügigen Honorare ablehnt, schlicht als dumm.

Die Notwendigkeit einer neuen Bewegung

Über den schier ausweglosen politischen und wirtschaftlichen Sumpf nachzudenken, in den die Vereinigten Staaten geraten sind, kann Gefühle der Hoffnungslosigkeit und Lähmung hervorrufen. Unsere Probleme sind untrennbar miteinander verflochten. Man weiß schlichtweg nicht, wo man ansetzen soll. Aber irgendwo müssen wir beginnen, und nicht gemessenen Schritts, sondern an allen Fronten. Zu diesem Zweck benötigen wir eine neue Politik. Unsere dysfunktionalen Abstimmungs- und Repräsentationssysteme haben die Fehlfunktionen unseres politischen Systems noch verstärkt.

Unser politisches System soll unsere Anschauungen, Überzeugungen und Meinungen in politische Maßnahmen umsetzen. Wir wählen Amtsträger, von denen wir erwarten, dass sie Gesetze und Verordnungen erlassen, die sich mit unseren Überzeugungen decken. Und für diesen Prozess sind unsere politischen Parteien überaus wichtig. Doch ihnen schlägt weitverbreitete Verdrossenheit entgegen. Selbst wenn sie nicht als offensichtlich korrupt angesehen werden, gelten sie doch zumindest als opportunistisch. Außerdem haben in den letzten Jahren extreme Elemente der Republikanischen Partei, wie die Tea Party, bei den Vorwahlen eine Rolle gespielt und dabei als zentrifugale, das Land spaltende Kräfte gewirkt.[38]

Die Parteienverdrossenheit hat einige zu dem Vorschlag veranlasst, wir sollten ohne Parteien auskommen; sie seien im Amerika des 21. Jahrhunderts überflüssig. Das stimmt nicht, aber wir müssen unsere Parteien neu erfinden, um sicherzustellen, dass sie sich wieder von den Grundwerten Amerikas leiten lassen.[39]

Heute sind es *Bewegungen*, die sich für eine bestimmte Sache einsetzen, die – insbesondere jüngere – Menschen dazu veranlassen, sich politisch zu engagieren. Einige setzen sich vielleicht für Genderrecht eine, andere für wirtschaftliche Chancengerechtigkeit und wieder andere für erschwinglichen Wohnraum, Umweltschutz oder strengere Waffengesetze. Auch wenn diese Bewegungen unterschiedliche Anliegen vertreten, haben sie doch einen gemeinsamen Nenner: *Die gegenwärtigen Ordnungsrahmen sind unfair, sie benachteiligen einige Gruppen und lassen eine wichtige Dimension des Wohlergehens außer Betracht.* Diese Bewegungen werden mehr bewirken, wenn sie zusammenarbeiten, wenn sie ein progressives Bündnis schmieden: Das Ganze ist größer als die Summe der Teile. Die Demokratische Partei muss sich als Stimme einer solchen Allianz neu erfinden.

Bewegungen sind wichtig. Sie können für Anliegen sensibilisieren und breite Unterstützung mobilisieren. Aber um wirklich etwas zu verändern, bedarf es in der Regel politischer Maßnahmen und hierzu wiederum der Unterstützung von mindestens einer der beiden Parteien. Einer auf sich allein gestellten Bewegung wird wahrscheinlich kein Erfolg beschieden sein. Und während viele Anliegen eine parteiübergreifende Unterstützung verdienten und einige wenige diese auch erhalten, spiegelt sich die große Spaltung der USA in ihren beiden Parteien wider. In mancher Hinsicht ist es sogar noch schlimmer: Ich wies bereits darauf hin, dass die Republikanische Partei ein lockeres Bündnis aus der religiösen Rechten, unzufriedenen Arbeitern und den Superreichen ist. Oftmals verfolgen diese verschiedenen Gruppierungen gegenläufige Interessen – unzufriedene Arbeiter wollen höhere Löhne, während die Konzerne und die Superreichen an niedrigeren Löhnen interessiert sind; die Verhandlungsmacht von Großunternehmen gegenüber ihren Arbeitnehmern nimmt mit offenen Märkten und höherer Arbeitslosigkeit zu, was den Interessen unzufriedener Arbeiter widerspricht. Die Steuerreform von 2017 zeigte, wohin dies in der Praxis führt: Die Milliardäre und Konzerne erhielten große Steuererleichterungen, während der Mittelschicht eine Steuererhöhung aufgebrummt wurde.

Bei den progressiven Bewegungen gibt es diese inneren Widersprüche nicht. Ihnen gemeinsam ist eine Vision einer besseren Gesellschaft mit größerer Gleichheit und mehr Wohlstand für alle. Wenn es Differenzen gibt, beziehen sie sich auf Prioritäten und Strategien. Sowohl die Verringerung von Giftmüll als auch die Einschränkung des Zugangs zu Waffen tragen dazu bei, die Lebenserwartung zu erhöhen. Unsere Lebensqualität wird steigen, wenn die Umwelt sauberer ist und alle Kinder Zugang zu Gesundheitsversorgung und besserer Bildung erhalten.

Dennoch hat es manchmal den Anschein, als gebe es einen Konflikt zwischen verschiedenen progressiven Bewegungen. So behaupten einige zum Beispiel, die Fokussierung auf wirtschaftliche Teilhabe und Rechte lenke davon ab, die Teilhabe ethnischer Minderheiten und Frauen und deren Rechte zu stärken. Martin Luther King jr. erkannte, dass wirtschaftliche Gleichberechtigung und die Gleichstellung der Rassen untrennbar voneinander sind. Er nannte seine berühmte Kundgebung im August 1963 in der Hauptstadt den »Marsch nach Washington für Arbeit und Freiheit«. Die zunehmende wirtschaftliche Spaltung im Land ist mitverantwortlich für die fortbestehenden Einkommensungleichheiten zwischen den verschiedenen Rassen beziehungsweise Ethnien.

Ebenso ist ein Wirtschaftswachstum, das der Umwelt schadet, nicht nachhaltig; und die Auswirkungen der Umweltverschmutzung – von Giftmüll oder bleihaltiger Anstrichfarbe – spüren vor allem die Armen. Folglich ergänzen sich Umweltgerechtigkeitsbewegungen und soziale, ethnische und ökonomische Gerechtigkeitsbewegungen gegenseitig hervorragend. Kurzum, die verschiedenen progressiven Bewegungen sind komplementär und können und müssen zusammenarbeiten.

In der Vergangenheit hatten nationale Parteien den Anspruch, Menschen aus allen 50 US-Bundesstaaten zusammenzubringen. Es gab Differenzen zwischen den Bundesstaaten: Einige Regionen waren liberaler als andere. Aber im Amerika des 21. Jahrhunderts lässt sich aus den geografischen Verhältnissen eine andere politische Erkenntnis ableiten. Es gibt größere Übereinstimmungen zwischen den Einwohnern von Städten im gesamten Land als zwischen den Land- und Stadtbewohnern desselben Bundesstaats. Jede Gruppe hat ihre je eigenen Probleme. Die Politik wird selbstverständlich nach wie vor lokal geprägt sein; aber die nationalen Parteien müssen sich in Einklang mit den neuen politischen

Identitäten des 21. Jahrhunderts, die sich – weit über den lokalen Rahmen hinaus – mit den großen nationalen und internationalen Problemen der Gegenwart befassen, neu erfinden.

Den Einfluss des Geldes in unserer Demokratie zurückdrängen

Ich glaube, dass es nichts bringt, an einem demokratischen politischen System herumzubasteln, wenn die ökonomische Spaltung zu groß ist. Die in diesem Kapitel beschriebenen Reformen sind notwendig, aber wenn die Vermögens- und Einkommensschere zu weit auseinanderklafft, werden sich die Reichen durchsetzen – auf die eine oder andere Weise.

Ungeachtet öffentlicher Rundfunk- und Fernsehsender und öffentlicher Subventionen für Zeitungen kann ein reicher Unternehmer wie Rupert Murdoch sein Geld dazu nutzen, zumindest eine Nische des Markts zu beherrschen und so eine »sektenartige Gemeinschaft« mit abstruser Gedankenwelt zu gründen.

Bei den Gebildeten können Systeme der Faktenüberprüfung sehr wirksam sein – niemand unter den 65 bis 70 Prozent der Amerikaner, die nicht seine treuen Anhänger sind, nimmt eine Trump-Äußerung ernst, bevor sie überprüft wurde, da viele seiner Aussagen Lügen sind und ein Großteil des Rests Halbwahrheiten.[40] Aber Trump und Fox News können eine Gruppe ergebener Anhänger schaffen, die augenscheinlich immun gegen die Wahrheit sind; zumindest sind sie mit einem sehr starken Impfstoff dagegen immunisiert worden. Und wenn es ihnen darum geht, das Vertrauen in die staatlichen Institutionen zu untergraben, dann können sie dies einfach dadurch erreichen, dass sie Zweifel säen. Man mag nicht glauben, was Trump sagt, aber er betrachtet es als einen Sieg, wenn an den Aussagen seiner Kritiker Zweifel aufkommen. So wie es die Zigarettenhersteller als einen Sieg ansahen, wenn Raucher die wissenschaftlichen Studien anzweifelten, die bewiesen, dass Rauchen gesundheitsschädlich ist, so verbuchen es auch Trump, Murdoch und andere, die die staatlichen Institutionen zerstören wollen, schon als Erfolg, wenn sie einfach nur Zweifel säen können.

Murdoch tat auf transparente Weise das, was die Reichen schon immer auf die eine oder andere Weise getan haben – die Macht des Geldes nutzen, um einen prägenden Einfluss auf die Gesellschaft auszuüben.[41] Bei einer hohen Vermögensungleichheit verfügen die Wohlhabenden über einen unverhältnismäßig großen Einfluss. Selbst bei überwiegend öffentlich finanzierten Systemen der Wahlkampffinanzierung werden Personen gebraucht, die eine Partei auf die eine oder andere Weise materiell unterstützen können, und man schenkt ihnen Gehör.

Selbstverständlich sind in jeder Gesellschaft einige Bürger redegewandter, intelligenter oder tatkräftiger als andere. Vollkommen gleiche Ausgangsbedingungen kann es nicht geben. Aber eine sehr große Vermögensungleichheit erlaubt nicht nur einigen, ein angenehmeres Leben zu führen als die weniger Betuchten – sie erlaubt den Vermögenden auch, übergebührlich die Richtung zu beeinflussen, in die sich die Gesellschaft und die Politik entwickeln. Dies stellt in gewisser Weise eine grundlegende Pervertierung des Staats dar. Er soll denjenigen helfen, die sich nicht selbst helfen können, die Bedürftigen versorgen und Einkommen von den Reichen an die Armen umverteilen sowie Regeln verfassen, die zumindest eine faire Behandlung der Durchschnittsbürger sicherstellen. Aber in einer Gesellschaft mit übermäßiger Vermögensungleichheit kann das genaue Gegenteil geschehen. Gewöhnliche Bürger haben diese »Pervertierung« im Anschluss an die Krise von 2008 sehr deutlich gespürt. Aber die Antwort der Tea-Party-Bewegung, die den Staat zurückdrängen will, ist falsch: Ohne Staat würden die Armen sogar noch stärker von den Reichen ausgebeutet. Wenn das Gesetz des Dschungels herrscht, gewinnen die Reichen und die Mächtigen.

Wenn wir diese Dystopie abwenden wollen, müssen wir also ein Stück weit die soziale Ungleichheit abbauen und gefährlichen Machtkonzentrationen entgegenwirken. Aber hier kommen wir zum fundamentalen Dilemma demokratischer Politik in Gesellschaften mit extremer Ungleichheit wie den Vereinigten Staaten. Wie können wir aus diesem Teufelskreis ausbrechen, in dem ökonomische Ungleichheit zu politischer Ungleichheit führt, die ihrerseits ökonomische Ungleichheit aufrechterhält, festigt und sogar noch erhöht?

Es ist möglich, aber nur dann, wenn es eine Gegenmacht gibt – die manchmal auch »Macht des Volkes« genannt wird. Eine große Zahl wirklich engagierter Menschen, in Bewegungen wie den oben beschriebenen, die mithilfe einer politischen Partei ihr Gewicht gemeinsam in die Waagschale werfen, kann wichtiger sein als Geld. Die Niederlagen der kapitalkräftigen republikanischen Kandidaten Mitt Romney (bei den Präsidentschaftswahlen 2012) und Jeb Bush (bei den Vorwahlen der Republikaner 2016) erinnern uns auf eindringliche Weise daran, dass in der Politik Geld nicht alles ist. Aber Geld muss auch nicht alles sein, um einen verzerrenden Einfluss auf unsere Wirtschaft und unsere Gesellschaft auszuüben.

Aus diesem Grund sind die beiden hier diskutierten Reformpakete komplementär: Wir müssen mehr tun, um den Einfluss des Geldes zurückzudrängen, aber wir müssen auch die Vermögensungleichheit verringern. Andernfalls werden wir der Macht des Geldes in der Politik niemals angemessen Einhalt gebieten können.

9. Die Erneuerung einer dynamischen Wirtschaft

In Teil I ging es um die wirtschaftlichen und gesellschaftlichen Missstände, an denen die USA und viele andere Industriestaaten leiden – Wachstumsschwäche, geringe Aufstiegschancen, wachsende Existenzsorgen und eine gespaltene Gesellschaft. Diese Spaltungen sind so tief, dass die Politik zu einer Zeit, wo es vereinter Anstrengungen bedürfte, um einen Weg aus dem Sumpf zu finden, wie gelähmt ist. Es gibt einen Ausweg: Frühere Kapitel dieses Buchs haben gezeigt, wie sich die mit der Expansion des Finanzsektors, Globalisierung und technologischen Innovation verbundenen Herausforderungen dergestalt bewältigen lassen, dass der Wettbewerb und das Beschäftigungsniveau erhöht und mehr geteilter Wohlstand für alle geschaffen werden. Wir werden jedoch die nötigen wirtschaftlichen Reformen nicht durchführen können, wenn wir unsere Politik nicht in der Weise ändern, wie es im letzten Kapitel beschrieben worden ist.

In diesem und im nächsten Kapitel werden wir eine wirtschaftspolitische Agenda ausarbeiten – auf der Grundlage der bereits beschriebenen Prinzipien –, die Wachstum und soziale Gerechtigkeit erneuern und den meisten Bürgern den Zugang zu dem von ihnen angestrebten Mittelschichtleben ermöglichen kann. All dies kann nur gelingen, wenn es mehr kollektives Handeln gibt – wenn der Staat eine größere Rolle spielt. Wird diese größere Rolle sachgerecht definiert, legt das der Gesellschaft nicht etwa Fesseln an, vielmehr werden sie und die in ihr lebenden Menschen freier, da sie fortan ihr Potenzial besser ausschöpfen können. Indem der Staat die Macht einiger Personen, andere zu schädigen, einschränkt, verschafft er denjenigen ein Mehr an Freiheit, die andernfalls ständig auf der Hut sein und unentwegt Schutzmaßnahmen ergreifen müssten.

Märkte so zu gestalten, dass sie dem Gemeinwohl dienen, ist ein Schritt, um Amerika wieder auf Kurs zu bringen. Der Markt kann Wunder vollbringen – nicht aber der verzerrte und deformierte Kapitalismus, der sich im Amerika des 21. Jahrhunderts herausgebildet hat. In früheren Kapiteln wurde erläutert, wie man Märkte so gestalten kann, dass sie ordnungsgemäß funktionieren.[1] Diese Reformen, einschließlich strengerer und konsequenter vollzogener Wettbewerbsgesetze sowie eines besseren Ordnungsrahmens für die Globalisierung und unseren Finanzsektor, sind notwendig, aber nicht hinreichend. Sie sind Teil einer progressiven wirtschaftspolitischen Agenda, doch diese umfasst viele weitere Elemente.

Wir beginnen mit einer Diskussion darüber, wie wir das Wachstum erneuern können – nicht indem wir die Regulierungen beseitigen, die einige in unserer Gesellschaft davon abhalten, den Rest auszubeuten, sondern indem wir die in Kapitel 1 beschriebenen eigentlichen Grundlagen des Wohlstands erneuern. Anschließend wenden wir uns den Herausforderungen unserer Zeit zu: Wie lässt sich der Übergang von der Industriegesellschaft des 20. Jahrhunderts zur »grünen« Dienstleistungs- und Innovationsgesellschaft des 21. Jahrhunderts in einer Weise meistern, die Arbeitsplätze und Aufstiegschancen bewahrt, das soziale Netz stärkt, eine bessere Versorgung älterer, kranker und erwerbsunfähiger Menschen ermöglicht und eine bessere Gesundheitsfürsorge, ein besseres Bildungssystem, bessere Wohnungen und mehr finanzielle Sicherheit für alle bereitstellt?

Die Programme zur Förderung einer dynamischeren, »grünen« Wirtschaft und zur Stärkung der sozialen Gerechtigkeit – mit größerer Inklusion und Absicherung – sind untrennbar miteinander verbunden. Im vorangehenden Kapitel haben wir darauf hingewiesen, dass Martin Luther King jr. meinte, man müsse gleichzeitig das Problem mangelnder wirtschaftlicher Chancen und Arbeitsplätze und die Frage der Rassendiskriminierung angehen. Wir können dieses Argument noch weiter führen: Wirtschaftliche Sicherheit, soziale Absicherung und soziale Gerechtigkeit lassen sich nicht von der Schaffung einer dynamischen, innovativen Wirtschaft und dem Schutz der Umwelt trennen. Ökonomen denken allzu oft in Kategorien von Zielkonflikten: Wenn man eine Größe optimieren wolle, müsse man bei anderen Abstriche machen. Aber zumindest von unserem gegenwärtigen Blickwinkel einer höchst ungleichen Gesellschaft aus betrachtet, die durch umfassende Rassendiskriminierung, weitverbreitete Existenzunsicherheit und massive Umweltzerstörung gekennzeichnet ist, sind alle dargelegten Ziele komplementär.

Wachstum und Produktivität

Kapitel 2 zeigte, wie sich das Wachstum im Lauf der letzten 40 Jahre abgeschwächt hat. Wirtschaftswachstum hängt von zwei Faktoren ab: der Zunahme der Zahl der Erwerbspersonen und dem Anstieg der Produktivität, der Arbeitsleistung pro Stunde. Steigt eines von beiden, erhöht sich die gesamtwirtschaftliche Produktion. Selbstverständlich kommt es nicht nur auf die Zunahme der nationalen Wirtschaftsleistung an, sondern auch auf den Anstieg des Lebensstandards der Durchschnittsamerikaner,[2] und hierzu bedarf es nicht nur Produktivitätssteigerungen, sondern auch einer fairen Beteiligung der Bürger daran. In den letzten Jahrzehnten ist die Produktivität nun aber nicht in nennenswertem Umfang angestiegen, und die Arbeitnehmer wurden kaum an den Zuwächsen beteiligt – vielmehr sind sie vor allem den oberen Einkommensgruppen zugeflossen.

Wachstum der Erwerbsbevölkerung und Erwerbsbeteiligung

Das Wachstum der Erwerbsbevölkerung hängt teilweise von demografischen Faktoren ab, die der Staat kaum beeinflussen kann: der Alterung der Babyboomer-Generation und dem Geburtenrückgang.[3] Beeinflussen kann der Staat jedoch die Zuwanderung und die Erwerbsbeteiligung. Trump will Erstere verlangsamen – mit der Folge, dass sich das Wachstum abschwächen wird –, und er hat keinen Plan für Letztere, obwohl es einige vielversprechende Optionen gibt. Durch eine familienfreundliche Politik (Flexibilisierung der Arbeitszeit, bessere Elternzeitregelungen und Kinderbetreuung) ließe sich die Erwerbsquote der Frauen steigern. Durch eine aktive Arbeitsmarktpolitik könnten wir gute Arbeitsplätze für mehr Menschen schaffen, die für die heutigen Anforderungen des Arbeitsmarkts nicht hinreichend qualifiziert sind.

Wir haben unsere älteren Bürger von jeher stiefmütterlich behandelt – allzu vielen haben wir, als sie älter wurden und ihre Kompetenzen nicht länger gefragt waren, für ihre treuen Dienste gedankt und sie dann aufs Altenteil geschickt. Diese »Zwangsverrentungen« von Menschen, die arbeitsfähig und -willig sind, waren eine Vergeudung menschlicher Ressourcen; aber die Kosten für die Wirtschaft insgesamt waren überschaubar, als die über 50-Jährigen nur einen kleinen Teil der US-Erwerbsbevölkerung ausmachten. In Zukunft wird dies jedoch anders sein: Wenn wir nichts unternehmen, führt ein höheres Innovationstempo möglicherweise dazu, dass wir mehr Menschen in Frührente schicken müssen. In Anbetracht unserer alternden Bevölkerung werden die gesellschaftlichen Kosten noch höher ausfallen. Wir müssen Arbeitsplätze so umgestalten, dass sie den Bedürfnissen nicht nur von Familien mit Kindern und insbesondere von Frauen, sondern auch denen älterer Arbeitnehmer entsprechen. Dabei hilft es, dass einige der Maßnahmen zur Flexibilisierung (etwa flexiblere Arbeitszeiten, mehr Freiraum für Teilzeitarbeit und mehr Gelegenheiten für Heimarbeit, was sich in der heutigen Welt des Internets viel leichter einrichten lässt) beiden Gruppen dienlich sind. Leider sind auch dies Reformen, die der Markt nicht von sich aus anpacken wird. Die Macht der Konzerne über Arbeitnehmer ist einfach zu groß; sie müssen nicht entsprechend handeln, und die Tatsache, dass es zum Wohl der Gesellschaft insgesamt wäre, interessiert sie nicht. Deshalb muss der Staat die Anpassungsmaßnahmen aktiver betreiben.

Unsere Erwerbsbeteiligung läge höher, wenn die Bevölkerung gesünder wäre. Nicht das Klima und nicht die Luft, die wir atmen, oder das Wasser, das wir trinken, haben dazu geführt, dass US-Amerikaner im Durchschnitt einen schlechteren Gesundheitszustand und eine niedrigere Lebenserwartung haben als Menschen in anderen Industrieländern und bei uns daher eine niedrigere Erwerbsbeteiligung herrscht. Wir brauchen bessere gesetzliche Vorschriften zum Schutz vor den Machenschaften einer Nahrungsmittelindustrie, die alles daransetzt, uns Sucht erzeugende, ungesunde Lebensmittel aufzudrängen. Wir brauchen auch ein besseres Gesundheitssystem, worauf im nächsten Kapitel ausführlicher eingegangen wird. Schließlich würde eine gesündere Erwerbsbevölkerung auch von jener Hoffnungslosigkeit befreit, die von der schlechten Wirtschaftspolitik der letzten 30 Jahre verursacht wurde.[4] Selbst wenn uns menschliches Leid gleichgültig wäre, ließen sich diese Maßnahmen allein damit rechtfertigen, dass sie das Wirtschaftswachstum ankurbeln.

Produktivität

Auch die Produktivität wird durch zahlreiche Variablen beeinflusst. Gesunde und zufriedene Arbeitskräfte sind produktiv, und US-Amerikaner mit unterdurchschnittlichem Einkommen sind aus guten Gründen weder zufrieden noch gesund. Ebenso ist die weitverbreitete Diskriminierung auf US-amerikanischen Arbeitsmärkten offensichtlich nicht nur entmutigend und unfair gegenüber denjenigen, die benachteiligt werden, vielmehr bedeutet sie auch, dass Arbeitnehmer und Arbeitsplätze einander nicht passgenau zugeordnet sind.

Frühere Kapitel verdeutlichten, wie Marktmacht gesamtwirtschaftliche Fehlanreize schafft und Wachstum und Effizienz untergräbt. Monopole habe weniger Innovationsanreize, und die von ihnen errichteten Eintrittsschranken hemmen sogar die gesamtwirtschaftliche Innovationskraft. Marktstärke einzudämmen ist somit Teil einer Wachstums- und Beschäftigungsagenda, nicht nur einer Macht- und Ungleichheitsagenda.

Ein weiteres bedeutendes Versäumnis der letzten Jahre sind unzureichende Infrastrukturinvestitionen. Zwar scheint man sich einig zu sein, wie wichtig eine gut funktionierende Infrastruktur ist, aber dieser Konsens ist oberflächlicher Natur. Die Republikaner haben hinlänglich bewiesen, dass diese Investitionen für sie keine Priorität haben; viel wichtiger sind ihnen Steuersenkungen für reiche Konzerne. Nur Wochen, nachdem das von den Republikanern eingebrachte Steuergesetz Ende 2017 verabschiedet worden war – ein Geschenk in Höhe von mehreren Billionen Dollar an die Reichen –,[5] sagte ein hochrangiger Vertreter der Regierung Trump: Infrastruktur ist nach wie vor unsere Priorität, aber wir haben kein Geld dafür.[6] Daran hätten sie früher denken sollen. Tatsächlich erschwert das Steuergesetz Bundesstaaten mit hohen Ausgaben die Steuererhebung,[7] und dies wird höchstwahrscheinlich zu einer Verringerung der öffentlichen Infrastrukturausgaben führen. Es ist auch absehbar, dass die aus der Steuerreform resultierenden massiven Haushaltsdefizite des Bundes dessen zukünftige Infrastrukturausgaben senken werden.

Eine Wissens- und Innovationsökonomie

Zu Beginn dieses Buchs wurde darauf hingewiesen, dass die eigentliche Quelle des Wohlstands eines Landes – und daher des Anstiegs der Produktivität und des Lebensstandards – Wissen, Bildung und wissenschaftlich-technische Fortschritte sind. Weit mehr als alles andere erklärt dies, warum der Lebensstandard heute so viel höher ist als vor 200 Jahren – das betrifft nicht nur das viel größere Angebot an materiellen Gütern, sondern auch die längere Lebenserwartung und den besseren lebenslangen Gesundheitszustand.

Im Zentrum unserer Wissens- und Innovationsökonomie steht die Forschung. Die Grundlagenforschung produziert Wissen, ein »öffentliches Gut«, von dem alle profitieren könnten, würde es zugänglich gemacht. Die zentrale Erkenntnis von Ökonomen über öffentliche Güter lautet, dass der Markt diese von sich aus nicht ausreichend zur Verfügung stellt. In Bezug auf Wissen kommt hinzu, dass Privatunternehmen, die Wissen produzieren, es für sich zu behalten versuchen. Das begrenzt den Nutzen, den die Gesellschaft aus dem Wissen ziehen kann, während es gleichzeitig die Risiken von Marktmacht erhöht. Deshalb sind hohe *öffentliche* Investitionen in die Forschung, insbesondere die Grundlagenforschung, und in ein Bildungssystem, das den wissenschaftlichen Fortschritt unterstützt, unabdingbar.

Es ist nicht einfach nur so, dass die Regierung Trump dies nicht anerkennt; sie arbeitet sogar aktiv dagegen an. Trumps Regierung war bereit, Hunderte von Milliarden Dollar für eine Steuersenkung für Milliardäre und reiche Konzerne auszugeben, während sie sich gleichzeitig daranmachte, nicht nur die Infrastruktur-, sondern auch die Forschungsausgaben stark zusammenzustreichen.

Das neue Steuergesetz besteuert einige unserer führenden forschenden Universitäten, während es gleichzeitig Immobilienspekulanten Steuervergünstigungen gewährt. Meines Wissens hat kein Land jemals forschende Universitäten besteuert; vielmehr wissen alle verantwortungsbewussten Regierungen, wie wichtig leistungsfähige Hochschulen für das langfristige Wirtschaftswachstum sind, und fördern sie daher mit öffentlichen Mitteln. Zwar ist die Trump'sche Steuer auf Universitäten niedrig, aber sie ist ein symbolträchtiger Ausdruck einer – gefährlichen – Rangordnung von Werten. Kein Land hat es jemals durch

Immobilienspekulationen zu Wohlstand gebracht – einige wenige Privatpersonen natürlich durchaus. Das republikanische Steuergesetz, das die Unterschiede zwischen dem Wohlstand von Nationen und dem Wohlstand von Einzelpersonen verkennt, fördert ganz offensichtlich Spekulation, während es Forschung und Bildung beeinträchtigt.

Es ist wichtig, einen weiteren zentralen Irrtum, der dem Steuergesetz von 2017 zugrunde liegt, zu verstehen. Die Republikaner glauben, dass niedrigere Steuern selbst dann, wenn die öffentliche Forschungsförderung und die öffentlichen Infrastrukturinvestitionen stark zurückgefahren werden, Privatunternehmen ermuntern, die Lücke auszufüllen und mehr zu investieren. Die USA haben dieses Experiment schon zweimal durchgeführt. Man hoffte, niedrigere Steuern würden das Wachstum, die Ersparnisbildung und die Investitionen ankurbeln. Beide Male scheiterte das Experiment. Wie bereits erwähnt, war das Wachstum nach der Reagan'schen Steuersenkung nicht nur viel niedriger, als er versprochen hatte, sondern auch niedriger als in den Jahrzehnten zuvor.[8] Nach den Steuersenkungen unter Bush ging die Ersparnisbildung zurück – die Sparquote der privaten Haushalte sank fast auf null. Zwar erholten sich die Investitionen, aber dies lag vor allem an den Immobilieninvestitionen, mit denen es, gelinde gesagt, kein gutes Ende nahm.[9] Heute sind die Aussichten noch schlechter: Da die US-Notenbank meint, wir seien nahe an der Vollbeschäftigung, wird sie die Zinsen schneller erhöhen, als sie es sonst getan hätte, und dadurch die Privatinvestitionen bremsen. (Sollte die durch die Trump'schen Handelskriege erzeugte globale Ungewissheit eine weltwirtschaftliche Rezession auslösen, wird die Fed die Zinsen möglicherweise nicht erhöhen beziehungsweise sogar senken. Dies ist besonders wahrscheinlich, wenn der »Energieschub« infolge der Steuersenkungen schnell abklingt und deren negative Effekte einsetzen: ihre Verzerrungen und die enorme Ausweitung des Haushaltsdefizits.)

Um unsere Wissensbasis verbreitern zu können, müssen wir auch eine offene Gesellschaft bleiben – offen für Ideen und Menschen aus anderen Ländern. In gewisser Hinsicht ist der grenzüberschreitende Wissensfluss der wichtigste Aspekt der Globalisierung. Wir besitzen kein Monopol auf die Produktion von Wissen; und wenn wir uns gegen andere abschotten, wird das sowohl uns als auch ihnen schaden.[10] Wenn private und öffentliche Investitionen zurückgefahren werden und die Zuteilung der Investitionsmittel verzerrt wird, wenn Trump unsere Grenzen für die Besten und Intelligentesten aus dem Ausland dichtmacht, ist schwer vorstellbar, wie seine Politik Produktivität und Wachstum steigern soll.

Wenn wir die Produktivität steigern wollen, müssen wir genau hier ansetzen: durch Steuergesetze und durch Staatsausgaben die Forschung fördern, Hochschulen finanziell besser ausstatten, die Grenzen offen halten – offen für Ideen und Menschen aus anderen Ländern. Außerdem dürfen wir uns nicht damit begnügen, das Steuergesetz aufzuheben: Wir müssen Steuern für Großunternehmen, die nicht in den USA investieren und keine Arbeitsplätze schaffen, erhöhen und einen Teil der zusätzlichen Steuereinnahmen dafür ausgeben, die Infrastruktur zu verbessern und in Technologie und Wissenschaft zu investieren.

Den Übergang in eine postindustrielle Gesellschaft erleichtern

Wie die meisten europäischen Länder haben auch die USA Mühe, sich an Deindustrialisierung, Globalisierung und andere tief greifende wirtschaftliche und gesellschaftliche Umwälzungen anzupassen. Auch hierbei benötigen die Märkte die Hilfe des Staats. Die nachträgliche Unterstützung derjenigen, die von Transformationsprozessen betroffen sind, ist außerordentlich kostspielig und problematisch. Wir hätten mehr tun sollen, um denjenigen zu helfen, die aufgrund der Globalisierung und des technischen Fortschritts ihre Arbeitsplätze verloren, aber die ideologisch voreingenommenen Republikaner sagten Nein, lasst sie sich alleine durchschlagen. Der Staat sollte zukünftige strukturelle Umbrüche wenigstens in groben Zügen vorhersehen. Unsere Wirtschaft an den Klima- und den demografischen Wandel anzupassen sind nur zwei der vielen Herausforderungen des »Übergangs«, die unsere Wirtschaft und unsere Gesellschaft in den kommenden Jahren bewältigen müssen. In Kapitel 6 diskutierte neue Technologien – wie etwa die Robotisierung und Künstliche Intelligenz – stellen weitere Herausforderungen dar.

Jüngste und frühere Episoden solcher Veränderungen haben uns eine wichtige Lektion gelehrt: Der Markt ist der Aufgabe von sich aus nicht gewachsen. Das hat einen einfachen Grund, der bereits erklärt wurde: Die am stärksten Betroffenen, zum Beispiel diejenigen, die ihre Arbeitsplätze verlieren, sind am wenigsten dazu in der Lage, für sich selbst zu sorgen. Die Umbrüche führen oftmals dazu, dass ihre Qualifikationen entwertet werden. Sie müssen möglicherweise dorthin ziehen, wo Arbeitsplätze geschaffen werden – dabei sind Immobilien in den wachstumsstarken Regionen eines Landes oftmals deutlich teurer. Selbst wenn ihre Beschäftigungsaussichten nach einer Umschulung gut sein mögen, fehlen ihnen die Mittel dafür, und Finanzmärkte werden ihnen das Geld normalerweise nur zu Wucherzinsen vorstrecken. Kredite zu marktüblichen Zinsen gewähren sie nur denjenigen, die gute Arbeitsplätze, gute Bonität und einen hohen Eigenkapitalanteil für ihre Immobilie vorweisen können – anders gesagt denjenigen, die das Geld nicht brauchen.

Daher ist es Aufgabe des Staats, den Strukturwandel durch eine aktive Arbeitsmarktpolitik abzufedern. Solche Maßnahmen helfen Betroffenen, sich durch Umschulung die für die neuen Arbeitsplätze notwendigen Qualifikationen anzueignen und eine neue Anstellung zu finden. Ein weiteres Instrument ist die Industriepolitik, die hilft, den wirtschaftlichen Strukturwandel zukunftsgerichtet voranzutreiben, und die Gründung und Expansion von Firmen, insbesondere mittelständischen Unternehmen, in diesen neuen Sektoren unterstützt.[11] Einige Länder, zum Beispiel die skandinavischen, haben gezeigt, dass eine wohldurchdachte aktive Arbeitsmarkt- und Industriepolitik neue Arbeitsplätze genauso schnell schaffen kann, wie alte vernichtet werden, und dass sie Menschen von den alten zu den neuen Arbeitsplätzen transferieren kann. Es gab Misserfolge, aber nur weil dem, was erfolgreiche Maßnahmen ausmacht, nicht genügend Beachtung geschenkt wurde.[12]

Ortsbindung von Arbeitnehmern

Bei der Arbeitsmarkt- und Industriepolitik muss die Regierung die Ortsbindung von Arbeitskräften berücksichtigen. Allzu oft ignorieren Ökonomen das mit einem bestimmten Wohnort verbundene Sozial- und sonstige Kapital. Wenn Arbeitsplätze abwandern, vertreten sie manchmal den Standpunkt, Menschen sollten ebenfalls abwandern. Aber vielen Amerikanern mit engen Bindungen an Verwandte und Freunde fällt das nicht leicht; so sind viele Eltern aufgrund der hohen Kosten von Kinderbetreuungsangeboten auf die Unterstützung ihrer eigenen Eltern angewiesen, wenn sie berufstätig bleiben wollen. Studien aus den letzten Jahren haben gezeigt, wie wichtig soziale Bindungen und Gemeinschaften für das Wohlergehen von Menschen sind.[13]

Ganz allgemein gilt, dass die Wohnortwahl von Menschen gesamtwirtschaftlich betrachtet nicht effizient ist. Allzu viele drängen in die großen Ballungszentren, wo sie oftmals die lokale Infrastruktur überlasten und mit »Marktverstopfungen« zu kämpfen haben.[14] Fabriken wanderten unter anderem deshalb in ländliche Regionen im Mittleren Westen und im Süden ab, weil die Löhne dort niedrig waren. Gleichzeitig sorgte das öffentliche Bildungssystem dafür, dass Arbeitskräfte trotzdem hinreichend qualifiziert waren, um hochproduktiv zu sein, und die Infrastruktur war ausreichend, um Rohstoffe leicht in die Fabriken und die Fertigerzeugnisse von dort mühelos zu ihren Abnehmern zu transportieren. Heute tragen jedoch einige derselben Kräfte, die zu niedrigen Löhnen führten, zum Problem der Deindustrialisierung bei. Die Löhne waren zum Teil wegen der mangelnden Mobilität der Arbeitskräfte niedrig – bei vollkommener Mobilität wären die Löhne (kompetenzbereinigt) überall gleich. Diese mangelnde Mobilität erklärt, warum Deindustrialisierung ein so schmerzlicher Prozess ist.

Kurzum, wir brauchen regional- beziehungsweise kommunalpolitische Maßnahmen, die auf bestimmte Orte (Städte oder Regionen, die unter den Folgen eines Strukturwandels leiden) zugeschnitten sind, um Gemeinden zu revitalisieren. In einigen Ländern wurde so der Strukturwandel sehr erfolgreich gemeistert: Manchester, England, die Textilhauptstadt der Welt im 19. Jahrhundert, hat sich – mithilfe der britischen Regierung – als ein Bildungs- und Kulturzentrum neu erfunden. Die Stadt hat vielleicht noch nicht wieder jenes Wohlstandsniveau erreicht, das sie zu ihrer Glanzzeit besaß, aber es ist aufschlussreich, Manchester mit Detroit zu vergleichen, das die US-Regierung einfach pleitegehen ließ.

Der Staat spielte eine zentrale Rolle beim Übergang von der Agrar- zur Industriegesellschaft; jetzt muss er eine ähnliche Rolle beim Übergang in die neue Ökonomie des 21. Jahrhunderts einnehmen.[15]

Soziale Absicherung

Existenzsorgen wirken sich besonders negativ auf das individuelle Wohlbefinden aus. Diese Unsicherheit kann auch das Wachstum und die Produktivität beeinträchtigen: Menschen, die befürchten, aus ihrem Haus geworfen zu werden oder ihren Arbeitsplatz und damit ihre einzige Einkommensquelle zu verlieren, können sich ihren beruflichen Aufgaben nicht mit der gebotenen Konzentration widmen. Wer sich abgesichert fühlt, ist eher bereit, höhere Risiken einzugehen, die wiederum oftmals mit höheren Erträgen verbunden sind. In unserer komplexen Gesellschaft sind wir ständig Risiken ausgesetzt. Neue Technologien vernichten möglicherweise Arbeitsplätze, auch wenn sie neue schaffen mögen. Der Klimawandel ist mit unabsehbaren neuen Risiken verbunden; die jüngsten schweren Hurrikane und riesigen Waldbrände sind nur ein Beispiel. Bedeutende Risiken wie diese und andere, die mit Arbeitslosigkeit, Krankheit und mangelnden Alterseinkünften verbunden sind, werden, um es noch einmal zu sagen, von Märkten nicht ausreichend abgesichert.[16] In einigen Fällen, wie Arbeitslosigkeit und Krankenversicherung für ältere Menschen, stellen Märkte schlichtweg keine Versicherungsangebote bereit; in anderen, wie der Altersvorsorge, bieten sie Rentenversicherungen nur sehr teuer an – und auch dann nur ohne wichtige Zusatzklauseln wie etwa Inflationsklauseln. Aus diesem Grund gibt es in fast allen fortgeschrittenen Ländern eine Sozialversicherung, um zumindest viele dieser Risiken abzudecken. Staaten bieten diese Versicherungen heute auf sehr effiziente Weise an – die Transaktionskosten der staatliche Rentenversicherung in den USA belaufen sich auf einen Bruchteil jener einer vergleichbaren privaten Versicherung. Allerdings müssen wir zugeben, dass es in unserem Sozialversicherungssystem große Lücken gibt und viele gewichtige Risiken nach wie vor weder von den Märkten noch vom Staat abgedeckt werden.

Arbeitslosenversicherung

Eine der größten Lücken in unserem System der sozialen Sicherung besteht darin, dass unsere Arbeitslosenversicherung ein relativ kleines Risiko abdeckt – nämlich das der Arbeitslosigkeit für maximal 26 Wochen –, aber nicht das viel schwerwiegendere Risiko der Langzeitarbeitslosigkeit. Eine einfache Reform bestünde darin, die Arbeitslosenversicherung deutlich auszuweiten, mit höheren Zahlungen für längere Zeiträume und einer Ausdehnung der Versicherung auf mehr Personen. Bei einer komplexeren Reform könnte ein Teil der Leistungen in Form einkommensabhängiger Kredite gewährt werden, das heißt, die Rückzahlung der Kredite würde vom zukünftigen Einkommen der Leistungsempfänger abhängen. Kurzzeitige Arbeitslosigkeit wirkt sich kaum auf das Lebenseinkommen einer Person aus; das eigentliche »Marktversagen« besteht darin, dass der Arbeitslose keine Kredite auf dieses zukünftige Einkommen aufnehmen kann, um den Lebensstandard seiner Familie heute aufrechtzuerhalten. Wir könnten dies ändern.[17]

Selbstverständlich wollen wir, dass Arbeitslose so schnell wie möglich eine neue Stelle finden, und die weiter oben beschriebene aktive Arbeitsmarktpolitik kann hier eine große Hilfe sein. Das Gleiche gilt für Programme, die Arbeitslose ermuntern, eine andere Stelle anzunehmen, auch wenn sie schlechter bezahlt ist. Viele Menschen haben unrealistische Erwartungen an die Höhe des Lohns, der ihnen zustehen *sollte,* und unterschätzen den Wert der Erwerbstätigkeit an sich – dabei geht es nicht nur um das Einkommen, sondern auch um die sozialen Kontakte, die weitreichende Auswirkungen auf das Wohlbefinden des Einzelnen haben – und darum, wie negativ sich eine längere Arbeitslosigkeit auf die zukünftige Vermittelbarkeit auswirkt.[18]

Jedes Mal, wenn wir über die Arbeitslosenversicherung nachdenken, sollten wir uns daran erinnern, dass sie einen weiteren positiven gesamtwirtschaftlichen Effekt hat; sie fungiert nämlich als ein automatischer Stabilisator – wenn die Konjunktur schwächelt und nicht schnell genug neue Arbeitsplätze geschaffen werden, greift sie automatisch, und das Einkommen, das sie Arbeitslosen verschafft, trägt dazu bei, die Konjunktur zu stabilisieren.[19] Es ist sinnvoll, mithilfe staatlicher Programme einer tiefen Rezession entgegenzuwirken, wie es die US-Regierung nach der Krise von 2008 tat: Solche Absicherungsmechanismen kosten uns wenig zu Zeiten, zu denen der Arbeitsmarkt angespannt ist, und trotz der Ausgaben sparen sie uns während Rezessionen eine Menge. Ohne sie würde sich eine Abkühlung beziehungsweise der Rückgang der Konjunktur viel gravierender auswirken. Die relative Schwäche des sozialen Sicherheitsnetzes in den USA erklärt zum Teil, warum die Große Rezession von 2008 so schwere Folgen hatte, weitaus schlimmere als in Deutschland und in nordeuropäischen Staaten, von denen einige von der Krise zunächst sogar noch stärker gebeutelt wurden.

Bedingungsloses Grundeinkommen

Einige, insbesondere im Hightech-Sektor, haben den scheinbar bestechenden Vorschlag gemacht, das bestehende soziale Sicherungsnetz durch ein Grundeinkommen zu ergänzen. Es wurde sogar empfohlen, ein solches Programm solle die zahllosen anderen sozialen Unterstützungsprogramme ersetzen. Ein Grundeinkommen wäre eine Art finanzielle Förderung für alle Bürger. Jeder würde vom Staat, zum Beispiel am ersten jeden Monats, eine Überweisung erhalten. Personen mit gut bezahlten Jobs würden selbstverständlich in Form von Steuern sehr viel mehr an den Staat zurückzahlen, als sie von ihm erhalten. Das bedingungslose Grundeinkommen würde als ein Sicherheitsnetz für jeden fungieren, allerdings ohne die Verwaltungskosten, die mit gezielten Programmen wie Arbeitslosenversicherung und Lebensmittelgutscheinen verbunden sind.[20] Seine Befürworter verweisen speziell darauf, dass es die negativen Effekte einer zunehmenden Automatisierung der Wirtschaft dämpfen könnte, in der sich die Wertschöpfung möglicherweise beschleunigt, während traditionelle Beschäftigungsmöglichkeiten seltener werden.

Ein bedingungsloses Grundeinkommen hat einige klare Vorteile. Es würde mehr Gleichheit schaffen und ein Auffangnetz für diejenigen bereitstellen, die sich vergeblich um Arbeit bemühen. Es könnte den bürokratischen Aufwand beseitigen, der für die Inanspruchnahme der zahlreichen Sicherheitsnetze und sozialen Schutzprogramme wie Lebensmittelgutscheine und Medicaid erforderlich ist.[21]

Allerdings glaube ich nicht, dass ein bedingungsloses Grundeinkommen die richtige Strategie ist: Für die meisten Menschen ist die Arbeit ein wichtiger Teil ihres Lebens. Das bedeutet nicht, dass es 40 Stunden in der Woche sein müssen; Menschen überlebten es – mehr als das: sie lebten in Wohlstand –, als die Arbeitswoche von 60 auf 40 Stunden verkürzt wurde, und wir werden es auch überleben, wenn sie abermals verkürzt wird, zum Beispiel auf 25 Stunden. Kürzere Arbeitszeiten führten tatsächlich zu mehr Produktivität, und viele haben Möglichkeiten gefunden, die zusätzliche Freizeit sinnvoll zu nutzen.

Es gibt viel Arbeit, die erledigt werden muss – und viel, die auf absehbare Zeit nicht von Robotern erledigt werden kann. Unsere Städte könnten verschönert werden, gebrechliche ältere Menschen und Kranke müssen besser versorgt werden, jüngere Menschen benötigen eine bessere Bildung. Da es einerseits arbeitswillige Menschen gibt und andererseits Arbeit, die erledigt werden muss, und da der Markt nicht in der Lage ist, die beiden zusammenzubringen, ist der Staat in der Verantwortung, etwas zu unternehmen – Arbeitsbeschaffungsprogramme aufzulegen, die im nächsten Abschnitt beschrieben werden.

Viele jüngere Leute sagen mir, sich auf die Arbeit zu fokussieren sei überholt, ein Relikt des 20. Jahrhunderts, und ein bedingungsloses Grundeinkommen würde ihnen, ohne die Zwänge einer formalen Beschäftigung, erlauben, ein spirituelles Leben oder ein Leben, das dem Dienst am Mitmenschen gewidmet sei, zu führen. Ich will das nicht vorschnell abtun, bin aber nicht davon überzeugt, dass dies die grundlegenden wirtschaftlichen Probleme löst – oder die Tatsache, dass Arbeitslosigkeit oft mit einem Verlust der Selbstachtung einhergeht. Arbeitsplätze bleiben das Rückgrat einer gesunden Wirtschaft, und wir brauchen eine breit angelegte Agenda, wie ich sie weiter unten diskutiere, um einen effizienten Arbeitsmarkt zu gewährleisten.

Aber bevor wir uns dem zuwenden, sollten wir auf eine weitere Problematik des Grundeinkommens hinweisen: Es ist schlichtweg unwahrscheinlich, dass angesichts der knauserigen US-Haushaltspolitik irgendeine Form des Grundeinkommens das Existenzminimum auch nur annähernd finanziell absichern würde. Dazu bedürfte es nämlich erheblicher Steuererhöhungen.

Gute Arbeitsplätze

Im Zentrum der Existenzängste in den Vereinigten Staaten und Westeuropa stehen schlicht gute Arbeitsplätze – die auch für die Erneuerung einer dynamischen Wirtschaft wichtig sind. Diejenigen, die Arbeit haben, befürchten, dass Zuwanderer ihnen die Arbeitsplätze wegnehmen und die Löhne drücken werden. Sie sorgen sich, dass es durch die Globalisierung zur Abwanderung von Arbeitsplätzen kommen wird. Sie halten das Standardargument der Ökonomen, wonach im gleichen Maße, wie alte Arbeitsplätze vernichtet werden, neue und bessere geschaffen werden, für ein Märchen. Eine solche schöpferische Zerstörung möge in einigen Fällen funktionieren, nicht aber auf breiter Front.

Die meisten haben Mühe, eine vernünftige Work-Life-Balance aufrechtzuerhalten. Frauen wollen beruflich vorankommen, wünschen sich aber ebenso ein glückliches Familienleben. Männer wollen ihren Teil beitragen, aber auch ihnen fällt es oftmals schwer, den richtigen Mittelweg zwischen beruflicher Karriere und anderen Bereichen ihres Lebens, vor allem mehr Zeit für ihre Familie, zu finden. Vielen Männern und Frauen missfällt es, für Firmen zu arbeiten, die unsere Umwelt ausplündern oder einfach nicht die positive gesellschaftliche Rolle spielen, die sie spielen könnten.

Märkte sorgen von sich aus nicht für Vollbeschäftigung, und »Märkte« sind sogar noch schlechter darin, sicherzustellen, dass Arbeit gut bezahlt wird, ganz zu schweigen von Fragen der Work-Life-Balance. Wenn entweder aufgrund der Globalisierung oder des technologischen Fortschritts die volkswirtschaftliche Wertschöpfung wächst, sollte es sich von selbst verstehen, dass wir die Früchte dieses Fortschritts nutzen könnten, um zumindest die große Mehrheit der Bevölkerung materiell besser zu stellen. Es ist weder unvermeidlich noch notwendig noch gut, dass ein so großer Teil der Einkommensgewinne dem oberen einen Prozent zufließt – in einigen der letzten Jahre sogar der allergrößte Teil des BIP-Zuwachses. Angesichts des enormen Anstiegs des Wohlstandsniveaus könnten wir unser Wirtschaftssystem zweifellos in einer Weise managen, die keinen so hohen Tribut von vielen Familien fordern würde – und dies in einer Gesellschaft, die »Familienwerte« so hoch hält. Ich erläutere im Folgenden, wie der Staat die geeigneten Rahmenbedingungen für ein Wirtschaftssystem, das allen dient, definieren kann.

Vollbeschäftigung sicherstellen

Nichts ist wichtiger für Gleichheit, Wachstum und wirtschaftliche Effizienz, als Vollbeschäftigung aufrechtzuerhalten. Und die wichtigste Voraussetzung für einen bürgerlichen Lebensstil ist ein auskömmlicher Arbeitsplatz. Dies wiederum setzt voraus, dass es Arbeitsplätze gibt – einen makroökonomischen Ordnungsrahmen, der für Vollbeschäftigung sorgt. Ungeachtet der Tatsache, dass viele konservative Ökonomen der Auffassung sind, dass Märkte immer effizient arbeiten, sollte es offensichtlich sein: Lange Zeit hat der Markt aus sich heraus keine Vollbeschäftigung erreicht. Massive Arbeitslosigkeit ist eine große Verschwendung von Ressourcen. Viele Ökonomen glauben, die Geldpolitik – die Senkung der Zinsen – sei das Instrument, das man in erster Linie einsetzen solle. Unabhängig davon, ob dieses Argument zutrifft oder nicht, ist klar, dass es Zeiten gibt – wie das vergangene Jahrzehnt –, in denen die Geldpolitik allein nicht ausreicht, um wieder Vollbeschäftigung herzustellen.[22] Dann bedarf es entschlossener fiskalpolitischer Maßnahmen – Erhöhungen der Staatsausgaben oder Steuersenkungen –, selbst wenn sie zu Defiziten führen.

Es dauerte ein Jahrzehnt, aber zehn Jahre nach dem Beginn der Großen Rezession hatten die USA fast wieder Vollbeschäftigung erreicht. (Im September 2018 waren nur 3,7 Prozent der erwerbsfähigen US-Amerikaner arbeitslos.) Allerdings zeichnet diese Statistik ein allzu rosiges Bild: Nur 70 Prozent aller Personen im erwerbsfähigen Alter sind erwerbstätig, viel weniger als in anderen Ländern, etwa der Schweiz und Island mit 80 beziehungsweise 86 Prozent.[23] Und viele in den Vereinigten Staaten – rund drei Prozent – arbeiten unfreiwillig teilzeit, weil sie sich vergeblich um eine Vollzeitstelle bemühen. Die Arbeitslosigkeit in den USA wäre vielleicht noch höher, wenn nicht so viele Menschen im Gefängnis säßen – fast ein Prozent der Bevölkerung im erwerbsfähigen Alter, weit mehr als in jedem anderen Land.[24] Die Schwäche des Arbeitsmarkts zeigt sich auch daran, dass die Reallöhne nur langsam angestiegen sind – selbst nach der jahrelangen Stagnation während der Großen Rezession erhöhten sie sich 2017 nur um 1,2 Prozent für Vollzeitbeschäftigte über 16 Jahren, und selbst danach lagen sie noch immer unter dem Niveau von 2006.[25]

Fiskalpolitik

Selbst wenn die Geldpolitik versagt, kann die Fiskalpolitik die Konjunktur beleben. Die Ausgaben für Aktivitäten mit hohem Multiplikatoreffekt zu erhöhen (Aktivitäten, die je ausgegebenem Dollar die Konjunktur stark ankurbeln – wie etwa höhere Staatsausgaben, um bessere Lehrer einzustellen) auf Kosten von Aktivitäten, die dies nicht tun (wie etwa ausländische Auftragnehmer dafür zu bezahlen, dass sie in einem Krieg in einem anderen Land kämpfen),[26] kann die Konjunktur stark ankurbeln, wenn die Nachfrage zu schwach ist, wie in den Jahren nach der Finanzkrise von 2008 geschehen. Das Gleiche kann eine Verlagerung der Steuerlast von den Armen und der Mittelschicht auf Besserverdienende bewirken, weil Geringverdiener einen größeren Teil ihres Einkommens ausgeben als Topverdiener. Das ist selbstverständlich das genaue Gegenteil dessen, was das im Dezember 2017 verabschiedete Steuergesetz tut. Das regressive Steuersystem der USA – wonach Spitzenverdiener einen geringeren Prozentsatz ihres Einkommens an Steuern zahlen als diejenigen, die weniger wohlhabend sind – ist nicht nur unfair, sondern schwächt auch die Gesamtwirtschaft und vernichtet Arbeitsplätze. Genauso ist es mit den zahllosen Schlupflöchern, Steuertricks, die sich die Superreichen zunutze machen: Sie erhöhen nicht nur die Ungleichheit, sondern verzerren und schwächen auch die Volkswirtschaft.

Einige Steuern wirken sich günstig auf die Wirtschaft aus – manche können sogar die Konjunktur anschieben. Die Besteuerung von Kohlenstoffemissionen würde Unternehmen ermuntern, in emissionsreduzierende Technologien zu investieren; Unternehmen müssten sich von Grund auf erneuern, um dem Aus für die massiven Kohlenstoffsubventionen, die sie de facto erhielten, Rechnung zu tragen.[27] Und die Wirtschaft würde in dreifacher Hinsicht profitieren: eine sauberere Umwelt, Einnahmen, die dazu genutzt werden könnten, einige der langfristigen Bedürfnisse des Landes anzugehen, und eine steigende Nachfrage, die zu mehr Arbeitsplätzen und einem höheren Wachstum führen würde.[28]

Selbst wenn es fiskalische Zwänge gibt, die auf Sorgen über die Tragfähigkeit des Haushaltsdefizits und der Staatsverschuldung zurückzuführen sind, lässt sich die Konjunktur durch eine sachgerecht konzipierte Fiskalpolitik anschieben. *Der Grundsatz des ausgeglichenen Haushalts* besagt, dass eine Steuererhöhung mit einer entsprechenden

Erhöhung der Ausgaben die Konjunktur anregt; und wenn die Steuern und die Ausgaben sorgfältig ausgewählt werden, kann der Schub für die Konjunktur – und damit für den Arbeitsmarkt – sehr stark ausfallen.[29]

Ein Gebiet, auf dem fiskalpolitische Maßnahmen besonders nutzenstiftend sein können, sind Infrastrukturinvestitionen. Jahrelang wurde zu wenig in die Infrastruktur investiert, was bedeutet, dass es einen gewaltigen Investitionsbedarf gibt und weitere Investitionen hohe Renditen abwerfen. Eine bessere Infrastruktur kann die private Investitionstätigkeit fördern, da Unternehmen von besseren Marktzugängen profitieren. Öffentliche Ausgaben fördern also private Ausgaben. Ein weiterer Vorteil sind Ressourceneinsparungen. Riesige Summen *privater* Ressourcen werden aufgrund verstopfter Flughäfen und Straßen vergeudet.

Gut durchdachte Infrastrukturinvestitionen können noch weitere Vorzüge mit sich bringen. Menschen müssen in der Lage sein, ihre Arbeitsplätze zu erreichen – und oftmals sind die öffentlichen Verkehrssysteme entweder unzureichend oder sie fehlen ganz. Deshalb sollte ein Element des neuen Infrastrukturprogramms ein gut ausgebauter öffentlicher Personennahverkehr sein.

Auch in der Forschung können gezielte fiskalpolitische Maßnahmen etwas bewirken – die Privatwirtschaft profitiert von den naturwissenschaftlich-technischen Fortschritten, die mithilfe öffentlicher Fördergelder erreicht wurden. Tatsächlich gehen viele Schlüsselinnovationen der letzten 75 Jahre auf die öffentlich finanzierte Grundlagenforschung zurück, angefangen vom Radar über das Internet bis zum Browser – die Liste ließe sich beliebig fortsetzen.[30]

Diese Maßnahmen, die bei einer Nachfrageschwäche die Gesamtnachfrage und damit das Wachstum steigern, sind gleichzeitig angebotsseitige Maßnahmen, die das Produktionspotenzial der Volkswirtschaft erhöhen. Anders als die gescheiterte Reagan'sche Strategie zur Stimulierung der Angebotsseite (Steuersenkungen, Deregulierung) funktionieren sie wirklich.

Andere Länder, vor allem in Europa, haben eine nationale Infrastrukturinvestitionsbank gegründet, die Finanzmittel für diese verschiedenen Investitionen bereitstellt. Die Europäische Investitionsbank etwa investiert jedes Jahr über 94 Milliarden Dollar in Projekte, die zum Wirtschaftswachstum in Europa beigetragen und den Lebensstandard seiner Bevölkerung gehoben haben, so etwa in Hochgeschwindigkeitszüge, die

Großstädte miteinander verbinden, in ein zuverlässiges Stromnetz und ein gutes Straßennetz.[31] Die USA werden eine riesige Summe investieren müssen, um den Infrastrukturbedarf ihrer wachsenden Wirtschaft zu befriedigen, und eine ähnliche Bank würde helfen, die notwendigen Finanzmittel bereitzustellen.[32]

Ein garantierter Arbeitsplatz für alle, die arbeitswillig sind

Normalerweise würden die bislang beschriebenen Maßnahmen ausreichen, um wieder Vollbeschäftigung zu erreichen. Dennoch ist dies in dem Wirtschaftssystem, auf das wir zusteuern, keineswegs sicher. Die »Marktideologie« hat unser Denken so stark beeinflusst, dass die meisten Ökonomen glauben, Vollbeschäftigung solle und könne dadurch erreicht werden, dass man sich weitgehend auf den *Privatsektor* verlässt, sofern die Regierung die geeigneten fiskal- und geldpolitischen Maßnahmen ergreift. Aber was geschieht, wenn dem nicht so ist?

Es geht auch anders: Der Staat stellt Arbeitskräfte ein. In den USA des 21. Jahrhunderts sollten wir ein neues Recht anerkennen – das eines jeden arbeitsfähigen und -willigen Menschen auf einen Arbeitsplatz. Und wenn sowohl der Markt als auch die Fiskal- und die Geldpolitik versagen, muss der Staat in die Bresche springen. Wirtschaftliche Sicherheit bedeutet Menschen viel, und das Mehr an Sicherheit, das dieser Absicherungsmechanismus verschaffen würde, wäre von unschätzbarem Wert. Außerdem gibt es jede Menge zu tun. Viele Schulen in den USA sind heruntergekommen, müssen instandgesetzt werden oder zumindest einen neuen Anstrich erhalten. Unsere Städte könnten gesäubert und verschönert werden.[33] Es ist eine Schande, dass es jede Menge Arbeit gibt, die dringend erledigt werden müsste, und ebenso Menschen, die diese Arbeit gern übernehmen würden, aber unser Wirtschafts- und Finanzsystem ignoriert die Bedürfnisse sowohl unserer Gesellschaft als auch dieser Menschen.

Indien hat den Bewohnern ländlicher Gebiete, die bereit sind, manuelle Hilfsarbeiten zu erledigen, eine solche Garantie gegeben (100 Tage Arbeit im Jahr), und rund 50 Millionen Inder nutzen das Programm jährlich. Wenn sich ein armes Land wie Indien dies leisten kann, dann können es auch die Vereinigten Staaten. In Indien hatte diese Arbeitsgarantie einen weiteren Vorteil – sie hat dazu beigetragen, die Löhne in ländlichen Regionen zu erhöhen, und so extreme Armut verringert; es ist davon auszugehen, dass sie in den USA zu Lohnsteigerungen bei Geringverdienern führen und somit die Ungleichheit verringern würde.[34]

Bessere Arbeitsplätze, Erneuerung der Work-Life-Balance und verminderte Ausbeutung

Die Arbeitswelt und die Bedürfnisse von Familien haben sich seit dem Zweiten Weltkrieg gewandelt: Damals war normalerweise in jeder Familie nur ein Mitglied erwerbstätig (der Mann), während ein anderes Mitglied (fast immer die Frau) zu Hause blieb; heute sind in einem sehr hohen Prozentsatz der Haushalte beide Erwachsene erwerbstätig. Es besteht also ein Bedarf an Flexibilisierung, den es in der Vergangenheit nicht gab. Eltern etwa müssen nach der Geburt eines Kindes eine Auszeit nehmen können und Unternehmen flexiblere Arbeitszeiten anbieten. Und der Staat muss die Kinderbetreuung finanziell und anderweitig fördern.[35] Am wichtigsten aber ist, dass wir die Missbräuche von Marktmacht, wie sie mit den in Kapitel 3 beschriebenen Bereitschaftsdiensten oder geteilten Diensten verbunden sind, unterbinden.

Es wäre schön, könnten wir all dies dadurch erreichen, dass wir Arbeitgeber einfach davon überzeugen. Aber das hat in der Vergangenheit nicht funktioniert und wird es wohl auch nicht in der Zukunft. Es ist wichtig, dass wir eine neue Machtbalance zwischen Arbeitnehmern und ihren Arbeitgebern herstellen. Ebenso wichtig wäre es, mehr offene Stellen im Verhältnis zur Zahl der Arbeitssuchenden zu haben. Aber dies wird vermutlich nicht ausreichen. Wir brauchen Regulierungen und Anreize, Belohnungen und Sanktionen. Diese Reformen werden nicht nur den Familien, sondern der Wirtschaft insgesamt zugutekommen, und der Nutzen für die Gesellschaft geht weit über eine mögliche Zunahme des BIP hinaus: Sie fördern die Inklusion und verringern das fortbestehende Lohn- und Einkommensgefälle zwischen den Geschlechtern.

Mehr Chancengerechtigkeit und soziale Gerechtigkeit

Selbst den leidenschaftlichsten Verfechtern der Marktwirtschaft ist bewusst, dass Märkte von sich aus weder für soziale Gerechtigkeit noch für Chancengerechtigkeit sorgen. Insbesondere nicht an Orten, die durch Diskriminierung gekennzeichnet sind, und in einer Gesellschaft wie der US-amerikanischen, in der fast ein Fünftel der Kinder in Armut aufwächst. In kompetitiven Arbeitsmärkten (Arbeitsmärkte sind, wie bereits erwähnt, nur selten kompetitiv) werden die Löhne von Angebot und Nachfrage bestimmt. Das Zusammenspiel der Marktkräfte kann dazu führen, dass Geringverdiener einen Lohn erhalten, der nicht zur Existenzsicherung, geschweige denn für eine auskömmliche Lebensführung ausreicht. Der Staat spielt bei der Förderung sozialer Gerechtigkeit eine wichtige Rolle. Er muss dafür sorgen, dass alle ein existenzsicherndes Einkommen erhalten, dass junge Menschen die notwendigen Kompetenzen erwerben, um beruflich erfolgreich zu sein, dass sie unabhängig von Einkommen, Bildungsniveau, gesellschaftlicher Stellung und sonstigen Verhältnissen ihrer Eltern Zugang zu guten, ihren Qualifikationen entsprechenden Beschäftigungsmöglichkeiten erhalten, und dass manche Personen beziehungsweise Unternehmen ihre Marktmacht nicht dazu nutzen, um sich ein unverhältnismäßig großes Stück vom nationalen Kuchen zu sichern.[36]

Beim Versuch, die Wirtschaft wieder auf einen dynamischen Wachstumspfad zu führen, sollten auch die übergeordneten gesellschaftlichen Ziele der Chancen- und sozialen Gerechtigkeit berücksichtigt werden. Zunächst müssen die Markteinkommen gerechter verteilt werden (dies wird manchmal auch »Prädistribution« genannt). Doch wie sehr wir uns auch bemühen, die Ungleichheit im Markteinkommen wird höchstwahrscheinlich zu hoch bleiben. Um die Lebensstandards weiter anzugleichen, müssen wir dann auf eine progressivere Besteuerung, Transferleistungen und öffentliche Ausgabenprogramme zurückgreifen.[37] Wenn uns eine stärkere Angleichung der Markteinkommen gelingt, vermindern sich die mit einer Umverteilung einhergehenden Belastungen. Diese Betonung der *Prädistribution* hat einen guten Grund. Sie verdeutlicht, dass eine fairere Einkommensverteilung nicht nur eine Frage der *Umverteilung* ist, also der Besteuerung der Reichen, um die Bedürftigen zu unterstützen.

Im Prozess der Erwirtschaftung von Einkommen selbst entstehen Ungerechtigkeiten, da Unternehmen Monopol- beziehungsweise Monopsonmacht ausüben, andere ausbeuten oder Schutzbedürftige beziehungsweise Angehörige bestimmter »Rassen« oder ethnischer Gruppen diskriminieren. Ungleichheit entsteht auch dann, wenn Vorstandschefs Defizite im Ordnungsrahmen für gute Unternehmensführung ausnutzen, um sich selbst exorbitante Gehälter zu genehmigen, sodass weniger Geld für die Entlohnung von Arbeitnehmern oder für Investitionen in das Unternehmen übrig bleibt. Ein Verbot dieser Praktiken, eine Reform der Gesetze über gute Unternehmensführung, die Verabschiedung besserer Arbeitsgesetze, die Stärkung und Durchsetzung von Antidiskriminierungs- und Wettbewerbsgesetzen – all dies sind (parteipolitische Auseinandersetzungen einmal ausgeklammert) leichte Schritte, um für eine fairere Einkommensverteilung zu sorgen. Märkte existieren bekanntlich nicht in einem Vakuum; sie müssen strukturiert werden – durch Regulierungen und einen politischen Ordnungsrahmen. Einigen Ländern ist dies besser gelungen, was zu größerer Effizienz und einer stärkeren Angleichung der Markteinkommen geführt hat.

Ungleichheit entsteht nicht nur durch die Regeln, die sich auf das individuelle Einkommen auswirken,[38] sondern auch durch jene, die ausbeuterisches Verhalten von Unternehmen ermöglichen beziehungsweise einschränken. Unser Finanzsystem ist so gestaltet, dass es Ungleichheit erhöht: Geringverdiener müssen hohe Zinsen zahlen, wenn sie Kredite aufnehmen, erhalten aber nur niedrige Zinsen auf ihre Bankguthaben. »Reformen« im Finanzsektor – wie die Abschaffung von Kreditzinsobergrenzen – haben alles noch schlimmer gemacht. Die rückläufige Zahl von Wettbewerbern in diesem Sektor konzentriert sich allzu sehr darauf, die Leichtgläubigen zu übervorteilen.[39]

Viele Reformschritte könnten zu mehr Gleichheit beitragen. So könnten etwa Geringverdiener von einer Erhöhung der Mindestlöhne, staatlichen Lohnkostenzuschüssen und einem Steuerfreibetrag für Arbeitseinkommen profitieren – all diese Maßnahmen würden die von Privatunternehmen gezahlten Löhne auf ein auskömmliches Niveau aufstocken.[40]

Die generationenübergreifende Weitergabe von Vorteilen und Nachteilen

Selbst wenn die höheren Einkommen der Wohlhabenden sich nicht der Ausbeutung der Sozialschwächeren verdanken, könnten wir ihre Besserstellung als unfair ansehen, wenn sie nicht auf ihre eigenen Anstrengungen zurückginge, sondern auf Erbschaften. So kommen wir zur zentralen Frage der generationenübergreifenden Weitergabe von Vergünstigungen und Benachteiligungen. Es versteht sich von selbst, dass Menschen mit höherem Einkommen und Vermögen und höherer Bildung alles in ihrer Macht Stehende tun, um ihren Kindern ihre eigenen Vorteile mitzugeben; und je größer die Einkommens-, Vermögens- und Bildungsungleichheit in einer Generation ist, umso größer wird sie in der nächsten sein. Deshalb ist die Agenda zur Verringerung der Ungleichheit heute fester Bestandteil einer Agenda zur Sicherstellung einer größeren Chancengleichheit morgen.[41]

Es ist moralisch nicht zu rechtfertigen, dass ein Kind armer Eltern dazu verurteilt ist, sein Potenzial nicht ausschöpfen zu können. Eine humane Gesellschaft kann es nicht hinnehmen, dass einem Kind wegen des Pechs oder der Fehlentscheidungen seiner Eltern Daseinschancen vorenthalten werden. In einem Land, in dem jedes fünfte Kind in Armut aufwächst, ist dies keine theoretische Frage, es ist ein konkreter Missstand, dem dringend abgeholfen werden muss. Deshalb sind Ernährungs- und Gesundheitsprogramme für Kinder sowie Programme zur Förderung von Bildungschancen, von der Vorschule bis zur Universität, so wichtig.

Ein qualitativ hochwertiges, kostenloses öffentliches Bildungssystem kann eine starke Kraft des gesellschaftlichen Zusammenhalts sein. Vor 50 Jahren blieben Frauen viele Türen verschlossen, weil sie diskriminiert wurden, und so zogen schlecht bezahlte Stellen im Bildungswesen viele talentierte Frauen an. Als sich einige Aspekte der Diskriminierung von Frauen abschwächten und sie in anderen Sektoren Fuß fassen konnten, verringerte dies den Pool an hochqualifizierten Frauen, die für relativ niedrige Gehälter als Lehrerinnen eingestellt werden konnten. Um bei dieser Arbeitsmarktdynamik die gleiche Bildungsqualität aufrechtzuerhalten, hätten wir die Gehälter von Pädagogen (und folglich die Bildungsausgaben) sehr viel stärker erhöhen müssen.

Und weil die wirtschaftliche Segregation in den USA stark zugenommen hat, mit der Folge, dass arme Kinder immer öfter in Vierteln leben, in denen viele andere arme Kinder wohnen, führt unser Bildungssystem zu einer großen und wachsenden Bildungsungleichheit.[42] Die Kinder in reichen Gemeinden erhalten eine bessere Bildung als diejenigen in armen Gemeinden. Dieses Muster setzt sich in Colleges und Universitäten fort, da die Studiengebühren weit schneller angestiegen sind als die Einkommen von Menschen in der Mitte und im unteren Bereich der Einkommenspyramide. Kinder aus ärmeren Familien können sich oftmals nur dann ein Collegestudium leisten, wenn sie sich hoch verschulden. Sie stehen vor einer unangenehmen Wahl: auf ein Collegestudium zu verzichten und sich selbst zu einem Leben mit niedrigen Löhnen zu verdammen oder ein Collegestudium zu absolvieren, das eine lebenslange Schuldenlast mit sich bringt.

Ein gutes *öffentliches* Bildungssystem steht somit im Zentrum einer jeden Agenda, die mehr Gleichheit und Chancengerechtigkeit anstrebt. Dazu bedarf es erhöhter Ausgaben auf Bundesebene. Wie können wir erwarten, dass das Bildungswesen gute Lehrer anlockt, wenn eine so große Kluft besteht zwischen ihrem Gehalt und dem, was man bei einer Bank und in anderen Branchen verdient. Und wie können wir flächendeckend ein qualitativ hochwertiges Bildungssystem erwarten, wenn die Finanzausstattung der Gemeinden so unterschiedlich ist? Es geht nicht darum, Lehrern durch eine leistungsorientierte Bezahlung Anreize zu geben – ihnen eine Prämie zu zahlen, auch wenn diese sich auf mehrere Tausend Dollar beliefe, ändert kaum etwas an dem großen Gehaltsunterschied zwischen Lehrern und etwa Bankern. Außerdem sind Lehrer Fachkräfte, und ein Leistungslohn wertet ihre Professionalität ab. Ein Herzchirurg würde verärgert reagieren, wenn man ihm sagte: »Um Ihnen einen Anreiz zu geben, werde ich Ihnen mehr zahlen, wenn die Operation erfolgreich verläuft.« Der Chirurg gibt bei jeder Operation sein Bestes. Und das Gleiche gilt für einen Großteil unserer Lehrer. Wir würden bessere Leistungen erhalten, wenn wir mehr Respekt zeigen würden (anstatt Lehrer und ihre Gewerkschaften ständig schlechtzumachen, was in gewissen Kreisen von Bildungsreformern mittlerweile zum guten Ton gehört), zusätzlich müssten durch höhere Gehälter bessere Lehrer für den Schuldienst gewonnen und bessere Arbeitsbedingungen einschließlich – in vielen Fällen – kleinerer Klassen geboten werden.[43]

Diskriminierung

Eines der Krebsgeschwüre der amerikanischen Gesellschaft ist ihre rassische, ethnische und Geschlechterdiskriminierung. Wir beginnen gerade erst zu erkennen, wie verbreitet und beständig sie tatsächlich ist; eindeutig dokumentierte brutale polizeiliche Übergriffe in jüngster Zeit und die hohen Inhaftierungsraten bei Minderheiten belegen dies. Diskriminierung ist ein moralisches Übel mit wirtschaftlichen Folgen. Wie jedes Krebsgeschwür schwächt auch sie unsere Lebenskraft. Die unter Diskriminierung Leidenden sind oft nicht in der Lage, ihr Potenzial auszuschöpfen, womit wir eine der wichtigsten ökonomischen Ressourcen unseres Landes vergeuden.

Wie in Kapitel 2 erwähnt, sind wir in den letzten 50 Jahren nur langsam und stockend bei der Bekämpfung der Rassendiskriminierung vorangekommen – nach ein paar Jahren, in denen Bürgerrechtsgesetze spürbare Veränderungen brachten und die Segregation abnahm, blockierten die Gerichte weitere Fortschritte, bis der Oberste Gerichtshof 2013 Schlüsselbestimmungen des Wahlrechtsgesetzes von 1965 kippte.[44] In Kapitel 2 wurde erläutert, wie der amerikanische Traum für diejenigen, die in Familien am Fuß der Einkommenspyramide hineingeboren werden, und insbesondere für Mitglieder von Minderheiten zu einem Mythos geworden ist. Rassische, ethnische und geschlechtsspezifische Diskriminierung sind mitverantwortlich für die Zunahme der wirtschaftlichen Ungleichheit, der unzureichenden Chancengerechtigkeit und wirtschaftlicher und sozialer Segregation.

Die vielen Formen der Diskriminierung

Diskriminierung nimmt in den USA mannigfaltige Formen an. Diskriminierung bei der Kreditvergabe, auf dem Immobilien- und dem Arbeitsmarkt erfolgt oftmals auf eine subtile Art und Weise – das gilt allerdings nicht für die Polizei oder das Justizsystem, in der sie allzu offensichtlich ist. Nichts definiert die Vereinigten Staaten für sich selbst wie für andere mehr als ihr Bekenntnis zu Rechtsstaatlichkeit und Gerechtigkeit. Der *Pledge of Allegiance* (Treueschwur), mit dem viele amerikanische Kinder den Schultag beginnen, enthält die eindringlichen Worte »… mit Freiheit und Gerechtigkeit für alle«. Aber wie der amerikanische Traum ist auch dies ein Mythos. Eine zutreffendere Beschreibung der Realität würde lauten »… mit Gerechtigkeit für alle, die sie sich leisten können« und sollte die Einschränkung enthalten »… insbesondere, wenn sie weiß sind«. Amerika ist weltweit dafür bekannt, dass hier mehr Menschen inhaftiert sind (im Verhältnis zur Gesamtbevölkerung) als in jedem anderen Land. Erstaunlicherweise haben die Vereinigten Staaten einen Anteil von 25 Prozent an sämtlichen Strafgefangenen weltweit, obwohl sie nur fünf Prozent der Weltbevölkerung stellen, und der Anteil der Afroamerikaner unter ihnen ist überproportional hoch.[45] Allmählich wird dieses System der massenhaften Inhaftierung als das erkannt,[46] was es ist: nicht nur grob ungerecht und diskriminierend, sondern auch extrem ineffizient.[47]

Was ist zu tun?

Soziale Praktiken wie Rassen- und Geschlechterdiskriminierung, die schon so lange bestehen, werden nicht von selbst aufhören. Wir müssen die tief sitzenden institutionellen Grundlagen von Rassismus und anderen Formen der Diskriminierung verstehen und sie ausmerzen.[48] Rassen-, ethnische und Geschlechtergleichheit können erst dann verwirklicht werden, wenn wir die Antidiskriminierungsgesetze überall in unserer Wirtschaft konsequenter anwenden. Aber wir müssen darüber hinausgehen. Wir brauchen auch neue Bürgerrechtsgesetze.

Wir benötigen gezielte Fördermaßnahmen zugunsten benachteiligter Gruppen (»affirmative action«) und Wirtschaftsprogramme, um die Chancengleichheit voranzubringen. In den USA gibt es zahlreiche Armutsfallen – bestimmte Personengruppen, ob in gewissen geografischen Regionen wie den Appalachen oder einer bestimmten Abstammung, wie amerikanische Ureinwohner und Afroamerikaner, müssen bei ihrem beruflichen Weiterkommen und sozialen Aufstieg unterstützt werden.[49] Wir wissen inzwischen, wie Vorteile und Benachteiligungen von einer Generation an die nächste weitergegeben werden können. Wir müssen diese Erkenntnisse anwenden, um Armutsfallen aufzubrechen, wo und warum sie auch auftreten.

Zugang zu Bildung, ausreichende Versorgung mit Lebensmitteln und Gesundheitsfürsorge sind notwendig (aber nicht ausreichend). Angesichts der Tatsache, dass gerade durch unser lokal finanziertes und lokal basiertes Bildungssystem die wirtschaftliche Ungleichheit aufrechterhalten wird, müssen die Bundesmittel massiv erhöht werden. Da die Benachteiligung armer Kinder schon vor dem Schuleintritt beginnt, brauchen wir auch nationale Programme der Vorschulerziehung.

Rassengleichheit und wirtschaftliche Gerechtigkeit sind untrennbar miteinander verbunden. Wenn wir Ungleichheiten insgesamt verringern, wenn wir sicherstellen, dass die Kinder einkommensschwacher Familien die gleichen Chancen erhalten wie jene aus vermögenden Familien, dann werden wir bei der Gleichstellung der »Rassen« und in Bezug auf ökonomische und soziale Gerechtigkeit große Fortschritte machen können. Und unsere Wirtschaft wird wieder dynamisch wachsen.

Die Erneuerung der Generationengerechtigkeit

Zu einer Dimension der Gerechtigkeit legen Politiker oft Lippenbekenntnisse ab, aber das war's dann schon: das Wohlergehen künftiger Generationen. Die Steuerreform von 2017 wird riesige Löcher in den Bundeshaushalt reißen und so die Staatsverschuldung ansteigen lassen. Ironischerweise haben sich die Republikaner im Kongress entschieden gegen eine Ausweitung der Staatsverschuldung ausgesprochen – mit der Begründung, diese belaste zukünftige Generationen –, bis sie die Gelegenheit erhielten, Konzerne und Milliardäre zu bereichern. Drei Aspekte der Generationengerechtigkeit wurden dabei weitgehend ignoriert, und eine progressive Agenda muss dies ändern.

Erstens, was zukünftige Generationen wirklich belastet, sind unzureichende öffentliche und private Investitionen. Die besten Schätzungen deuten darauf hin, dass der Kapitalstock in den USA nicht einmal mit dem Wachstum des Einkommens Schritt gehalten hat. Wenn wir unseren jungen Leuten keine angemessenen Bildungsangebote machen, werden sie ihre Fähigkeiten und Begabungen nicht entfalten können. Und wenn wir nicht in Infrastruktur und Technologie investieren, werden sie in jener Welt, die sie erben, unseren heutigen Lebensstandard nicht aufrechterhalten können.

Zweitens, unser Planet ist unersetzlich. Wenn wir es hier nicht schaffen, können wir nirgendwo anders Zuflucht suchen. Und trotzdem treiben wir Raubbau an der Erde, wobei der Klimawandel die größte Gefahr darstellt. In einer mittlerweile vorhersagbaren Weise steigen die Schäden Jahr für Jahr. Auch die US-Umweltpolitik und Entscheidungsabläufe innerhalb der Regierung vernachlässigen die Interessen nachfolgender Generationen in sträflicher Weise. Erinnern wir uns aus Kapitel 7 daran, dass die Regierung jedes Mal, wenn sie eine neue Regulierung erwägt, eine Kosten-Nutzen-Analyse durchführen muss. Ein Element einer Kosten-Nutzen-Analyse besteht darin, die Kosten etwa einer Umweltschutzbestimmung mit dem Nutzen zu vergleichen, der sich daraus nicht nur heute, sondern auch in Zukunft ergibt. Wenn wir zum Beispiel schmutzige Kohlekraftwerke nach und nach abschalten, mögen die Kosten heute steigen, aber der Nutzen in Form eines besseren Gesundheitszustands der Bevölkerung und eines verminderten globalen Temperaturanstiegs erstreckt sich Jahre in die Zukunft. Die Schlüsselfrage bei diesen Kosten-Nutzen-Abwägungen lautet: Wie vergleichen wir einen zukünftigen Nutzen in Höhe von einem Dollar mit heutigen Kosten in Höhe von einem Dollar? Gemäß den Verfahrensvorschriften der Regierung Trump ist ein (»realer«) Dollar in 50 Jahren, wenn unsere Kinder in der Blüte ihrer Jahre sein werden, nur noch drei Cents wert. Kurz gesagt, misst sie der Zukunft einen zu geringen Wert bei. Sofern der Nutzen einer Umweltschutzbestimmung für unsere Kinder nicht mehr als 30-mal größer ist als die heutigen Kosten, sollte sie nach Auffassung der gegenwärtigen US-Regierung nicht erlassen werden. Angesichts dieser Rechnung, die die Interessen unserer Kinder sträflich vernachlässigt, ist es nicht weiter verwunderlich, dass die Regierung keinerlei Neigung verspürt, gegen den Klimawandel vorzugehen.[50]

Drittens, aus unterschiedlichsten Gründen haben viele junge Menschen nicht die Chancen, die ich hatte, als ich meine Ausbildung begann. Millionen haben Studienkredite aufgenommen und sind so hoch verschuldet, dass dies ihre Fähigkeit zur freien Berufswahl – da sie pünktlich die fälligen Tilgungsraten zahlen müssen –, zur Gründung einer Familie oder auch zum Erwerb einer Immobilie beeinträchtigt. Unterdessen sind die Immobilienpreise, relativ zu den Einkommen, aufgrund der Politik des billigen Geldes (mit der Folge niedriger Kreditzinsen), eines schlecht konzipierten Steuergesetzes und der Deregulierung der Finanzmärkte stark angestiegen. *Unsere* Generation profitierte von den Vermögenszuwächsen. Die nächste Generation hat Schwierigkeiten, an erschwinglichen Wohnraum zu kommen. Diese Wohlstandsschere ist besonders beunruhigend. Eltern, die den großen Reibach mit Immobilien machten, teilen dieses Vermögen vielleicht mit ihren Kindern, die es ihrerseits vielleicht den eigenen Kindern vermachen werden. Aber Eltern, die keine Immobilien besitzen, können ihren Kindern und Enkelkindern wenig oder gar nichts vererben, sodass ihre Nachkommen zu kämpfen haben. Ungleichheiten in dieser Generation werden sich daher möglicherweise in der nächsten verstärken. Die weiter unten erläuterten Änderungen in der Steuerpolitik und bei Hypotheken- und Studienkrediten, auf die wir im nächsten Kapitel eingehen, weisen einen Ausweg.

Besteuerung

Ein progressives, gerechtes und effizientes Steuersystem sollte ein wichtiger Teil einer dynamischen und gerechten Gesellschaft sein. Wir haben die wichtigsten Leistungen beschrieben, die der Staat erbringen muss; dazu gehören ein öffentliches Bildungs- und Gesundheitssystem, Forschung und Infrastruktur, ein leistungsfähiges Justizsystem und ein Mindestmaß an sozialer Absicherung. All dies erfordert finanzielle Mittel, also Steuern. Es ist nur gerecht, dass diejenigen, die mehr zahlen können – die in der Regel von unserem Wirtschaftssystem stärker profitieren –, einen größeren Beitrag leisten. Aber wie in Kapitel 2 erwähnt, zahlen die Spitzenverdiener tatsächlich einen niedrigeren Steuersatz als diejenigen mit niedrigeren Einkommen. In dieser und anderer Hinsicht hat sich die Situation in den letzten 30 Jahren verschlechtert – wobei die Steuerreform von 2017 mit ihren Steuererhöhungen für die meisten Angehörigen der Mittelschicht, mit denen Steuersenkungen für Konzerne und Milliardäre finanziert wurden, vielleicht das schlimmste Steuergesetz aller Zeiten ist.

Würden Konzerne und vermögende Privatpersonen ihren fairen Anteil an Steuern zahlen – was durch eine geringfügige Korrektur unseres gegenwärtigen regressiven Steuersystems erreichbar wäre –, dann könnte dies über einen Zeitraum von zehn Jahren mehrere Billionen Dollar einbringen.[51] Hierzu müssten nicht nur Steuersätze erhöht, sondern auch zahllose von Lobbyisten im US-Steuergesetz untergebrachte Schlupflöcher gestopft werden.[52] Statt Grundvermögen mit Vorzugssätzen zu besteuern (wie es das Gesetz von 2017 tut), sollten Erträge aus Grundvermögen höher besteuert werden. Werden Arbeitnehmer besteuert, strengen sie sich vielleicht weniger an; wird Kapital besteuert, wandert es möglicherweise ab, oder die Ersparnisbildung sinkt.[53] Bei Grundstücken ist das anders. Sie sind und bleiben da, ob sie besteuert werden oder nicht. Tatsächlich plädierte der bedeutende Wirtschaftswissenschaftler Henry George im 19. Jahrhundert dafür, Grundstückserträge – Renten – zu 100 Prozent zu besteuern.[54] Die Besteuerung von Renten kann die gesamtwirtschaftliche Produktivität steigern. Heute fließt ein hoher Prozentsatz der Ersparnisse in Grundstücke statt in produktive Anlageformen (Investitionen in Forschung, Fabriken und Ausrüstungsgüter). Wertsteigerungen von Grundvermögen und Renten zu besteuern würde eine Umleitung von Ersparnissen in Produktivkapital fördern.[55]

Es gibt weitere Steuern, die gleichzeitig die Wirtschaftskraft stärken und die Einnahmen erhöhen können. So gemahnt eine Steuer auf Kohlenstoffemissionen die privaten Haushalte und Unternehmen daran, dass wir unsere Kohlenstoffemissionen senken müssen.[56] Ohne solche Steuern berücksichtigen Menschen die sozialen Kosten ihrer kohlenstoffemittierenden Aktivitäten nicht. Diese Steuern wären auch Anreize für kohlenstoffreduzierende Investitionen und Innovationen und könnten maßgeblich dafür sein, die wichtigen Ziele zur Begrenzung der globalen Erwärmung zu erreichen, die bei den internationalen Klimakonferenzen in Paris (2015) und Kopenhagen (2009) vereinbart wurden.[57] Ohne eine solche Steuer wird es schwer werden, diese Ziele zu erreichen; und die Kosten, die auf uns zukommen, wenn wir hier scheitern, sind enorm – schon 2017 erreichten die Verluste aufgrund wetterbedingter Naturkatastrophen eine Rekordhöhe; so richteten allein die Hurrikane Harvey, Irma und Maria Schäden in Höhe von insgesamt 245 Milliarden Dollar an, was zeigt, dass die mit der globalen Erwärmung einhergehende Wettervariabilität wie vorhergesagt zunimmt.[58] Der Anstieg des Meeresspiegels wird Küstenstaaten immense Kosten aufbürden; ein Großteil Floridas und Louisianas wird überflutet oder von viel häufigeren

Gezeitenfluten heimgesucht werden. Sogar die Wall Street wird überschwemmt werden, auch wenn einige vielleicht meinen, das sei gut so.

Es gibt ein allgemeines Prinzip: Bei jeder wirtschaftlichen Tätigkeit, bei der die privaten Erträge größer sind als die sozialen (der gesamtgesellschaftliche Nutzen), erhöht eine Steuer die Wohlfahrt. Ein weiteres Beispiel einer Steuer, die wir dringend benötigen: Kurzfristige Finanztransaktionen sind gesamtwirtschaftlich betrachtet größtenteils unproduktiv. Bei diesen Transaktionen hofft eine Person, sich aufgrund eines Informationsvorsprungs einen Vorteil gegenüber einer anderen zu verschaffen. Vielleicht glauben sogar beide, im Vorteil zu sein. In vielerlei Hinsicht ist die Börse nichts anderes als das Spielcasino der Reichen. Und auch wenn das Glücksspiel kurzfristig Spaß machen mag, wandert dabei doch lediglich Geld aus der Brieftasche einer Person in die einer anderen. Das Glücksspiel – und kurzfristige Wertpapiergeschäfte – macht das Land nicht reicher oder produktiver, und oftmals endet es mit einem bösen Erwachen der einen oder anderen Vertragspartei. Übermäßige Handelsaktivität, wie sie insbesondere mit Hochfrequenzhandel verbunden ist, hat keinen gesamtwirtschaftlichen Nutzen.[59] Eine wohldurchdachte Finanztransaktionssteuer bringt nicht nur Steuereinnahmen, sondern macht auch die Wirtschaft effizienter und stabiler.

Selbstverständlich werden Vertreter von Sonderinteressen gegen jede dieser Steuern mobil machen. Ich behaupte nicht, dass sie politisch leicht durchsetzbar sind. Aber von den politischen Widerständen einmal abgesehen, sollte Geld keinen Hinderungsgrund darstellen, uns darum zu kümmern, dass die USA nicht länger ein reiches Land mit armen Menschen sind – dass allen Amerikanern der soziale Aufstieg in die Mittelschicht offensteht.

Fazit

Die in diesem Kapitel erörterten Veränderungen sind, zusammen mit den weiter oben diskutierten Reformen, notwendig, um unsere Wirtschaft auf einen Pfad dynamischen Wachstums zu führen und dafür zu sorgen, dass diese den Menschen dient und nicht umgekehrt. Viele sind nicht neu – wie schon erwähnt, sind Varianten dieser Maßnahmen in anderen Ländern erfolgreich angewandt worden. Nicht die ökonomischen Aspekte sind problematisch – sondern die politische Umsetzung.

Aber selbst wenn die Politik mitspielt und es uns gelingt, die hier beschriebenen Reformen umzusetzen, mag die erhoffte gesicherte Mittelschichtexistenz für viele nach wie vor schwer erreichbar sein: Selbst gut verdienende Ehepaare können womöglich keine ausreichende Altersvorsorge betreiben oder es sich nicht leisten, ihre Kinder studieren zu lassen. So wie sich Bauern früher gegenseitig halfen, eine neue Scheune zu errichten, und so wie Familien in Zeiten der Not zusammenrücken, funktioniert unsere Gesellschaft am besten, wenn alle zusammenarbeiten. Wachstum für alle zu schaffen ist Teil des übergeordneten Ziels, allen Amerikanern wieder den Aufstieg in die Mittelschicht zu ermöglichen. Das nächste Kapitel erläutert, wie das erreicht werden kann.

10. Ein menschenwürdiges Leben für alle

Märkte, Zivilgesellschaft, staatliche Regulierungen und Programme wie das kostenlose öffentliche Bildungssystem sorgten im letzten Jahrhundert gemeinsam dafür, dass die Mittelschicht und jene Arbeitsplätze, die den Aufstieg in diese Schicht ermöglichten, entstehen konnten – was die Lebensumstände der Arbeiter, die noch 100 Jahre zuvor von tiefstem Elend geprägt waren, enorm verbesserte. Aber in den letzten 40 Jahren haben wir diese Mittelschichtexistenz zunehmend als selbstverständlich erachtet und sind dabei selbstgefällig geworden. Was dazu führte, dass sich sehr viele Menschen abrackern müssen, um diesen Lebensstil aufrechtzuerhalten, und für nicht wenige ist er unerreichbar geworden. Wenn die Löhne eines Großteils der Erwerbstätigen über einen Zeitraum von 50 Jahren in dem reichsten großen Land der Welt stagnieren oder sinken, dann ist klar, dass etwas schiefgelaufen ist. Die Reformen, die wir im letzten Kapitel erörterten, würden schon viel dazu beitragen, dass jeder Arbeitnehmer in den USA zumindest mit einem auskömmlichen Nettolohn nach Haus ginge. Sie bergen auch die Chance in sich, nachhaltiges Wachstum zu erneuern. Aber sie werden nicht ausreichen, um vielen Amerikanern ein Leben in Würde zu ermöglichen.

Während der letzten Jahrzehnte waren Märkte nicht besonders erfolgreich darin, die Grundvoraussetzungen eines auskömmlichen Lebens für alle zu schaffen. Einige dieser Marktversagen verstehen wir heute recht gut: Märkte würden von sich aus nur gesunde Personen versichern, und sie verwenden sehr viel Geld darauf, zwischen den Gesunden und anderen zu unterscheiden. Aber eine Gesellschaft, in der sich nur die Gesunden versichern können, ist keine produktive oder gesunde Gesellschaft. In der gleichen Weise können Märkte hervorragende Bildungseinrichtungen für die Kinder der Reichen bereitstellen, aber eine

Gesellschaft, in der nur diese Kinder eine gute Bildung erhalten, ist weder fair noch effizient.

Konservative erklären, manchmal seien Bemühungen, Marktversagen zu korrigieren und die Unzulänglichkeiten von Märkten zu beheben, durchaus sinnvoll, aber sie kosteten Geld. Und dies könnten wir uns heute, insbesondere aufgrund unserer massiven öffentlichen Verschuldung, nicht leisten. Das ist blanker Unsinn. Ländern, die viel ärmer sind als die USA, gelingt es wesentlich besser als uns, die Ansprüche ihrer Bürger auf eine bedarfsgerechte Gesundheitsversorgung und eine gute Bildung für alle und die übrigen Voraussetzungen eines Lebens in Würde zu erfüllen.[1]

Tatsächlich haben es die Vereinigten Staaten vor etwa 60 Jahren besser hinbekommen. Am Ende des Zweiten Weltkriegs waren wir sehr viel höher verschuldet und viel ärmer – mit einem Pro-Kopf-Einkommen, das lediglich ein Viertel des heutigen betrug.[2] Dennoch konnten wir es uns in den Jahren nach dem Zweiten Weltkrieg leisten, auf der Basis der G.I. Bill Kriegsveteranen – was im Grunde genommen bedeutete: allen jungen Männern und vielen jungen Frauen, mit Ausnahme der Afroamerikaner, denen zahlreiche Leistungen der G.I. Bill vorenthalten wurden – ein kostenloses Studium an den besten Hochschulen anzubieten.[3] In ähnlicher Weise haben wir unter Präsident Eisenhower unser nationales Straßennetz ausgebaut und den National Defense Education Act erlassen, mit dem ein groß angelegtes Programm zur Förderung von Wissenschaft und Technologie begann. Unter Präsident Johnson beschlossen wir das Medicare Program, und unter Präsident Johnson weiteten wir die staatliche Rentenversicherung aus. Wenn wir uns diese Dinge damals leisten konnten, können wir das auch heute. Es geht um Entscheidungen – und wir haben die falschen Entscheidungen getroffen.

Eine zentrale Idee bei den nachfolgenden Vorschlägen ist die *öffentliche Option*.[4] Es hat sich gezeigt, dass der Staat in vielen Bereichen effizienter ist als der Privatsektor. Die Verwaltungskosten staatlicher Rentenprogramme belaufen sich auf einen Bruchteil derjenigen im Privatsektor. Länder mit öffentlichen Gesundheitssystemen haben niedrigere Kosten bei besseren Ergebnissen als das gewinnorientierte System in den USA. Dennoch legen Amerikaner Wert darauf, wählen zu können. Mit einer öffentlichen Option schafft die Regierung ein alternatives Basisprogramm, um Produkte wie Krankenversicherung, Altersrenten oder Hypothekenkredite bereitzustellen. Der Wettbewerb zwischen dem öffentlichen und dem privaten Sektor mildert die schlimmsten Auswüchse von Marktmacht. Er gibt den Bürgern mehr Wahlmöglichkeiten und lindert das Ohnmachtsgefühl, das sie heute verspüren, wo ihre Optionen so begrenzt sind und sie sich oft vom privaten Sektor missbraucht fühlen.[5] Er stellt sie (wirtschaftlich) besser und gibt ihnen das Gefühl, ihr Leben besser kontrollieren zu können.

Langfristig werden öffentliche und private Programme auf einigen Märkten vielleicht nebeneinander bestehen (wie etwa heute schon im Bereich der Altersvorsorge). In einigen Fällen mag der private Sektor imstande sein, ein Programm auf die besonderen Bedürfnisse bestimmter Personen zuzuschneiden. In anderen Fällen dürfte er, abgesehen von bestimmten Nischenprodukten für sehr vermögende Kunden, austrocknen. Er wird sich als nicht konkurrenzfähig erweisen. In wieder anderen Fällen werden sich die meisten Bürger für privatwirtschaftliche Angebote entscheiden. Aber immer wird die öffentliche Option für Wettbewerb zwischen dem privaten und dem öffentlichen Sektor sorgen, mehr Wahlmöglichkeiten eröffnen und den privaten Sektor dazu ermuntern, effizienter, konkurrenzfähiger und bedürfnisgerechter zu produzieren, mit niedrigeren Preisen und einem besseren Service.

Leider haben sich die USA in die falsche Richtung bewegt. Präsident Obama schlug im Rahmen des Affordable Care Act (»Obamacare«) eine öffentliche Option vor. Die Privatwirtschaft, die keine Konkurrenz wollte, hat sie erfolgreich verhindert.[6]

Die USA sind stolz auf den »amerikanischen Exzeptionalismus«, also den Anspruch, aufgrund ihrer einzigartigen Geschichte eine Sonderstellung unter allen Nationen einzunehmen. In jüngster Vergangenheit hat er allerdings einen düsteren Unterton angenommen: größere (soziale) Ungleichheit und Chancenungleichheit, mehr Strafgefangene und eine deutlich niedrigere – und sinkende – Lebenserwartung als in Ländern mit vergleichbarem Pro-Kopf-Einkommen. Das private Krankenversicherungssystem in den USA ist weitaus kostspieliger mit weitaus schlechteren Ergebnissen als die öffentlichen Systeme in Europa. All dies spricht dafür, dass wir dem, was andernorts getan wird, mehr Aufmerksamkeit schenken sollten. Die USA sollten aufhören zu glauben, sie könnten von anderen Nationen nichts lernen. Diese haben aufmerksam verfolgt, wie wir vorgegangen sind, und wenn sie etwas entdeckten, das funktionierte, und von dem sie glaubten, dass es auch für sie von Nutzen wäre, haben sie es nachgeahmt und an ihre Bedürfnisse angepasst. Wir sollten ebenso verfahren.

Zugang zu Gesundheitsversorgung für alle

Obamacare machte einen bedeutenden Anfang, indem sichergestellt wurde, dass alle Amerikaner Gesundheitsversorgung erhalten. Es gibt offensichtlich Verbesserungsbedarf, insbesondere da sich einige Bundesstaaten weigern, an dem erweiterten Medicaid Programm (das Gesundheitsleistungen für Bedürftige erbringt) teilzunehmen. Aber in mancher Hinsicht verschlechtert sich die Situation wieder, insbesondere seit der Verabschiedung der US-Steuerreform von 2017, die die Versicherungspflicht für Privatpersonen abschaffte. Die Aufhebung der Versicherungspflicht erzeugt, kombiniert mit Regeln, die eine Benachteiligung wegen Vorerkrankungen verbieten, einen Teufelskreis für die Privatversicherungen: Gesunde Personen steigen aus, bis sie eine Versicherung brauchen, sodass die Versicherungsbeiträge steigen, da sich nur diejenigen versichern, die krank sind beziehungsweise kurz davor stehen, eine Krankenversicherung zu brauchen; aber dies veranlasst noch mehr relativ gesunde Menschen dazu, die Versicherung zu kündigen, was zu weiteren Beitragserhöhungen führt.[7] Wenn man ein sämtliche Bürger eines Landes einbeziehendes Versicherungssystem anstrebt– und dafür sprechen gute wirtschaftliche und gesellschaftliche Gründe –, dann braucht man entweder eine öffentliche Versicherung, nach dem Vorbild der europäischen staatlichen Krankenversicherungssysteme, oder man muss den Bürgern verpflichtend auferlegen, sich privat zu versichern, wie es Obamacare tut, oder man muss Versicherungsgesellschaften hohe öffentliche Subventionen zukommen lassen.[8] In einer Gesellschaft, in der es kaum soziale Solidarität gibt – nach dem Motto: jeder für sich –, mag die Idee, dass die Gesunden die Kranken subventionieren, anstößig erscheinen, bis wir uns klarmachen, dass wir praktisch alle eines Tages unsere Gesundheit mehr und mehr einbüßen. Selbst unter den völlig Gesunden nehmen nur diejenigen, die plötzlich und unerwartet sterben, im Lauf ihres Lebens das Gesundheitssystem nie in Anspruch.

Trump und die Republikaner präsentierten deshalb keine Alternative zu Obamacare (die sie doch eigentlich »aufheben und ersetzen« wollten), weil es keine anderen Lösungen gibt. Obama und die Demokraten setzten alles daran, ein System zu schaffen, in dem alle bereits versicherten Personen ihre Versicherung behalten konnten, das jedoch gleichzeitig dafür sorgte, dass sich alle anderen ebenfalls versichern konnten. Es war ein unvollkommenes System, aber es bot einen Rahmen, der im Lauf der Zeit hätte verbessert werden können.

Eine zentrale Bestimmung des Gesetzes kam allerdings nicht durch den Kongress – die öffentliche Option. Sie hätte Medicare allen zugänglich gemacht, allerdings gegen Beitragszahlung. So wäre niemand ohne Versicherungsschutz geblieben, selbst wenn alle privaten Gesellschaften beschlossen hätten, in einer bestimmten Region keine Versicherung anzubieten. Gleichzeitig hätte es für Wettbewerb gesorgt und so den Missbrauch von Marktmacht in einem Sektor, in dem die begrenzte Anzahl von Unternehmen in den meisten geografischen Regionen diesen wahrscheinlich macht, eingeschränkt.

Indem Trump und die Republikaner die individuelle Versicherungspflicht abschafften, haben sie Obamacare, einem sehr populären Programm, möglicherweise den Todesstoß versetzt. Dann werden Millionen Amerikaner, insbesondere Menschen mit Vorerkrankungen, ohne Krankenversicherung dastehen. Weitere Millionen werden mit steigenden Beiträgen konfrontiert, was besonders belastend ist, wenn sich der Gesundheitszustand mit zunehmendem Alter verschlechtert – man also eine Krankenversicherung besonders dringend benötigt, sich diese aber nicht mehr ohne Weiteres leisten kann. Es gibt nur zwei Möglichkeiten: Die Versicherungspflicht und öffentliche Subventionen werden wieder eingeführt, aber diesmal mit der öffentlichen Option; oder der Staat lässt über einen nationalen Gesundheitsdienst allen Bürgern eine medizinische Grundversorgung zukommen. Wie das System in Großbritannien zeigt, können ein stabiler privater Markt für Zusatzversicherungen und eine staatliche Grundversicherung durchaus nebeneinander bestehen.

Auskömmliche Alterssicherung

Nachdem Arbeitnehmer ihr ganzes Leben hart gearbeitet haben, gebührt ihnen ein auskömmliches Alterseinkommen. Im Herbst ihres Lebens sollten sie sich keine Sorgen darüber machen müssen, ob sie über die Runden kommen, ob sie auf die Unterstützung einer karitativen Organisation oder ihrer Kinder angewiesen sein werden oder eine Teilzeitstelle zum Mindestlohn bei McDonald's annehmen müssen. Selbstverständlich sollte der Staat dafür sorgen, dass arbeitsfähige und -willige ältere Menschen weiterhin in sinnerfüllender Weise am Erwerbsleben teilhaben können, indem sie ihre im Lauf des Lebens erworbenen Kompetenzen und Erfahrungen einbringen.

Rechtsstehende Politiker würden gerne bei der staatlichen Rentenversicherung (Social Security), einem Eckpfeiler der Alterssicherung der meisten Amerikaner, den Rotstift ansetzen. In Bezug auf die Social Security verwenden sie den Ausdruck »Anspruch« in einem abwertenden Sinne und versuchen dadurch zu suggerieren, diese Leistungen seien nicht etwas, was man sich verdient habe, sondern eine Art Geschenk. Aber Arbeitnehmer haben ihr gesamtes Erwerbsleben hindurch Beiträge zur Social Security gezahlt, ganz so, als hätten sie in eine private Rentenversicherung eingezahlt. Es gibt allerdings einige wichtige Unterschiede: Privatunternehmen sind weniger effizient und haben höhere Transaktionskosten, sind bestrebt, möglichst hohe Summen als Gewinne abzuschöpfen, und sichern Risiken weniger umfassend ab, während Beiträge und Leistungen enger miteinander verknüpft sind.

Präsident George W. Bush hat versucht, die Social Security zu privatisieren, anders gesagt, er wollte dafür sorgen, dass Arbeitnehmer von privaten Märkten übervorteilt und den Wechselfällen des Aktienmarkts ausgesetzt würden – um womöglich von wirtschaftlichen Kräften, die sich ihrer Kontrolle entziehen, zugrunde gerichtet zu werden, da ein Börsencrash ihre Alterersparnisse vernichtet hätte. Dieses Vorhaben erscheint umso unverantwortlicher, wenn man es vor dem Hintergrund der historischen Erfahrung der Großen Rezession betrachtet, die durch die amerikanischen Großbanken verursacht wurde – ebenjene Finanzinstitute, auf die sich die Bürger diesem Mythos zufolge für ihre Altersabsicherung verlassen sollten. Diejenigen, deren Ersparnisse nicht durch die Finanzkrise vernichtet wurden, sahen sich dann einem neuen

Problem gegenüber, nun verursacht durch die Federal Reserve, als diese sich beherzt bemühte, die Wirtschaft angesichts der Unnachgiebigkeit der Republikaner im Kongress, die dem dringend benötigten Konjunkturprogramm nicht zustimmen wollten, wieder in Schwung zu bringen. Als die Fed ihre Zinsen auf null senkte, sahen diejenigen, die ihr Geld umsichtigerweise in Staatsanleihen angelegt hatten, ihr Alterseinkommen dahinschwinden – was genauso verheerend wie eine galoppierende Inflation oder ein Börsencrash war.

Schon vor der Großen Rezession erhielten in anderen Ländern Rentenempfänger, die privat rentenversichert waren, aufgrund der von den Versicherungsgesellschaften auferlegten Gebühren 30 bis 40 Prozent niedrigere Rentenleistungen.[9] Selbstverständlich sind diese Gebühreneinnahmen der eigentliche Grund dafür, dass die Privatwirtschaft solche Rentensparpläne verwalten will – die Privatisierung der Alterssicherung bedeutet nichts anderes, als dass Geld von Rentnern an Banken beziehungsweise Versicherungen übertragen wird. Es gibt keine Belege dafür, dass Banken höhere oder sicherere Renditen erwirtschaften; ganz im Gegenteil.

Verschlimmert wird alles noch dadurch, dass viele Amerikaner Finanzhaien zum Opfer gefallen sind, die Ausschau nach Leuten halten, die sie mithilfe überhöhter und oftmals versteckter Provisionen ausbeuten können.[10]

Die Lektion ist klar: Wir können den Amerikanern nicht zumuten, sich für ihre Altersvorsorge auf die Märkte zu verlassen. Die Schwankungen der Marktwerte und der erwirtschafteten Erträge sind zu groß und die Banken zu gewinnorientiert. Sie brauchen eine Alternative – nicht die von den Republikanern verlangten Kürzungen bei der Social Security, sondern eine Wiederbelebung der Social Security, die sicherstellt, dass sie auf einer soliden finanziellen Basis steht, und die den Versicherungsnehmern eine öffentliche Option anbietet. Die öffentliche Altersvorsorgeoption ließe sich am leichtesten dadurch umsetzen, dass man den Versicherten erlaubt, zusätzliche Gelder auf ihr Social-Security-Konto einzuzahlen, was zu einer entsprechenden Erhöhung ihrer Rentenanwartschaften führen würde.

Die öffentliche Option würde der Privatwirtschaft auf wirkungsvolle Weise Konkurrenz machen und die Banken und Versicherungsgesellschaften möglicherweise dazu veranlassen, bessere Finanzprodukte zu niedrigeren Kosten und Gebühren anzubieten – tatsächlich könnte sie sinnvolles Verhalten sogar besser fördern als staatliche Regulierung. Selbstverständlich lehnt der Finanzsektor eine öffentliche Option entschieden ab. Dessen Vertreter legen großartige Lippenbekenntnisse zum Wettbewerbsprinzip ab, aber wenn es hart auf hart kommt, sind ihnen ihre behaglichen Absprachen doch lieber.

Eine Ertüchtigung der Social Security erfordert eine Ausweitung der für die Kapitalanlage zulässigen Finanzinstrumente, weg vom Fokus auf ertragsschwache US-Staatsanleihen. So könnte sie einen Teil der Versichertengelder in einen breit gefächerten Aktienfonds oder in Anleihen investieren, die von einer noch zu gründenden Infrastrukturinvestitionsbank ausgegeben würden, wie wir sie weiter oben diskutiert haben (eine amerikanische Version der Europäischen Investitionsbank). Solche Infrastrukturinvestitionen haben große gesamtwirtschaftliche Nutzeneffekte. Und würde ein kleiner Teil davon in Form von Kapitalerträgen – in Höhe von beispielsweise fünf Prozent – an Anleiheninhaber ausgeschüttet, würde dies zugleich den Treuhandfonds der Social Security auf eine solidere finanzielle Basis stellen.

Wohneigentum

Die Finanzkrise von 2008 hat nicht nur die Defizite in unserer Rentenversicherung, sondern auch in unserem System der Immobilienfinanzierung offengelegt. Millionen von Amerikanern verloren ihre Eigenheime, viele aufgrund von missbräuchlichen und betrügerischen Praktiken im US-amerikanischen Finanzsystem. Unser System der Hypothekenfinanzierung ist nach wie vor defekt,[11] und die US-Bundesregierung bürgt noch immer für die allermeisten Hypothekenkredite.[12] Die US-Finanzinstitute haben klargestellt, dass sie jegliche »Reform« ablehnen, die sie für die Risiken der von ihnen vergebenen Hypothekenkredite haften lässt. Damit sagen sie im Grunde genommen, dass sie keine Verantwortung für die von ihnen geschaffenen Finanzprodukte übernehmen können! Ein Jahrzehnt nach der Krise scheint man sich über das weitere Vorgehen nicht einig zu sein. Es gibt eine einfache Antwort, denn Fortschritte bei modernen Technologien und Informationssystemen ermöglichen es, ein Hypothekenfinanzierungssystem, das den Anforderungen des 21. Jahrhunderts gerecht wird, aufzubauen. Zu den zentralen Problemen gehören die Vorauswahl und Prüfung (festzustellen, ob sich ein bestimmtes Objekt für eine bestimmte Familie eignet und ob diese über genügend Eigenkapital für den Kauf verfügt) und die Durchführung des Hypothekendarlehensvertrags, insbesondere die Sicherstellung von Zahlungseingängen.

Für Ersteres ist die historische Entwicklung des Familieneinkommens die wichtigste Datengrundlage – und diese umfangreichen Daten sind bereits bei der Social Security Administration (US-Bundesrentenversicherungsanstalt) und der Steuerbehörde gespeichert. Es ist ineffizient, diese Informationen auf Papier zu kopieren, zu übermitteln, zu überprüfen und erneut in eine Unternehmensdatenbank einzugeben. Ein zweiter, äußerst wichtiger Datenbestand betrifft Immobiliengeschäfte; er ermöglicht es dem Kreditgeber, den Wert der Kreditsicherheit verlässlich abzuschätzen. Da alle Käufe in einem öffentlichen Register erfasst werden, gibt es einen vollständigen Datensatz, auf dessen Grundlage sich der aktuelle Wert einer Immobilie recht präzise ermitteln lässt.[13]

Selbstverständlich sind noch weitere Daten für die Entscheidung über die Vergabe eines Hypothekendarlehens relevant – etwa die Frage, ob der Antragsteller die Immobilie selbst nutzen wird oder ob er beabsichtigt, das Objekt zu vermieten. Auch die meisten dieser Daten werden in Steuerformularen angegeben – Steuerpflichtige können Kreditzinsen für selbst genutzte Immobilien steuerlich absetzen und müssen die Einnahmen aus der Vermietung auf einem gesonderten Einkommensteuerformular angeben. Und während es im Vorfeld der Krise von 2008 im Prozess der Verbriefung (in dem Hypothekendarlehensforderungen zu »Wertpapieren« gebündelt wurden, die dann an Investoren weiterverkauft wurden)[14] zu massivem Betrug (Lügen) kam, wird das sehr wahrscheinlich viel seltener vorkommen, wenn diese Informationen den Steuerbehörden gemeldet werden, auch deshalb, weil es schwerwiegendere Folgen haben kann.

Wir könnten also die Bundessteuerbehörde als ein Vehikel für Hypothekendarlehenszahlungen nutzen. Dies würde außerdem erhebliche Einsparungen mit sich bringen.[15] Durch die effizientere Informationsnutzung und die niedrigeren Transaktionskosten könnten die Kosten für die Vergabe und Verwaltung eines Hypothekendarlehens deutlich gesenkt werden. Eine 30-jährige Hypothek mit einer 20-prozentigen Eigenleistung ließe sich zu einem Zinssatz gewähren, der nur wenig über jenem läge, zu dem die öffentliche Hand am Markt Kredite mit einer Laufzeit von 30 Jahren aufnehmen kann, und die öffentliche Hand könnte noch immer einen Gewinn machen.[16] Und wenn es vor allem darum geht, amerikanischen Familien zu helfen, das Risiko des Erwerbs von Wohneigentum besser abzusichern, könnten neue Hypothekenprodukte entwickelt werden, etwa solche, die es bei einer erheblichen Verringerung des Familieneinkommens erlauben würden, die Rückzahlungsraten herabzusetzen und die Laufzeit des Darlehens entsprechend zu verlängern. Diese würden nicht nur das Risiko kostspieliger Zwangsvollstreckungen senken, sondern auch Existenzängste vermindern, die Menschen in einer unverhofften Krisensituation erleben, etwa wenn sie ihren Arbeitsplatz verlieren oder schwer erkranken.

Unsere privaten Märkte haben nicht viel getan, um ihren Kunden zu helfen, Risiken besser abzusichern. Unsere Banken haben sich stärker darauf konzentriert, ihre Kunden so gut es ging zu übervorteilen – und ihre Provisionseinnahmen zu steigern. Entsprechend schufen sie toxische Hypothekenpapiere, welche die Risiken für die Kreditnehmer noch *erhöhten.*

Und so verloren Millionen von Amerikanern ihr Eigenheim, einschließlich vieler derjenigen, die ihre Immobilie schon vollständig abbezahlt hatten, seit Jahren in ihren Häusern lebten, aber von den Banken dazu überredet wurden, die starken Erhöhungen der Häuserpreise »zu Geld zu machen«, indem sie einen durch nachrangige Hypothek besicherten Konsumkredit aufnahmen. Verluste seien ausgeschlossen (wurde ihnen eingeredet) – und warum sollten sie bis kurz vor dem Tod warten, um das Geschenk zu genießen, das ihnen der Immobilienboom beschert hatte? Aber natürlich haben sie verloren.

Unser heutiges staatlich gelenktes Hypothekensystem ist eine öffentlich-private Partnerschaft, in der die private Seite die Gewinne in Form höherer Provisionen einstreicht, während die Allgemeinheit für die Verluste geradestehen muss. Dies ist nicht der effiziente Kapitalismus, der in Lehrbüchern oder von Befürwortern freier, uneingeschränkter Märkte angepriesen wird. Vielmehr ist es der »Ersatzkapitalismus« amerikanischer Spielart, der sich in der Praxis herausgebildet hat. Dies ist nicht die Art Marktwirtschaft, nach der wir streben sollten, nicht die

Art Marktwirtschaft, die zu einem steigenden Lebensstandard führen wird.

Kurzum, wir brauchen einen Hypothekenmarkt mit jener innovativen öffentlichen Option, die oben vorgeschlagen wurde. Ein solcher Markt würde nicht nur mehr Amerikanern zu Immobilieneigentum verhelfen; er würde auch mehr Amerikanern ermöglichen, ihre Immobilien, ihren wichtigsten Vermögenswert, zu behalten.

Bildung

Alle Amerikaner wollen, dass ihre Kinder ihr Potenzial ausschöpfen, und dazu muss man ihnen die beste Bildung zukommen lassen, die ihren Talenten, Bedürfnissen und Wünschen gerecht wird. Leider ist unser Bildungssystem nicht mit der Zeit gegangen. Drei Monate Ferien pro Jahr und kurze Schultage mögen in einer Agrargesellschaft des 19. oder frühen 20. Jahrhunderts und in einer Welt mit nichtberufstätigen Müttern angemessen gewesen sein, heutzutage funktioniert das nicht mehr. Auch die Struktur des Bildungssystems entspricht nicht mehr dem technologischen Fortschritt, der uns heute erlaubt, in Sekundenschnelle auf Informationen zuzugreifen, die vor nicht allzu langer Zeit nur in den besten Bibliotheken verfügbar waren.

Am wichtigsten aber ist, dass unser Bildungssystem die wachsende Ungleichheit stark beeinflusst: Das Bildungsniveau und das Einkommen eines Elternteils und der Bildungsabschluss des Kindes sind eng miteinander korreliert, und das Gleiche gilt auch für den Bildungsabschluss und das zukünftige Einkommen.[17] Mängel in unserem Bildungssystem führen also dazu, dass Vorteile über Generationen verstärkt weitergegeben werden – im Gegensatz zu früher, als das öffentliche Bildungssystem die wichtigste Kraft für die Gleichstellung in unserer Gesellschaft darstellte.

Mehr Chancengleichheit im Bildungswesen erfordert vielfältige Maßnahmen – von der Verfügbarkeit von Vorschuleinrichtungen für alle bis hin zum Zugang zu Colleges und Universitäten für alle, ohne die große Belastung durch hohe Studienkredite. Wir wissen heute, dass es bereits bei der Einschulung große Unterschiede zwischen Kindern gibt, und Vorschulerziehungsprogramme können helfen, diese zu verringern.[18]

Es gibt vielfältige Möglichkeiten, um den allgemeinen Zugang zu höherer Bildung sicherzustellen – niedrigere Studiengebühren und öffentlich bereitgestellte einkommensabhängige Kredite, bei denen der Rückzahlungsbetrag vom Einkommen des Kreditnehmers abhängt. Dies alles lässt sich so justieren, dass Schulden aus Studienkrediten nie zu jener existenziellen Bedrohung werden, die sie heute sind. Dieses System hat in Australien sehr gut funktioniert und könnte es auch in den USA.[19] Ich will hier nicht die Vorzüge dieser Alternativen beurteilen, sondern lediglich verdeutlichen, dass wir uns den allgemeinen Zugang zu höherer Bildung leisten können, während wir es uns *nicht* leisten können, diese Investitionen zu unterlassen. Und Bildung zu erschwinglichen Bedingungen sollte ein zentrales Element einer Agenda sein, die allen Amerikanern ein Leben in Würde ermöglicht.

Das Land ächzt unter finanziellen Altlasten: Millionen junger Menschen haben sich Studienkreditschulden aufgebürdet, die sie nicht zurückzahlen können – eine Summe von insgesamt 1,5 Billionen Dollar. Es ruiniert ihr Leben, zwingt sie dazu, Heirat, Immobilienkauf oder auch die Annahme eines Stellenangebots hinauszuschieben, da sie ihre ganze Tatkraft darauf verwenden müssen, diese drückenden Schulden zurückzuzahlen. Es schadet überdies unserer Wirtschaft.

Schlimmer noch: Der Finanzsektor hat seine Lobbymacht dazu genutzt, um es praktisch unmöglich zu machen, sich dieser Schulden durch Insolvenz zu entledigen. Dass muss geändert werden: Warum sollte jemand, der einen Kredit aufgenommen hat, um in sich selbst zu investieren, schlechter behandelt werden als jemand, der eine Jacht mit einem Kredit finanzierte?

Außerdem sollte es eine öffentliche Option geben, also öffentlich bereitgestellte Studienkredite. Diejenigen, die bereits mit Studienkreditschulden belastet sind, sollten private in öffentliche Kredite umwandeln können.[20] Öffentliche Kredite wiederum sollten in einkommensabhängige Kredite umgewandelt werden, mit Zinsen, die nur knapp über dem Zinssatz liegen, zu dem der Bund Kredite aufnehmen kann: Wir sollten keinen Profit aus jungen Leuten schlagen, die versuchen, im Leben voranzukommen.

Zudem führt ein Vorschulerziehungssystem, das so stark von lokalen Steuern abhängig ist wie das unsere, dazu, dass Kinder in finanzschwachen Gemeinden eine schlechtere Bildung erhalten als Kinder in reichen Kommunen. Leider ist dieses Problem schlimmer geworden. Aber wir können es beheben.[21] Die US-Bundesregierung sollte Anreize für Bundesstaaten schaffen, auf einen stärkeren Finanzausgleich zwischen reichen und armen Kommunen hinzuwirken, und selbst mehr Mittel bereitstellen, um die Bildungschancen in den einzelnen Bundesstaaten anzugleichen. Weil die einkommensschwachen Haushalte Hilfe benötigen, um ihren Rückstand aufzuholen, sollte die Bundesregierung Bezirken mit vielen Armen sogar noch mehr finanzielle Sonderhilfen zukommen lassen.

Fazit

Es sind nur ein paar Dinge, die ein Leben in Würde ausmachen: Menschen wünschen sich Arbeitsplätze mit fairer Entlohnung und ein Mindestmaß an Sicherheit vor und nach dem Eintritt in den Ruhestand, eine gute Bildung für ihre Kinder, eine eigene Immobilie und Zugang zu einem guten Gesundheitswesen. Bei all dem hat der Kapitalismus amerikanischer Prägung die Erwartungen weiter Teile der US-amerikanischen Bevölkerung enttäuscht. Wir können es besser. Das vorstehend skizzierte Programm ist ein Anfang. Für einige der tief sitzenden Probleme, die bereits seit der Ära Reagan schwären, kann es jedoch keine umfassende Lösung bieten. Wir hätten schon längst etwas tun sollen, um denjenigen zu helfen, die arbeitslos geworden sind und deren Kompetenzen durch die neuen Technologien entwertet wurden. Aber wir taten es nicht. Wir hätten ein besseres Gesundheits- und ein besseres Bildungssystem aufbauen sollen. Aber das haben wir nicht. Wir hätten den Städten, die von Deindustrialisierung betroffen waren und in eine Abwärtsspirale des Niedergangs gerieten, helfen sollen. Auch das haben wir nicht. Wir zahlen jetzt den Preis für all diese Versäumnisse. Wir können die Geschichte nicht neu schreiben, und wir sollten nicht versuchen, in die Vergangenheit zurückzukehren. Wir müssen aus den Karten, die wir uns selbst gegeben haben, das Beste machen.

Die von mir dargelegte Agenda lässt sich im Rahmen der finanziellen Beschränkungen, denen die USA heute unterliegen, umsetzen; sie wird das Leben unserer Familien verbessern und unsere Wirtschaft stärken. Zu denjenigen, die behaupten, wir könnten es uns nicht leisten, sage ich: Wir als ein reiches Land können es uns nicht leisten, nicht dafür zu sorgen, dass der Aufstieg in die Mittelschicht wieder für mehr Amerikaner erreichbar wird.

Eine andere Gesellschaft ist möglich, und diese progressive Agenda kann uns helfen, sie zu verwirklichen.

11. Rückbesinnung auf die Werte und Ideale Amerikas

»Gebt mir eure Müden, eure Armen,
Eure geknechteten Massen, die frei zu atmen begehren,
Den elenden Unrat eurer gedrängten Küsten;
Schickt sie mir, die Heimatlosen, vom Sturme Getriebenen,
Hoch halt ich mein Licht am gold'nen Tore!«

Inschrift auf der Freiheitsstatue. Aus dem Sonett »Der Neue Koloss« von Emma Lazarus

Unser Gemeinwesen ist so weit vom rechten Weg abgekommen, dass wir jetzt gezwungen sind, uns grundlegenden Fragen zuzuwenden, um unsere Schwierigkeiten zu beheben. Geringfügige Änderungen an bestehenden Strukturen werden uns nicht dorthin bringen, wohin wir müssen.

Dabei müssen wir als Erstes die Frage beantworten, woran wir als Amerikaner glauben. Meiner Überzeugung nach sind wir ungeachtet unserer derzeitigen Lage und des Bildes, das wir der Welt präsentieren, im Grunde noch immer ein Land, das an Fairness, Chancengleichheit und an das glaubt, wofür die Freiheitsstatue mit ihrer bewegenden Inschrift steht. Wir sind noch immer ein Land, in dem sich die Menschen um ihre Nachbarn und die weniger Privilegierten kümmern. Auch Wahrheit, Wissen und sozialer Zusammenhalt sind uns wichtig: Wir sind mehr als nur raubeinige Individualisten, die den Wilden Westen durchstreifen.

Wenn wir wollen, dass die Politik und die Wirtschaft in den USA diese Werte wieder verkörpern und hochhalten, müssen wir zunächst eine Bestandsaufnahme dieser Werte machen – und anerkennen, dass sich unsere politische Klasse in ihrem konkreten politischen Handeln nicht davon leiten ließ, mit gefährlichen Folgen.

Die Kluft zwischen unseren Werten und der gesellschaftlichen Wirklichkeit

Was sind amerikanische Werte? Fragen Sie einen Politiker, und das, was er Ihnen sagen wird, ist eine Sache. Beobachten Sie seine Handlungen, und das, was Sie diesen entnehmen werden, ist etwas ganz anderes. Die Frage mag sich etwas naiv anhören, aber sie führt uns zum Kern dessen, was wir tun müssen, um die unsere Gesellschaft belastenden Übel zu beheben. Und ich verstehe »Werte« nicht in dem Sinne, in dem die religiöse Rechte sie oftmals versteht: Werte, die in unseren *persönlichen* Entscheidungen und unserem Familienleben zum Ausdruck kommen. Nein, ich meine die Werte, die unsere *politischen* Entscheidungen und Programme und wirtschaftlichen Perspektiven prägen.[1]

Eine der Schwächen der wirtschaftswissenschaftlichen Theorie besteht darin, dass wir in unseren Modellen Menschen zu stark vereinfachen, indem wir in ihnen lediglich egoistische und materialistische Akteure sehen. Aber wir brauchen nur ein wenig nachzudenken, und schon wird uns klar, dass Menschen mehr sind als das. Wir streben nach Geld, und dennoch stoßen uns übermäßige Habgier und Materialismus oder auch die moralische Verkommenheit ab, durch die manche es zu Reichtum bringen. Einige wetteifern um Aufmerksamkeit, während anderen Anonymität lieber ist; aber nur wenige finden irgendetwas Bewundernswertes an Trump, der durch seine ständigen Tatsachenverdrehungen und seinen Narzissmus die Nation in Atem hält.

Wir bewundern diejenigen, die ihr Leben dem Dienst an Mitmenschen widmen. Ich gehe einmal davon aus, dass die meisten von uns wollen, dass ihre Kinder mitfühlend und großzügig werden, nicht egoistisch und eigennützig. Kurzum, wir sind viel komplexer als der Homo oeconomicus, den die Wirtschaftswissenschaftler so gründlich untersucht haben, jenes egoistische Individuum, das ständig nach Befriedigung seiner Bedürfnisse strebt. Aber wenn wir uns nicht darum bemühen, moralische Werte und Normen in unsere Modelle und unser politisches Handeln zu integrieren, werden weniger edle Motive – Geiz und Gleichgültigkeit gegenüber anderen – das Vakuum ausfüllen. Wir gehen düsteren Zeiten entgegen, wenn die Schutzbedürftigsten sich selbst überlassen bleiben, Regelbrecher belohnt werden, Regulierer de facto von denjenigen »vereinnahmt« werden, die sie regulieren sollen, Aufseher eingeschüchtert werden, wirtschaftliche Erträge – die sich oftmals eher Ausbeutung als echter Wertschöpfung verdanken – hauptsächlich denjenigen zufließen, die schon mehr als genug haben, und wenn Ideen wie Wahrheit, Fakten, Freiheit, Empathie und Rechte bloße rhetorische Kunstgriffe sind, die eingesetzt werden, wenn es politisch opportun ist.

Man braucht sich nur umzusehen, und es ist unverkennbar, dass unser Land, im Zeitalter Trumps, auf diese düsteren Zeiten zusteuert. Dennoch gibt es auch Anzeichen dafür, dass wir noch immer einen Ausweg finden können. Der Abscheu, den wir für das Verhalten unserer führenden Politiker und Wirtschaftskapitäne empfinden, ist ein gutes Zeichen – es bedeutet, dass wir noch kein perfektes Spiegelbild des von uns geschaffenen, auf Eigennutz und Habgier beruhenden Wirtschaftssystems sind. Aber wenn wir nicht umsteuern, werden wir diesem System immer ähnlicher werden.

Mythen verschleiern unser Versagen

Eine Gesellschaft erfindet Mythen, Geschichten und Narrative, in denen sich ihre Werte widerspiegeln und die ihre Kultur und vor allem ihre Jugend prägen. Im besten Fall können Mythen gemeinsame Werte stärken und unser Handeln bestimmen. Typische US-amerikanische Mythen sind die des radikalen Individualismus, des Selfmademan, des Arbeitsplätze schaffenden Unternehmers und des amerikanischen Traums. Der Mythos vom amerikanischen Traum ist wichtig, da er die Vorstellung bekräftigt, Amerika sei das Land der unbegrenzten Möglichkeiten. Er dient dazu, uns von anderen Ländern, vom »alten Europa«, abzusetzen, aus dem so viele unserer Vorfahren auf der Suche nach Verwirklichungschancen ausgewandert sind.

Der arme, hart arbeitende Amerikaner, der es zu Wohlstand bringt, ist ein nationaler Archetyp.[2] Wir erzählen uns selbst, dass es jeder, der hart genug arbeitet, schaffen kann. Aber wie wir in diesem Buch bereits mehrfach gesehen haben, sprechen die Statistiken ganz klar eine andere Sprache. Viele, die hart arbeiten, schaffen es nicht, und viele, die es schaffen, tun dies nicht durch Fleiß, sondern durch zwielichtige Geschäftspraktiken oder weil sie die richtigen Eltern haben.

Wir sind so sehr in unser zum Mythos gewordenes Selbstbild verliebt, dass wir darauf beharren, dass es stimmt, auch wenn die Tatsachen ganz klar etwas anderes sagen. So glauben beispielsweise viele noch immer, Chancengleichheit sei eine unabänderliche Eigenschaft dieses Landes, obwohl aus den Statistiken eindeutig das Gegenteil hervorgeht. Ironischerweise veranlasst uns die Tatsache, dass wir so sehr an unserem mythischen Selbstbild hängen, dazu, dass wir eine Politik praktizieren, die de facto unsere Werte untergräbt – und die es immer unwahrscheinlicher macht, dass der amerikanische Traum Wirklichkeit wird. Wenn sich jeder einfach durch harte Arbeit am eigenen Schopf aus dem Sumpf ziehen kann, brauchen wir keine finanziellen Hilfsprogramme für die Armen – sie werden schon irgendwie einen Arbeitsplatz ergattern und ein Collegestudium finanzieren können. Und wir brauchen auch keine gezielten Förderprogramme für benachteiligte Gruppen, um so deren Benachteiligungen zu kompensieren – denn wer Durchhaltevermögen und Entschlossenheit besitzt, wird diese aus eigener Kraft überwinden und dadurch zu einem besseren Menschen. Aber die Statistiken sprechen Bände: Selbst mit der zugegebenermaßen begrenzten Hilfe, die wir bereitstellen, schaffen Menschen aus armen Familien und aus diskriminierten Gruppen den sozialen Aufstieg schlichtweg nicht.[3] Die Chancen dafür sind einfach zu schlecht, so schlecht, dass man den amerikanischen Traum als Fiktion bezeichnen muss. Wer selbst einer weißen Familie der oberen Mittelschicht entstammt und es »geschafft hat«, dem sollten, wenn er nur einen Moment lang aufrichtig darüber nachdenkt, Zweifel kommen, ob er es hätte schaffen können, wäre er in andere Verhältnisse hineingeboren worden.

Der Mythos prägt allerdings die Medienberichterstattung: Wenn unsere Medien jemanden entdecken, der sich von unten nach oben hocharbeitete, verwenden sie Sendezeit oder Druckerschwärze auf diese Story, und das wiederum verstärkt unser vorgefasstes Selbstbild. Psychologen sprechen hier von einem Bestätigungsfehler: Informationen, die mit unseren bestehenden Überzeugungen – unseren tragenden Mythen – in Einklang stehen, werden stärker gewichtet. Widersprechende Informationen werten wir ab – die eindeutigen Belege dafür, dass es sich selbst erhaltende Eliten an der Spitze gibt und die einkommensschwachen Gruppen in Armuts- und Ungleichheitsfallen feststecken.

Oder nehmen wir den Mythos des »radikalen Individualismus«. Unternehmen wissen, dass ein radikaler Individualismus nicht funktioniert: Ein Unternehmen kann nur durch Teamwork, durch Kooperation, erfolgreich sein. Unternehmen bauen oft interne Teams auf, um dadurch Solidarität, Zusammenhalt und Kooperation zu stärken. Manchmal versuchen sie auch, sich den Wettbewerbsgeist ihrer Mitarbeiter zunutze zu machen, indem sie gesunde Rivalitäten zwischen Teams innerhalb des Unternehmens fördern. Manchmal wird die Mitarbeitervergütung teilweise an die Leistung des Teams gebunden, um den Wettbewerb zu fördern, aber diese Strategie steht im Widerspruch zur traditionellen Wirtschaftstheorie. Denn sie besagt, dass Teamwork nicht funktioniert, weil einzelne Mitglieder versuchen werden, von den Leistungen ihrer Teamkollegen zu profitieren, ohne selbst etwas beizutragen. Die meisten von uns wissen, dass die Realität eine andere ist. Wir alle wünschen uns die Anerkennung unserer Kollegen, und die bekommen wir nicht, wenn wir als Trittbrettfahrer gesehen werden. Die volkswirtschaftliche Standardtheorie hat das menschliche Verhalten und die menschliche Natur noch in vielfältiger anderer Hinsicht falsch modelliert. Dadurch hat sie zur Entstehung eines Wirtschaftssystems beigetragen, das die Amerikaner und ihr Verhalten in einer Weise geprägt hat, die oftmals im Widerspruch zu ihren höheren Werten steht.[4]

Spannungsverhältnis zwischen Veränderungsbereitschaft und tiefem Konservatismus

Ein weiterer unserer nationalen Mythen lautet, wir wären ein Land, das den Wandel mit offenen Armen begrüßt. Tatsächlich scheinen einige den Wandel um des Wandels willen zu begrüßen. Aber ein genauerer Blick auf die amerikanische Gesellschaft enthüllt eine starke Gegenströmung, einen tief verwurzelten Konservatismus in einigen Teilen des Landes.[5] Einige sehen ständig in den Rückspiegel und meinen, die Vergangenheit sei besser gewesen als das, was die Zukunft für uns bereithalte.

Es ist keine realistische Option, in der Sozial- und Wirtschaftspolitik in die Vergangenheit zurückzukehren, und es ist auch nichts, was wir uns wünschen sollten, selbst wenn es möglich wäre. Wollten wir etwa eine kürzere Lebenserwartung? Einen schlechteren Gesundheitszustand? Ein viel niedrigeres Pro-Kopf-Einkommen? Es sollte offensichtlich sein, welche Folgen es hätte, wenn es Trump gelänge, das Land in der von ihm gewünschten Weise in die Vergangenheit zurückzuführen und zum Beispiel der US-Industrie wieder jene Größe zurückzugeben, die sie in der Mitte des 20. Jahrhunderts hatte: Es hätte seinen Preis – einen niedrigeren Lebensstandard für die große Mehrheit, selbst wenn die Bergleute ihre früheren Arbeitsplätze zurückerhielten.

International gesehen, sind die Risiken einer Rückwärtsgewandtheit sogar noch größer. Wir können nicht so tun, als wäre unsere Position noch die gleiche wie vor 75 Jahren. Es ist schlicht eine Tatsache, dass die USA, anders als in den Nachkriegsjahren, nicht mehr die weltweit dominierende Macht sind. Der Versuch, diese Vorherrschaft zurückzuerlangen, wird zwangsläufig scheitern, mit der Folge, dass unsere Bedeutung in der Weltwirtschaft und, ganz allgemein, unser globaler Einfluss noch weiter schwinden werden.

Das Problem an den wirtschaftlichen Veränderungen der vergangenen 40 Jahre und ein zentrales Thema dieses Buchs ist, dass wir zwar als Land heute sehr viel reicher sind als früher (zumindest nach herkömmlichen Maßstäben, etwa dem BIP), aber viele nicht an diesem Wohlstand teilhaben. Einige haben nicht nur einen relativen, sondern einen absoluten Rückgang ihres Lebensstandards hinnehmen müssen. Viele mussten erleben, dass der Aufstieg in die Mittelschicht für sie unerreichbar geworden ist.

Die richtige Reaktion auf Veränderungsprozesse besteht darin, die Dinge, die sich nicht ändern lassen, zu akzeptieren und so weit wie möglich so auf Veränderungen einzuwirken, dass diese im Einklang mit unseren Werten stehen und insbesondere schutzbedürftigen Menschen nicht schaden.

Seit den 1980er-Jahren haben sich die Vereinigten Staaten als unfähig erwiesen, eine solch ausgewogene Reaktion zustande zu bringen. Da sind zum Beispiel diejenigen, die meinen, wir sollten das gegenwärtige Voranschreiten der Globalisierung blind akzeptieren, während sich andere an eine imaginierte Vergangenheit klammern und alles, was neu und anders ist, ablehnen – und nicht nur Trends in der Industrieproduktion und Automatisierung, sondern auch den globalen Strom von Gütern und Menschen. Kapitel 4 hat gezeigt, dass beides keine gangbare Zukunftsoption ist.

Die Vereinigten Staaten sind zweifellos fähig, sich nicht einfach nur mit dem wirtschaftlichen Wandel abzufinden, sondern diesen zu gestalten. Wir haben es immer wieder getan. Wirtschaft und Gesellschaft haben sich in den letzten 75 Jahren, ganz zu schweigen von den letzten 200 Jahren, grundlegend verändert. Soziale Konstrukte und Institutionen wie Rassismus, Sklaverei und Geschlechterdiskriminierung sind für die große Mehrheit der Amerikaner nicht mehr akzeptabel – das glaube und hoffe ich jedenfalls.

Als die Verfassung der Vereinigten Staaten geschrieben wurde, waren wir eine Agrargesellschaft, in der über 70 Prozent der Bevölkerung direkt oder indirekt von der Landwirtschaft abhängig waren. In den 1950er-Jahren waren wir eine Industriegesellschaft. Heute sind wir eine postindustrielle Gesellschaft, in der nur noch zehn Prozent aller Erwerbstätigen im verarbeitenden Gewerbe beschäftigt sind.

Durch diesen Wandel der wirtschaftlichen Rahmenbedingungen musste sich auch die Rolle des Staats ändern. Nicht nur das, was der Staat tat, sondern auch *wie* er es tat, musste sich ändern. Die Regelungsdichte und die öffentlichen Ausgaben haben nicht deshalb zugenommen, weil es den Politikern gefallen hätte, immer mehr Macht anzuhäufen, sondern deshalb, weil uns nichts anderes übrig blieb, wenn wir eine dynamische, innovative, urbane postindustrielle Wirtschaft aufbauen wollten, die den Herausforderungen des 21. Jahrhunderts gewachsen ist.

Keiner unserer Erfolge bei der Bewältigung dieser Probleme ist darauf zurückzuführen, dass wir Alleingänge machten. Alle verdanken sich Kooperation – und im Lauf der Zeit hat sich das Wesen dieser Kooperation gewandelt: vom volkstümlichen Bild einer dörflichen Gemeinschaft, die sich zusammentut, um eine Scheune zu errichten, zu systematischeren Formen der Zusammenarbeit, die auch die Zustimmung zu bestimmten Regeln, Regulierungen und Beschränkungen ungezügelter persönlicher Freiheit beinhalten. Dennoch sind die Formen und das Ausmaß der Kooperation, die unsere Volkswirtschaft im 21. Jahrhundert erfordert, neu und beispiellos. Heute bedarf es eines viel umfangreicheren kollektiven Handelns als im späten 18. Jahrhundert, einer Zeit, als die Verfassung der Vereinigten Staaten niedergeschrieben wurde und nach der sich einige nostalgisch zurücksehnen.

Unsere Werte

In vorherigen Abschnitten wurden die zahlreichen Mythen beschrieben, die unser Selbstbild als Nation, aber auch unser politisches Handeln verzerrt haben. Ungeachtet all der Spaltungen, die sich in den letzten Jahren auftaten, teilen wir nach wie vor viele gemeinsame Werte. Wir (oder wenigstens die meisten von uns) glauben an Gleichheit – nicht völlige Gleichheit, aber deutlich mehr als heute. Vor allem glauben wir an Chancengleichheit und Gerechtigkeit und Demokratie – nicht an das inzwischen etablierte System »ein Dollar, eine Stimme«, sondern an das »Ein Bürger, eine Stimme«-System, das wir in der Schule gelernt haben. Wir glauben an Toleranz – Menschen sollen tun, was sie wollen, solange sie anderen nicht schaden. Wir glauben an Wissenschaft und Technologie und an die wissenschaftliche Methode, denn sie ist der Schlüssel zum Verständnis des Universums und zum Anstieg unseres Lebensstandards.

Wir glauben auch, dass wir durch vernunftgeleitete, gründliche Überlegung und Abwägung herausfinden können, wie wir die gesellschaftlichen Angelegenheiten besser regeln, wie wir leistungsfähigere gesellschaftliche und wirtschaftliche Institutionen aufbauen können, die ihrerseits nicht nur unser materielles Wohlergehen erhöht, sondern auch eine Gesellschaft hervorgebracht haben, in der unterschiedlichste Menschen besser zusammenarbeiten und so viel mehr erreichen können, als wäre jeder von ihnen ein Einzelkämpfer. Dies trifft ungeachtet der Tatsache zu, dass wir keine vollkommen rationalen Wesen sind, und Gott sei Dank sind wir auch nicht völlig egoistisch. Adam Smith betont die Bedeutung unserer *ethischen Gefühle*;[6] diese moralischen Werte stellen einen wichtigen Aspekt unserer Identität dar.

Die Verfassung der Vereinigten Staaten entstand aus dieser Art von Reflexion und Argumentation. Die Gründerväter erkannten, dass Menschen fehlbar sind, ebenso alle von Menschen geschaffenen Institutionen. Institutionen lassen sich verbessern. Die Verfassung selbst hat das berücksichtigt, indem sie ein Verfahren festschrieb, nach dem Zusatzartikel zur Verfassung verabschiedet werden können. Das Prinzip der Gewaltenteilung ist in ihr verankert. Sie erlaubt es sogar, den Präsidenten seines Amts zu entheben; niemand steht über Recht und Gesetz.

Wir sind uns auch einig über die elementaren Grundsätze, ohne die eine marktwirtschaftliche Ordnung nicht funktionieren kann, wie etwa das Rechtsstaatsprinzip. Und die meisten von uns glauben, dass der Rechtsstaat insbesondere die Rechte der gewöhnlichen Menschen vor den Mächtigen schützen sollte.

Und die meisten derjenigen, die die von mir vorgenommene Unterscheidung zwischen dem Wohlstand der Nationen und dem Wohlstand von Individuen verstehen, würden dieser ebenfalls beipflichten. Sie würden diejenigen, die durch ihre Kreativität und ihren Fleiß den nationalen Kuchen vergrößern, belohnen wollen; aber es sollte keine Auszeichnungen für jene geben, die es durch offene oder heimliche Ausbeutung anderer zu Reichtum bringen – die Absahner, von denen es heute so viele gibt. Die meisten (außer den Absahnern selbst) würden auch zustimmen, dass wir die Wirtschaft so strukturieren sollten, dass sie die Schaffung von Wohlstand auf Kosten des Rent-Seeking fördert.

Überaus bedeutend für die Staatsauffassung der Gründerväter war die Einsicht, dass der Mehrheitsherrschaft Grenzen gesetzt werden sollten. Die Autoren der Verfassung der Vereinigten Staaten erkannten, dass der Staat einerseits die individuellen Freiheitsrechte gewährleisten, diese jedoch andererseits gegen das Gemeinwohl abwägen muss. So dürften Behörden zwar zum Beispiel Privateigentum für öffentliche Zwecke verstaatlichen, aber nur gegen eine angemessene Entschädigung.

Im Großen und Ganzen hat sich unsere auf gemeinsamen Werten und Überzeugungen basierende Staatsordnung über 200 Jahre lang bewährt.[7] Allerdings kann es auch zu Funktionsstörungen kommen, wenn ein Teil des Systems – wie heute – die ihm zugedachte Aufgabe nicht erfüllt, und es kann zu einer Blockade führen, wenn tief greifende Meinungsverschiedenheiten auftreten. Dies ist mit ein Grund dafür, dass ein Land, das auf vielen edlen Idealen errichtet wurde, im Lauf der Jahre immer mal wieder unverhältnismäßig lange gebraucht hat, um scheinbar selbstverständliche moralische Entscheidungen zu treffen. Wir befinden uns heute wieder in einem dieser Momente, in dem unser System unsere Erwartungen zu enttäuschen scheint.

Die Ängste der Gegenwart

Wir machen uns heute zu Recht Sorgen wegen der Zerbrechlichkeit unserer demokratischen Normen und Institutionen. Wenn unser Wirtschafts- und politisches System die Erwartungen weiter Teile der Bevölkerung nicht erfüllen, werden sich viele anderweitig orientieren; sie werden zu einer leichten Beute von Demagogen mit ihren falschen Versprechungen. Diese Demagogen machen bestimmte Gruppen für gesellschaftliche Missstände verantwortlich, und sie werden in dem Maße, wie nichts aus ihren eigenen Versprechungen wird, diese Außenseiter zu regelrechten Sündenböcken stempeln.

Die heutigen Probleme gehen weit über den politischen Stillstand und die Tatsache hinaus, dass die Politik nicht auf der Höhe der Zeit ist. Ein System, das die Mehrheit vor den Missbräuchen einer Minderheit schützen soll, wurde auf den Kopf gestellt. Eine Minderheit ist an die Macht gekommen und nutzt diese jetzt dazu, ihren beherrschenden Einfluss aufrechtzuerhalten.

Es besteht die Sorge, dass die Spielregeln in einer unverhältnismäßigen Weise von dieser Minderheit festgelegt werden, die ich weiter oben als eine Koalition der Superreichen, der evangelikalen Konservativen und der unzufriedenen Arbeiterfamilien beschrieben habe, mit einer wirtschaftspolitischen Agenda, die weitgehend von den Geldeliten bestimmt wird, auch wenn sie den Interessen des Rests zuwiderläuft. In gewisser Hinsicht ist diese bunt zusammengewürfelte Koalition sogar noch schlechter für das Land, als wenn es nur durch und für das eine Prozent regiert werden würde. Denn die Eliten müssen, um die Koalition zusammenzuhalten, ihren Koalitionspartnern hin und wieder Beruhigungspillen hinwerfen – bald gefährlichen Protektionismus, bald Erschwerung von Abtreibungen für die Armen.

So schlecht die Lage auch ist, sie könnte noch viel schlimmer sein – und Trump zieht uns in diese Richtung. Ich habe in diesem Buch nicht viel Zeit darauf verwendet, von ihm vorgeschlagene konkrete politische Maßnahmen zu kritisieren. Selbst wenn sie umgesetzt werden, stellen sie nicht die eigentliche Gefahr dar, denn sie lassen sich rückgängig machen. Mehr Sorgen bereiten mir Dinge, die sich schwerer revidieren lassen – der Angriff auf unsere Institutionen, auf unser Verständnis dessen, was eine gute Gesellschaft ausmacht, und unsere bewährten Methoden der

Konsensfindung; die zunehmende Spaltung nicht nur bei Einkommen und Vermögen, sondern auch in der Weltanschauung, und das schwindende Vertrauen, ohne das eine offene, in sich vielgestaltige Gesellschaft nicht funktionieren kann.

Öffentliche Institutionen unterminieren

Trump, der sich eine Scheibe von Andrew Jackson, einem seiner Amtsvorgänger im 19. Jahrhundert, abzuschneiden scheint, versucht sowohl unseren regulatorischen Ordnungsrahmen als auch unseren sachkundigen öffentlichen Dienst zu untergraben. Im Rahmen einer neuen Strategie der systematischen politischen »Machtausweitung« forderte er neue Befugnisse, um Regierungsmitarbeiter entlassen und die frei werdenden Stellen mit Freunden und ihn unterstützenden Lobbyisten besetzen zu können.

In gewisser Weise hat er die langjährigen Angriffe der Republikaner auf vermeintlich gesichtslose Bürokraten lediglich fortgesetzt. Aber die allermeisten Staatsbediensteten versorgen uns effizient und verlässlich mit jenen Leistungen und Gütern, die wir schätzen und brauchen: Sie überweisen unsere staatlichen Renten, sie sorgen dafür, dass wir über Medicare und Medicaid Gesundheitsleistungen erhalten, sie schützen uns vor äußeren Bedrohungen (die Streitkräfte) und vor Unordnung im Innern (das FBI), sie bewahren unser Naturerbe (der National Park Service).

Der Staat verwaltet unsere sozialen Sicherungssysteme – Social Security, Arbeitslosenversicherung, Medicare. Es gibt sie, weil Menschen sie wollen und brauchen. Der Markt hat sie nicht von sich aus bereitgestellt, und daher ist der Staat in die Bresche gesprungen.[8]

Und wie schon Republikaner vor ihm hat Trump diesen Staatsbediensteten vorgeworfen, ineffizient zu sein. Auch wenn jeder von uns Fälle behördlicher Inkompetenz aus eigener Erfahrung kennt, gilt das Gleiche für den privaten Sektor – ich selbst erinnere mich an zahllose Fälle, wenn ich an meine Kontakte mit Fluggesellschaften, meiner Telefongesellschaft, meinem Internetanbieter und meiner Versicherung denke. Wie schon erläutert, machen die Transaktionskosten der Social Security einen Bruchteil derjenigen privater Rentenversicherer aus. Im Vergleich mit dem Rest der Welt erbringt das US-amerikanische private

Gesundheitssystem schlechtere Ergebnisse zu deutlich höheren Kosten. Insgesamt ist die Anzahl der Staatsbediensteten heute ungefähr genauso hoch wie vor 50 Jahren, obwohl die Anzahl der »Kunden«, die sie betreuen, um über 100 Millionen angestiegen ist und die Bandbreite der zu erledigenden Aufgaben sich stark erweitert hat.[9]

Bei Diskussionen über öffentliche Ausgaben jenseits von Social Security und Medicare behaupten Konservative üblicherweise, es handele sich um Geldverschwendung. Dabei blenden sie den immensen Nutzen, der uns aus staatlichen Bildungs- und Infrastrukturinvestitionen erwächst, einfach aus. Die Renditen dieser Investitionen sind tatsächlich höher als jene der meisten privaten Investitionen, was einen breiten Konsens bestätigt: Unsere öffentlichen Investitionen sind viel zu niedrig.

Noch höhere Renditen erzielen öffentliche Investitionen in Forschung und Entwicklung – Fortschritte, die in diesem Buch immer wieder als eigentliche Quelle für den Anstieg unseres Lebensstandards herausgestellt wurden. Man stelle sich einmal vor, wie unsere Gesellschaft und unsere Wirtschaft – ja sogar unser Leben – aussehen würden, hätte es keine staatlich finanzierte Forschung gegeben: Wir würden jünger sterben. Wir hätten weder Internet noch Smartphone, weder Browser noch soziale Medien.

Trump wettert mit nie da gewesener Heftigkeit gegen Regulierung und Bürokraten; ihm zufolge wird der Regulierungsprozess von nichtrechenschaftspflichtigen Beamten kontrolliert. Wie wir gesehen haben, geht dies völlig an der Realität vorbei, es ist eine weitere Lüge: Regulierungen und der Regulierungsprozess sind ihrerseits umfassend reglementiert. Es gibt ein strenges System der Kontrolle und umfangreicher Rechenschaftspflichten, das sowohl von den Gerichten als auch durch den Kongress gewährleistet wird. Gott sei Dank: Diese Überprüfungen stellen sicher, dass Regulierungen nicht einfach nach Lust und Laune rückgängig gemacht werden können. Andernfalls hätten Trump und sein Team sämtliche demokratischen Prozesse aushebeln und die Regeln so umschreiben können, dass sie Großunternehmen begünstigen und die einfachen Bürger, unsere Umwelt und unsere Wirtschaft schutzlos deren Willkür und gnadenlosem Profitstreben ausliefern.

Stellen wir uns einmal vor, wie es wäre, wenn wir bei jedem Erwerb eines Finanzprodukts befürchten müssten, die Bank sei darauf aus, uns übers Ohr zu hauen; wenn wir uns bei jedem Kauf eines Spielzeugs sorgen müssten, die verwendete Anstrichfarbe sei giftig oder es könnten Teile abbrechen, und unser Kind würde daran ersticken; wenn wir jedes Mal, wenn wir in ein Auto steigen, befürchten müssten, es sei nicht verkehrssicher.[10] Wir vergessen, in welchem Zustand sich unser Land vor 50 Jahren befand: Die Luft war verpestet und das Wasser untrinkbar. An Neu-Delhi und Peking können wir sehen, wie es vielleicht gekommen wäre, hätten wir keine strengen und konsequent durchgesetzten Umweltschutzvorschriften gehabt.

Der Angriff auf unser politisches System und unsere Wissensinstitutionen

Ich habe in diesem Buch die These vertreten, dass der Anstieg unseres Lebensstandards während der letzten 250 Jahre auf zwei Säulen ruht: einem besseren Verständnis effizienter gesellschaftlicher Organisationsweisen (Gewaltenteilung, Rechtsstaatlichkeit) und einem besseren Verständnis der Natur, also Fortschritten in Wissenschaft und Technik. Wir haben gesehen, wie Trump und sein Team versuchten, beides zu untergraben – wobei er auch hier, zumindest in einigen Fällen, den bislang eher verhaltenen Angriff der Republikaner in beispielloser Weise verschärft hat.

Der Niedergang unserer Politik hat einen Punkt erreicht, an dem ehemalige Selbstverständlichkeiten – etwa Rechtsstaatlichkeit und ein System der Gewaltenteilung – mittlerweile fast täglich infrage gestellt werden.[11]

So habe ich zum Beispiel die Angriffe auf die Gerichte und die Medien beschrieben. Unser System der Gewaltenteilung hat im Großen und Ganzen funktioniert, doch jetzt werden einige zentrale Rechtsverordnungen geändert.[12] Trump und seinesgleichen haben erkannt, dass unser System der Gewaltenteilung sie davon abhält, unsere Wirtschaft und Gesellschaft wie geplant umzubauen, um den sie unterstützenden Rent-Seekern noch mehr Gelegenheiten zur Selbstbereicherung geben zu können. Und daher haben sie ihre Angriffe auf diese Institutionen verstärkt. Offenkundig wird beständige Wachsamkeit erforderlich sein, wenn wir unsere demokratischen Institutionen aufrechterhalten wollen.

Führende Politiker, die keinerlei selbst auferlegte Grenzen kennen und skrupellos alles tun, um ihre Macht zu festigen, indem sie an die niedrigsten Instinkte der Wähler appellieren, schrecken nicht einmal davor zurück, Wahrheit und Wissenschaft herabzuwürdigen. Langfristig geht die größte Gefahr der Regierung Trump vielleicht von ihrem Angriff auf die Epistemologie aus – also unsere Ansichten darüber, was als wahr gelten kann und wie wir die Wahrheit feststellen.

Am schwierigsten wird es sein, die tiefe Spaltung in unserem Gemeinwesen zu überwinden. Die wachsende wirtschaftliche Kluft verschlimmert alle übrigen Spaltungen. Jene Mechanismen der wechselseitigen gesellschaftlichen Kontrolle, die wir für den sozialen Zusammenhalt benötigen, erfordern die Begrenzung der Vermögens- und Einkommensungleichheit: Extreme Ungleichheit, wie sie heute existiert, führt zu Machtungleichheit, einschließlich der Ungleichheit politischer Macht. Marktmacht ist zwar in jedem Bereich ein Anlass zur Sorge, ganz besonders aber in den Medien. Wir haben bereits Anhaltspunkte dafür, dass Marktmacht in diesem Sektor dazu beitragen kann, politische Ergebnisse zu beeinflussen (beziehungsweise zu manipulieren).

Kurz und knapp, unseren wirtschaftlichen und politischen Institutionen wird erheblicher Schaden zugefügt. Und dieser lässt sich nicht kurzfristig beheben: Die negativen Auswirkungen werden noch lange, nachdem Trump aus dem Amt geschieden ist, spürbar sein.

Einige Silberstreifen am Horizont

Trump hat, indem er eine langjährige Debatte über die Rolle des Staats auf die Spitze trieb, viele Menschen wieder erkennen lassen, wie wichtig eine effiziente Staatsverwaltung und eine gute Regierungsführung mit effektiven Systemen wechselseitiger Kontrolle und Rechenschaftspflicht sind.

In Europa können einige Politiker Trump durchaus etwas Positives abgewinnen: Er habe Europa enger zusammenrücken lassen. Sie sehen jetzt deutlicher, wofür sie stehen – und was sie ablehnen; und sie verstehen jetzt besser die Gefahren starrsinniger Intoleranz, zu der die extreme Rechte aufruft. Sie stehen zum Beispiel für ein regelbasiertes internationales System – ebenso für Rechtsstaatlichkeit im Innern. Eine verbindliche internationale Rechtsordnung ist – selbst in begrenzter Form – für das reibungslose Funktionieren der Weltwirtschaft und der Staatengemeinschaft genauso wichtig, wie es das Rechtsstaatsprinzip auf nationaler Ebene für das gute Funktionieren der Wirtschaft und des Gemeinwesens eines einzelnen Landes ist. Indem Trump von seinen Vorgängern geschlossene Verträge aufkündigte, hat er internationale Vereinbarungen und das Völkerrecht untergraben. Da man sich nicht mehr auf Treu und Glauben verlassen kann, wird man sich den möglichen Folgen des Rückzugs eines Unterzeichnerstaats aus einem Abkommen zukünftig aufmerksamer widmen.

Noch dunklere Wolken am Horizont

Die heutige düstere Zeit unterscheidet sich grundlegend von jener Ära vor 30 Jahren, als Demokratie und Märkte nach dem Fall des Eisernen Vorhangs zu triumphieren schienen. Freie Weltmärkte, so glaubte man, wären die Fackel, die über kurz oder lang demokratische Ideale in alle Winkel der Erde bringen würde.

Jeden, der vielleicht den Faschismus der 1930er-Jahre vergessen hatte und an der optimistischen Vorstellung festhielt, der Mensch und die Welt seien im Grunde gut, haben Trump und Putin daran erinnert, dass es auf der Welt einige wirklich üble Gesellen gibt, dass der Kampf zwischen Gut und Böse eine Tatsache ist und das Böse sich in diesem Ringen manchmal durchsetzt, besonders auf kurze Sicht. Diese Erfahrungen gemahnen uns an den gesellschaftlichen Schaden, den einige wenige schlechte Staatslenker anrichten können. Aber zumindest bislang hat *letztendlich* der Anstand der großen Mehrheit der Menschen triumphiert. Heute müssen wir sicherstellen, dass dies ein weiteres Mal geschieht.

Die USA haben sich seit jeher ihrer *Soft Power* gerühmt, ihres weltweit ausgeübten positiven Einflusses. Wir waren selbstverständlich niemals auch nur annähernd so gut, wie wir behaupteten – es gab viele düstere Vorfälle während des Kalten Krieges –, aber insgesamt förderten die USA Demokratie, Menschenrechte und wirtschaftliche Entwicklung. Aber heute sehen wir die Schattenseite: Trump ist zu einem Vorbild geworden, dem andere Politiker weltweit nacheifern, einem Vorbild für Rassismus, Misogynie und Zersetzung des Rechtsstaats. Wir verfügen über Institutionen, die uns (bislang) geschützt haben. In einigen anderen Ländern, in denen illiberale Demokratien entstanden sind, mag dies nicht der Fall sein.

Diese skrupellosen Staatslenker, die die Idee der Wahrheit selbst angreifen, setzen die jeweiligen Länder und im Weiteren auch die Welt insgesamt dem Risiko eines viel weiter gehenden Zerfalls aus – der langfristig dazu führen wird, dass man nicht einmal mehr solch friedliche Handlungsaufrufe, wie sie in diesem Buch zu finden sind, gefahrlos äußern kann. Man erschaudert bei dem Gedanken, dass womöglich schon ein Konjunktureinbruch, ein Krieg oder eine internationale Sicherheitskrise ausreichen könnte, um uns in den Abgrund zu stürzen.

Trumps Energieschub

Einige betrachteten die hohen Wachstumsraten der US-Wirtschaft in den Jahren nach Trumps Wahl und die Hausse am Aktienmarkt als Bestätigung dafür, dass er mit seiner Politik richtiglag. Mittlerweile sollte klar sein, dass Trumps wirtschaftspolitische Agenda zum Scheitern verurteilt ist (ebenso wie diejenigen in anderen Ländern mit ähnlichen nationalistischen und populistischen Programmen). Der Energieschub infolge der enormen Ausweitung des Defizits, das auf die Steuersenkung und die Ausgabenerhöhungen folgte, wird kurzlebig sein – und selbst mit diesem lag das Wirtschaftswachstum in den USA nur ein wenig über dem Durchschnitt der Industrieländer.[13] Der Börsenboom war flüchtig, er verpuffte noch vor dem Ende seines zweiten Amtsjahrs. Unsere tiefer gehenden wirtschaftlichen Probleme sind ungelöst oder verschlimmern sich – schwache Reallöhne, wachsende Ungleichheit, der schlechte Gesundheitszustand der Bevölkerung, die sinkende Lebenserwartung, niedrige langfristige Investitionen. Seine wirtschaftspolitischen Maßnahmen einschließlich der Steuerreform von 2017 werden, insbesondere dann, wenn sie vollständig umgesetzt werden, die Ungleichheit verschlimmern und dazu führen, dass weniger Menschen krankenversichert sind. Die Steuerreform hat zur Folge, dass das Modell der dynamischen und innovativen Wissensökonomie, der einzige Weg zu nachhaltigem Wachstum, für die USA in immer weitere Ferne rückt. Sie spricht den Grundsätzen einer verantwortungsvollen Finanzpolitik Hohn, die gewissermaßen den Markenkern der Republikanischen Partei und des wirtschaftlichen Establishments auszumachen schien, und sie enthüllt den rein instrumentellen Charakter dieser Überzeugungen: zweckdienlich etwa als Argument gegen die Ausweitung von Hilfsprogrammen für Arme oder mittlere Einkommensbezieher, aber schnell vergessen, wenn es um Steuersenkungen für die Reichen und Großunternehmen geht. Es ist ein Wunder, dass die Amerikaner nicht noch zynischer geworden sind.

Die Vertiefung der ökonomischen, rassischen und ethnischen Spaltungen ist ganz offensichtlich schlecht für die Gesellschaft und für die Demokratie, aber sie schadet auch der Wirtschaft. Sie verzerrt den Arbeitsmarkt, und ein Großteil der Bevölkerung kann sein Potenzial nicht ausschöpfen.

Einwanderungsschranken bedeuten, dass wir uns die Fähigkeiten einiger der talentiertesten Menschen in der Welt nicht zunutze machen und einige der gravierendsten Lücken in unserem Arbeitsmarkt nicht werden schließen können.

Eine Gesellschaft und eine Volkswirtschaft können nur auf der Grundlage von Vertrauen und Stabilität gut funktionieren; Trump hat Misstrauen gesät, und seine unberechenbare Politik einschließlich eines Handelskriegs ohne klare Strategie und ohne eindeutige, erreichbare Ziele haben für große Unsicherheit gesorgt. Die Art und Weise, wie die Steuerreform durchgepeitscht wurde, ohne Ausschussanhörungen, mit unleserlichen Änderungen in der Erstfassung des Gesetzentwurfs, sodass die Senatoren nicht einmal wussten, wofür sie stimmten, führte nicht nur demokratische Verfahren ad absurdum. Sie bedeutet auch, dass der Gesetzestext voller Fehler, Ungereimtheiten und Schlupflöcher ist, die diese oder jene Interessengruppe darin unterbrachte, wenn gerade niemand hinsah. Ohne breiten Rückhalt in der Bevölkerung und ohne eine einzige Stimme aus dem Lager der Demokraten wird zweifellos ein Großteil davon rückgängig gemacht werden, wenn der politische Wind dreht. Die großzügigen Geschenke an die Konzerne sollten Investitionen fördern, ebenso die protektionistische Politik Trumps. Aber das geschah nicht, auch deshalb nicht, weil Investitionen Stabilität erfordern, und die Politik Trumps hat Unsicherheit gefördert.

Aber eines sollte klar sein: Selbst wenn der Energieschub lange genug wirken sollte, um Trump die Wiederwahl zu sichern, werden die von seiner Politik verursachten langfristigen Schäden an unserer Wirtschaft und Gesellschaft ganz erheblich sein. Trump greift die Eckpfeiler unserer Zivilisation an, die uns überhaupt erst groß gemacht haben und die Grundlage des bemerkenswerten Anstiegs unseres Lebensstandards bilden.

Wie konnte es so weit kommen?

Es ist allgemein bekannt, wie wir in diese missliche Lage geraten sind: Globalisierung, die massive Expansion des Finanzsektors und der technologische Fortschritt wirkten in einer Weise zusammen, die viele Arbeitnehmer den Anschluss verlieren ließ, und es waren vor allem wirtschaftspolitische Maßnahmen, die ihren Verlauf bestimmten.[14] Selbst als die Konjunktur 2018 wieder kräftig anzog, brachte die Wirtschaft allzu vielen Menschen keine Wohlstandsgewinne, ja versetzte sie nicht einmal zurück in den Zustand vor zehn Jahren – vor der Finanzkrise. Die Vermögensungleichheit ist heute viel schlimmer als vor der Großen Rezession von 2008, und aufgrund der Steuerreform von 2017 und der Deregulierungsmanie der gegenwärtigen Regierung wird sie wahrscheinlich noch extremer und qualvoller werden.

Sowohl Republikaner wie George H. W. Bush als auch Demokraten wie Bill Clinton versprachen, eine neoliberale Liberalisierungs- und Globalisierungspolitik würde allen Wohlstand bringen. Heute enthüllen sich diese Versprechungen als das, was sie sind, als eigennützige Plattitüden (oder Lügen): Da ist es nicht weiter verwunderlich, dass die Enttäuschung über die Eliten und ihr »System« zugenommen hat.

Nimmt man zu diesen Enttäuschungen die Fortschritte in den Bereichen Marketing und Verhaltensökonomik (und eine Dosis russische Einflussnahme) hinzu, ist es verständlich, wie Trump fast die Hälfte des Landes von seinen Heilsversprechen überzeugen konnte.[15] Da uns unsere Eliten im Stich ließen, konnte sich die Manipulation breitmachen.

Wir sind nicht von heute auf morgen in diese gefährliche Lage geraten. Es gab Warnhinweise, dass es für viele Menschen in diesem Land nicht gut lief und die Situation leicht von einem Demagogen missbraucht werden könnte, sollten die Missstände nicht angegangen werden.[16] Wir haben diese Warnzeichen bewusst ignoriert, und in diesem Sinne ist unsere gegenwärtige Misere selbst verschuldet: Wir ergriffen die falschen ökonomischen und politischen Maßnahmen und huldigten den falschen Werten.

Wir sind von falschen ökonomischen Annahmen ausgegangen: Wir dachten, unbeschränkte Märkte – einschließlich niedrigerer Steuern und Deregulierung – seien die Lösung für jedes wirtschaftliche Problem; wir glaubten, die Expansion der Finanzmärkte, die Globalisierung und technologische Fortschritte würden von sich aus allen Menschen Wohlstand bringen. Wir meinten, auf Märkten würde von selbst immer vollständige Konkurrenz herrschen – und haben so die Gefahren von Marktmacht unterschätzt. Wir meinten, blindes Gewinnstreben führe zu gesamtgesellschaftlichem Wohlergehen.

Wir sind von falschen politischen Annahmen ausgegangen: Allzu viele dachten, Demokratie bedeute lediglich, zur Wahl gehen zu können. Die Gefahren des Geldes in der Politik, seine Macht, verstanden wir nicht; wir haben nicht kapiert, auf welche Weise die Konzentration von Reichtum die Demokratie korrumpiert und wie die Eliten mithilfe ihres Geldes Wirtschaft und Politik so beeinflussen können, dass es zu einer noch größeren Konzentration wirtschaftlicher und politischer Macht kommt. Uns war auch nicht klar, wie leicht wir in ein System abgleiten könnten, in dem politische Entscheidungen käuflich sind (»ein Dollar, eine Stimme«), oder wie leicht Desillusionierung bezüglich unserer Demokratie um sich greifen könnte, da weite Teile der Bevölkerung das System für manipuliert halten.

Wir haben falschen Werten gehuldigt. Wir vergaßen, dass die Wirtschaft unseren Bürgern dienen soll, nicht andersherum. Wir haben Zwecke und Mittel verwechselt: Die Globalisierung sollte die Wirtschaft stärken, damit es unseren Bürgern besser ginge; aber dann ließen wir die Amerikaner wissen, sie müssten aufgrund der Globalisierung, die von ihren Repräsentanten maßgeblich gestaltet wurde, Kürzungen ihrer Löhne und öffentlicher Programme hinnehmen. Auch die Ausweitung des Finanzsektors wurde zu einem Zweck an sich; die Vorherrschaft der Finanzmächte destabilisierte die Wirtschaft, sie hat das Wachstum gebremst, die Ungleichheit erhöht und es ermöglicht, dass unkundige Bürger mithilfe komplexer Produkte übervorteilt werden konnten. Ihr Gewinnstreben führte in keiner Weise dazu, dass sich deren Situation verbesserte.

Eine deformierte Wirtschaft und ein deformiertes politisches System wurden von verzerrten Werten gestützt und verzerrten diese noch weiter. Wir sind zu einer egoistischeren Gesellschaft geworden – egoistisch in der Art und Weise, wie es uns die volkswirtschaftlichen Modellannahmen unterstellen, und haben uns dabei ganz bestimmt nicht im Sinne des »besseren Selbst« entwickelt, nach dem wir streben. Wir haben uns durch die falschen Modelle der menschlichen Natur dazu verleiten lassen, den Modellen selbst ähnlicher zu werden. Wir wurden materialistischer, weniger rücksichtsvoll, weniger altruistisch, zunächst amoralisch – Moral war etwas für religiöse Führer und für Sonntagspredigten –, dann aber immoralisch, als die moralische Verworfenheit, die viele Finanzmarktakteure »auszeichnete«, auf andere Sektoren übersprang, bis wir einen Präsidenten wählten, der das Paradebeispiel dieser neuen Antiethik darstellt. Wir haben nicht verstanden, dass Wissenschaft, rationale Argumentation, sachlicher Diskurs und die daraus hervorgegangenen gesellschaftlichen Institutionen – einschließlich des auf demokratischen Prozessen basierenden Rechtsstaatsprinzips – die eigentlichen Grundlagen unseres Wohlstands, unseres steigenden Lebensstandards sowie der Erfüllung unserer höchsten Ideale sind.

Der Internationalismus und die freien Märkte des Neoliberalismus mit seinen falschen Versprechungen werden heute abgelöst von einem primitiven Protektionismus und Nativismus, deren Versprechen, die USA wieder zu Wohlstand zu führen, noch unrealistischer ist. Für einen Wirtschaftswissenschaftler ist es leicht, den in den Jahren nach Reagan tonangebenden Marktfundamentalismus/Neoliberalismus anzugreifen. Er beruhte auf einer Reihe widerlegbarer (und widerlegter) Hypothesen. Aber zumindest konnte man eine rationale Diskussion über den Neoliberalismus führen, um so herauszufinden, ob einige der Argumente und empirischen Hypothesen ein Körnchen Wahrheit enthielten. Das gilt nicht für Trump, zum Teil weil die zugrunde liegenden Ideen (sofern man seinen Verlautbarungen mit dieser Qualifizierung nicht zu viel Ehre erweist) unausgegoren und inkonsistent sind. Während er in der Innenpolitik die Tugenden der Marktwirtschaft lobt – sogar in ihrer amerikanischen Spielart rücksichtsloser Selbstbereicherung –, nimmt er im internationalen Handel die entgegengesetzte Position ein: Er glaubt nicht an unregulierte Wettbewerbsmärkte, sondern an einen machtbasierten gelenkten Außenhandel, womit er auf längst diskreditierte merkantilistische Ideen zurückgreift.

Eine historische Perspektive

Andere Episoden der amerikanischen und Weltgeschichte, in denen viel auf dem Spiel stand, zu betrachten kann uns Hoffnung und Inspiration für die Zukunft geben. Trump ist nicht der erste Präsident, der seine Macht missbraucht. Und es ist nicht das erste Mal, dass wir mit obszöner Ungleichheit konfrontiert sind und exzessive Marktmacht die geordnete Funktionsweise von Märkten stört. In jedem dieser Fälle haben wir die Missbräuche eingedämmt und unseren Kurs korrigiert.

Andrew Jackson hat angeblich über eine von ihm missbilligte Entscheidung des Obersten Gerichtshofs gesagt: »John Marshall hat seine Entscheidung getroffen; soll er sie jetzt auch vollstrecken!«[17] Er wusste, dass in unserem politischen System der Präsident für den Vollzug der Gesetze verantwortlich war – er kontrollierte sämtliche dafür zuständige Behörden. Die Gerichte besaßen keine eigene Vollzugskompetenz. Andrew Jackson war während einer anderen Zeit großer Spaltungen Präsident gewesen.

Im Lauf der Geschichte unserer Republik sind unsere Institutionen immer weiter vervollkommnet und immer wieder umgebaut worden. Verheerende Erfahrungen mit Andrew Jacksons »spoils system« – seinem System der Ämterpatronage – führten schließlich dazu, dass ein fachkundiger öffentlicher Dienst aufgebaut wurde.

Es ist auch nicht die erste Epoche, in der Politiker an niedere Instinkte appellierten, um sich politische Vorteile zu verschaffen. Nach dem Bürgerkrieg lieferten die Reconstruction – die Wiedereingliederung der Südstaaten in die Union – und die jahrzehntelang geltenden Rassentrennungsgesetze weitere Beispiele für andauernde Krisen und fortbestehende Ungerechtigkeiten, die den zeitgenössischen Menschen – insbesondere den Opfern von Rassismus – zumindest genauso unlösbar und hoffnungslos erschienen sein müssen. Problematisch waren damals nicht nur die Vorurteile, sondern auch das andauernde auf Ausbeutung beruhende Wirtschaftssystem.[18] Die gegenwärtige Lage in den Vereinigten Staaten, in der Trump durch demagogische Aufwiegelung die Wut weißer Wähler aus der Arbeiterschicht auf Einwanderer zu lenken versucht, erinnert an diese früheren Situationen.[19]

Diese Kämpfe um Gleichberechtigung hatten ihr Pendant im Kampf um wirtschaftliche Gerechtigkeit. Ungleichheit und die Anhäufung von

Markt- und politischer Macht erreichten im Vergoldeten Zeitalter am Ende des 19. Jahrhunderts neue Höchststände. Damals holten uns fortschrittliche Gesetze einschließlich Gesetzen zur Sicherstellung eines funktionierenden Wettbewerbs vom Rand des Abgrunds zurück. Nachdem die wirtschaftlichen Ungleichheiten in den 1920er-Jahren abermals neue Höchststände erreicht hatten, läuteten die Sozial- und Wirtschaftsgesetze des New Deal eine neue Ära ein, in der Amerikaner von der ökonomischen Sicherheit profitierten, welche die Social Security und die Arbeitslosenversicherung boten, und das wirtschaftliche Machtgefälle wurde durch Gesetze, die dem Finanzsektor Zügel anlegten und der Gewerkschaftsbewegung neues Leben einhauchten, teilweise ausgeglichen.[20]

Die Förderung des Gemeinwohls

Ich habe in diesem Buch eine alternative Agenda vorgestellt, die man »progressiv« nennen könnte. Sie bezieht ihre Inspiration aus der Präambel der Verfassung der Vereinigten Staaten, in der sich das amerikanische Volk zu dem Ziel bekennt, »das allgemeine Wohl zu fördern«. Das Gemeinwohl bedeutet nicht nur das Wohl des einen Prozent, sondern das Wohl aller. Ich denke, eine erneuerte Demokratische Partei könnte sich auf das von mir skizzierte Programm als Grundlage einigen. Die Partei könnte auf diese Weise zeigen, dass sie nicht nur in ihrem Widerstand gegen Trump und das, wofür er steht, sondern auch in ihrer Unterstützung für die Werte, die ich an früherer Stelle dieses Kapitels beschrieben habe, geeint ist. Es gibt eine Zukunftsvision, die Antworten auf mehrere Fragen umfasst: Wo stehen wir? Wohin wollen wir? Was können wir erreichen? Wie können wir dorthin gelangen? Um diese Vision Wirklichkeit werden zu lassen, brauchen wir einen neuen Gesellschaftsvertrag für das 21. Jahrhundert. Dieses Konzept stützt sich auf historische Einsichten und ein tiefes Verständnis der wirtschaftlichen Zusammenhänge und der gesellschaftlichen Kräfte, die die Wirtschaft prägen und von ihr geprägt werden. Ungeachtet seiner technokratischen Sprache gründet dieser Entwurf für eine bessere Zukunft in moralischen Überzeugungen und Werten.

Wir brauchen zunächst einen klaren Wertekompass – nicht die plattitüdenhafte Wiederholung eines Bekenntnisses zu Werten, sondern ein tieferes Verständnis dieser Werte und die Einsicht, dass die Ökonomie ein Mittel zum Zweck ist. Wir müssen eine Vorstellung davon haben, was diese Zwecke sind: Der wirtschaftliche Erfolg wird nicht nur anhand des BIP, sondern auch des Wohlbefindens der Bürger gemessen. Um es mit Präsident Clintons Worten zu sagen: Wir müssen die Menschen in den Mittelpunkt stellen. Der neue Gesellschaftsvertrag schließt die Erhaltung der Umwelt für zukünftige Generationen und die Rückübertragung politischer und wirtschaftlicher Macht an die Bürger ein.[21]

Diese Agenda für das 21. Jahrhundert will sicherstellen, dass die Früchte des Fortschritts mit einem Mindestmaß an Gerechtigkeit und Sicherheit geteilt werden. Jeder sollte die Chance zum sozialen Aufstieg haben, ohne diskriminiert oder ausgeschlossen zu werden. Unser Land kann nur dann gedeihen, wenn der Wohlstand geteilt wird: Dies ist sowohl eine ökonomische Tatsache als auch ein Ausdruck tief verwurzelter Werte. Der neue Gesellschaftsvertrag sollte auch eine staatliche Selbstverpflichtung umfassen, jedem Bürger die Chance zu geben, sein Potenzial vollständig auszuschöpfen, und dafür zu sorgen, dass die Stimme eines jeden Menschen in unserer Demokratie gehört wird. Zu seinen zentralen Bestimmungen würden daher diejenigen gehören, die Gerechtigkeit und Chancen für alle – Reich und Arm, Schwarz und Weiß – verbürgen: Der amerikanische Traum würde wahr werden.

Eine Agenda, die sich auf die Förderung des Fortschritts konzentriert, erfordert ein gründliches Verständnis der Quellen des Wohlstands einer Nation. Sie muss sicherstellen, dass der technologische Fortschritt und die Globalisierung in einer Weise gestaltet und gelenkt werden, die allen Menschen zugutekommt: Die gegenwärtigen Kontroversen über beides sind unnötig polarisierend. In diesem Buch habe ich versucht, die Grundlagen dieses Fortschritts und die politischen Maßnahmen, die ihn fördern können, darzulegen.

In dieser progressiven Agenda spielt der Staat eine zentrale Rolle, denn er muss sicherstellen, dass die Märkte so funktionieren, wie sie sollten, und er muss das Gemeinwohl in einer Weise fördern, wie es Einzelpersonen oder Märkte von sich aus nicht können. Wenn dieses Programm akzeptiert werden soll, müssen wir uns allerdings von der Vorstellung befreien, der Staat sei immer und überall ineffizient und greife über Gebühr in die Freiheit des Einzelnen ein, und diese durch die Einsicht ersetzen, dass der Staat wie alle vom Menschen geschaffenen Institutionen einschließlich Märkten fehlbar ist und verbessert werden kann. Die Auffassung, der Staat sei das Problem, nicht die Lösung, ist schlichtweg falsch. Im Gegenteil: Viele, wenn nicht die meisten Probleme unserer Gesellschaft, von übermäßiger Umweltverschmutzung bis zur Instabilität der Finanzmärkte und wirtschaftlicher Ungleichheit, wurden von Märkten und dem privaten Sektor geschaffen. Kurzum, Märkte allein werden unsere Probleme nicht lösen. Nur der Staat kann die Umwelt schützen, für soziale und ökonomische Gerechtigkeit sorgen und durch Investitionen in die Grundlagenforschung und in neue Technologien die Rahmenbedingungen für eine dynamische Innovationsgesellschaft schaffen.

Rechtsgerichtete Libertäre sind der Auffassung, der Staat schränke ihre Freiheit ein. Großunternehmen mit rechtsorientierten Vorstandschefs beklagen Regulierungen und Steuern, die ihre Gewinne drücken. Das eine Prozent befürchtet, ein starker Staat könne seine Machtbefugnisse dazu nutzen, ihnen Geld wegzunehmen und es an die Bedürftigen umzuverteilen. All diese Akteure haben einen Anreiz, den Staat als ineffizient und Mitverursacher der Missstände in unserem Land hinzustellen. Aber die Annahmen, von denen sie ausgehen, entbehren jeder Grundlage. Heute zahlt das eine Prozent tatsächlich weniger als seinen fairen Anteil an Steuern, sein Beitrag zur Finanzierung des Gemeinwesens einschließlich Verteidigung ist zurückgegangen. Gleichzeitig eignen sie sich, weitgehend in Form von »Renten«, einen unverhältnismäßig hohen Anteil des Volkseinkommens und -vermögens an.

Wir haben in diesem Buch auch beschrieben, wie es ihnen gelungen ist, die Spielregeln zu ihrem Vorteil und auf Kosten der großen Mehrheit zu manipulieren. Nicht »natürliche« ökonomische Kräfte führten dazu, dass die Einkommen der Mehrheit weitgehend stagnierten, während die des einen Prozents in die Höhe schossen. Nicht Naturgesetze, sondern menschengemachte Gesetze haben zu diesen unnatürlichen Ergebnissen geführt. Tatsächlich müssen Märkte strukturiert werden, und in den letzten 40 Jahren haben wir sie in einer Weise restrukturiert, die niedrigeres Wachstum und mehr Ungleichheit hervorgebracht hat. Es gibt viele Formen von Marktwirtschaften, aber wir haben eine »ausgewählt«, die großen Teilen unserer Bevölkerung schlechte Dienste leistet. Heute müssen wir die Regeln abermals umschreiben, damit unsere Wirtschaft wieder dem Gemeinwohl dient. Wir müssen etwa sicherstellen, dass Märkte wieder so funktionieren, wie sie sollten, indem wir für Wettbewerb sorgen und übergroße Marktmacht beschneiden.

Die USA besitzen auch eine breitere Palette an Institutionen, als es »Marktfundamentalisten« zugeben wollen. Wir haben nicht nur effektive und effiziente staatliche Institutionen, sondern auch eine Vielzahl leistungsfähiger und dynamischer nichtstaatlicher Einrichtungen und Stiftungen. Unser Fortschritt verdankt sich größtenteils den Forschungsleistungen, die von unseren Universitäten erbracht werden, und all unsere führenden Hochschulen sind entweder öffentliche oder nicht gewinnorientierte Institutionen. Wir haben genossenschaftliche Unternehmen. Das einzige Segment des Finanzsystems, das in der Krise von 2008 keine Anzeichen moralischen Versagens zeigte, waren die Kreditgenossenschaften – Genossenschaftsbanken, die ihren Mitgliedern gehören und häufig mit bestimmten Unternehmen und Branchen verbunden sind.[22] Genossenschaften spielten in vielen Sektoren in weiten Teilen des Landes eine wichtige Rolle.[23] Sie und Unternehmen mit stärkerer Mitarbeiterbeteiligung an Entscheidungsprozessen und am Unternehmen selbst sind besser durch die Krise gekommen.

Die USA sind in der Lage, dieses mannigfaltige Ökosystem unterschiedlichster Institutionen noch weiter zu stärken. Jede besetzt eine Nische, und sie ergänzen sich gegenseitig. So ist die Privatwirtschaft auf die vom Staat bereitgestellte Infrastruktur und das von unseren Universitäten und Forschungsinstituten – oftmals mit öffentlicher Förderung – produzierte Wissen angewiesen. Der Privatsektor hat viel vollbracht, ist aber weder Quell allen Wissens noch aller Lösungen für die Probleme unserer Gesellschaft. Die Privatunternehmen verdanken ihre Gewinne jenen Grundlagen, die der Staat und unsere nicht gewinnorientierten Universitäten und Forschungszentren geschaffen haben.

Daher ist ein zentraler Punkt in dieser Agenda für das 21. Jahrhundert die Forderung nach einem besseren Interessenausgleich in unserer Gesellschaft und unserer Wirtschaft, zwischen den verschiedenen gesellschaftlichen Gruppen, dem Staat, dem privaten Sektor und der Zivilgesellschaft. Um das verlorene Gleichgewicht wiederherzustellen, bedarf es noch weiterer Schritte: Der extreme Materialismus und die moralische Verkommenheit der letzten Jahrzehnte müssen eingedämmt werden; wir müssen Freiraum schaffen sowohl für individuelle als auch für gemeinschaftliche Initiative und Wohlergehen;[24] und wir müssen den Einzelnen, aber auch die Gesellschaft als Ganzes dazu anhalten, sich gemäß unseren höheren Werten und Bestrebungen zu verhalten. Zu diesen Werten gehören die Achtung von Wissen und Wahrheit, Demokratie und Rechtsstaatlichkeit und der Institutionen der liberalen Demokratie und der Wissensproduktion: Nur mit ihnen kann der Fortschritt der letzten 250 Jahren weitergehen.

Besteht Grund zur Hoffnung?

Die Geschichte der USA gibt uns Hoffnung. Aber jeder, der sich eingehend mit der finsteren Geschichte von Autoritarismus und Faschismus in anderen Ländern befasst hat, weiß, dass diese strahlendere Zukunft sich nicht zwangsläufig einstellen wird.[25]

Die USA haben schon zweimal in Phasen extremer Ungleichheit Korrekturmaßnahmen ergriffen – nach dem Vergoldeten Zeitalter und nach den Goldenen Zwanzigern. Heute könnten wir vor einer noch schwereren Herausforderung stehen als damals: Die Ungleichheit ist heute womöglich noch größer, und angesichts der jüngsten Entscheidungen des Obersten Gerichtshofs ist der Einfluss des Geldes in der Politik weiter gestiegen. Und moderne Technologien können Vermögensungleichheiten effektiver in politische Machtunterschiede übersetzen.

Letztlich ist heute die Macht des Volkes, die Macht der Wahlurne, die einzige verbliebene Gegenmacht. Aber je größer die Vermögens- und Einkommensungleichheit ist, umso schwerer lässt sich diese Gegenmacht wirkungsvoll ausüben. Daher ist die Verwirklichung größerer Gleichheit nicht nur eine Frage der Moral oder der wirtschaftlichen Vernunft; es geht um das Überleben unserer Demokratie.

Mit der von mir vorgeschlagenen Agenda *können* alle Amerikaner jenen Lebensstil erreichen, den sie sich wünschen – im Einklang mit von uns hochgeschätzten Werten wie Wahlfreiheit, Eigenverantwortung und Selbstbestimmung. Die Agenda ist ehrgeizig, aber auch notwendig: So schlecht die Lage heute schon sein mag, dürfte sie mit den sich abzeichnenden technologischen Fortschritten noch schlimmer werden – wenn wir unseren jetzigen Kurs beibehalten. Ungleichheit und gesellschaftliche Spaltung sowie die Unzufriedenheit könnten noch weiter zunehmen. Kleine Reformschritte – etwas mehr Bildung hier, ein wenig mehr

Finanzhilfen da – mögen als Bestandteile einer Gesamtstrategie wichtig sein, aber sie werden den Herausforderungen, vor denen die USA heute stehen, nicht gerecht. Wir brauchen den tief greifenden Richtungswechsel, den die in diesem Buch vorgestellte progressive Agenda verlangt.

Wir haben eine ungesunde Dynamik in Gang gesetzt. Man erschaudert bei dem Gedanken, wohin sie führen könnte, wird sie nicht korrigiert. Dieses Buch ist in der Hoffnung und in der Überzeugung geschrieben worden, dass eine andere Gesellschaft möglich ist und es genug Amerikaner gibt, die ebenfalls daran glauben, dass wir durch Zusammenarbeit diese unheilvolle Entwicklung rückgängig machen können: Dazu gehören junge Leute, die ihren Idealismus noch nicht verloren haben, ältere Menschen, die noch immer an die Ideale der Chancengleichheit und des Wohlstands für alle glauben, und diejenigen, die sich an den Kampf um Bürgerrechte erinnern, an dem sich so viele mit ganzem Herzen beteiligten – und die flüchtig einen Blick auf Fortschritte erhaschten, bevor sie diese dunklere Wolke über dem Land aufziehen sahen.

Dieser alternative Gesellschaftsentwurf zielt nicht darauf ab, eine imaginierte Vergangenheit wiederaufleben zu lassen, sondern unter Nutzung unseres ökonomischen und politischen Wissens einschließlich der Lehren, die wir aus diesen Krisen der letzten Jahrzehnte gezogen haben, eine realistische Zukunft zu bauen. Sachgerecht gestaltete, gut regulierte Märkte, die mit Behörden und einem breiten Spektrum zivilgesellschaftlicher Institutionen zusammenarbeiten, sind der einzige Weg in eine nachhaltige, dem Gemeinwohl verpflichtete Zukunft.

Dieser alternative Zukunftsentwurf, dieser neue Gesellschaftsvertrag des 21. Jahrhunderts, unterscheidet sich grundlegend von dem, was die Regierung Trump und die Republikanische Partei – allzu oft mit erheblicher Unterstützung durch die Geschäftswelt – den Amerikanern heute anbieten. Unsere Versagen in der Vergangenheit sind das Vorspiel zu unserer Zukunft: Wenn es uns nicht gelingt, technologische Fortschritte besser zu managen, könnten wir auf eine Dystopie mit immer mehr Ungleichheit, zunehmenden Spaltungen und mit Menschen und einer Gesellschaft zusteuern, die sich immer weiter von dem entfernen, was wir als wünschenswert erachten.

Es ist noch nicht zu spät, um den Kapitalismus vor sich selbst zu retten.

Dank

Wie im Vorwort erwähnt, beruht dieses Buch auf Einsichten aus meinen früheren Büchern und führt sie zusammen: unter anderen vier über Globalisierung (*Der Schatten der Globalisierung* [2002], *Fair Trade. Agenda für einen gerechten Welthandel*, mit Andrew Charlton [2006], *Die Chancen der Globalisierung* [2006] und *Globalization and Its Discontents Revisited: Anti-Globalization in the Era of Trump* [2017]); drei über Ungleichheit (*Der Preis der Ungleichheit. Wie die Spaltung der Gesellschaft unsere Zukunft bedroht* [2012], *Reich und Arm: Die wachsende Ungleichheit in unserer Gesellschaft* [2015] und *Rewriting the Rules of the American Economy: An Agenda for Growth and Shared Prosperity*, mit Nell Abernathy, Adam Hersh, Susan Holmberg und Mike Konczal [2015]); eine Arbeit über die drei Quellen des Wirtschaftswachstums, *Die innovative Gesellschaft. Wie Fortschritt gelingt und warum grenzenloser Freihandel die Wirtschaft bremst*, mit Bruce C. Greenwald (2015), und zwei Bücher über Wirtschaftspolitik und Finanzökonomik (*Die Roaring Nineties. Der entzauberte Boom* [2004] und *Im freien Fall* [2010]). Diese wiederum basierten auf einer Vielzahl von Fachaufsätzen. Und so habe ich im Lauf der Jahre eine große Menge an Schulden angehäuft, insbesondere gegenüber meinen vielen Mitautoren und Kollegen, unter anderen an der Columbia University, am Roosevelt Institute, am INET (Institute for New Economic Thinking), bei der Weltbank und in der Regierung Clinton.

Außerdem habe ich von den Ideen einer großen Zahl von Wissenschaftlern profitiert, die über ähnliche Fragen wie jene, die ich hier gestellt habe, nachgedacht haben. Zwar erwähne ich viele von ihnen im Buch, möchte aber einige wenige besonders herausstellen: Ich habe mich umfassend auf Daten und Erkenntnisse der wachsenden Gruppe von Wissenschaftlern gestützt, die das Phänomen Ungleichheit erforschen, darunter François Bourguignon, Sir Angus Deaton, Ravi Kanbur, Branko Milonović, Thomas Piketty, Emmanuel Saez, Raj Chetty, Gabriel Zucman, James Galbraith und mein lieber Freund und Mitautor, der verstorbene Tony Atkinson. Eigens betonen möchte ich auch den Einfluss bedeutender Arbeiten von Lawrence Mishel am Economic Policy Institute, von Winnie Byanyima bei Oxfam International und von Janet Gornick, der ehemaligen Direktorin der LIS, Luxembourg Income Study (ein zwischenstaatliches Datenzentrum, das sich auf Ungleichheit konzentriert hat).

Die vor vielen Jahren in *Der Preis der Ungleichheit* formulierte Annahme, dass Marktmacht und Rent-Seeking die Hauptursachen der heutigen Ungleichheit sind, hat sich mittlerweile allgemein durchgesetzt, und ich habe enorm von Gesprächen mit vielen Autoren profitiert, die Beiträge zu der wachsenden Literatur über Marktmacht und Maßnahmen zu ihrer Eindämmung geleistet haben, darunter Steven Salop, Michael Katz, Carl Shapiro, Mike Konczal, Tim Wu, Eleanor Fox und Emmanuel Farhi.

Ich war an einer Reihe von Kartellklagen beteiligt, bei denen es darum ging, einen funktionierenden Wettbewerb in der amerikanischen Volkswirtschaft aufrechtzuerhalten, und dabei waren die Einsichten von Ketih Leffler, Michael Cragg, David Hutchings und Andrew Abere von unschätzbarem Wert. Mark Stelzner und Alan Krueger haben mir dabei geholfen, die Rolle dieser Marktunvollkommenheiten auf Arbeitsmärkten besser zu verstehen. Die Diskussion neuer Technologien in diesem Buch wurde stark von meinem Mitautor Anton Korinek beeinflusst; meine Ausführungen zum Thema Künstliche Intelligenz wurden maßgeblich geprägt vom Meinungsaustausch mit Erik Brynjolfsson, Shane Legg von DeepMind, Mark Sagar von Soul Machines und den Teilnehmern eines Abendessens in der Royal Society, nachdem ich dort einen Vortrag über die Auswirkungen von KI auf die Arbeitswelt gehalten hatte. Yochai Benkler, Julia Angwin und Zeynep Tüfekçi haben dazu beigetragen, dass ich spezielle mit Desinformation verbundene Probleme besser verstanden habe.

Was die mit der Globalisierung einhergehenden Probleme anbelangt, so bin ich Dani Rodrik, aber auch Danny Quah, Rohinton Medhora und Mari Pangestu zu Dank verpflichtet; bezüglich der Rolle der Globalisierung bei Steuervermeidung verdanke ich Mark Pieth und der von José Antonio Ocampo geleiteten Unabhängigen Kommission für die Reform der Internationalen Unternehmensbesteuerung, der ich angehöre, wertvolle Einsichten.

Daniel Kahneman, Richard Thaler und insbesondere Karla Hoff haben meine Überlegungen über den Einfluss von Kultur, Gesellschaft und Wirtschaft auf den Einzelnen sowie über weitere Aspekte der Verhaltensökonomik nachhaltig geprägt.

Was die Frage anbelangt, wie man auf die Herausforderungen der Globalisierung, Finanzialisierung und neuer Technologien in geeigneter Weise reagieren sollte, verdanke ich Akbar Noman, Giovanni Dosi, Justin Yifu Lin und Mario Cimoli wichtige Anregungen im Bereich Industriepolitik; Karl Ove Moene, Leif Pagrotsky, Isabel Ortiz und andere Mitglieder der Initiative for Policy Dialogue/des Roosevelt-Projekts zur Modernisierung des Wohlfahrtsstaats haben mir bedeutende Erkenntnisse über den Wohlfahrtsstaat einschließlich des skandinavischen Modells vermittelt.

Was den Klimawandel anbelangt, so verdanke ich Nicholas Stern und John Roome wichtige Anregungen, während mich Julia Olson und Philip Gregory darüber informierten, welche rechtlichen Folgen es hat, wenn Kindern wesentliche Rechte entzogen werden.

Mit John Attanasio führte ich sehr fruchtbare Gespräche über Kapitel 8, in dem es um Reformen an unserem politischen System geht, insbesondere die rechtlichen Herausforderungen, die damit verbunden sind, den Einfluss des Geldes in unserer Politik zurückzudrängen.

Dank schulde ich auch Martin Wolff, Rana Foroohar, Edmund Phelps, George Soros, George Akerlof, Janet Yellen, Adair Turner, Michael Spence, Andrew Sheng, Kaushik Basu, Winnie Byanyima und Peter Bofinger (die letzten sechs gehören zusammen mit Rob Johnson, Rodrik, Quah, Medhora und Pangestu der von INET finanziell geförderten Commission on Global Economic Transformation an, die ich gemeinsam mit Spence leite).

Als ich über mögliche Strategien zur Bewältigung der Weltfinanzkrise von 2008 nachdachte, entstanden starke intellektuelle Bindungen, unter anderem zu Elizabeth Warren und Damon Silvers (die dem Kongressausschuss zur Beaufsichtigung des Troubled Asset Relief Program angehörten) und zu den Mitgliedern des Sachverständigenausschusses des Präsidenten der Generalversammlung der Vereinten Nationen über

Reformen des internationalen Währungs- und Finanzsystems, den ich im Jahr 2009 leitete.

Weitere Ausschüsse, die meine Ansichten zu vielen hier behandelten Themen beeinflussten, sind die Internationale Kommission zur Messung der Wirtschaftsleistung und des sozialen Fortschritts, der ich gemeinsam mit Jean-Paul Fitoussi und Amartya Sen vorstand, und ihre Nachfolgerin, die Hochrangige Sachverständigengruppe zur Messung der Wirtschaftsleistung und des sozialen Fortschritts, die ich mit Martine Durand leitete. Diese haben maßgeblich dazu beigetragen, dass ich heute einen viel weiter gefassten Begriff von dem habe, was »Wohlergehen« ausmacht. Ich möchte allen Mitgliedern der Kommission für ihre Beiträge danken.

Seit 20 Jahren, als wir beide im wirtschaftswissenschaftlichen Beirat des US-Präsidenten saßen, ist Jason Furman ein hochgeschätzter Kollege, dessen Reformvorschläge, würden sie umgesetzt, die US-Volkswirtschaft wieder in den Dienst der gesamten Gesellschaft stellen würden.

Fast 20 Jahre lang habe ich nahezu jeden Sommer eine Woche lang an dem von Giorgos Papandreou organisierten Symi Symposium über die Zukunft der Sozialdemokratie teilgenommen, und die zahlreichen Ideen, die dabei zur Diskussion gestellt wurden, haben zweifellos auf viele meiner in diesem Buch vorgetragenen Ansichten abgefärbt. Ich möchte Giorgos und anderen Teilnehmern des Symposiums danken, darunter Kemal Derviş, Misha Glenny, Yanis Varoufakis und Matts Carlsson.

Wieder einmal muss ich der Columbia University dafür danken, dass sie mir fast 20 Jahre lang ein intellektuelles Zuhause bot, das meine wissenschaftliche Produktivität nachhaltig anregte, und für die Gelegenheit, einen regen Austausch mit meinem langjährigen Mitautor und Columbia-Kollegen Bruce Greenwald zu pflegen.

Außerdem bin ich dem Rockefeller Foundation Bellagio Center zu Dank verpflichtet; dort arbeitete ich in einem ansprechenden und stillen Umfeld an Erstfassungen dieses Buchs. Der freundliche Umgang und die angeregten Gespräche, die ich dort führen konnte, bildeten den perfekten Rahmen, um dieses ehrgeizige Projekt in Angriff zu nehmen.

Im Roosevelt Institute, der Denkfabrik, die gegründet wurde, »um das Vermächtnis und die Werte von Franklin und Eleanor Roosevelt durch die Entwicklung progressiver Ideen und couragierter Führungsstärke, um das Versprechen Amerikas, Chancengerechtigkeit für alle zu gewährleisten, weiterzutragen«, und dessen Chefvolkswirt ich bin, führte ich viele anregende Gespräche über die Frage, wie sich die in diesem Buch beschriebene progressive Agenda umsetzen lässt. Ich möchte seiner Präsidentin, Felicia Wong, und Nell Abernathy, seiner Vizepräsidentin für Research und Strategie, danken. Ihr Projekt »Die Regeln neu schreiben« war für mich besonders wichtig. Aufgrund seines Erfolgs wurde es von der FEPS (Foundation for European Progressive Studies, einem Bündnis sozialdemokratischer Denkfabriken in Europa) aufgegriffen; mein Dank gilt dem Generalsekretär der FEPS, Ernst Stetter, Carter Dougherty, der das Projekt »Die Regeln für Europa neu schreiben« erfolgreich abschloss, und dem Team von Wissenschaftlern aus ganz Europa, die daran mitarbeiteten. Der Bürgermeister von Seoul, Park Won-soon, hat ein ähnliches Projekt in Korea initiiert.

In diesem Buch gehe ich über die Wirtschaftswissenschaften hinaus und wende mich der Politik zu. In Anbetracht der gegenwärtigen Situation drängt sich dies geradezu auf. Ich habe immer wieder darauf hingewiesen, dass die Leistungsfähigkeit einer Volkswirtschaft ganz erheblich von ihren Regeln abhängt, und diese werden von der Politik festgelegt. Edward (Jed) Stiglitz verdanke ich viele aufschlussreiche Einsichten auf diesem Gebiet. Robert Kuttner, Jeff Madrick, Felicia Wong, Rob Johnson, Martin Guzman und Leif Pagrotsky habe frühe Fassungen dieses Buchs gelesen und äußerst hilfreiche Anmerkungen dazu gemacht.

Meine Postdoktoranden und Martin Guzman, der für unser Postdoktorandenprogramm zuständige leitende Forscher, haben mir bei verschiedenen hier diskutierten Themen wichtige Einsichten vermittelt: Mayuri Chaturvedi und Ignacio Gonzales über Marktmacht, Rent-Seeking, Ungleichheit und Wachstum; Juan Montecino über gewisse Aspekte der Globalisierung; Michael Poyker über die Arbeit von Strafgefangenen und Masseninhaftierung und Levent Altinoglu über Finanzmärkte. Besonders dankbar bin ich Martin, einem hochgeschätzten Kollegen, mit dem ich alle hier behandelten Fragen diskutierte.

Meine Forschungsassistenten Matthieur Teachout, Haaris Mateen, Naman Garg und Anastasia Burya erfüllten weit mehr als ihre Pflichten, ebenso die Redakteurinnen in meinem Büro, Debarati Ghosh und Andrea Gurwitt, die das Manuskript fertigstellten.

Auch den übrigen Mitarbeitern meines Büros möchte ich für ihre engagierte Unterstützung danken, nicht nur bei diesem Projekt, sie stellten auch sicher, dass ich mich einem Projekt wie diesem mit der gebotenen Muße widmen konnte: Gabriela Plump, Caleb Oldham, Susanna De Martino und Sarah Thomas.

Wie immer hat Stuart Proffitt bei Penguin/Allen Lane, meinem britischen Verlag, das Manuskript ausführlich und kenntnisreich kommentiert. Die Idee zu diesem Buch entstand bei Gesprächen mit Drake McFeely, meinem langjährigen Lektor bei Norton, und er hat das Manuskript auf eine zupackende Art redigiert, die heute selten geworden ist. Brendan Curry half mir durch nützliche Hinweise zu einer früheren Textfassung, und Nathaniel Dennett betreute das Manuskript bis zur Schlussfassung. Charlotte Kelchner hat die Schlussredaktion mit großem Geschick durchgeführt, Lynne Cannon Menges las mit Adleraugen Korrektur, und die Projektleiterin Dassi Zeidel und die Herstellungsleiterin Lauren Abbate waren während des gesamten Prozesses von unschätzbarem Wert.

Mein besonderer Dank gilt Eamon Kircher-Allen, meinem langjährigen persönlichen Lektor, der sich von Anfang an in dieses Projekt vertiefte und es über weite Strecken partnerschaftlich begleitete.

Schließlich möchte ich, wie immer, meiner Frau Anya danken. Bei meinem ersten populärwissenschaftlichen Buch, *Die Schatten der Globalisierung*, lehrte sie mich, wie man gut schreibt. An diesem Buch hat sie sogar noch größeren Anteil. Sie hat den Text nicht bloß bearbeitet, sondern mich wirklich inspiriert: Ich hoffe, jeder Leser spürt die Leidenschaft, mit der wir beide wissen wollten, was in unserem Land schiefgelaufen ist und was man dagegen tun kann, und wie viel uns daran gelegen ist, die Idee der Wahrheit hochzuhalten und dafür zu sorgen, dass unsere Institutionen, die der Erforschung der Wahrheit verpflichtet sind, stark bleiben.

Eine Anmerkung zu der Widmung: Im Jahr 1965 ging ich als Fulbright-Stipendiat nach Cambridge, England, und studierte unter bedeutenden Lehrern wie James Meade, Joan Robinson, Nicholas Kaldor, Frank Hahn und David Champernowne, die sich alle leidenschaftlich für Fragen der Ungleichheit und die Natur unseres kapitalistischen Systems interessierten. Unter den vielen lebenslangen Freunden, die ich dort kennenlernte, waren Anthony Atkinson, einer meiner ersten Studenten, und James Mirrlees, damals ein junger Dozent und Forscher.

Anmerkungen

Vorwort

1 Ich habe meine vielen erbitterten Auseinandersetzungen während jener Jahre in meinem 2004 erschienenen Buch *Die Roaring Nineties. Der entzauberte Boom* beschrieben.

2 Als die Ungleichheit zunahm, wandte ich mich erneut dem Thema zu, das mich ursprünglich dazu gebracht hatte, Wirtschaftswissenschaften zu studieren. In *Der Preis der Ungleichheit. Wie die Spaltung der Gesellschaft unsere Zukunft bedroht* (2012) und *Reich und Arm. Die wachsende Ungleichheit in unserer Gesellschaft* (2015) wies ich mahnend auf die alarmierende Ungleichheit hin, die zu einem definierenden Merkmal der amerikanischen Volkswirtschaft geworden ist. Ich betonte, wenn es uns nicht gelinge, die Ungleichheit in den USA zu verringern, werde dies weitreichende Folgen haben, die weit über volkswirtschaftliche Indikatoren hinausgingen: Die Ungleichheiten würden letztlich unsere Gesellschaft mit Misstrauen infizieren und unsere Politik korrumpieren. Das wäre für alle schlecht, selbst für die Superreichen. In *Rewriting the Rules of the American Economy: An Agenda for Growth and Shared Prosperity* (2015), das ich zusammen mit Nell Abernathy, Adam Hersh, Susan Holmberg und Mike Konczal verfasst habe, erläutere ich, wie die Umschreibung der ökonomischen Grundregeln, insbesondere während und nach der Amtszeit der Regierung Reagan, zu niedrigerem Wachstum und mehr Ungleichheit führte und wie diese negativen Trends rückgängig gemacht werden könnten, wenn wir die Regeln erneut umschreiben würden.

3 »Of the 1%, by the 1%, for the 1%« (»Des 1 Prozents, durch das 1 Prozent, für das 1 Prozent«), so der Titel meines Artikels, der im Mai 2011 in *Vanity Fair* erschien. Damit paraphrasiere ich die berühmten Worte Abraham Lincolns »government of the people, by the people, for the people« (»Regierung des Volkes, durch das Volk, für das Volk«) aus seiner zum Klassiker gewordenen Rede »Gettysburg Address« von 1863 (abgedruckt in *Reich und Arm*).

4 Bei vollständiger Umsetzung der Trump'schen »Steuerreform« von 2017 steigen die Steuern für die meisten derjenigen, die sich im zweiten, dritten und vierten Dezil (10-Prozent-Gruppe) der Einkommensverteilung befinden.

5 Er war unter Nixon auch Arbeitsminister gewesen.

6 Private-Equity-Gesellschaften investieren in der Regel in nicht börsennotierte Unternehmen; sie selbst sind ebenfalls nicht börsennotiert. Vielfach kaufen sie andere Unternehmen, restrukturieren sie und verkaufen sie dann mit Gewinn. Die Manager dieser Fonds tun weitgehend das Gleiche wie Manager irgendeines beliebigen anderen Unternehmens, die normale Einkommensteuer auf ihr Gehalt zahlen müssten. Es gibt keinen sachlichen Grund für die steuerliche Vorzugsbehandlung – die Tatsache, dass sie bevorzugt werden, demonstriert lediglich ihre politische Macht. Schlimmer noch,

diese Finanzinvestoren haben die von ihnen gekauften Unternehmen in der Vergangenheit oftmals in einer Weise restrukturiert, die ihnen heftige Kritik eintrug, weil sie in großem Umfang Arbeitsplätze abbauten und den restrukturierten Unternehmen hohe Schulden aufbürdeten, was zur Folge hat, dass diese kurz nach ihrem Verkauf durch den Finanzinvestor pleitegehen. Der verminderte Steuersatz, den Private-Equity-Fonds aufgrund des sogenannten Gewinnbeteiligungs-Steuerschlupflochs zahlen, war etwas, wogegen Trump im Wahlkampf wetterte. Aber er bestand nicht darauf, dieses Schlupfloch zu beseitigen – sofern er es überhaupt noch erwähnte –, als der Steuergesetzentwurf im Kongress beraten und verabschiedet wurde, um schließlich zur Unterzeichnung auf seinem Schreibtisch zu landen. Mit dem gebrochenen Versprechen konfrontiert, gaben seine Berater dem Kongress die Schuld. Vgl. Louis Jacobson, »Despite Repeated Pledges to Get Rid of Carried Interest Tax Break, It Remains on the Books«, *Politifact*, 20. Dez. 2017.

7 Es wird damit gerechnet, dass allein die Steuersenkung (mit Zinsen) über den Zehnjahreszeitraum 2018–2028 das Defizit um 1,9 Billionen Dollar erhöhen wird. Wenn die befristeten Steuersenkungen entfristet würden, fiele das Defizit sogar um 3,2 Billionen Dollar größer aus.

8 »Transcript of the Press Conference on the Release of the October 2017 World Economic Outlook« (Washington, DC: International Monetary Fund, 13. Okt. 2017); und Christine Lagarde, »2018 Article IV Consultation for the United States Opening Remarks« (Washington, DC: International Monetary Fund, 14. Juni 2018).

9 Eine zentrale Erkenntnis des Nobelpreisträgers Simon Kuznets und die Tatsache, dass dies immer der Fall zu sein schien, als er um die Mitte des 20. Jahrhunderts publizierte, führte dazu, dass sie Kuznets'sches Gesetz genannt wurde.

10 Dieses Buch stützt sich auf meine früheren Arbeiten über Globalisierung, die massive Expansion des Finanzsektors, Ungleichheit und Innovation; es webt diese Fäden zusammen und zeigt ihre wechselseitige Beziehung wie in einem Bildteppich, der, so hoffe ich, die Quellen des Fortschritts und die Fallstricke, auf die wir unterwegs trafen, anschaulich darstellt. In mehreren wichtigen Punkten führt es die Argumentation weiter. Meine frühesten Globalisierungskritiken, die ich nach dem Ausscheiden aus der Weltbank schrieb, bei der ich gesehen hatte, wie schlecht die Globalisierung aus Sicht der Entwicklungsländer und der Arbeitnehmer weltweit gemanagt wurde, fanden Eingang in mein Buch *Die Schatten der Globalisierung* (2002). In *Fair Trade* (2006), das ich gemeinsam mit Andrew Charlton geschrieben habe, konzentrierte ich mich auf die Frage, auf welche Weise die Welthandelsordnung die Armen benachteiligt. In *Die Chancen der Globalisierung* (2006) machte ich eine Reihe von Reformvorschlägen, von denen ich glaubte, sie würden zumindest zu einer gerechteren Verteilung der Wohlfahrtsgewinne der Globalisierung führen. In *Globalization and its Discontents Revisited: Anti-Globalization in the Era of Trump* (2017) beschrieb ich die Fortschritte, die bei der Reform der Globalisierung erreicht worden waren, bis Trump kam, und wie er – möglicherweise unumkehrbar – die Agenda zurückdrehte. Das erste meiner beiden Bücher, die sich auf die Finanzialisierung konzentrieren, ist *Die Roaring Nineties*, das ich nach meinem Ausscheiden aus der Regierung Clinton schrieb. Darin vertrat ich die These, die Deregulierungsschritte vor, während und nach der Amtszeit Clintons hätten die Voraussetzungen für eine Finanzkrise geschaffen. Als die Ungleichgewichte in unserem Finanzsystem in den folgenden Jahren wuchsen, und mit ihnen das Risiko eines größeren Finanz- oder Wirtschaftsdesasters, hielt ich Vorlesungen und schrieb über die Gefahr einer bevorstehenden Krise. Leider sollte ich recht behalten: Die Weltfinanzkrise erschütterte bald darauf die Weltwirtschaft. Im Jahr 2010 analysierte ich in dem Buch *Im freien Fall. Vom Versagen der Märkte zur Neuordnung der Weltwirtschaft* die einsetzende Großen Rezession und machte Vorschläge, wie sich ein schwerer, lang

anhaltender konjunktureller Einbruch verhindern lasse und der Finanzsektor reformiert werden könnte, um das Entstehen und Platzen solcher Blasen in der Zukunft zu vermeiden.

1. Einleitung

1 Der vollständige Titel des Buches von Fukuyama aus dem Jahr 1992 lautet (übersetzt nach dem englischen Original) *Das Ende der Geschichte und der letzte Mensch.* Nach der Wahl Trumps änderte er seine Meinung: »Vor 25 Jahren hätte ich mir nicht vorstellen können, dass sich Demokratien zurückentwickeln können. Aber heute glaube ich, dass dies eindeutig möglich ist.« Ishaan Tharoor, »The Man Who Declared the ›End of History‹ Fears for Democracy's Future«, *Washington Post*, 9. Feb. 2017.

2 Dies ist die These eines neuen Buches von Adam Tooze von der Columbia University, *Crashed. Wie zehn Jahre Finanzkrise die Welt verändert haben* (2018).

3 Berlin 2017.

4 Frankfurt a. M. 2017.

5 Vgl. auch Jennifer Sherman, *Those Who Work, Those Who Don't: Poverty, Morality, and Family in Rural America* (Minneapolis 2009); Joan C. Williams, *White Working Class: Overcoming Class Cluelessness in America* (Boston 2007); Katherine J. Cramer, *The Politics of Resentment: Rural Consciousness in Wisconsin and the Rise of Scott Walker* (Chicago 2016); Amy Goldstein, *Janesville: An American Story* (New York 2017); und Michèle Lamont, *The Dignity of Working Men: Morality and the Boundaries of Race, Class, and Immigration* (Cambridge, MA, 2000). Meine eigenen begrenzten Ausflüge in diese Gebiete führten zu einer Sichtweise, die mit den Befunden dieser tiefschürfenden Studien in Einklang stand.

6 Dies deckt sich mit Studien, die von der Weltbank durchgeführt wurden, als ich deren Chefökonom war. In *The Voices of the Poor* bekundeten die Leute ihren Ärger darüber, dass sie nicht in sie betreffende Entscheidungen eingebunden wurden. Deepa Narayan mit Raj Patel, Kai Schafft, Anne Rademacher und Sarah Koch-Schulte, *Voices of the Poor: Can Anyone Hear Us?* (New York 2000). Dies ist der erste von drei Bänden in einer Reihe, die unter dem Titel *Voices of the Poor* erscheint; die Bände haben jeweils unterschiedliche Herausgeber.

7 Vgl. zum Beispiel meine Diskussion dieser Fragen in meinen Büchern *Im freien Fall* und *Reich und Arm.*

8 Ich habe mich in meinem bereits erwähnten *Vanity-Fair*-Artikel »Of the 1%, by the 1%, for the 1%« vom Mai 2011 deshalb auf das 1 Prozent konzentriert, weil die alte Einteilung in soziale Schichten (eine kleine Oberschicht, eine große Mittelschicht und eine mittelgroße Gruppe von Armen) nicht länger sachgemäß ist.

9 Der Finanzdienstleister *Bankrate* hat in seiner jährlichen Erhebung für den Financial Security Index im Jahr 2017 herausgefunden, dass 61 Prozent der Amerikaner einen finanziellen Notfall in Höhe von 1000 Dollar nicht bewältigen können, ohne sich zu verschulden. Taylor Tepper, »Most Americans Don't Have Enough Savings to Cover a $ 1K Emergency«, *Bankrate.com*, 18. Jan. 2018, https://www.bankrate.com/banking/savings/financial-security-0118/.
In ähnlicher Weise hat der US-Zentralbankrat (Federal Reserve Board) in seinem *Report on the Economic Well-Being of U. S. Households* von 2017, der auf dem fünften jährlichen Survey of Household Economics and Decisionmaking basiert, herausgefunden, dass »vier von zehn Erwachsenen, wenn sie mit einer unerwarteten Ausgabe in Höhe von 400 Dollar konfrontiert sind, diese entweder nicht bestreiten beziehungsweise nur dadurch decken können, dass sie etwas verkaufen oder einen Kredit aufnehmen …

Dies stellte eine Verbesserung gegenüber dem Jahr 2013 dar, als 50 Prozent der Erwachsenen auf eine solche Ausgabe schlecht vorbereitet waren.« Außerdem heißt es in dem Bericht: »Über 20 Prozent der Erwachsenen sind nicht in der Lage, all ihre laufenden monatlichen Rechnungen vollständig zu bezahlen«, und weiter: »Über 25 Prozent der Erwachsenen haben im Jahr 2017 auf notwendige medizinische Maßnahmen verzichtet, weil sie nicht in der Lage waren, die Kosten zu tragen.« Diese Ergebnisse decken sich mit dem Befund einer anderen Erhebung, wonach 15 Prozent der Amerikaner keinerlei und 58 Prozent weniger als 1000 Dollar Ersparnisse haben. Vgl. Board of Governors of the Federal Reserve System, »Report on the Economic Well-Being of U.S. Households in 2017«, Federal Reserve Board, Mai 2018, https://www.federalreserve.gov/publications/files/2017-report-economic-well-being-us-households-201805.pdf; und Cameron Huddleston, »More than Half of Americans Have Less than $ 1,000 in Savings in 2017«, GOBankingRates, 12. Sept. 2017.

10 Oxfam, *Reward Work, Not Wealth*, Oxfam Briefing Paper, Jan. 2018.

11 Zitat von Warren Buffett aus Ben Stein, »In Class Warfare, Guess Which Class Is Winning«, *New York Times*, 26. Nov. 2006.

12 Es gibt weitere Beschränkungen aufgrund altüberlieferter Rechtsgrundsätze, die die USA von Großbritannien übernommen haben, wie etwa den Grundsatz der öffentlichen Treuhänderschaft, der besagt, dass der Staat (der »Souverän«) bestimmte natürliche Ressourcen im Namen zukünftiger Generationen treuhänderisch verwaltet. Daraus folgt, dass er sie nicht vollständig privatisieren und auch keinen Raubbau an ihnen zulassen darf.

13 Die *New York Times* berichtet, dass 59,2 Prozent der Stimmen für Senatskandidaten der Demokraten abgegeben wurden. Vgl. die Wahlergebnisse, abrufbar unter »U.S. Senate Election Results 2018«, 28. Jan. 2019, https://www.nytimes.com/interactive/2018/11/06/us/elections/results-senate-elections.html?action=click&module=Spotlight&pgtype=Homepage.

14 Man könnte sich fragen, ob die Kausalität auch in die umgekehrte Richtung wirkt – ob egoistische und kurzsichtige Menschen ein Wirtschaftssystem mit diesen Merkmalen hervorbringen könnten. Aber Egoismus und Kurzsichtigkeit sind bis zu einem gewissen Grad Eigenschaften aller Menschen. Die Regeln, die in einer Volkswirtschaft gelten und das Verhalten ihrer Akteure lenken, bestimmen weitgehend, ob diese Eigenschaften in einem größeren Ausmaß zum Ausdruck gebracht werden als zum Beispiel Altruismus, Empathie und Engagement für das Gemeinwesen.

15 Sein klassisches Beispiel war eine Stecknadelfabrik. Es ist klar, dass er sich auf ein Wirtschaftssystem bezog, das sehr weit von einer modernen Innovationsökonomie entfernt war.

16 Vgl. Kenneth J. Arrow, »Economic Welfare and the Allocation of Resources to Invention«, in *The Rate and Direction of Inventive Activity: Economic and Social Factors*, hg. v. Universities-National Bureau Committee for Economic Research und Committee on Economic Growth of the Social Science Research Council (Princeton 1962), S. 467–92; Kenneth J. Arrow, »The Economic Implications of Learning by Doing«, *The Review of Economic Studies* 29, Nr. 3 (Juni 1962), S. 155–73; und Joseph E. Stiglitz und Bruce Greenwald, *Die innovative Gesellschaft. Wie Fortschritt gelingt und warum grenzenloser Freihandel die Wirtschaft bremst* (Berlin 2015).

17 Die Löhne der Arbeiter stiegen während des »Schwarzen Todes«, der Pestpandemie in Europa im 14. Jahrhundert, die zu einem Mangel an Arbeitskräften führte – was zeigte, dass an dem ökonomischen Gesetz von Angebot und Nachfrage etwas dran war –, sanken anschließend jedoch. Vgl. Stephen Broadberry, Bruce Campbell, Alexander Klein, Mark Overton und Bas van Leeuwen, *British Economic Growth, 1270–1870* (Cambridge 2015).

18 Ein wesentlicher Aspekt des wissenschaftlichen Erkenntnisprozesses ist die wiederholte Überprüfung der Ergebnisse und Klarheit darüber, mit welcher wissenschaftlichen Genauigkeit und Gewissheit verschiedene Ergebnisse ermittelt worden sind. Die Wissenschaft selbst ist folglich ein soziales Projekt: Wir wissen und glauben, was wir tun, aufgrund der gemeinsamen Anstrengungen von Tausenden von Menschen, die alle im Rahmen der Disziplin der wissenschaftlichen Methode arbeiten.

19 Jedes dieser Konzepte ist vielschichtig und subtil, und die Begriffe werden oft falsch verwendet. Feudalherren hätten für sich in Anspruch nehmen können, die »Herrschaft des Rechts« zu respektieren, während sie die Leibeigenen, die für sie arbeiteten, ausbeuteten; das Gleiche gilt für die Sklavenbesitzer in den Südstaaten der USA, die sich auf das »Gesetz« beriefen, wenn sie entflohene Sklaven gewaltsam zurückbrachten. (Vgl. Eric Foner, *Gateway to Freedom: The Hidden History of the Underground Railroad* [Oxford 2015].) Mit seiner riesigen Zahl von Strafgefangenen oder Eigenheimbesitzern, die während der Großen Rezession ihre Immobilie verloren, obwohl sie gar keine Schulden hatten, weil Banken »roboterartig« Zwangsvollstreckungsanträge unterzeichneten, ohne hinreichend zu prüfen, ob die Voraussetzungen dafür überhaupt vorlagen (sogenannter »Robo-Signing«-Skandal, vgl. Stiglitz, *Im freien Fall* und *Reich und Arm*), stellte das US-Justizsystem »Gerechtigkeit für alle sicher«, solange sie reich und weiß waren. Spätere Ausführungen in diesem Buch werden verdeutlichen, was genau ich damit meine. Spätere Kapitel werden diese Ideen auch noch in anderer Weise ausführen, zum Beispiel näher darauf eingehen, dass die Freiheit des Einzelnen möglicherweise eingeschränkt werden muss, wenn sie die Freiheit anderer beeinträchtigt.

20 Wissenschaftler betonen, dass wir nichts mit Sicherheit wissen, sondern nur mit einem zureichenden Grad an Gewissheit. In einigen Fällen können wir nicht sicher sein, was die richtige Entscheidung ist – es gibt zu viele verschiedene Ansichten; aber wir können feststellen, ob das Verfahren der Entscheidungsfindung fair ist und ob jedermanns Stimme gehört wird. Jeder Mensch ist fehlbar, wenn er ein Urteil trifft: »Irren ist menschlich«, wie die aus dem Lateinischen stammende Redewendung heißt. Aber wenn wir gemeinsam Urteile fällen, verringern wir die Fehlerwahrscheinlichkeit. Daher bietet in unserem Strafjustizsystem, in dem bis zum Beweis der Schuld die Unschuldsvermutung gilt, der einstimmige Schuldspruch von zwölf Geschworenen keine Gewähr dafür, dass die Entscheidung richtig ist, auch wenn die Gerichtsverhandlung in einer fairen Weise geführt wurde; aber er macht es doch wahrscheinlich, dass sie richtig ist – oder zumindest dachten wir dies, bis weitere Forschungen aufdeckten, dass unausgesprochene Voreingenommenheiten (wie etwa tief verwurzelte Diskriminierug) weitverbreitet sind. Im Lauf der Zeit gab es weitere Fortschritte bei der Organisationsgestaltung, die zum Beispiel die Frage aufgreift, wie im Prozess der Projektauswahl der menschlichen Fehlbarkeit Rechnung getragen werden kann, wobei es darum geht, die Risiken auszubalancieren, die mit der Ablehnung guter Projekte beziehungsweise der Annahme schlechter Projekte verbunden sind. Vgl. zum Beispiel Raaj Sah und Joseph E. Stiglitz, »Human Fallibility and Economic Organization«, *American Economic Review* 75, Nr. 2 (1985), S. 292–96; und Raaj Sah und Joseph E. Stiglitz, »The Architecture of Economic Systems: Hierarchies and Polyarchies«, *American Economic Review* 76, Nr. 4 (1986), S. 716–27.

21 Eine wichtige Gruppe damit verbundener Institutionen sind unsere Bildungsinstitutionen, die Schülern beziehungsweise Studenten beibringen, wie man die Wahrheit entdeckt und beurteilt.

22 Robert Solow vom Massachusetts Institute of Technology (MIT) zeigte, dass der Anstieg des Lebensstandards ganz überwiegend naturwissenschaftlich-technischen Fortschritten geschuldet ist. Für diese Arbeiten wurde er 1987 mit dem Nobelpreis für Wirtschaftswissenschaften ausgezeichnet. Seine zwei klassischen Aufsätze sind »A

Contribution to the Theory of Economic Growth«, *Quarterly Journal of Economics* 70, Nr. 1 (1956), S. 65–94; und »Technical Change and the Aggregate Production Function«, *Review of Economics and Statistics* 39, Nr. 3 (1957), S. 312–20. Seine Arbeit inspirierte eine Vielzahl von Forschern, die in eigenen Studien den Einfluss des technologischen Wandels genauer ergründen wollten. Der zweite Schlüsselfaktor, der zu Produktivitätssteigerungen beiträgt, sind Investitionen in Sachanlagen. Weitere Faktoren sind kürzere Arbeitszeiten, bessere Bildung und bessere Ressourcenverteilung. Joseph Schumpeter hatte bereits in seinem 1942 erschienenen Buch *Kapitalismus, Sozialismus und Demokratie* die Bedeutung von Innovationen betont; diese waren seines Erachtens viel wichtiger als jene Dinge, auf die sich Ökonomen herkömmlicherweise konzentriert hatten. Aber er bemühte sich nicht, die relative Rolle von Neuerungen in der Weise zu quantifizieren, wie es Solow tat. (Für eine Diskussion, die Zusammenhänge zwischen Schumpeters Arbeit und der modernen Wachstums- und Innovationstheorie aufzeigt, vgl. meine Einleitung zu der 2010 im britischen Verlag Routledge erschienenen Ausgabe von *Capitalism, Socialism and Democracy*.)

23 Wie Bruce Greenwald und ich es am Anfang unseres Buches *Die innovative Gesellschaft* formulierten: »Von der römischen Zeit, aus der die ältesten Daten über die Pro-Kopf-Produktion stammen, bis zum Jahr 1800 wuchs der Lebensstandard der Menschheit nur unmerklich, wenn überhaupt. Die meisten Menschen konsumierten vor allem Nahrungsmittel, und diese bestanden im Wesentlichen aus Grundstoffen … Ihre Unterkünfte ähnelten Scheunen, in denen die Bewohner keinerlei Privatsphäre hatten … Die Kleidung war zweckmäßig und bestand meist aus einer einzigen Kluft, die in der kalten Jahreszeit durch Überkleider ergänzt wurde. Eine medizinische Versorgung gab es praktisch nicht … Die Möglichkeiten zur Erholung waren primitiv, und man musste selbst für sie sorgen. Nur eine kleine Minderheit von Aristokraten genoss einen Lebensstandard, den wir heute als angemessen bezeichnen würden.
Ab dem Jahr 1800 kamen immer mehr Menschen in Europa, Nordamerika und Australien in den Genuss dieses höheren Lebensstandards. Gegen Ende des 19. Jahrhunderts beschleunigte sich diese Entwicklung.« (S. 39)

24 Die hier dargelegten Ideen werden weiter ausgeführt in Stiglitz und Greenwald, *Die innovative Gesellschaft*. Der bekannte Wirtschaftshistoriker Joel Mokyr von der Northwestern University hat diese Ideen in *A Culture of Growth: The Origins of the Modern Economy* (Princeton 2016) aus der Sicht eines Historikers entwickelt. An anderer Stelle in diesem Buch werden wir die These vertreten, dass eines unserer heutigen Wachstumshemmnisse die Zunahme »ökonomischer Renten« ist, wie sie etwa mit Monopolgewinnen verbunden sind. Dies deckt sich mit den historischen Befunden von Mokyr. Wir, Mokyr und andere führen diesen Anstieg des Lebensstandards vielfach insbesondere auf die sogenannten »Institutionen der Aufklärung« zurück, die Bildungs- und Forschungsinstitutionen (einschließlich, am wichtigsten, unserer Hochschulen) und die politischen und wirtschaftlichen Institutionen, die wir früher erwähnt haben, wie etwa des Rechtsstaatsprinzips. In jüngerer Zeit hat Stephen Pinker ein einflussreiches Buch geschrieben, das den heutigen Lebensstandard ebenfalls auf die Errungenschaften der Aufklärung zurückführt: *Aufklärung jetzt. Für Vernunft, Wissenschaft, Humanismus und Fortschritt* (Frankfurt a. M. 2018). Selbstverständlich waren auch ökonomische Kräfte im Spiel: Noch vor der industriellen Revolution war England zu einer Hochlohnökonomie mit niedrigen Energiekosten geworden, und dies förderte die Entwicklung der arbeitssparenden/energiebetriebenen Innovationen der industriellen Revolution. Nach der Pestpandemie im 14. Jahrhundert waren die Löhne ebenfalls relativ hoch gewesen, aber dies hatte nicht die Fortschritte ausgelöst, die einige Jahrhunderte später erfolgen sollten. Die Aufklärung schuf die Rahmenbedingungen, unter denen die hohen Löhne/niedrigen Energiepreise zur industriellen Revolution führten. Vgl.

Robert C. Allen, *The British Revolution in Global Perspective* (Cambridge 2009). (Schon in den 1960er-Jahren wurde eine differenzierte Theorie der »induzierten« Innovation entwickelt.) Es gab noch andere Zeiträume ausgeprägter wissenschaftlich-technischer Fortschritte. So glauben zum Beispiel einige Historiker, die erste industrielle Revolution habe auf der Grundlage des breiten Einsatzes von Wassermühlen im 12. Jahrhundert in Flandern stattgefunden. Was die Fortschritte im 18. Jahrhundert auszeichnete, war nicht nur die erhebliche Ausweitung des Marktes (die Allen betont), sondern auch die Entwicklung der Naturwissenschaft, die nachhaltige Steigerungen ermöglichte.

25 Keynes erkundete in seinem berühmten Aufsatz »Economic Possibilities for Our Grandchildren« die Folgen des enormen Anstiegs der Produktivität (dt. »Wirtschaftliche Möglichkeiten für unsere Enkelkinder«, in Norbert Reuter, *Wachstumseuphorie und Verteilungsrealität. Wirtschaftspolitische Leitbilder zwischen Gestern und Morgen.* Mit Texten zum Thema von John Maynard Keynes und Wassily W. Leontief, 2., vollständig überarbeitete und aktualisierte Aufl. [Marburg 2007], S. 135–47). Vgl. auch Joseph E. Stiglitz, »Toward a General Theory of Consumerism: Reflections on Keynes' Economic Possibilities for Our Grandchildren«, in *Revisiting Keynes: Economic Possibilities for Our Grandchildren*, hg. v. Lorenzo Pecchi und Gustavo Piga (Cambridge, MA, 1987), S. 41–87.

26 Wie wir später ausführlicher darlegen werden, haben große Gruppen innerhalb der Gesellschaft aufgrund ausschließender Arbeitsmarktpraktiken und Diskriminierung, die sich insbesondere gegen Frauen und Farbige richteten, nicht von diesem Fortschritt profitiert.

27 Thomas Hobbes, *Leviathan* (Hamburg 1996), S. 105.

28 In Europa gab es ähnliche Reaktionen, in einigen Fällen früher als in den USA, in anderen Fällen später. (Deutschland war unter Reichskanzler Otto von Bismarck das erste Land, das 1889 eine öffentliche Rentenversicherung einführte.)

29 Die *Washington Post* hat seine Lügen gezählt und stellte fest, dass er während seiner ersten beiden Amtsjahre 8158 »falsche oder irreführende Behauptungen« machte. Vgl. Glenn Kessler, Salvador Rizzo und Meg Kelly, »President Trump Made 8,158 False or Misleading Claims in His First Two Years«, *Washington Post*, 21. Jan. 2019.

30 Vgl. Patt Morrison, »Patt Morrison Asks: Robert O. Paxton Talks Fascism and Donald Trump«, *Los Angeles Times*, 9. März 2016. Paxtons Buch *Anatomie des Faschismus* (München 2006) ist ein Standardwerk zu dem Thema. Obwohl das englische Original 2004 erschien, hat man bei der Lektüre den Eindruck, es beziehe sich auf die heutigen Ereignisse.

31 Adam Bluestein, »The Most Entrepreneurial Group in America Wasn't Born in America«, *Inc.*, Feb. 2015.

32 Rose Leadem, »The Immigrant Entrepreneurs behind Major American Companies (Infographic)«, *Entrepreneur*, 4. Feb. 2017. Elon Musk (Tesla und SpaceX) studierte zwei Jahre an der Queen's University in Kanada, ehe er an die University of Pennsylvania wechselte, wo er Bachelor-of-Science-Abschlüsse in Physik und Wirtschaftswissenschaften machte. Hamdi Ulukaya, der Gründer des milchverarbeitenden Unternehmens Chobani, kam in die USA, um an der Adelphi University Englisch zu lernen.

33 Zum Glück hat sich der Kongress darüber hinweggesetzt: Im Budget für 2018 wurden die Ausgaben für Wissenschaft um 12 Prozent erhöht, während Trump eine Kürzung um 17 Prozent gefordert hatte.

34 Unsere Medien werden oftmals zu Recht dafür kritisiert, ihre Berichterstattung sei nicht ausgewogen. Obwohl 99,9 Prozent aller Naturwissenschaftler den Klimawandel für eine Tatsache halten, versuchen einige Medien, dem einen Wissenschaftler, der anderer Meinung ist, genauso viel Raum zu geben, wodurch die Leugner des Klimawandels Legitimität erhalten.

35 Einige Historiker sind der Auffassung, der Ausdruck gehe auf Hitler und nicht seinen Chefpropagandisten zurück. In *Mein Kampf* schrieb Hitler: »In der Größe einer Lüge liegt immer ein gewisser Faktor des Geglaubtwerdens, da die breite Masse eines Volkes ... bei der primitiven Einfalt ihres Gemütes einer großen Lüge leichter zum Opfer fällt als einer kleinen, da sie selber ja wohl manchmal im kleinen lügt, jedoch vor zu großen Lügen sich doch zu sehr schämen würde. Eine solche Unwahrheit wird ihr gar nicht in den Kopf kommen, und sie wird an die Möglichkeit einer so ungeheuren Frechheit der infamsten Verdrehung auch bei anderen nicht glauben können, ja selbst bei Aufklärung darüber noch lange zweifeln und schwanken und wenigstens irgendeine Ursache doch noch als wahr annehmen; daher denn auch von der frechsten Lüge immer noch etwas übrig und hängen bleiben wird – eine Tatsache, die alle großen Lügenkünstler und Lügenvereine dieser Welt nur zu genau kennen und deshalb auch niederträchtig zur Anwendung bringen.« (Adolf Hitler, *Mein Kampf,* [Erstveröffentlichung 1925/26], 851.–855. Aufl. [München 1943], S. 252). Aber Hitler bezichtigte die Juden, sich der »Großen Lüge« zu bedienen. Goebbels machte die »Große Lüge« zu einem Instrument des politischen Kampfes, auch wenn er sie nach wie vor anderen, nämlich den Briten, zuschrieb: »Die Engländer gehen nach dem Prinzip vor, wenn du lügst, dann lüge gründlich, und vor allem bleibe bei dem, was du gelogen hast! Sie bleiben also bei ihren Schwindeleien, selbst auf die Gefahr hin, sich damit lächerlich zu machen.« (Joseph Goebbels, 12. Jan. 1941, »Aus Churchills Lügenfabrik«, in *Die Zeit ohne Beispiel. Reden und Aufsätze aus den Jahren 1939–1941* [München 1941], S. 364 f.)

36 Obwohl in den USA nur ein kleiner Teil der Reichen in diesen bewachten Wohnanlagen lebt, fühlen sie sich auch dort nicht wirklich sicher. In *Arm und Reich* beschreibe ich eine Abendgesellschaft, an der Superreiche teilnahmen und bei der in den Gesprächen immer wieder die Mahnung zu hören war: »Denkt an die Guillotine« – eine Aufforderung an alle, ihre hemmungslose Raffgier zu zügeln.

37 Dies war eine zentrale These meines Artikels in *Vanity Fair,* »Of the 1%, for the 1%, by the 1%« und meines Buches *Der Preis der Ungleichheit.* Vgl. auch das dortige Literaturverzeichnis und die Diskussion weiter unten.

38 Im Oktober 2017 untersagte die Regierung Trump Wissenschaftlern, die Fördergelder von der Environmental Protection Agency (EPA) erhalten, die Mitwirkung in deren wissenschaftlichen Beiräten, wobei sie auf mögliche »Interessenkonflikte« verwies. Ähnliche Bedenken äußerte die Regierung nicht gegenüber Mitgliedern der Beiräte, die Zuschüsse aus Branchen erhalten, die von der EPA reguliert werden, etwa der Erdöl- und Erdgasindustrie. Vgl. Warren Cornwall, »Trump's EPA Has Blocked Agency Grantees from Serving on Science Advisory Panels. Here Is What It Means«, *Science,* 31. Okt. 2017.

39 Und natürlich gab es einige Wissenschaftler, die zu Dienern dieser Ideologien wurden und als Cheerleader der Globalisierung und Finanzmarktderegulierung auftraten. In Kapitel 4 erläutere ich, wieso nach gängiger wirtschaftswissenschaftlicher Betrachtung die Handelsverflechtung mit Entwicklungs- und Schwellenländern zu einer, bei jeder Lohnhöhe, verringerten Nachfrage nach ungelernten Arbeitskräften in den USA führt. Daraus folgt, dass die Reallöhne ungelernter Arbeitskräfte auch bei Aufrechterhaltung von Vollbeschäftigung sinken werden, obwohl das BIP zunimmt. Während meiner Jahre in der Regierung Clinton – die sich anscheinend für die Nöte von Arbeitern interessierte – war es dennoch schwer, einen Wirtschaftswissenschaftler zu finden, den die Auswirkungen der Globalisierung auf die Reallöhne von Geringqualifizierten beunruhigt hätten (Arbeitsminister Robert Reich war eine namhafte Ausnahme). Selbst hochkarätige Wirtschaftswissenschaftler schienen glauben zu wollen, die Globalisierung nütze allen – selbst wenn wir keine Ausgleichsmaßnahmen ergriffen. Die Über-

zeugung, die Einkommenseffekte der Globalisierung würden schon von oben nach unten »durchsickern«, war bereits damals fest verwurzelt.

40 Das heißt unabhängig von der Frage, ob man fälschlicherweise an die in der vorstehenden Anmerkung erwähnten *trickle-down economics* glaubte oder ob der Irrtum darin bestand, zwar die Schlechterstellung von Arbeitnehmern zu erkennen, aber zu meinen, diese sei nur vorübergehend.

41 Ein Argument, das oft für einen regressiven Steuertarif (von dem vor allem die Reichen profitieren) vorgebracht wird, lautet, dass die Reichen, die schließlich die Arbeitsplätze schafften, von denen alle profitierten, mehr Geld zur Verfügung hätten. Aber diese Theorie beruht auf drei falschen Annahmen: Es gebe nur einige wenige dieser hochbegabten Personen; diese würden ausschließlich von materiellen Anreizen motiviert, nicht von der Begeisterung, ein neues Unternehmen zu gründen, oder der Befriedigung, Dienstleistungen bereitzustellen, die unsere Gesellschaft will oder benötigt; und alles, was sie bräuchten, um erfolgreich zu sein, seien niedrige Steuern und möglichst geringe Marktregulierung. Die eigentliche Ursache für die Schaffung von Arbeitsplätzen ist aber nicht unternehmerische Initiative, sondern schlichtweg die Nachfrage. Bei hoher gesamtwirtschaftlicher Nachfrage werden Arbeitsplätze geschaffen. Selbstverständlich ist unternehmerische Initiative notwendig, aber es gibt mehr als genug Menschen, die fähig und willens sind, sich unternehmerisch zu betätigen, sofern die Nachfrage vorhanden ist und sie sich die nötigen Finanzmittel beschaffen können. Es ist Aufgabe des Staates, für eine ausreichende Nachfrage und angemessene Finanzierungsmöglichkeiten zu sorgen.

42 Ich möchte betonen, dass der Staat, wenn keine Vollbeschäftigung erreicht ist, ein Haushaltsdefizit in Kauf nehmen sollte, das heißt, die Staatsausgaben sollten die Steuereinnahmen übertreffen. Die deutsche Bundeskanzlerin Angela Merkel verglich die Wirtschaft fälschlicherweise mit einer »schwäbischen Hausfrau«, die immer darauf achten müsse, nicht mehr auszugeben, als sie in der Haushaltskasse habe. Der entscheidende Unterschied ist der, dass bei hoher Arbeitslosigkeit eine Erhöhung der Staatsausgaben Arbeitsplätze schafft, das Volkseinkommen steigert, worauf die Zunahme der gesamtwirtschaftlichen Nachfrage in einem positiven Kreislauf noch mehr Arbeitsplätze schafft.

43 Der Grund dafür ist, dass niedrigere Steuersätze für Spitzenverdiener möglicherweise stärkere Anreize für Rent-Seeking schaffen, das heißt für Handlungen, die den nationalen Kuchen nicht vergrößern, sondern nur das Einkommen zum Beispiel der Vorstände eines Unternehmens erhöhen. Vgl. Thomas Piketty, Emmanuel Saez und Stefanie Stantcheva, »Optimal Taxation of Top Labor Incomes: A Tale of Three Elasticities«, *American Economic Journal: Economic Policy* 6, Nr. 1 (2014), S. 230–71.

44 Das Scheitern der Steuersenkungen von Bush schildert Emily Horton in »The Legacy of the 2001 and 2003 ›Bush‹ Tax Cuts«, Center on Budget and Policy Priorities, 23. Okt. 2017. Zusammen mit Anton Korinek habe ich gezeigt, dass einiges dafür sprach, dass sich die Investitionstätigkeit aufgrund der Steuersenkungen von Bush sogar verlangsamen würde. »Dividend Taxation and Intertemporal Tax Arbitrage«, *Journal of Public Economics* 93 (2009), S. 142–59. Für einen interessanten Kommentar vgl. William G. Gale, »Five Myths about the Bush Tax Cuts«, *Washington Post*, 1. Aug. 2010. Für eine detailliertere Analyse vgl. eine Reihe von Artikeln von William G. Gale und Peter R. Orszag über verschiedene Aspekte der »Tax Policy in the Bush Administration« in *Tax Notes* aus dem Jahr 2004: »Introduction and Background«, 104, Nr. 12, S. 1291–1300; »Distributional Effects«, 104, Nr. 14, S. 1559–66; »Revenue and Budget Effects«, 105, Nr. 1, S. 105–18; »Effects on Long-Term Growth«, 105, Nr. 3, S. 415–23; »Short-term Stimulus«, 105, Nr. 6, S. 747–56; »Down Payment on Tax Reform?«, 105, Nr. 7, S. 879–84; und »Starving the Beast?«, 105, Nr. 8, S. 999–1002.

Vgl. auch Danny Yagan, »Capital Tax Reform and the Real Economy: The Effects of the 2003 Dividend Tax Cut«, *American Economic Review* 105, Nr. 12 (2015), S. 3531–63, zu Anhaltspunkten dafür, dass die Steuersenkung keine Auswirkungen auf die Höhe der Unternehmensinvestitionen und die Entlohnung der Mitarbeiter hatte. Yagan zeigt auch, dass die Steuersenkungen sich zwar nicht auf die Investitionen und die Löhne auswirkten, aber das Vermögen der Aktionäre erhöhten, die höhere Dividendenausschüttungen erhielten. Vgl. auch Raj Chetty und Emmanuel Saez, »Dividend Taxes and Corporate Behavior: Evidence from the 2003 Dividend Tax Cut«, *The Quarterly Journal of Economics* 120, Nr. 3 (2005), S. 791–833.
Es gibt außerdem empirische Belege und gute theoretische Gründe, die dafür sprechen, dass niedrigere Körperschaftssteuersätze nicht zu höheren Investitionen führen. So hatte Präsident Reagan zum Beispiel den Körperschaftssteuersatz von 46 auf 34 Prozent abgesenkt. In der Folge sank der effektive Körperschaftssteuersatz sogar noch stärker, da es Unternehmen gelang, Schlupflöcher in Steuergesetzentwürfen unterzubringen, und sie lernten, diese besser auszunutzen, sodass der effektive Steuersatz, schon bevor Trump die Steuern noch weiter senkte, nur 18 Prozent betrug. Aber die versprochene Erhöhung der Investitionen blieb aus. Da die Zinsen steuerlich absetzbar waren und die meisten Investitionen unter Beanspruchung bestehender Kreditlinien finanziert werden, wirkt sich der Steuersatz in gleicher Weise sowohl auf die Investitionsrendite als auch auf die Kapitalkosten aus, sodass vorhergesagt wurde, die Senkung der Steuersätze werde sich kaum auf die Investitionen auswirken. Vgl. Joseph E. Stiglitz, »Taxation, Corporate Financial Policy and the Cost of Capital«, *Journal of Public Economics*, Nr. 2 (Feb. 1973), S. 1–34. Die Erfahrungen mit der Trump'schen Steuerreform, die an späterer Stelle in diesem Buch ausführlicher beschrieben werden, bestätigen dies.

45 Es sei darauf hingewiesen, dass Schweden viel höhere Steuersätze hat als die USA, und trotzdem ist die Sparquote der privaten Haushalte in Schweden durchgehend fast doppelt so hoch wie die der US-Haushalte. Auch die Erwerbsquote (der Prozentsatz der Personen im erwerbsfähigen Alter, die entweder erwerbstätig sind oder Arbeit suchen) ist in den USA viel niedriger als in vielen anderen Ländern mit erheblich höheren Steuersätzen.

46 Nancy MacLean, eine renommierte Historikern von der Duke University, hat diese Argumente in ihren Buch *Democracy in Chains: The Deep History of the Radical Right's Stealth Plan for America* (New York 2017) historisch eingeordnet.

47 Einschließlich unserer regelbasierten, auf Wettbewerb beruhenden Marktwirtschaft und unserer Demokratie mit ihrem System der Gewaltenteilung, die wir bereits erwähnten und auf die wir weiter unten ausführlicher eingehen werden.

48 Ansprache zur Amtseinführung, 20. Jan. 1961.

49 Wie bereits erwähnt, prägte Francis Fukuyama dafür den Begriff vom »Ende der Geschichte«. Die gesamte Welt werde jetzt dieses wirtschaftliche und politische System übernehmen.

50 Alain Cohn, Ernst Fehr und Michel André Maréchal, »Business Culture and Dishonesty in the Banking Industry«, *Nature* 516, Nr. 7592 (2014), S. 86–89.

51 Yoram Bauman und Elaina Rose, »Selection or Indoctrination: Why Do Economics Students Donate Less than the Rest?«, *Journal of Economic Behavior and Organization* 79, Nr. 3 (2011), S. 318–27. Weitere Literaturhinweise in dem Aufsatz. Es gibt mittlerweile eine Vielzahl von Publikationen zu diesem Thema.

52 Insbesondere in seiner *Theorie der ethischen Gefühle* von 1759 (dt. Hamburg 2010), die mit den berühmten Worten beginnt: »Mag man den Menschen für noch so egoistisch halten, es liegen doch offenbar gewisse Prinzipien in seiner Natur, die ihn dazu bestimmen, an dem Schicksal anderer Anteil zu nehmen, und die ihm selbst die Glückselig-

keit dieser anderen zum Bedürfnis machen, obgleich er keinen anderen Vorteil daraus zieht, als das Vergnügen, Zeuge davon zu sein.« (S. 5)

53 Vgl. Karla Hoff und Joseph E. Stiglitz, »Striving for Balance in Economics: Towards a Theory of the Social Determination of Behavior«, *Journal of Economic Behavior and Organization* 126 (2016), S. 25–57.

2. Düstere Aussichten

1 Der damalige Präsident der American Economic Association, der Wirtschaftsnobelpreisträger Robert Lucas, erklärte kurz vor Beginn der Großen Rezession in seinem Vortrag anlässlich seines Amtsantritts, hohe konjunkturelle Schwankungen gehörten endgültig der Vergangenheit an. So sagte er unter anderem: »Die Makroökonomik … hat ihr Ziel erreicht: Ihr zentrales Problem – die Verhütung von Depressionen – ist praktisch gelöst, und es ist für viele Jahrzehnte gelöst worden.« Der Vortrag wurde veröffentlicht als Robert E. Lucas Jr., »Macroeconomic Priorities«, *American Economic Review* 93, Nr. 1 (2003), S. 1–14; das Zitat findet sich auf S. 1.

2 Robert Lucas formulierte es folgendermaßen: »Von den Tendenzen, die einer soliden wirtschaftswissenschaftlichen Analyse schaden, ist die verlockendste und meines Erachtens verderblichste die Konzentration auf Verteilungsfragen.« (»The Industrial Revolution: Past and Future«, *Annual Report*, Federal Reserve Bank of Minneapolis, Mai 2004.)

3 Manchmal sind beide miteinander verschränkt, so zum Beispiel wenn ein Erfinder das Patentsystem nutzt, um ein Monopol zu schaffen, und dann durch vielfältige Mechanismen – von denen einige weiter unten beschrieben werden – diese Marktmacht erweitert und sie beständiger macht, sodass ein Großteil der Erträge, die er anschließend erwirtschaftet, auf der Ausbeutung von Marktmacht basiert.
Die USA verdanken ihren Wohlstand, historisch gesehen, zu einem erheblichen Teil einer ganz anderen Form der Ausbeutung: Sklaverei, die eine zentrale Rolle in der Entwicklung der Südstaaten spielte, war keine Marktinstitution; obwohl Sklaven ge- und verkauft wurden, beruhte sie auf Zwang. Und auch nach der offiziellen Abschaffung der Sklaverei hielt der Zwang, den die Rassentrennungsgesetze ausübten, die Afroamerikaner weiterhin in einem Zustand der Unterdrückung, was zur Folge hatte, dass sie niedrige Löhne erhielten, während ihre Arbeitgeber in den Südstaaten hohe Gewinne mit ihnen erwirtschafteten. Zur Zeit des Amerikanischen Bürgerkriegs stellte der Marktwert der Sklaven einen erheblichen Teil des Vermögens der Südstaaten dar.

4 Vorläufige Daten für 2018 deuten auf eine etwas bessere Entwicklung hin, was sich einem massiven fiskalischen Stimulus (der deutlichen Ausweitung des Defizits) verdankt. Ein solcher Stimulus erhöht in vorhersagbarer Weise das Wachstum vorübergehend, aber nur vorübergehend. In Anbetracht der Größe des Stimulus ist der Wachstumseffekt geringer als erhofft, zum Teil weil die Steuerreform sehr schlecht konzipiert war.
Zwischen 2010 und 2016 lag die durchschnittliche Bruttoinvestitionsquote in den USA fast 9 Prozent unter dem Durchschnitt aller OECD-Länder (die Organisation für Wirtschaftliche Zusammenarbeit und Entwicklung ist der »Klub« der Industriestaaten) und 20 Prozent unter dem der Länder mit den höchsten Investitionsquoten, wie etwa Kanada. (Die Bruttoinvestitionen sind der Teil des Outputs eines Landes, der für neue Sachanlagen und Wohnungsbau ausgegeben wird, die als die produktiven Vermögenswerte einer Volkswirtschaft angesehen werden. Dazu zählen nicht der Aufbau von Lagerbeständen und auch nicht Abschreibungen, also nutzungs- oder zeitbedingte Wertminderungen von Produktivvermögen. Auch Grundstückskäufe werden nicht

einbezogen.) Die offizielle Bezeichnung dieser Größe im System der Volkswirtschaftlichen Gesamtrechnung lautet »Bruttoanlageinvestitionen«.

5 Diese Differenz ist zum Teil das Ergebnis eines langsameren Bevölkerungswachstums. Der Anstieg des Pro-Kopf-Einkommens ging von 2,3 auf 1,7 Prozent zurück. Es gibt noch weitere Faktoren, die möglicherweise zur Verlangsamung des Wachstums beigetragen haben – zum Beispiel der strukturelle Wandel der Wirtschaft von einer Industrie- zu einer Dienstleistungsökonomie. Möglicherweise ist es schwieriger, Produktivitätssteigerungen im Dienstleistungssektor zu erzielen. Es könnte auch einfach Pech sein – die Anzahl bedeutender produktivitätssteigernder Entdeckungen ist in der Gegenwart einfach geringer als in früheren Jahrzehnten. Allerdings glaube ich, dass mehr als nur strukturelle Veränderungen und Pech im Spiel sind. Die meisten Daten in diesem Kapitel stammen aus Standardquellen: Federal Reserve Economic Database (FRED), US Census, IMF WEO (der jährliche World Economic Outlook Report des IWF), OECD und World Income Database. FRED wurde für BIP-Kennzahlen in den USA verwendet. Aus dem US Census stammen die Daten zur Berechnung des Medians der Reallöhne. OECD-Daten werden für Vergleiche von Variablen zwischen OECD-Ländern verwendet. Der Word Income Database wurden die Daten zur Berechnung des Einkommens und der Einkommensanteile verschiedener Gruppen in der Einkommensverteilung (oberstes 1 Prozent, oberstes 0,1 Prozent, untere 50 Prozent) entnommen. Bei all diesen Quellen wurden die jüngsten Versionen und die jüngsten Datenpunkte, die zum Zeitpunkt der Drucklegung des Buches verfügbar waren, verwendet.

6 Quelle: Vereinte Nationen, für das jüngste Jahr, für das Daten verfügbar sind, 2017. Basierend auf Daten von IWF und Weltbank, rangieren die Vereinigten Staaten beim Pro-Kopf-Einkommen an 7. Stelle. Dabei werden die Einkommen auf der Basis des Marktwechselkurses verglichen. Kaufkraftbereinigt rutschen die USA laut IWF und Weltbank auf den 11. Rang ab.

7 World Bank Human Capital Index, abrufbar unter https://www.worldbank.org/en/data/interactive/2018/10/18/human-capital-index-and-components-2018.

8 Quelle: PISA (Program for International Student Assessment)-Tests für das Jahr 2015, das jüngste Jahr, für das Daten vorliegen. Die Unterschiede sind in quantitativer Hinsicht sehr groß. Ein Schüler, der bei den Erstplatzierten (Schanghai, China) die zehnte Klasse absolvierte, hat den gleichen Bildungsstand wie ein Zwölftklässler im bestplatzierten US-Bundesstaat Massachusetts.

9 Quelle: OECD-Daten für das Jahr 2016.

10 »Hours Worked«, OECD, 2017 oder neueste verfügbare Daten, abrufbar unter https://data.oecd.org/emp/hours-worked.htm.

11 Das Produktivitätswachstum insgesamt betrug in diesem Zeitraum in den USA 2,3 Prozent, während sich der OECD-Durchschnitt auf 4,9 Prozent belief. Quelle: OECD, abrufbar unter https://data.oecd.org/lprdty/gdp-per-hour-worked.htm#indicator-chart.

12 Nach Kaufkraftparität (KKP). Dieses Maß berücksichtigt, dass verschiedene Güter in verschiedenen Ländern unterschiedlich viel kosten. China hat die USA 2015 als weltgrößte Volkswirtschaft abgelöst. Vergleiche erfolgen oftmals auch auf der Basis aktueller Wechselkurse, die jedoch stark schwanken können. Danach ist das BIP Chinas noch immer kleiner als das der USA. Gemäß den Standardkennzahlen ist China allerdings nach wie vor ein Entwicklungsland, mit einem Pro-Kopf-Einkommen, das nur etwa einem Fünftel des Pro-Kopf-Einkommens der USA entspricht.

13 Da Entwicklungsländer einen Rückstand aufholen müssen, haben sie, wenig überraschend, höhere Wachstumsraten – im Jahr 2016, dem jüngsten Jahr, für das Daten verfügbar sind, rangierten die USA an 139. Stelle.

14 Daten der Weltbank hierfür und für die weiter unten zitierte Anzahl der Chinesen, die aus der Armut herausgeholt wurden.

15 World Inequality Database, www.wid.world. Selbstverständlich ist das Wachstum in China nicht gleich verteilt: Der Anteil am Gesamteinkommen, der den mittleren und unteren Einkommensgruppen zufließt, sinkt, aber diese Transformation ist trotzdem eindrucksvoll.

16 Regierungschefs verzeichnen gern den Beitrag, den ihre Politik zum Wachstum leistet. Trump führt den Beginn des Wachstumsschubs in den USA auf das Datum seiner Wahl zurück, als ob das bloße Wissen, dass er das Ruder übernehmen werde, die wirtschaftliche Entwicklung beeinflusst hätte. Als Trump die gute Konjunktur in den USA 2017, während seines ersten Amtsjahrs, als sein Verdienst hinstellte, erwähnte er nicht, dass die US-Wachstumsrate tatsächlich niedriger war als der Durchschnitt der Industrieländer. Selbst der Unterschied in der US-Wachstumsrate zwischen 2017 und 2016 – 0,76 Prozent – war kaum größer als im Durchschnitt der OECD-Länder (0,64 Prozent) und deutlich weniger als die Differenz bei Amerikas nördlichem Nachbarn Kanada (1,55 Prozent). Tatsächlich wuchs die kanadische Wirtschaft 2016 ungefähr mit der gleichen Rate wie die US-Wirtschaft. Wenn irgendjemand Grund dazu hatte, seinen Erfolg herauszuposaunen, dann war es der kanadische Premierminister Justin Trudeau, nicht Trump. 2018 erlebte die US-Wirtschaft infolge der massiven Erhöhung des Haushaltsdefizits einen »Energieschub«, der zu einem realen BIP-Zuwachs von rund 3 Prozent führte. Aber es wurde nicht erwartet, dass dieser Wachstumsschub nachhaltig sein würde; für 2019 wird mit einem deutlich niedrigeren Wachstum gerechnet.

17 Und fast seit der Zeit, als das Land gegründet wurde, haben viele führende amerikanische Politiker den Kampf gegen die Ungleichheit als eine zentrale Voraussetzung für den Aufbau einer blühenden Demokratie angesehen. Sean Wilentz hat das Standardwerk zur Geschichte der Ungleichheit und der politischen Kontroversen darum in den USA geschrieben. Vgl. sein Buch *The Politicians and the Egalitarians: The Hidden History of American Politics* (New York 2017).

18 Vgl. Olivier Giovannoni, »What Do We Know about the Labor Share and the Profit Share? Part III: Measures and Structural Factors« (Arbeitspapier 805, Levy Economics Institute, 2014).

19 Zwischen 1977 und 2017, dem letzten Jahr, für das Daten vorliegen. Thomas Piketty und Emmanuel Saez, »Income Inequality in the United States, 1913–1998«, *Quarterly Journal of Economics* 118, Nr. 1 (2003), S. 1–39. Tabellen und Zahlen aktualisiert bis 2017 und verfügbar auf der Website von Emmanuel Saez: https://eml.berkeley.edu/~saez/.

20 Tabelle A-4 im Einkommens- und Armutsbericht des Census Bureau, abrufbar unter https://www.census.gov/content/dam/Census/library/publications/2017/demo/P60-259.pdf.

21 FRED-Wirtschaftsdaten. Früher glaubte man, die Erhöhung von Mindestlöhnen führe zwangsläufig zu einem erheblichen Anstieg der Arbeitslosigkeit. Aber seit der bahnbrechenden Arbeit von David Card und Alan B. Krueger (»Minimum Wages and Employment: A Case Study of the Fast-Food Industry in New Jersey und Pennsylvania«, *American Economic Review* 84, Nr. 4 [1994], S. 772–93) gibt es einen wachsenden Konsens, dass dies nicht der Fall ist, zum Teil weil Marktmacht auf Arbeitsmärkten (in Kapitel 4 diskutiert) so weitverbreitet ist (vgl. »The Effects of a Minimum-Wage Increase on Employment and Family Income« [CBO, 18. Feb. 2014]). Tatsächlich hat die Erhöhung des Mindestlohns möglicherweise sogar positive Beschäftigungseffekte.

22 Genauer gesagt die Gesamtvergütung, die auch Nebenleistungen umfasst. Economic Policy Institute, basierend auf dessen Analyse der Daten des Bureau of Labor Statistics und des Bureau of Economic Analysis, aufgerufen am 17. Juli 2018, verfügbar unter https://www.epi.org/productivity-pay-gap/.

23 Das Thema Lohnspreizung hat in jüngster Zeit umfassende Beachtung gefunden. So zeigen zum Beispiel Jae Song und seine Kollegen anhand umfangreicher Datensätze,

dass die Zunahme von Vergütungsunterschieden innerhalb eines Unternehmens zwar eine bedeutende Rolle bei der wachsenden Lohnungleichheit spielt, aber keine so große wie die Zunahme der Lohnunterschiede zwischen Unternehmen, auch wenn diese hauptsächlich mit Veränderungen in den betrieblichen Qualifikationsanforderungen erklärt werden. Andere Studien betonen, dass Lohnunterschiede zwischen Unternehmen offenbar mit deren unterschiedlicher Ertragskraft zusammenhängen, auch wenn es mit den verfügbaren Daten in den meisten Fällen unmöglich ist, zwischen Unternehmen, deren Ertragsstärke auf Produktivitätssteigerungen beruht, und Unternehmen, die einfach über mehr Marktmacht verfügen, zu unterscheiden. An anderer Stelle in diesem Buch zitierte Belege für eine zunehmende Marktkonzentration verdeutlichen die wachsende Bedeutung von Disparitäten zwischen Unternehmen mit und ohne Marktmacht. Dennoch gibt es große und oftmals anhaltende Produktivitätsunterschiede zwischen Unternehmen. Greenwald und ich schrieben in *Die innovative Gesellschaft* darüber. Die Existenz dieser Disparitäten ist Teil unserer Kritik an der wirtschaftswissenschaftlichen Standardtheorie, die davon ausgeht, dass sich Wissen schnell und kostenlos in einer Volkswirtschaft ausbreitet. Fortschritte bei Lernprozessen und -technologien haben diese Disparitäten verringert, allerdings gibt es möglicherweise Kräfte (wie etwa die erhöhte Innovationsgeschwindigkeit auf gewissen Gebieten), die in die entgegengesetzte Richtung wirken. Vgl. Jae Song, David J. Price, Fatih Guvenen, Nicholas Bloom und Till Von Wachter, »Firming Up Inequality«, *Quarterly Journal of Economics* 134, Nr. 1 (2018), S. 1–50; David Card, Ana Rute Cardoso, Jörg Heining und Patrick Kline, »Firms and Labor Market Inequality: Evidence and Some Theory«, *Journal of Labor Economics* 36, Nr. S1 (2018), S13–S70; Jason Furman und Peter R. Orszag, »A Firm-Level Perspective on the Role of Rents in the Rise in Inequality«, in *Toward a Just Society: Joseph Stiglitz and Twenty-first Century Economics*, hg. v. Martin Guzman (New York 2018), S. 10–47; Hernan Winkler, »Inequality among Firms Drives Wage Inequality in Europe«, Brookings, 21. März 2017, https://www.brookings.edu/blog/future-development/2017/03/21/inequality-among-firms-drives-wage-inequality-in-europe/; Giuseppe Berlingieri, Patrick Blanchenay und Chiara Criscuolo, »The Great Divergence(s)« (OECD Science, Technology and Industry Policy Papers Nr. 39, 2017); und Julián Messina, Oskar Nordström Skans und Mikael Carlsson, »Firms' Productivity and Workers' Wages: Swedish Evidence« (Vox CEPR Policy Portal, 23. Okt. 2016).

24 Ich habe zwei Bücher über dieses Thema geschrieben, in denen ich erläutere, dass die Ungleichheit nicht nur die US-Wirtschaft schwächt, sondern auch unsere Demokratie untergräbt und unsere Gesellschaft spaltet (*Der Preis der Ungleichheit* und *Arm und Reich*). Die meisten Amerikaner schienen sich des Ausmaßes dieser wachsenden Ungleichheit und ihrer Konsequenzen nicht bewusst zu sein, und um dies zu ändern, half ich mit, eine Serie von Artikeln über dieses Thema in der *New York Times* zu kuratieren, die in den Jahren 2013 und 2014 veröffentlicht wurden und an denen Judith Warner, Jacob Soll, Andrea Levere, David L. Kirp, Corey Robin, Alice Goffman, Robert Balfanz, Maria Konnikova und Barbara Dafoe Whitehead mitwirkten. Ich habe die Probleme in sämtlichen Foren angesprochen, zu denen ich Zugang hatte, von *Vanity Fair* über *The Nation* bis zu *Politico*, sowie in meiner monatlichen Project-Syndicate-Kolumne, die in vielen internationalen Zeitungen veröffentlicht wird.

25 Ein Co-Autor von mir bei vielen meiner frühen Arbeiten über eine optimale umverteilende Besteuerung.

26 Barack Obama in einer Ansprache am Center for American Progress (Washington, DC, Dez. 2013). In einer früheren Rede an der Osawatomie High School, Kansas, am 6. Dezember 2011 hatte er gesagt: »Wenn Mittelschichtfamilien es sich nicht länger leisten können, die Güter und Dienstleistungen zu kaufen, die Unternehmen verkaufen, wenn Menschen aus der Mittelschicht herausfallen, dann zieht dies die gesamt Wirt-

schaft, von oben bis unten, in Mitleidenschaft. Amerika wurde auf der Idee eines breiten Wohlstands, starker Konsumenten im gesamten Land errichtet. Aus diesem Grund hat ein Unternehmer wie Henry Ford es sich zur Aufgabe gemacht, seinen Arbeitern einen hinreichend hohen Lohn zu zahlen, damit sie sich die Autos, die er produzierte, leisten konnten. Aus diesem Grund hat auch eine neuere Studie gezeigt, dass Länder mit geringerer Ungleichheit langfristig ein stärkeres und beständigeres Wirtschaftswachstum haben.« Das war auch das zentrale Argument in meinem Buch *Der Preis der Ungleichheit.*

27 *The Kerner Report: The 1968 Report of the National Advisory Commission on Civil Disorders* (New York 1988).

28 *The Kerner Report.* Ich wurde gebeten, zu beurteilen, wie sich die Lage in den darauffolgenden fünfzig Jahren verändert habe. Über die bedrückenden Ergebnisse berichte ich in »Economic Justice in America: Fifty Years after the Kerner Report«, in *Everybody Does Better When Everybody Does Better: The Kerner Report at Fifty/A Blueprint for America's Future*, hg. v. Fred Harris und Alan Curtis (Philadelphia 2017). Am deprimierendsten war die Aussage des renommierten Sozialwissenschaftlers Dr. Kenneth B. Clark vor der Kerner Commission: »Ich habe diesen Bericht … über die Rassenunruhen im Jahr 1919 in Chicago gelesen, und es war so, als hätte ich den Bericht des Untersuchungsausschusses über die Harlemaufstände von 1935, den Bericht des Untersuchungsausschusses über die Krawalle in Harlem im Jahr 1943, den Bericht des McCone-Ausschusses über den Watts-Aufruhr [von 1965] gelesen. Wieder muss ich Ihnen, den Mitgliedern dieses Ausschusses, in aller Offenheit sagen – es ist eine Art von *Alice im Wunderland* – mit den gleichen bewegenden Bildern, die immer und immer wieder gezeigt werden, der gleichen Analyse, den gleichen Empfehlungen und der gleichen Untätigkeit.«

29 Eileen Patten, »Racial, Gender Wage Gaps Persist in U. S. Despite Some Progress« (Pew Research Center, Juli 2016). Verfeinerte Statistiken ermöglichen es uns, die relative Bedeutung von Unterschieden im Bildungsniveau, in der beruflichen Erfahrung und von Diskriminierung festzustellen.

30 Zu den Ländern, die besser abschneiden als die USA, gehören Japan, Norwegen, Schweden, Australien, Island, Kanada, Neuseeland, die Niederlande, Österreich und Dänemark. Im Jahr 2015 (die jüngsten verfügbaren Vergleichsdaten) betrug die Lebenserwartung der Menschen in all diesen Ländern weit über 80 Jahre, wobei Japan mit 83,9 Jahren an der Spitze der Rangliste steht; in den Vereinigten Staaten betrug die Lebenserwartung 78,8 Jahre, womit sie zwischen derjenigen in Chile und in der Tschechischen Republik liegt (OECD-Daten).

31 Die jüngsten Daten zum Zeitpunkt der Veröffentlichung waren von 2017.

32 Die Sterblichkeitsrate ist der Prozentsatz von Menschen einer bestimmten Alterskohorte (zum Beispiel der 50- bis 55-Jährigen), die innerhalb eines Jahres oder in einem Zeitraum von fünf Jahren sterben. Niedrigere Sterblichkeitsraten sind mit einer höheren Lebenserwartung verbunden.

33 »The Growing Life-Expectancy Gap between Rich and Poor«, Brookings Institution, 22. Feb. 2016, aufgerufen am 24. Nov. 2018, verfügbar unter https://www.brookings.edu/opinions/the-growing-life-expectancy-gap-between-rich-and-poor/.

34 Anne Case und Angus Deaton, »Rising Morbidity and Mortality in Midlife among White Non-Hispanic Americans in the 21st Century«, *Proceedings of the National Academy of Sciences* 112, Nr. 49 (2015), 15078–83, und Ann Case und Angus Deaton, »Mortality and Morbidity in the 21st Century«, *Brookings Papers on Economic Activity*, (Frühjahr 2017), S. 397–476. Die Sterblichkeitsraten sind in den letzten Jahren für alle Weißen gestiegen, im Gegensatz zu Rückgängen im Rest der Welt. Gleichzeitig sind die Sterblichkeitsraten von Afroamerikanern nach wie vor höher als für Weiße. Un-

günstige wirtschaftliche Bedingungen sind, unabhängig von der Rasse, schlecht für die Gesundheit.

35 Ich habe bereits früher auf diese beunruhigenden Trends aufmerksam gemacht, insbesondere in der englischen Taschenbuchausgabe von *Der Preis der Ungleichheit*, in der ich auf ähnlich beunruhigende statistische Daten für Frauen, die keinen Hochschulabschluss hatten, hinwies. Die früher beschriebenen Arbeiten von Jennifer Sherman, Joan Williams, Katherine J. Cramer, Michèle Lamont, Arlie Hochschild, J. D. Vance und Amy Goldstein befassen sich mit den gesellschaftlichen Veränderungen, die die Voraussetzungen für diese Zunahme von »Todesfällen aus Verzweiflung« schufen.

36 Er berichtet auch, dass ihr »emotionales Wohlbefinden gering ist« und dass sie »aus ihren alltäglichen Tätigkeiten relativ wenig Befriedigung ziehen«, was die große Bedeutung einer Berufstätigkeit bestätigt. Vgl. Alan B. Krueger, »Where Have All the Workers Gone? An Inquiry into the Decline of the U. S. Labor Force Participation Rate«, *Brookings Papers on Economic Activity* 48, Nr. 2 (2017), S. 1–87.

37 Machtmissbrauch von Unternehmen, das Thema des nächsten Kapitels, spielt in der Opioid-Epidemie eine wichtige Rolle, denn die Medikamente wurden von Purdua Pharma aggressiv vermarktet. Vgl. Beth Macy, *Dopesick: Dealers, Doctors, and the Drug Company that Addicted America* (Boston 2018). Auch bei der Fettleibigkeitsepidemie spielt er eine Rolle. Die Centers for Disease Control and Prevention berichten, dass fast 40 Prozent der Amerikaner fettleibig sind. Für Hispanoamerikaner und nicht hispanoamerikanische Schwarze sind die Zahlen sogar noch höher (rund 47 Prozent); die Häufigkeit ist geringer bei Männern und Frauen mit Hochschulabschluss, sie ist höher im Süden und Mittleren Westen als in anderen Regionen des Landes. Am beunruhigendsten ist der rasche Anstieg des Prozentsatzes der Kinder und Jugendlichen, die von Fettleibigkeit betroffen sind – fast 20 Prozent –, was einen Anstieg um über 300 Prozent seit den 1970er-Jahren bedeutet. Fettleibigkeit wird stark von der Ernährung beeinflusst. Die zuckerhaltigen Getränke, die von Coca-Cola und anderen Softdrinkherstellern aggressiv vermarktet werden, und die süßen und salzigen Nahrungsmittel, die gezielt so designt werden, dass sie süchtig machen, sind Beispiele für Unternehmen, die uninformierte und leichtgläubige Verbraucher ausnutzen wollen. Vgl. zum Beispiel David A. Kessler, M. D., *The End of Overeating: Taking Control of the Insatiable American Appetite* (New York 2009). Kessler war von 1990 bis 1997 Direktor der Food and Drug Administration. (Für Daten über Fettleibigkeit in den USA vgl. https://www.cdc.gov/obesity/index.html. Für die Bedeutung der Ernährung für Fettleibigkeit https://www.hsph.harvard.edu/obesity-prevention-source/obesity-causes/diet-and-weight/. Für eine wissenschaftliche Studie, die einen Zusammenhang zwischen zuckerhaltigen Getränken und Gewicht feststellt, vgl. Lenny R. Vartanian, Marlene B. Schwartz und Kelly D. Brownell, »Effects of Soft Drink Consumption on Nutrition and Health: A Systematic Review and Meta-Analysis«, *American Journal of Public Health* 97 [2007], S. 667–75.)

38 Die vielleicht beste Website für Daten über Ungleichheit ist die von inequality.org. Es gibt eine gewisse Kontroverse über die Ursachen von Vermögensungleichheit und deren zukünftiger Entwicklung. So hat zum Beispiel Thomas Piketty in seinem zu Recht hoch gelobten Buch *Kapital im 21. Jahrhundert* (München 2014) behauptet, die Weitergabe von Erbschaften von einer Generation an die nächste führe zu immer weiter zunehmender Ungleichheit. In dem jüngsten Anstieg der Ungleichheit, so schreibt er, spiegele sich dieser historische Prozess wider, der durch den Zweiten Weltkrieg und die verstärkte gesellschaftliche Solidarität, die dieser mit sich gebracht habe, zeitweilig unterbrochen worden sei. Meine eigene Sichtweise, über die ich erstmals in den 1960er-Jahren geschrieben habe, unterscheidet sich etwas davon, steht aber nicht völlig im Widerspruch zu Pikettys Analyse. Ich bin der Auffassung, dass die Weitergabe von

Vorteilen von einer Generation zur nächsten zwar wichtig ist, es aber ausgleichende zentrifugale – das Wirtschaftsgefüge auflösende – und zentripetale – das Wirtschaftsgefüge festigende – Kräfte gibt und dass diese sich normalerweise langfristig ausgleichen. Seit Mitte der 1970er-Jahre wurde dieses Gleichgewicht jedoch nachhaltig gestört: Die zentrifugalen Kräfte wurden gestärkt und die zentripetalen Kräfte geschwächt. Wir erleben, dass sich die Wirtschaft auf ein neues Gleichgewicht zubewegt, mit einem viel größeren Maß an Ungleichheit als das alte. (Vgl. Stiglitz, »Distribution of Income and Wealth Among Individuals«, *Econometrica* 37, Nr. 3 [1969], S. 382–97; und »New Theoretical Perspectives on the Distribution of Income and Wealth Among Individuals: Parts I-IV« [NBER Working Papers 21, 21189–21192, 2015].)

39 Nur ein Jahr zuvor waren es 43 und noch ein Jahr früher 61 Personen. Das Vermögen der Milliardäre ist seit 2010 jährlich im Durchschnitt um 13 Prozent gestiegen; 82 Prozent des gesamten globalen Vermögens, das 2017 geschaffen wurde, floss dem obersten 1 Prozent zu, während die unteren 50 Prozent nichts davon abbekamen. Vgl. *Private Wealth or Public Good*, Oxfam, Jan. 2019; und *Reward Work, Not Wealth*, Oxfam, Jan. 2018.

40 Das riesige Vermögen dieser beiden Familien (angeblich im Jahr 2018 fast 175 Milliarden Dollar für die Waltons und 120 Milliarden Dollar für Charles und David Koch) entspricht dem Gesamtvermögen eines unglaublich großen Prozentsatzes der Amerikaner – im Jahr 2016, dem jüngsten Jahr, für das ein verlässlicher Vergleich durchgeführt werden konnte, besaßen die Waltons und die Kochs genauso viel Vermögen wie die unteren 50 Prozent. Daten für die Vermögensverteilung beruhen auf dem Survey of Consumer Finances 2016 der Federal Reserve, bereinigt um dauerhafte Konsumgüter. Vermögensdaten für die Waltons und Kochs stammen aus dem Magazin *Forbes*. Jane Mayers Bestseller *Dark Money: The Hidden History of the Billionaires behind the Rise of the Radical Right* (New York 2016) dokumentiert den übergroßen Einfluss der Gebrüder Koch auf die amerikanische Politik.

41 Vgl. Raj Chetty, Nathaniel Hendren, Patrick Kline und Emmanuel Saez, »Where Is the Land of Opportunity? The Geography of Intergenerational Mobility in the United States«, *Quarterly Journal of Economics* 129, Nr. 4 (2014), S. 1553–623; Chetty, Hendren und Lawrence F. Katz, »The Long-Term Effects of Exposure to Better Neighborhoods: New Evidence from the Moving to Opportunity Experiment« (Arbeitspapier, Harvard University, 2015); und Chetty und Hendren, »The Impacts of Neighborhoods on Intergenerational Mobility Childhood Exposure Effects and County-Level Estimates« (Arbeitspapier, Harvard University, Apr. 2015). Amerikaner leben in zunehmend ökonomisch segregierten Gemeinschaften, sodass Nachbarschaftseffekte in erheblichem Umfang zur generationenübergreifenden Weitergabe von Vorteilen beitragen. Vgl. Kendra Bischoff und Sean F. Reardon, »Residential Segregation by Income, 1970–2009«, in *Diversity and Disparities: America Enters a New Century*, hg. v. John Logan (New York 2014), S. 208–33.

42 Die Daten sind bemerkenswert. So stellt das Pew Mobility Project fest: »43 Prozent der Amerikaner, die im unteren Quintil aufwachsen, verharren als Erwachsene im unteren Einkommensbereich«, während »vierzig Prozent derjenigen, die im oberen Quintil aufwachsen, als Erwachsene im oberen Einkommensbereich bleiben«. Was das Vermögen angeht, ist die Lage noch schlechter: Fast zwei Drittel derjenigen, deren Eltern auf der Vermögensleiter unten stehen, bleiben ihrerseits auf den beiden unteren Stufen, während ein ähnlicher Prozentsatz derjenigen, deren Eltern auf der Vermögensleiter oben stehen, auf den beiden oberen Stufen bleiben. Schwarze sind sogar noch schlechter dran: »Über die Hälfte (53 Prozent) der Schwarzen, die am Fuß der Familieneinkommensleiter aufwachsen, verharren als Erwachsene im unteren Bereich.« Diese Befunde zeigen, wie wichtig Bildung für die Aufwärtsmobilität ist; je geringer der

Bildungsstand, umso höher ist die Wahrscheinlichkeit, im unteren Bereich stecken zu bleiben. »Pursuing the American Dream: Economic Mobility Across Generations«, Pew Mobility Project, Juli 2012.

43 The Equality of Opportunity Project, abgerufen am 18. Juli 2018, verfügbar unter http://www.equality-of-opportunity.org/.

44 »Pursuing the American Dream«, Pew Mobility Project.

3. Ausbeutung und Marktmacht

1 Auch unser Verständnis der Grenzen des kompetitiven Gleichgewichtsmodells hat zugenommen. Es ist nicht robust – geringfügige Veränderungen der Annahmen (die Präsenz geringer versunkener Fixkosten oder geringer Suchkosten oder geringer Informationskosten in Verbindung mit geringfügigen Informationsunvollkommenheiten) führen zu großen Veränderungen der Ergebnisse, zum Beispiel fortbestehender hoher Marktmacht. Selbst geringe Marktmacht in mehreren Branchen kann sich summieren und erhebliche Auswirkungen haben. Informationsökonomik, Spieltheorie und Verhaltensökonomik hatten tiefgreifende Auswirkungen auf die wirtschaftswissenschaftliche Theoriebildung. Es entbehrt jedoch nicht einer gewissen Ironie, dass die Kritik am Standard-Wettbewerbsmodell bereits in vollem Schwange war, als es einen starken Einfluss auf die Politik von Carter, Reagan und anschließenden Präsidenten auszuüben begann. Dies zeigt, welche gravierenden Folgen es hat, wenn man nicht auf der Höhe des aktuellen Wissens ist – und vielleicht auch wie einflussreich Ideologien und Interessen sind.

2 Peter Thiel, »Competition Is for Losers«, *Wall Street Journal*, 14. Sept. 2014.

3 Eine vom Kongress eingesetzte Kommission zur Untersuchung der Ursachen der Finanzkrise von 2008.

4 Befragung durch die Financial Crisis Inquiry Commission, 26. Mai 2010. Buffett war ein Großaktionär von Moody's, einer der drei marktbeherrschenden Ratingagenturen. Darüber berichtete David Dayen in »America's Favorite Monopolist: The Shameful Truth behind Warren Buffett's Billions«, *The Nation*, 12. März 2018, S. 16. Die Ratingagenturen spielten eine zentrale Rolle in der Krise, wie die Kommission in ihrem Abschlussbericht feststellte; sie hätten »maßgeblich zur Finanzkrise beigetragen«.

5 Rede auf der Jahresversammlung 2000 von Berkshire Hathaway (dem wichtigsten Investmentvehikel von Buffett). Vgl. Dayen, »America's Favorite Monopolist« (Buffett hatte die »Burggraben«-Metapher bereits seit Jahrzehnten benutzt, als dieses Zitat veröffentlicht wurde).

6 Zum Beispiel sind laut dem Bericht »Measuring the Information Society 2015« der International Telecommunications Union, der UN-Sonderorganisation für Informations- und Kommunikationstechnologien, die Telekommunikationspreise in den USA (Prepaid, Breitband, Mobil, 500 MB) mehr als 20-mal höher als in Indien und fast 20-mal so hoch wie in Estland. Die Harvard-Juraprofessorin und Telekommunikationsexpertin Susan Crawford weist darauf hin, dass Comcast und Time Warner 66 Prozent des gesamten Breitband-Internetmarktes dominieren, und sie konkurrieren oftmals nicht im gleichen Markt. Vgl. Susan Crawford, *Captive America: The Telecom Industry and Monopoly Power in the New Gilded Age* (New Haven 2013).

7 Es liegt nicht nur an der Zunahme der Marktmacht von Konzernen und Vorstandschefs, sondern auch an der fehlenden Marktmacht von Arbeitnehmern. Wie die Diskussion weiter unten und in den nachfolgenden Kapiteln verdeutlichen wird, tragen zahlreiche Faktoren zu diesem Ungleichgewicht der Marktmacht bei, und Marktmacht ist nicht der einzige Faktor, der zur Zunahme der Ungleichheit beiträgt. So haben zum

Beispiel technologische Fortschritte (die wir in Kapitel 6 weiter erörtern werden) die Nachfrage nach Fachkräften im Verhältnis zu ungelernten Arbeitskräften erhöht. Aber die Form, die diese Veränderungen annehmen, ist das Ergebnis von Managemententscheidungen – wofür knappe Forschungsgelder ausgegeben werden sollen –, und diejenigen, die Marktmacht besitzen, die Führungskräfte, haben beschlossen, dies in einer Weise zu tun, welche die Verhandlungsmacht von Arbeitnehmern und insbesondere ungelernten Arbeitskräften verringert.

8 Ich möchte gleich hinzufügen, dass dies nicht die einzige Ursache von Ungleichheit ist, wie die nachfolgende Diskussion zur Genüge verdeutlichen wird. Und es geht nicht nur um die Marktmacht von Großunternehmen im Umgang mit Verbrauchern, es geht auch um ihre Marktmacht im Umgang mit Arbeitnehmern.

9 Unternehmen können sich auch an Verbrauchern bereichern, indem sie ihre Schwächen ausnutzen – und sie zum Beispiel dazu verlocken, ihr Vermögen zu verspielen, oder sie dazu überreden, Kredite zu Wucherzinsen aufzunehmen. Aber auch wenn man Geld damit verdienen will, dass man die Schwächen von Menschen ausnutzt, etwa indem man sie zum Glücksspiel oder Alkoholkonsum animiert, benötigt man Marktmacht, weil es in unserer amoralischen Gesellschaft eine Vielzahl von Menschen gibt, die dazu bereit sind, und ohne Marktmacht würden sogar die Gewinne aus sittenwidrigen Aktivitäten auf null gedrückt.

10 Während sich Korruption traditionell auf Fälle wie diese konzentriert, gibt es auch in der Privatwirtschaft weitverbreitete Korruption, so etwa wenn ein Angestellter (und sei es der Vorstandschef) seine Stellung ausnutzt, um sich selbst zu bereichern, oder wenn ein Unternehmen unlauter handelt, um sich auf Kosten anderer zu bereichern.

11 Adam Smith, *Der Wohlstand der Nationen* (München 1978), S. 112.

12 Tatsächlich wurde das Gesetz nicht nur zum Zweck der Eindämmung von Monopolen, sondern auch als Reaktion auf die Allgegenwart von Marktmacht verabschiedet, die gegen Ende des 19. Jahrhunderts vor allem in der Mineralölindustrie, bei Eisenbahngesellschaften, in der fleischverarbeitenden Industrie und in der Tabakindustrie auftrat.

13 Selbstverständlich schwankt die Risikoprämie, die der Markt verlangt, in Abhängigkeit von der Einschätzung des Risikos in der Wirtschaft.

14 Für eine genauere Untersuchung des Unternehmenssektors vgl. Simcha Barkai, »Declining Labor and Capital Shares« (Arbeitspapier 2017). Barkai ist es gelungen, die Kapitalquote zu ermitteln und nachzuweisen, dass sich die sinkende Kapitalquote nicht mit immateriellem Kapital erklären lässt. Für eine Studie, die Unternehmensdaten auswertet, vgl. Jan De Loecker und Jan Eeckhout, »The Rise of Market Power and Macroeconomic Implications« (NBER Arbeitspapier Nr. 23 687, 2017).

15 Vgl. zum Beispiel Jacob A. Robbins, »Capital Gains and the Distribution of Income in the United States«, Brown University, Dez. 2018.

16 Vgl. Joseph E. Stiglitz, »New Theoretical Perspectives on the Distribution of Income and Wealth among Individuals«. Für eine Diskussion der Rolle von Immobilien vgl. Matthew Rognlie, »Deciphering the Fall and Rise in the Net Capital Share: Accumulation or Scarcity?«, *Brookings Papers on Economic Activity* 46, Nr. 1 (Frühjahr 2015), S. 1–69. Vgl. auch Thomas Piketty, *Das Kapital im 21. Jahrhundert.*

17 Der Anspruch darauf, Jahr für Jahr einen gewissen Rentenstrom zu erhalten, hat einen Marktwert, und dieser wird kapitalisierter Rentenwert genannt. Wer daher auf einem Markt eine Monopolstellung innehat, erhält jedes Jahr Erträge. Der Inhaber könnte diesen Ertragsstrom verkaufen. Der Gegenwartswert dieses Stroms wird kapitalisierter Rentenwert genannt.

18 Vgl. Mordecai Kurz, »On the Formation of Capital and Wealth: IT, Monopoly Power and Rising Inequality« (Stanford Institute for Economic Policy Research Working Paper 17–016, 2017).

19 In der Mitte des 20. Jahrhunderts haben Großunternehmen mit Marktmacht ihre Monopolrenten mit ihren gewerkschaftlich organisierten Arbeitnehmern geteilt. Im Kapitalismus des 21. Jahrhunderts gibt es möglicherweise nicht nur im Durchschnitt mehr Marktmacht, sondern Renten werden auch weniger geteilt. Die Aktionäre von Unternehmen und insbesondere die Topmanager haben sich die Erträge selbst angeeignet, was zu einem Anstieg der Ungleichheit geführt hat. Aber diese Veränderungen wirken sich auch auf die Produktivität aus, da kurzsichtige Unternehmensleitungen, die kein Gegengewicht in starken Gesellschaften haben, weniger in ihre Mitarbeiter oder auch in die Zukunft des Unternehmens investieren. (Wenn sich die Topmanager mehr Renten aneignen, wirkt sich dies möglicherweise auf die übrigen Mitarbeiter eines Unternehmens aus. Um dies zu verhindern, führen Unternehmen womöglich eine »vertikale Desintegration« durch, indem sie zum Beispiel Hausmeisterdienste oder andere gering bezahlte Dienstleistungen auslagern. Hoch bezahlte Arbeitnehmer arbeiten eher in Hochlohnunternehmen und mit anderen hoch bezahlten Arbeitnehmern, und das Gleiche gilt für gering bezahlte Arbeitnehmer. Vgl. Song et al., »Firming Up Inequality«; Card et al., »Firms and Labor Market Inequality«; und Furman und Orszag, »A Firm-Level Perspective on the Role of Rents in the Rise in Inequality«.)

20 Vgl. »Benefits of Competition and Indicators of Market Power« (Council of Economic Advisers Issue Brief, Apr. 2016). In dem Bericht heißt es: »Etliche Indikatoren deuten darauf hin, dass der Wettbewerb in vielen Wirtschaftssektoren zurückgeht; dazu tragen auch der seit Jahrzehnten zu beobachtende Rückgang der Unternehmensneugründungen und die Zunahme branchenspezifischer Konzentrationskennzahlen bei. Jüngste Daten zeigen auch, dass die profitabelsten Unternehmen möglicherweise höhere Erträge erzielen. In der positiven Differenz zwischen Gewinnraten und Kapitalkosten von Unternehmen spiegeln sich möglicherweise ökonomische Renten wider, die Erträge von Produktionsfaktoren sind, die über das hinausgehen, was notwendig wäre, um sie in Betrieb zu halten. Solche Renten leiten möglicherweise Ressourcen von Verbrauchern um, verzerren Investitions- und Beschäftigungsentscheidungen und ermuntern Unternehmen, verschwenderische Rent-Seeking-Aktivitäten zu betreiben.« Selbst das normalerweise konservative Magazin *The Economist* hat die Alarmglocke geläutet und darauf hingewiesen, dass »zwischen 1997 und 2012 der gewichtete durchschnittliche Anteil der vier führenden Unternehmen in jedem Sektor von 26 auf 32 Prozent gestiegen ist«. Weiter heißt es dort, die Einnahmen in Sektoren, in denen keine Konzentration bestehe, seien rückläufig, während die Einnahmen in Sektoren mit hoher Konzentration anstiegen. Vgl. »Too Much of a Good Thing: Profits Are Too High. America Needs a Giant Dose of Competition«, 26. März 2016. Eine Reihe von Aufsätzen thematisierte die Folgen mangelnden Wettbewerbs zwischen Arbeitnehmern in Arbeitsmärkten: Vgl. José Azar, Ioana Marinescu und Marshall Steinbaum, »Labor Market Concentration« (NBER Working Paper Nr. 24147, Dez. 2017); José Azar, Ioana Marinescu, Marshall Steinbaum und Bledi Taska, »Concentration in US Labor Markets: Evidence from Online Vacancy Data« (IZA DP Nr. 11379, März 2018); Arindrajit Dube, Jeff Jacobs, Suresh Naidu, Siddharth Suri, »Monopsony in Online Labor Markets« (NBER Working Paper Nr. 24416, März 2018); und Efraim Benmelech, Nittai Bergman und Hyunseob Kim, »Strong Employers and Weak Employees: How Does Employer Concentration Affect Wages?« (NBER Working Paper Nr. 24307, Feb. 2018).

21 Gustavo Grullon, Yelena Larkin und Roni Michaely, »Are US Industries Becoming More Concentrated?«, 2016, verfügbar unter http://finance.eller.arizona.edu/sites/finance/files/grullon_11.4.16.pdf. Laut Furman und Orszag hat die Marktkonzentration zwischen 1997 und 2012 in 12 von 13 wichtigen Branchen, für die Daten verfügbar sind, zugenommen. Sie zitieren eine Reihe von Mikrostudien aus verschiedenen Sektoren wie Flugreisen, Telekommunikation, Bankwesen und Lebensmittelindustrie, in denen

es Anhaltspunkte für eine größere Konzentration gibt. Vgl. Furman und Orszag, »A Firm-Level Perspective on the Role of Rents in the Rise in Inequality«; und Card et al., »Firms and Labor Market Inequality«.

22 Es ist nicht weiter erstaunlich, dass Großunternehmen mit mehr Marktmacht höhere Erträge erwirtschaften. Furman und Orszag weisen darauf hin, dass eine erhöhte Konzentration möglicherweise eine Rolle bei den großen und wachsenden Ertragsunterschieden zwischen Großunternehmen spielt. Die Erträge der profitabelsten Unternehmen (derjenigen im 90. Perzentil) belaufen sich heute auf das Sechsfache des Medianwerts, womit sich die Differenz seit 1990 mehr als verdoppelt hat. Vgl. Furman und Orszag, »A Firm-Level Perspective on the Role of Rents in the Rise in Inequality«; und Furman und Orszag, »Slower Productivity and Higher Inequality: Are they Related?« (Peterson Institute for International Economics, Working Paper 18–4, Juni 2018). Es sei erwähnt, dass nicht alle Ökonomen an einen starken Zusammenhang zwischen Konzentration und Profitabilität glauben; einige Studien weisen angeblich nach, dass keine hohe Korrelation zwischen Gewinn und Konzentration bestehe, und selbst die durchschnittliche Konzentration sei nicht angestiegen (trotz der gegenteiligen Belege, die zum Beispiel der Wirtschaftswissenschaftliche Beirat des Präsidenten in dem Bericht »Benefits of Competition and Indicators of Market Power« vorlegte). Dennoch spricht sehr viel dafür, dass mit zunehmender Abschwächung des Wettbewerbs die Handelsspannen größer werden (wie unten beschrieben) und der Gewinn steigt (sowohl in Prozent des BIP als auch gemessen an der Eigenkapitalrendite). Später werden wir erläutern, warum die Margen in einigen wichtigen Sektoren kleiner geworden sind, obwohl die Konzentration zugenommen hat, aber das sind Ausnahmen.

23 De Loecker und Eeckhout, »The Rise of Market Power and Macroeconomic Implications«. Marktkonzentration ist auch mit einem Rückgang der volkswirtschaftlichen Investitionen in den USA in Verbindung gebracht worden. Vgl. Germán Gutiérrez und Thomas Philippon, »Declining Competition and Investment in the U.S.« (NBER Working Paper Nr. 23583, 2017). Dies kann auch mit dem Phänomen des aufgrund einer rückläufigen Nachfrage nach Kapital langfristig sinkenden Zinses in Verbindung gebracht werden. Vgl. Ricardo J. Caballero, Emmanuel Farhi und Pierre-Olivier Gourinchas, »Rents, Technical Change, and Risk Premia Accounting for Secular Trends in Interest Rates, Returns on Capital, Earning Yields, and Factor Shares«, *American Economic Review* 107, Nr. 5 (2017), S. 614–20.

24 Dies ist die Kapitalrendite, ohne Berücksichtigung des Firmenwerts. Vgl. Tim Koller, Marc Goedhart und David Wessels, *Valuation: Measuring and Managing the Value of Companies/McKinsey & Company* (Hoboken, NJ, 2015). Wie weiter unten ausgeführt, spricht die Tatsache, dass die Kapitalrendite steigt, während die Rendite von Staatsanleihen sinkt und sich die Methoden des Risikomanagements verbessert haben, eindeutig für die Hypothese steigender Renten. (Wie erwähnt, umfasst die dokumentierte »Kapitalrendite« auch Monopol-/Oligopolrenten. Sie ist, wirtschaftswissenschaftlich gesehen, nicht gleich dem Wert des Grenzproduktes des Kapitals.) Besonders bemerkenswert ist die Höhe der Renditen bei den führenden Unternehmen; die Durchschnittsrenditen der obersten 10 Prozent der Unternehmen übersteigen 80 Prozent, die der obersten 25 Prozent 40 Prozent. Vgl. Furman und Orszag, »A Firm-Level Perspective on the Role of Rents in the Rise in Inequality«.

25 Matt Kranz, »6 percent of Companies Make 50 percent of U.S. profit«, *USA Today*, 2. März 2016.

26 *America's Concentration Crisis: An Open Markets Institute Report*, Open Markets Institute, 29. Nov. 2018. Verfügbar unter https://concentrationcrisis.openmarketsinstitute.org.

27 Vgl. *The Economist* vom 26. März 2016.

28 Genau genommen kommt es auf die Grenzkosten an.

29 Auch wenn einiges dafür spricht, dass dies der Fall ist, ist es nicht notwendigerweise so. Der von Amazon ausgehende Wettbewerbsdruck hat eine Konsolidierung des Einzelhandels erzwungen, aber selbst nach dieser Konsolidierung sind die Gewinnspannen im stationären Einzelhandel niedrig, und Insolvenzen sind nicht selten. Wenn es in einem Markt nur wenige Firmen gibt, können sich diese leicht – oftmals heimlich – absprechen. Auch wenn solche stillschweigenden Absprachen oftmals schwer zu beweisen sind, lassen sich die Folgen in Form höherer Preise doch oftmals leicht feststellen.

30 Selbstverständlich gibt es einige Fälle, in denen ein Unternehmen eine enorme Marktmacht besitzt: der Eigentümer einer Wasserquelle in einer Wüstenoase. Menschen können ohne Wasser nicht überleben, und jemand, der die Quelle kontrollierte, könnte einen hohen Preis verlangen. Personen, die andere grundlegende Bedarfsgüter kontrollierten, wie etwa Salz, mit dem sich in der Epoche vor der Erfindung des Kühlschranks Lebensmittel haltbar machen ließen, konnten ebenfalls einen hohen Preis durchsetzen; da die Obrigkeit dies wusste, errichtete sie vielfach ein öffentliches Monopol. Zumindest damals wurden die so abgeschöpften Gelder für öffentliche Zwecke genutzt, oder aber der Preis, der verlangt werden konnte, wurde gedeckelt.

31 Eine Artikelserie in der *New York Times* im Jahr 2015 zeigte das Ausmaß, in dem verpflichtende Schiedsgerichte die Rechtsprechung in den USA verzerrt haben. Vgl. Jessica Silver-Greenberg und Robert Gebeloff, »Arbitration Everywhere, Stacking the Deck of Justice«, *New York Times*, 31. Okt. 2015. Es gibt schreckliche Fälle, bei denen Leute von Pflegeheimen betrogen wurden und aufgrund dieser Schiedsgerichtsklauseln für sich selbst oder ihre Eltern keine Schadenersatzansprüche geltend machen konnten. Diese Klauseln sind mittlerweile auch in fast allen Arbeitsverträgen üblich.

32 Ungeachtet dessen hat der Oberste Gerichtshof der USA entschieden, dass jeder, der Schiedsgerichtsklauseln unterzeichnet, damit auf sein Recht auf ein faires Verfahren in unserem öffentlichen Rechtssystem verzichtet. *Epic Systems Corp v. Lewis* No. 16–285, Urteil vom 21. Mai 2018.

33 Diese Methoden (wie FUZ) erhöhen die Produktionskosten von Rivalen, ohne sich negativ auf den »Platzhirsch« auszuwirken. Es ist die Methode par excellence, um einen »Burggraben« um ein Produkt zu schaffen. Die theoretischen Grundlagen wurden bereits von Thomas G. Krattenmaker und Steven C. Salop beschrieben in »Competition and Cooperation in the Market for Exclusionary Rights«, *American Economic Review* 76, Nr. 2 (1986), S. 109–13; Steven C. Salop und David T. Scheffman, »Raising Rivals' Costs«, *American Economic Review* 73, Nr. 2 (1983), S. 267–71.

34 Selbst alteingesessene Unternehmen geraten manchmal in Schwierigkeiten, und selbst dann, wenn das Patent nicht von einem Großunternehmen, sondern von sogenannten »Patenttrollen« gehalten wird, Firmen, deren Geschäftsmodell nicht Innovation ist – die Nutzung des Patents für ein neues Produkt, das man auf den Markt bringen will –, sondern das systematische Verklagen wegen Patentverletzung. So erging es Blackberry, einstmals eine der führenden Mobiltelefongesellschaften, die nach umfangreichen Rechtsstreitigkeiten 612 Millionen Dollar zahlen musste, um weiterhin ihre Dienste anbieten zu können, unabhängig davon, ob die Patente, die Blackberry angeblich verletzte, am Ende als gültig anerkannt oder als ungültig befunden werden würden. Für Start-ups sind solche Prozesse noch bedrohlicher. So war zum Beispiel Vlingo ein Start-up, das an Spracherkennungstechnologien arbeitete. Doch dann wurde es von einem viel größeren Unternehmen namens Nuance mit Klagen überzogen. Schließlich erklärte sich Vlingo bereit, sich von Nuance übernehmen zu lassen, aber das geschah erst, nachdem Prozesskosten in Höhe von 3 Millionen Dollar angefallen waren und obwohl Vlingo den ersten Prozess gewonnen hatte (insgesamt wurden sechs Klagen gegen das Unternehmen eingereicht). Vgl. Charles Duhigg und Steve Lohr, »The Patent, Used as a Sword«, *New*

York Times, 7. Okt. 2012. Vgl. auch Colleen V. Chien, »Patent Assertion and Startup Innovation« (Santa Clara University of Law Legal Studies Research Paper Series 26–13, 2013).

35 Wirtschaftswissenschaftler der Universität Chicago verteidigen diese wettbewerbswidrigen Praktiken mit dem Hinweis, diese Beschränkungen seien lediglich eine natürliche Ausdrucksform effizienten Wettbewerbs auf zweiseitigen Märkten. Nach Meinung jener Ökonomen sind zweiseitige Märkte lediglich ein »Treffpunkt« – heutzutage in der Regel eine elektronische Plattform – zweier Gruppen von Akteuren, die hier miteinander interagieren. Kreditkarten bringen Verbraucher mit Einzelhandelsgeschäften zusammen. Besagte Ökonomen behaupten, Gerichte sollten nicht in die normalen Marktmechanismen eingreifen. Es ist eine Untertreibung, wenn man sagt, die Argumente ignorierten die tatsächlichen Marktmechanismen. Dennoch ist es den Ökonomen mit diesen Argumenten gelungen, einige Gerichte davon zu überzeugen – einschließlich des Obersten Gerichtshofs der USA in einer weiteren seiner knappen Entscheidungen mit fünf zu vier Stimmen –, diese Missbräuche von Marktmacht weiterhin zuzulassen. Für eine ausgezeichnete Diskussion vgl. Benjamin E. Hermalin und Michael L. Katz, »What's So Special About Two-Sided Markets?«, in Martin Guzman (Hg.), *Toward a Just Society* (New York 2018), S. 111–30.

36 Die Vertragsbestimmungen sind so eindeutig wettbewerbswidrig, dass selbst ein Unternehmen mit einem kleinen Marktanteil (wie Discover Card) stark überhöhte – weit über den Kosten liegende – Preise verlangen konnte. Australien verbot diese Verträge, was zur Folge hatte, dass Wettbewerb auf dem Markt viel besser funktioniert und Händler niedrigere Gebühren zahlen müssen – und die Kreditkartengesellschaften niedrigere Gewinne machen.

37 Es bedeutet auch, dass andere Verbraucher, wie etwa diejenigen, die bar zahlen, schlechter gestellt werden.

38 In einem ähnlich gelagerten Fall wurde nach einer vergleichbaren ökonomischen Analyse ein marktbeherrschendes Buchungssystem von Fluggesellschaften, Sabre, für schuldig befunden, mithilfe ähnlicher Vertragsbestimmungen den Wettbewerb eingeschränkt zu haben. In diesem Fall wurden den Fluggesellschaften Gebühren berechnet, die viel höher waren als die Kosten für die Dienstleistung des computergestützten Buchungssystems. Die Vertragsbestimmungen hemmten den Markteintritt und die Innovation. Sie hielten Fluggesellschaften sogar davon ab, ihre Kunden an ihr viel billigeres Online-Buchungssystem umzuleiten; sie verboten es ihnen auch, denjenigen, die dieses System nutzten und die hohen von Sabre auferlegten Gebühren umgehen wollten, Preisnachlässe einzuräumen. Vgl. *US Airways Inc. v. Sabre Holdings Corp et al.*, U.S. District Court, Southern District of New York, Nr. 11-cv-2725. Gegenwärtig ist die Berufung gegen diese Entscheidung anhängig. (Zum Zweck der vollständigen Offenlegung: Ich trat in dem Prozess als Sachverständiger aufseiten des Klägers auf, um dessen Vorbringen zu bestätigen, die Vertragsbestimmungen seien in diesem Fall und in mehreren der Kreditkartenfälle wettbewerbswidrig.)

39 Zum Beispiel *King Drug Company v. Smithkline Beecham Corporation*, United States Court of Appeals for the Third Circuit, Nr. 14–1243, 19. Nov. 2014. Der Oberste Gerichtshof lehnte die Revision später ab. Vgl. auch *FTC v. Actavis, Inc.*, Supreme Court Nr. 12–416 (2013).

40 Sie warten zum Beispiel, bis ein Patent abgelaufen ist, um eine Retardversion des Medikaments auf den Markt zu bringen. Eine Retardversion sollte nicht patentierbar sein – man sollte ein Patent nur auf eine nicht naheliegende Innovation erteilen, und zu diesem Zeitpunkt ist eine Retardversion eines bereits eingeführten Medikaments naheliegend. Zum Leidwesen der USA hat Indien dies anerkannt. Die Regierung unterstützt die großen Pharmakonzerne in vielen Fällen bei der Abwehr von Generikaherstellern mithilfe gesetzlicher Bestimmungen zur sogenannten »Datenexklusivität«,

welche die Verwendung von Daten des Originalmedikamets zur Beurteilung der Sicherheit und Wirksamkeit des Generikums einschränken.

41 In Kapitel 6 führen wir mehrere Beispiele für solche präventiven Fusionen an.

42 Die Entwicklung einer Volkswirtschaft kann noch aus anderen Gründen zu einer verstärkten Marktkonzentration führen. Kapitel 6 diskutiert, wie Big Data ein natürliches Monopol entstehen ließ, das womöglich Unternehmen wie Google und Amazon gegenüber anderen einen Vorteil verschafft. Unter diesen Umständen ist es schwierig, wenn nicht unmöglich, für einen funktionierenden Wettbewerb zu sorgen.

43 So gab es in den USA in der Mitte des 20. Jahrhunderts drei dominante Hersteller (GM, Chrysler und Ford) und ein paar kleinere Unternehmen (Studebaker, Nash-Rambler). Heute sehen sich die drei US-Autohersteller einer harten Konkurrenz durch zahlreiche japanische, koreanische, deutsche und italienische Hersteller gegenüber.

44 Dass der Standardwettbewerb in solchen Märkten langfristig nicht tragfähig ist, ersieht man auch daran, dass diese Industrien nicht überleben könnten, wenn der Preis gleich den Grenzkosten (den zusätzlichen Kosten für die Produktion einer zusätzlichen Einheit) wäre.

45 Ironischerweise ist, wie früher erwähnt, eine Änderung der Spielregeln, die sowohl direkt als auch indirekt zu mehr Marktmacht und einer schwächeren Wirtschaft mit größerer Ungleichheit beigetragen haben, die Senkung der Spitzensteuersätze. Niedrigere Steuersätze fördern möglicherweise »Rent-Seeking-Verhalten«, bei dem Unternehmen ihren Gewinn nicht dadurch zu steigern versuchen, dass sie ein besseres Produkt herstellen, sondern zum Beispiel dadurch, dass sie staatliche Vergünstigungen erhalten. Vgl. Piketty, Saez und Stantcheva, »Optimal Taxation of Top Labor Incomes«. Die Steuerreform von 2017 verdeutlicht ein verwandtes Phänomen: Wenn Körperschaftssteuern herabgesetzt werden, um Spenden von Unternehmen an die Regierungspartei zu begünstigen, besteht die Gefahr, dass das Steuergesetz mit Bestimmungen überfrachtet wird, die eine Gruppe gegenüber einer anderen bevorzugen, dadurch den Wettbewerb verzerren und die gesamtwirtschaftliche Effizienz verringern.

46 Die Tatsache, dass die Marktkonzentration in den USA, nicht dagegen in Europa zugenommen hat, deutet darauf hin, dass nicht Technologien, sondern das staatliche Handeln entscheidend ist. Germán Gutiérrez und Thomas Philippon führen den Unterschied auf die Durchsetzung des Kartellrechts zurück. Vgl. Gutiérrez und Philippon, »How EU Markets Became More Competitive than US Markets: A Study of Institutional Drift« (NBER Working Paper Nr. 24700, Juni 2018).

47 Das heißt, sie verringert das Volkseinkommen (und führt dazu, dass ein größerer Teil des Volkseinkommens dem Monopolisten zufließt). Außerdem führt diese Zunahme der Marktmacht zu niedrigerem Wachstum, teils weil die Innovationsanreize womöglich mit der Schwächung des Wettbewerbs zurückgehen, teils weil die von Unternehmen mit Marktmacht errichteten Eintrittsschranken den Eintritt anderer Innovatoren verhindern, teils weil ein größerer Teil der Forschungsausgaben für die Aufrechterhaltung und Steigerung von Marktmacht und die Konzipierung besserer Methoden, diese auszunutzen, verwendet wird. Preisdiskriminierung – bei der Unternehmen von verschiedenen Kunden verschiedene Preise verlangen – breitet sich in der digitalen Ökonomie immer weiter aus, da Unternehmen die Daten, die sie über jeden von uns gesammelt haben, dazu nutzen, abzuschätzen, wie viel wir zu zahlen bereit sind. Und sie führt weitere Verzerrungen ein, wie wir in Kapitel 6 erörtern werden.

48 »Aggregate Productivity and the Rise of Mark-Ups«, *Vox*, 4. Dez. 2017; und David R. Baqaee und Emmanuel Farhi, »Productivity and Misallocation in General Equilibrium« (NBER Working Paper Nr. 24007, 2018).

49 Detaillierte Studien von John Haltiwanger und Mitarbeitern haben dies eindrücklich dokumentiert. Vgl. Ryan Decker, John Haltiwanger, Ron S. Jarmin und Javier Miran-

da, »The Secular Decline in Business Dynamism in the US« (Manuskript, 2014); John Haltiwanger, Ian Hathaway und Javier Miranda, »Declining Business Dynamism in the U.S. High-Technology Sector« (Kauffman Foundation, 2014); Ryan Decker, John Haltiwanger, Ron S. Jarmin und Javier Miranda, »The Role of Entrepreneurship in US Job Creation and Economic Dynamism«, *Journal of Economic Perspectives* 28, Nr. 3 (2014), S. 3–24. Vgl. auch Ian Hathaway und Robert E. Litan, »Declining Business Dynamism in the United States: A Look at States and Metros« (Brookings Papers, 2014). Es zeigt sich auch in Daten der OECD, nach denen die USA zwar nicht am schlechtesten abschneiden, aber, im Gegensatz zu dem Bild, das wir von uns selbst haben, auch bei Weitem nicht am besten. Vgl. Chiara Criscuolo, Peter N. Gal und Carlo Menon, »The Dynamics of Employment Growth: New Evidence from 18 Countries« (OECD, Science, Technology and Industry Policy Papers Nr. 14, 21. Mai 2014). Furman und Orszag präsentieren weitere Belege für den Rückgang der Dynamik in der US-Wirtschaft, die sie zum Teil mit einer Abnahme des Wettbewerbs in Verbindung bringen. Vgl. Furman und Orszag, »Slower Productivity and Higher Inequality: Are they Related?«; und Furman und Orszag, »A Firm-Level Perspective on the Role of Rents in the Rise in Inequality«.

50 Furman und Orszag weisen auch auf die Tatsache hin, dass Großunternehmen ungeachtet ihrer scheinbar so hohen Erträge weniger investieren, was sie ebenfalls zum Teil auf eine Verringerung des Wettbewerbs zurückführen. Vgl. Furman und Orszag, »A Firm-Level Perspective on the Role of Rents in the Rise in Inequality«; und Furman und Orszag, »Slower Productivity and Higher Inequality: Are They Related?«. Gutierrez und Philippon (2017) haben ebenfalls festgestellt, dass die Höhe der Investitionen in den USA heute im Verhältnis zu Rentabilitäts- und Bewertungskennzahlen gering ist, und sie gelangen zu dem Schluss, dass mangelnder Wettbewerb und kurzfristige Orientierung, die mit weiter unten kurz diskutierten Schwächen des Ordnungsrahmens für gute Unternehmensführung zusammenhängen, die beiden wichtigsten Erklärungen seien. Vgl. Germán Gutiérrez und Thomas Philippon, »Investment-less Growth: An Empirical Investigation«, Sept. 2017, New York University und Brookings, https://www.brookings.edu/wpcontent/uploads/2017/09/2gutierrezphilippon.pdf. Die Investitionsschwäche wirkt sich auch negativ auf die Gesamtnachfrage aus, die in Zeiten wie nach der Finanzkrise von 2008, wenn die unzureichende Gesamtnachfrage der entscheidende beschränkende konjunkturelle Faktor ist, von zentraler Bedeutung ist. Die Daten sind aus »Shares of Gross Domestic Product: Gross Private Domestic Investment«, St. Louis FRED, aufgerufen am 17. Juli 2018, verfügbar unter https://fred.stlouisfed.org/series/A006RE1Q156NBEA#0.

51 Berlin 2016. Genauso wie einige der böswilligen Akteure im Internet nach unbedarften, schlecht informierten Verbrauchern suchen, die sie hereinlegen können.

52 Die Regierung Obama schenkte diesem Problem eine gewisse Aufmerksamkeit. Vgl. CEA Issue Brief, »Labor Market Monopsony: Trends, Consequences, and Policy Responses«, Okt. 2016.

53 Vgl., zum Beispiel, Alan Manning, »Imperfect Competition in Labour Markets«, in *Handbook of Labor Economics,* hg. v. Orley Ashenfelter und David Card, Bd. 4 (Amsterdam 2011); und John Schmitt, »Why Does the Minimum Wage Have No Discernible Effect on Employment?« (CEPR Publication, 2013).

54 In vielen Fällen, wie etwa bei Mitarbeitern von Fast-Food-Lokalen, gibt es keinen sachlichen Grund für solche Klauseln, etwa die Sorge vor dem Verrat eines Betriebsgeheimnisses oder vor der Weitergabe von »Insiderinformationen«. Alan Krueger und Eric Posner haben herausgefunden, dass ein Viertel aller amerikanischen Arbeitnehmer zu irgendeinem Zeitpunkt ihres Berufslebens mit Wettbewerbsausschluss- oder Abwerbungsverbotsvereinbarungen konfrontiert sind. Oft finden sich solche Klauseln aus-

gerechnet in den Verträgen der Arbeitnehmer, die am schutzbedürftigsten sind. Vgl. »A Proposal for Protecting Low-Income Workers from Monopsony and Collusion«, The Hamilton Project Policy Proposal 5 (2018).

55 Adam Smith, *Der Wohlstand der Nationen*, S. 58.

56 Eine neuere Studie hat gezeigt, dass »19 Prozent der Angestellten, die stundenweise bezahlt werden und die über 40 Stunden pro Woche arbeiten, weniger als den üblichen 50-Prozent-Zuschlag für Überstunden erhalten«. Susann Rohwedder und Jeffrey B. Wenger, »The Fair Labor Standards Act: Worker Misclassification and the Hours and Earnings Effects of Expanded Coverage« (Rand-Arbeitspapier, 7. Aug. 2015).

57 Einer der aufschlussreichsten Belege stammt aus einer neueren ökonometrischen Studie über Online-Arbeitsmärkte. Man hätte erwartet, dass die Monopson-Macht sehr gering ist, aber die Daten sagen das Gegenteil. Vgl. Dube, Jacobs, Naidu und Suri, »Monopsony in Online Labor Markets«; und Azar et al., »Concentration in US Labor Markets: Evidence from Online Vacancy Data«. Wir sehen in der rassischen, ethnischen und geschlechtsspezifischen Diskriminierung, die auf dem Arbeitsmarkt so weitverbreitet ist, ebenfalls Belege für die Marktmacht von Arbeitgebern. Laut der Wettbewerbstheorie kann es eine solche Diskriminierung nicht geben; aber jeder kann sie mit eigenen Augen erkennen, und ihre Existenz ist selbst ein Beleg dafür, dass diese Gruppen im Vergleich zu den Arbeitgebern keine Macht besitzen.

58 Eine Reihe von Faktoren hat ihrerseits zur Schwächung der Gewerkschaften beigetragen, abgesehen von Änderungen der Spielregeln und einem Wandel der Marktstruktur, die es schwerer gemacht haben, Arbeitnehmer gewerkschaftlich zu organisieren. Viele dieser Veränderungen haben sich gegenseitig verstärkt. Die Globalisierung hat in der Weise, wie sie strukturiert wurde, die Fähigkeit von Gewerkschaften verringert, Lohnerhöhungen für ihre Gewerkschaftsmitglieder durchzusetzen, und diese Schwächung ihrer Durchsetzungskraft hat zu ihrem Mitgliederschwund beigetragen. Gewerkschaftsführer vertreten mitunter auch die Belange ihrer Mitglieder nicht mit dem gebotenen Nachdruck; dies ist ein Beispiel für das sogenannte Prinzipal-Agent-Problem, das bei unvollkommener Information/Rechenschaftspflicht in allen Organisationen auftritt.

59 Alexander Hertel-Fernandez hat interessante Erkenntnisse über die Zusammenhänge zwischen dem Bedeutungsverlust von Gewerkschaften, wachsender Ungleichheit und Verbindungen dieser Trends mit politischen Prozessen zutage gefördert. Vgl. sein Buch *Politics at Work: How Companies Turn Their Workers into Lobbyists* (New York 2018).

60 Es gibt ein umfangreiches Regelwerk für Gewerkschaften mit Vorschriften, die beeinflussen, wie leicht sie Mitglieder werben und Mitgliedsbeiträge einziehen können, wie wahrscheinlich sie eine Wahl gewinnen können, die ihnen das Recht gibt, die Arbeitnehmer in einem Werk zu vertreten, und wie effektiv sie verhandeln können. Früher haben Arbeitgeber Arbeitnehmer, die dabei ertappt wurden, wie sie Mitglieder für eine Gewerkschaft warben, nicht nur entlassen, sondern auch auf eine schwarze Liste gesetzt, sodass sie keine Anstellung mehr bekamen. Das ist heute verboten, aber es gibt eine ganze Reihe subtiler und weniger subtiler, erlaubter und verbotener Methoden, mit denen Arbeitgeber zu verhindern versuchen, dass sich Mitarbeiter ihrer Betriebe einer Gewerkschaft anschließen. Das National Labor Relations Board beaufsichtigt die Einhaltung von arbeitsrechtlichen Normen, es legt sie aus und setzt sie durch. Mark Stelzner von der University of Connecticut konnte zeigen, dass die Schwächung der Position der Arbeitnehmer größtenteils das Ergebnis von Änderungen einiger weniger Schlüsselregeln und ihrer Auslegungen ist, die sich zum Nachteil der Gewerkschaften ausgewirkt haben. Vgl. Mark Stelzner, »The New American Way – How Changes in Labour Law Are Increasing Inequality«, *Industrial Relations Journal* 48, Nr. 3 (2017), S. 231–55. Gewerkschaften haben auch eine wichtige Rolle bei der Verringerung von

Lohnungleichheiten gespielt, sodass die Schwächung der Gewerkschaften mit einem Anstieg der Ungleichheit einhergeht. Vgl. David Card, »The Effect of Unions on Wage Inequality in the U.S. Labor Market«, *Industrial and Labor Relations Review* 54, Nr. 2 (2001), S. 296–315. Einer der Gründe dafür, dass die Ungleichheit in den USA größer ist als in anderen Ländern, ist die Tatsache, dass Gewerkschaften schwächer sind. Für eine globale Perspektive vgl. Era Dabla-Norris, Kalpana Kochhar, Nujin Suphaphiphat, Frantisek Ricka und Evridiki Tsounta, »Causes and Consequences of Income Inequality: A Global Perspective«, IMF Staff Discussion Note No. 15/13 (Washington, DC: International Monetary Fund, 2015); und Florence Jaumotte und Carolina Osorio Buitron, »Inequality and Labour Market Institutions«, IMF Staff Discussion Note No. 15/14 (Washington, DC: International Monetary Fund, 2015). Im Juni 2018 hat die Entscheidung des Obersten Gerichtshofs in der Sache *Janus v. American Federation of State, County and Municipal Employees* Gewerkschaften im öffentlichen Dienst das Recht abgesprochen, Mitgliedsbeiträge von nicht gewerkschaftlich organisierten Betriebsangehörigen einzuziehen. Dadurch, dass diese Maßnahmen Gewerkschaften dazu zwingen, der Mittelbeschaffung und der Mitgliederbindung mehr Aufmerksamkeit zu schenken, schwächen sie zugleich ihre Fähigkeit, sich anderen Aktivitäten zu widmen, darunter auch politischen, die darauf ausgerichtet sind, das Wohlergehen der Arbeitnehmer zu verbessern. Vgl. James Feigenbaum, Alexander Hertel-Fernandez und Vanessa Williamson, »From the Bargaining Table to the Ballot Box: Political Effects of Right to Work Laws« (NBER Working Paper Nr. 24259, 2017). Aus Platzgründen kann hier nicht die gesamte Agenda für die Wiederherstellung der Markt- und politischen Macht der Arbeitnehmer dargelegt werden – abgesehen von der Aufhebung der Gesetze, die darauf abzielen, beides zu untergraben. Der wirtschaftliche Strukturwandel, das Wachstum des Dienstleistungssektors, das Schrumpfen des industriellen Sektors und die Entwicklung der Gig-Economy haben ihrerseits diese Probleme verschärft. Vgl. Brishen Rogers und Kate Andrias, *Rebuilding Worker Voice in Today's Economy* (Roosevelt Institute, 2018); und Kate Andrias, »The New Labor Law«, *Yale Law Journal* 126, Nr. 1 (Okt. 2016).

61 Für eine Diskussion der Rolle von Gewerkschaften bei der Lohnfindung vgl. Henry S. Farber, Daniel Herbst, Ilyana Kuziemko und Suresh Naidu, »Unions and Inequality Over the Twentieth Century: New Evidence from Survey Data« (NBER Working Paper Nr. 24587, 2018).

62 Vgl. John Kenneth Galbraith, *American Capitalism: The Concept of Countervailing Power* (Boston 1952). Er war der Auffassung (die noch heute gültig ist), dass sich die Wirtschaft nicht gut als Wettbewerbsmarkt beschreiben lasse, sondern vielmehr durch weitverbreitete Marktmacht gekennzeichnet sei, mit großen Gewerkschaften und großen Konzernen, die sich gegenseitig in Schach hielten – das System funktioniere wegen dieser einander ausgleichenden Gegenmächte.

63 Das Thema der Modernisierung der Gesetze gegen Wettbewerbsbeschränkungen stieß in den letzten Jahren sowohl bei Wissenschaftlern als auch bei politischen Entscheidungsträgern auf enormes Interesse. Vgl. zum Beispiel Tim Wu, »Antitrust in the New Gilded Age« (Columbia Business School Global Reports, 2018); eine Reihe von Blogs und Aufsätzen des Roosevelt Institute, einschließlich der folgenden: Marshall Steinbaum, »Crossed Lines: Why the AT&T–Time Warner Merger Demands a New Approach to Antitrust«, 2. Feb. 2017; »Airline Consolidation, Merger Retrospectives, and Oil Price Pass-Through«, 6. Apr. 2018; »It's Time for Antitrust to Take Monopsony Seriously«, 17. Okt. 2017; »A Missing Link: The Role of Antitrust Law in Rectifying Employer Power in Our High-Profit, Low-Wage Economy«, 16. Apr. 2018; Marshall Steinbaum, Eric Harris Bernstein und John Sturm, »Powerless: How Lax Antitrust and Concentrated Market Power Rig the Economy Against American Workers, Consumers, and Communities«, 27. März 2018; und Adil Abdela, »Market Concentration

and the Importance of Properly Defined Markets«, 23. Apr. 2018. Vgl. auch Joseph E. Stiglitz, »Towards a Broader View of Competition Policy«, in *Competition Policy for the New Era: Insights from the BRICS Countries*, hg. v. Tembinkosi Bonakele, Eleanor Fox und Liberty Mncube (Oxford 2017); (Vortrag auf der 4th BRICS International Competition Conference in Durban, Nov. 2015); und Joseph E. Stiglitz, »America Has a Monopoly Problem – and It's Huge«, *Nation*, 23. Okt. 2017. Vgl. auch die Website von Barry Lynns Open Markets Institute, https://openmarketsinstitute.org/. Barry Lynn arbeitete als Wissenschaftler bei der New America Foundation, aber er und sein Team verließen die Denkfabrik, angeblich nachdem Google Druck ausgeübt hatte, weil Lynn die kartellrechtliche Entscheidung der EU gegen Google lobt. Vgl. Barry Lynn, »I Criticized Google. It Got Me Fired. That's How Corporate Power Works«, *Washington Post*, 31. Aug. 2017.

64 Tatsächlich waren diese Doktrinen an der Universität Chicago bereits im Schwange, bevor Friedman die Bühne betrat. Aber er tat mehr als jeder andere, um sie populär zu machen, zum Beispiel in seinem Buch *Chancen, die ich meine. Ein persönliches Bekenntnis*, das er zusammen mit seiner Frau Rose Friedman schrieb (Berlin u. a. 1980).

65 So zeigten zum Beispiel Partha Dasgupta und ich vor 40 Jahren, dass die Schumpeter'sche Behauptung, Monopole bestünden immer nur für eine befristete Zeit, falsch war: Sie haben die Macht und die Anreize, um dafür zu sorgen, dass ihre Marktmacht Bestand hat. Vgl. Dasgupta und Stiglitz, »Uncertainty, Industrial Structure, and the Speed of R&D«, *Bell Journal of Economics* 11, Nr. 1 (1980), S. 1–28. Mit anderen Kollegen haben wir gezeigt, dass das Streben nach der Monopolstellung nicht unbedingt den positiven Effekt auf die Innovation hatte, den Schumpeter annahm, sondern diese, im Gegenteil, dämpfen konnte. Vgl. zum Beispiel Kenneth J. Arrow, »Economic Welfare and the Allocation of Resources to Invention«; und Drew Fudenberg, Richard Gilbert, Joseph E. Stiglitz und Jean Tirole, »Preemption, Leapfrogging and Competition in Patent Races«, *European Economic Review* 22 (Juni 1983), S. 3–32 (Jean Tirole wurde 2014 mit dem Wirtschaftsnobelpreis ausgezeichnet). Diese Schlussfolgerungen wurden durch neuere Ergebnisse von Greenwald und mir in *Die innovative Gesellschaft*, insbesondere Kapitel 5 und 6, bestätigt. Arnold Harberger von der Universität Chicago behauptete, der Verlust an Konsumentenwohlfahrt aufgrund von Monopolmacht sei von zweitrangiger Bedeutung (rund 0,1 Prozent des BIP). Vgl. Arnold C. Harberger, »Monopoly and Resource Allocation«, *American Economic Review* 44, Nr. 2 (1954), S. 77–87. Jüngere Forschungen haben gezeigt, dass Harberger die Kosten um zwei Größenordnungen unterschätzte. Vgl. Baqaee und Farhi, »Productivity and Misallocation in General Equilibrium«. Selbst wenn Harbergers Schlussfolgerung in den 1950er-Jahren zutraf, folgt aus der anschließenden Zunahme an Marktmacht (und der damit verbundenen Erhöhung der Gewinnzuschläge), die früher in diesem Kapitel beschrieben wurde, dass dies nicht länger zutrifft.

66 Das heißt, bei der Durchsetzung von Gesetzen gegen Wettbewerbsbeschränkungen gibt es zwei mögliche Typen von Fehlern: Man hält eine wettbewerbswidrige Praktik für kompetitiv, oder man hält eine wettbewerbsgemäße Praktik für wettbewerbswidrig. Sie konzentrierten ihre Aufmerksamkeit auf Letzteres, in der Überzeugung, die Wahrscheinlichkeit, dass eine wettbewerbswidrige Praktik langfristig Bestand haben könnte, sei sowieso gering.

67 Der Oberste Gerichtshof schien sich von diesem Argument überzeugen zu lassen, in *Brooke Group Ltd. v. Brown & Williamson Tobacco Corp.*, 509 U.S. 209 (1993). Selbst zu der Zeit, als diese Argumente erstmals von Juristen in Chicago vorgebracht wurden, zum Beispiel von Robert Bork, wurden sie von Ökonomen wie dem Nobelpreisträger Oliver Williamson scharf kritisiert, in »Review of The Antitrust Paradox: A Policy at War with Itself by Robert H. Bork«, *University of Chicago Law Review* 46, Nr. 2 (1979),

S. 10. Fortentwicklungen der Wirtschaftstheorie haben diese Schlussfolgerungen seither erhärtet. Es entbehrt nicht einer gewissen Ironie, dass zur gleichen Zeit, zu der die US-Regierung es erschwert hat, eine Klage wegen Verdrängungswettbewerbs innerhalb des Landes zu gewinnen, sich eine vergleichbare Klage, bei der man ausländischen Unternehmen unlautere Handelspraktiken – Dumpingpreise – vorwirft, leicht gewinnen lässt.

68 Gegenwärtig liegt die Beweislast für das Vorbringen, dass die wettbewerbseinschränkenden Wirkungen die Effizienzgewinne überwiegen, beim Kläger (der Partei, die behauptet, dass ein Unternehmen sich wettbewerbswidrig verhält). Dem liegt die Vermutung zugrunde, dass Märkte gut funktionieren und wettbewerbsgerecht sind, sodass ein scheinbar wettbewerbseinschränkendes Verhalten tatsächlich wahrscheinlich wettbewerbsförderlich ist.

69 So hat Google, wenn es Produkte direkt verkauft, einen Interessenkonflikt mit Werbekunden, die Google nutzen, um ihre Produkte zu vermarkten. Noch häufiger treten Interessenkonflikte bei Amazon auf. Wir werden einige andere regulatorische Fragen, die von den neuen Plattformen aufgeworfen werden, später in diesem Buch diskutieren, aber die Herausforderungen, die sie für unsere Wirtschaft darstellen, auch für den Wettbewerb, gehen über das hinaus, womit wir uns hier befassen können. Vgl. zum Beispiel Lina M. Khan, »Amazon's Antitrust Paradox«, *The Yale Law Journal* 126, Nr. 3 (Jan. 2017).

70 Es sollte auch Veränderungen an einigen der herkömmlichen Verfahren zur Ermittlung von Marktmacht geben. Oftmals werden diejenigen, die einem Unternehmen einen Verstoß gegen kartellrechtliche Bestimmungen vorwerfen, aufgefordert, den Nachweis zu erbringen, dass dieses Unternehmen einen großen Marktanteil hat. Auch hier wird einfach vermutet, dass es ohne einen großen Marktanteil den Wettbewerb gar nicht einschränken könne. Theoretisch gesehen, ist das schlichtweg falsch. Aber in praktischer Hinsicht hat es noch gravierendere Folgen – es ist oftmals schwierig, festzustellen, was der relevante Markt ist. Wenn direkte Belege für Marktmacht vorliegen (von jener Art, wie sie oben diskutiert wurden – hohe Gewinnspannen, Preisdifferenzierung, überhöhte Renditen ohne neu eintretende Konkurrenten, Käufer werden zur Annahme von Bedingungen wie etwa Schiedsgerichtsklauseln gezwungen, die unannehmbar sein sollten), sollte dies Beweis genug sein. Für eine weiterführende Diskussion über andere Verfahrensänderungen vgl. Wu, »Antitrust in the New Gilded Age«.

71 »Costly Choices for Treating Wilson's Disease«, *Hepatology* 61, Nr. 4 (2015), S. 1106–8. Der Leitartikel weist darauf hin, dass Merck, das den Wirkstoff ursprünglich entwickelte, den Preis 20 Jahre lang bei etwa 0,5 Prozent des von Valeant geforderten Preises gehalten hatte.

72 Nach dem Erwerb von Daraprim, einem patentfreien Medikament, erhöhte Turing Pharmaceuticals den Preis von 13,50 Dollar pro Tablette auf 750 Dollar. Es gibt unzählige weitere Beispiele. Vgl. Andrew Pollack, »Drug Goes from $ 13.50 a Tablet to $ 750, Overnight«, *New York Times*, 20. Sept. 2015.

73 Ebenso deutet ein Anstieg des Aktienkurses über die behaupteten Einsparungen hinaus darauf hin, dass eine Vergrößerung der Marktmacht ein wichtiges Motiv der Fusion beziehungsweise Übernahme sein könnte. Es bedarf auch einer sorgfältigen Überprüfung nach der Fusion, mit einer glaubwürdigen Drohung, dass die Fusionsgenehmigung widerrufen werden könnte, wenn der Zusammenschluss, anders als versprochen, zu höheren Preisen führt.

74 Kapitel 6 legt dar, dass Netzneutralität gesetzlich vorgeschrieben werden muss, um den Missbrauch von Marktmacht zu verhindern, der aus derartigen Interessenkonflikten von Internetunternehmen hervorgeht. Das Kartellrecht hat sich traditionell auf Fusionen innerhalb einer Branche konzentriert und unterstellte dabei, vertikale Fu-

sionen schränkten den Wettbewerb nicht ein. Aber heute wird anerkannt, dass der Wettbewerb auf vielen Märkten eingeschränkt ist, sodass man davon ausgeht, dass vertikale Fusionen auch »horizontale« Effekte haben und den Wettbewerb noch weiter einschränken. Den anhaltenden Einfluss der Chicagoer Schule, die von der Vermutung ausgeht, dass der Wettbewerb auf Märkten grundsätzlich funktioniert, kann man an jüngsten Gerichtsentscheidungen ersehen, zum Beispiel in der Genehmigung der Fusion von AT&T und Time Warner (die gegenwärtig angefochten wird). Vgl. auch »Brief for 27 Antitrust Scholars as Amici Curiae in Support of Neither Party«, United States Of America, Plaintiff-Appellant, v. AT&T Inc.; Directv Group Holdings, LLC; And Time Warner Inc., Defendants-Appellees. Berufung gegen das Urteil des Bundesbezirksgerichts für den Bezirk Columbia, Nr. 1:17-cv-2511 (Hon. Richard J. Leon). Bundesberufungsgericht für den Gerichtsbezirk District of Columbia, Dokument: #1745344. Eingereicht am 13. Aug. 2018.

75 Dies ist ein weiterer Fall, in dem das, was möglicherweise gut für den Einzelnen ist, nicht gut für die Wirtschaft und die Gesellschaft ist. Risikoscheue Besitzer eines Start-ups freuen sich, wenn sie heute einen angemessenen finanziellen Ausgleich für ihre Anstrengungen erhalten, statt die Risiken einer ungewissen weiteren Marktentwicklung zu tragen. Aber die Gesellschaft hat ein fundamentales Interesse daran, einen Wettbewerbsmarkt aufrechtzuerhalten.

76 Insbesondere die Wettbewerbs- und Abwerbungsverbotsklauseln.

77 Einige der innovativeren Methoden werden in Kapitel 6 diskutiert.

78 In Europa gibt man sich große Mühe, um länderübergreifend für gleiche Wettbewerbsbedingungen zu sorgen, sodass Staatshilfen in jeder Form verboten sind, einschließlich jener Steuervergünstigungen, um die sich Amazon bemühte.

79 Vgl. Joseph E. Stiglitz, »Economic Foundations of Intellectual Property Rights«, *Duke Law Journal* 57 (2008), S. 1693–1724; und Claude Henry und Stiglitz, »Intellectual Property, Dissemination of Innovation, and Sustainable Development«, *Global Policy* 1, Nr. 1 (2010), S. 237–51.

80 Der Copyright Term Extension Act von 1998 verlängerte den urheberrechtlichen Schutz auf das Leben des Urhebers plus 70 Jahre und für Gemeinschaftswerke auf 95 Jahre ab dem Jahr der Erstveröffentlichung beziehungsweise 120 Jahre ab dem Jahr der Erschaffung des Werks, je nachdem, welche Frist als Erste abläuft. Aus der wirtschaftswissenschaftlichen Standardtheorie folgt, dass diese Bestimmungen keine nennenswerte Anreizwirkung auf die Schöpfung neuen geistigen Eigentums ausüben, aber sobald man etwas so Dauerhaftes wie Micky Maus geschaffen hat, erhöht dies in erheblichem Umfang die Renten, die man abschöpfen kann.

81 Dieses Beispiel wird in Kapitel 6 weiter diskutiert.

82 »Declaration of Joseph E. Stiglitz and Jason Furman«, vor dem US-Bundesjustizministerium, Civil Action No 98-1232 (CKK) und Civil Action No 98-1233 (CKK). Verfügbar unter https://www.justice.gov/sites/default/files/atr/legacy/2002/06/05/mtc-00030610c.pdf.

83 Vgl. zum Beispiel Andrea Prat, »Media Power«, *Journal of Political Economy* 126, Nr. 4 (2018), S. 1747–83; und Andrea Prat, 2015, »Media Capture and Media Power«, in *Handbook of Media Economics*, hg. v. Simon Anderson, Joel Waldfogel und David Stromberg, Bd. 1b (Amsterdam 2015). Vgl. auch Timothy Besley und Andrea Prat, »Handcuffs for the Grabbing Hand? The Role of the Media in Political Accountability«, *American Economic Review*, 96, Nr. 3 (2006), S. 720–36.

84 Ökonomen sagen, dass Information ein »öffentliches Gut« ist, das ohne staatliche Unterstützung in einer Marktwirtschaft in zu geringer Menge bereitgestellt wird. Eine vielfältige Medienlandschaft nützt nicht nur Werbekunden und Verbrauchern, sondern auch der Gesellschaft allgemein und auch nicht nur dadurch, dass die Bürger auf

diese Weise besser informiert sind. Die Medien spielen eine wichtige Rolle wenn es darum geht, Behörden für ihr Handeln zur Rechenschaft zu ziehen und Korruption einzudämmen.

85 Nachdem die Sinclair Broadcast Group zum Beispiel eine Reihe von Fernsehsendern im ganzen Land übernommen hatte, wurden die Programminhalte deutlich konservativer. Vgl. Sheelah Kolhatkar, »The Growth of Sinclair's Conservative Media Empire«, *The New Yorker*, 22. Okt. 2018.

86 Eine weitere Branche, in der an Marktmacht strengere Maßstäbe angelegt werden müssen, ist der Finanzsektor. In sämtlichen Volkswirtschaften können Großbanken und andere Finanzinstitute unverhältnismäßig große Macht ausüben.

87 Vincent Larivière, Stefanie Haustein und Philippe Mongeon, »The Oligopoly of Academic Publishers in the Digital Era«, *PLoS ONE* 10, Nr. 6 (2015), e0127502, https://doi.org/101371/journal.pone.0127502.

88 Im Lauf der letzten 50 Jahre hat die Forschung zahlreiche Fälle von »Marktversagen« zutage gefördert, Situationen, in denen Märkte keine effizienten Ergebnisse produzieren; dazu zählen auch das Fehlen vollkommener Risiko- und Kapitalmärkte sowie Fälle von unvollständiger und asymmetrischer Information. Dieses Kapitel (und ganz allgemein dieses Buch) hat sich auf ein Marktversagen – fehlenden Wettbewerb – konzentriert, weil ich der Meinung bin, dass es in erheblichem Maße zu den Missständen in unserer Volkswirtschaft beiträgt.

89 Die Höhe der Gesamtvergütung der Vorstandschefs ist in den USA in den letzten 40 Jahren enorm angestiegen, und sie ist sehr viel höher als in anderen Industrieländern. Die Höhe der Vergütung lässt sich nicht mit der Produktivität rechtfertigen – es ist nicht der Fall, dass unsere CEOs so viel produktiver wären als Vorstandschefs in anderen Ländern beziehungsweise dass unsere CEOs im Verhältnis zu Arbeitnehmern heute viel produktiver wären als vor 40 Jahren. (Das durchschnittliche Vergütungspaket von CEOs der größten 350 US-Unternehmen belief sich auf mehr als das 300-Fache des Durchschnittsverdiensts der Arbeitnehmer in ihren Betrieben, gegenüber dem 20-Fachen im Jahr 1965. Vgl. Lawrence Mishel und Jessica Schieder, »CEO Compensation Surged in 2017«, *Economic Policy Institute*, 16. Aug. 2018, verfügbar unter https://www.epi.org/publication/ceo-compensation-surged-in-2017/.) Zum Vergleich: In Norwegen verdienen Vorstandschefs nur das 20-Fache eines durchschnittlichen Arbeitnehmers. Die USA übertreffen alle anderen Länder in der Welt, auch unseren nördlichen Nachbarn Kanada, mit deutlichem Abstand. Anders Melin und Wei Lu, »CEOs in U.S., India Earn the Most Compared with Average Workers«, *Bloomberg*, 28. Dez. 2017, verfügbar unter https://www.bloomberg.com/news/articles/2017–12–28/ceos-in-u-s-india-earn-the-most-compared-with-average-workers.

90 Ich gehe in Kapitel 8 ausführlich darauf ein.

91 So hat ein Gefühl der Ohnmacht zum Beispiel vielfältige Auswirkungen auf die Gesundheit, u. a. ein erhöhtes Depressionsrisiko. Dass es auch erhebliche politische Konsequenzen hat, dokumentierte jüngst eine Studie der Stanford University: Jojanneke van der Toorn, Matthew Feinberg, John T. Jost, Aaron C. Kay, Tom R. Tyler, Robb Willer und Caroline Wilmuth, »A Sense of Powerlessness Fosters System Justification: Implications for the Legitimation of Authority, Hierarchy, and Government«, *Political Psychology* 36, Nr. 1 (Feb. 2015).

92 Klagen, die im Namen einer großen Gruppe von durch ausbeuterische und rechtswidrige Geschäftspraktiken geschädigten Personen (zum Beispiel Käufern von Microsoft-Programmen) eingereicht werden. Keine einzelne Person allein könnte oder würde eine Klage einreichen – der »Schaden«, den jeder Einzelne erlitten hat, mag sich auf nur wenige Hundert oder Tausend Dollar belaufen, nicht genug, um die Anwaltsrechnungen zu zahlen, die in die Millionen gehen können. Aber insgesamt kann der Scha-

den immens sein. Die Interessenverbände der Wirtschaft haben sich dafür eingesetzt, solche Klagen zu erschweren, da sie wissen, dass sie ohne Sammelklagen weitgehend vor gerichtlichen Schritten derjenigen, die sie geschädigt haben, geschützt sind.

93 Song et al. zeigen in »Firming Up Inequality«, dass der Anstieg von Entlohnungsunterschieden innerhalb eines Unternehmens eine wichtige Rolle bei der Zunahme der Lohnungleichheit spielt, wenn auch keine so große Rolle wie die Zunahme von Unterschieden zwischen Unternehmen, die sich, wie erwähnt, weitgehend mit Änderungen des Kompetenzanforderungsprofils von Firmen erklären lassen.

94 Zu den Maßnahmen, mit denen sich die Macht von Unternehmensleitern begrenzen ließe, gehören zum Beispiel die verpflichtende Veröffentlichung des Verhältnisses der Gesamtvergütung der Geschäftsführung zum Durchschnittslohn der Arbeitnehmer und die Offenlegung des Wertes der Aktienoptionen der Geschäftsleitung gegenüber den Aktionären beziehungsweise die Erweiterung der Mitbestimmungsrechte der Aktionäre bei den Vergütungsvereinbarungen für Führungskräfte. Selbst diese bescheidenen Reformen sind (wenig überraschend) auf den erbitterten Widerstand von Topmanagern gestoßen, die befürchten, die exorbitante Führungskräftevergütung könnte unter Druck geraten. Ein weiterer Vorschlag, der jüngst eine gewisse Beachtung fand, besteht darin, Unternehmen Anreize zu geben, Vorstandschefs und Spitzenführungskräfte weniger exorbitante Vergütungen zu zahlen, entweder dadurch, dass man die Unternehmen, die dies tun, mit niedrigeren Körperschaftssteuern belegt, oder dadurch, dass man die Vergütungen selbst höher besteuert. Zumindest sollten die steuerlichen Sonderregelungen, die die Ausgabe von Aktienoptionen fördern, gestrichen werden. Für eine ausführlichere Diskussion des Problems und möglicher Abhilfen vgl. Stiglitz, *Der Preis der Ungleichheit*; und Stiglitz, *Die Roaring Nineties*. Der Investor Stephen M. Silberstein hat sich, bislang erfolglos, dafür eingesetzt, dass in Kalifornien ein Gesetz verabschiedet wird, das den Körperschaftssteuersatz an die CEO-Vergütung koppeln würde. Vgl. auch Gary Cohn, »Overcompensation: Tying Corporate Taxes to CEO Pay«, *Capital & Main*, 6. Aug. 2014. In den letzten Jahren erschien eine Vielzahl populärwissenschaftlicher Bücher, die sich mit dem Leistungslohnsystem und, allgemein, dem Ordnungsrahmen für gute Unternehmensführung in den USA beschäftigten. Vgl. zum Beispiel Steven Bavaria, *Too Greedy for Adam Smith: CEO Pay and the Demise of Capitalism*, 2. Aufl. (Chestnut Ridge 2015); Michael Dorff, *Indispensable and Other Myths: Why the CEO Pay Experiment Failed and How to Fix It* (Berkeley 2014); Steve Clifford, *The CEO Pay Machine: How it Trashes America and How to Stop it* (New York 2017); und Lynn Stout, *The Shareholder Value Myth: How Putting Shareholders First Harms Investors, Corporations, and the Public* (San Francisco 2012).

95 Dieses Buch betont die Rolle von Marktmacht – die Zunahme derjenigen von Großunternehmen und Vorstandschefs, die Abnahme derjenigen von Arbeitnehmern und Verbrauchern und die Notwendigkeit, die Regeln der Marktwirtschaft umzuschreiben, die dazu führten, dass CEOs und Konzerne mehr Macht erhielten, während Arbeitnehmer und Verbraucher geschwächt wurden. Aber diese sind beispielhaft für viel umfangreichere Änderungen der Spielregeln, die erfolgen müssen, wenn wir eine dynamischere Volkswirtschaft mit geringerer Ungleichheit anstreben. Vgl. Stiglitz et al., *Rewriting the Rules of the American Economy*.

4. Der Streit über die Globalisierung in den USA

1 Abkommen, die Trump wiederholt die »schlimmsten, die je geschlossen wurden«, genannt hat.

2 Sie führten zum Beispiel 1994 zum NAFTA, dem Nordamerikanischen Freihandelsabkommen, oder 1995 zur Gründung der Welthandelsorganisation. Es gibt eine Vielzahl weiterer bilateraler Handelsabkommen, zum Beispiel zwischen den USA und Chile und den USA und Korea.

3 Für eine populärwissenschaftliche Darstellung vgl. Daron Acemoglu und James A. Robinson, *Warum Nationen scheitern: Die Ursprünge von Macht, Wohlstand und Armut* (Frankfurt a. M. 2013).

4 Die moderne Wirtschaftswissenschaft hat seit Langem nachgewiesen, dass ohne aktive staatliche Eingriffe der Handel zwischen Ländern mit großen Lohnunterschieden zu einer Absenkung der Löhne in dem Industrieland führt. Sie hat eindringlich vor dem gewarnt, was dann tatsächlich eingetreten ist. (Diese Zusammenhänge wurden erstmals 1941 von Paul Samuelson und Wolfgang Stolper nachgewiesen, »Protection and Real Wages«, *Review of Economic Studies* 9, Nr. 1 [1941], S. 58–73.) Vgl. auch Samuelson, »International Trade and the Equalisation of Factor Prices«, *Economic Journal* 58, Nr. 230 [1948], S. 163–84. Folglich hat der Handel zwischen den USA und China völlig andere Konsequenzen als der Handel zwischen zwei Regionen mit annähernd gleichen Löhnen, wie etwa Europa und den USA. Für eine ausführliche Diskussion dieser Fragen vgl. Stiglitz, *Die Schatten der Globalisierung* und *Die Chancen der Globalisierung.*

5 Vgl. David H. Autor, David Dorn und Gordon H. Hanson, »The China Syndrome: Local Labor Market Effects of Import Competition in the United States«, *American Economic Review* 103, Nr. 6 (2013), S. 2121–68.

6 Die Liste der mit der Globalisierung verbundenen Probleme erhebt keinen Anspruch auf Vollständigkeit. So erhöht die Globalisierung zum Beispiel oftmals Risiken, insbesondere Risiken, gegen die sich Unternehmen und Haushalte nicht versichern können. Für eine vollständigere Diskussion vgl. Stiglitz, *Die Schatten der Globalisierung.*

7 Die einschlägigen Bestimmungen sind in Investitionsabkommen enthalten, die in Handelsabkommen eingebettet sind, so etwa in Kapitel 11 des NAFTA. Diese Bestimmungen sind mittlerweile fester Bestandteil all unserer Handelsabkommen, obgleich es in diesen eigentlich um Investitionen, nicht um Handel geht. Es ist nicht weiter verwunderlich, dass sie auf Drängen von Großunternehmen darin aufgenommen wurden, denn diese bekundeten ihren Widerstand gegen jedes Handelsabkommen, das sie nicht enthält.

8 Minderungen des Wertes von Investitionen, die eine Folge regulatorischer Änderungen sind, werden »regulatorische Eigentumsverkürzungen« genannt. Der Kongress und die Gerichte haben konsequent die Auffassung vertreten, dass Unternehmen in den USA keinen Anspruch auf Entschädigung für regulatorische Eigentumsverkürzungen haben, dagegen sehen unsere Investitionsabkommen derartige Entschädigungen vor. Unternehmen dürfen Staaten direkt verklagen, und Streitigkeiten werden durch Systeme von Schiedsgerichten beigelegt, bei denen die Unternehmen einen von drei Schiedsrichtern ernennen. Dieses System wurde zu Recht kritisiert. Vgl. zum Beispiel Joseph E. Stiglitz, »Regulating Multinational Corporations: Towards Principles of Cross-Border Legal Frameworks in a Globalized World Balancing Rights with Responsibilities«, *American University International Law Review*, 23, Nr. 3 (2007), S. 451–558, Grotius-Vortrag auf der 101. Jahrestagung der American Society for International Law, Washington, DC, 28. März 2007; und »Towards a Twenty-first Century Investment Agreement«, Vorwort in *Yearbook on International Investment Law and Policy 2015–*

2016, hg. v. Lise Johnson und Lisa Sachs (New York), xiii-xxviii, verfügbar unter http://ccsi.columbia.edu/files/2014/03/YB-2015-16-Front-matter.pdf.

9 Es gibt weitere Belege dafür, dass die Globalisierung gezielt so gestaltet wurde, dass sie Unternehmensinteressen dienlich ist, und dies zulasten der Arbeitnehmer und der Gesellschaft insgesamt. Die republikanischen Verfechter der Globalisierung waren in der Regel entschieden gegen Handelsanpassungshilfen – also Hilfen für diejenigen, die durch die Globalisierung arbeitslos wurden, sodass es weniger Globalisierungsverlierer gegeben hätte. Jeder, der sich eine breite langfristige Unterstützung der Globalisierung wünschen würde, hätte alles in seiner Macht Stehende getan, um den zu erwartenden Widerstand der Leidtragenden der Globalisierung zu vermindern. Unsere Unternehmenslenker konzentrierten sich jedoch stärker auf den kurzfristigen »Gewinn« in Form niedrigerer Löhne und verschlechterter Arbeitsbedingungen, die eine Folge ihrer stärkeren Verhandlungsposition waren. In der gleichen Weise wurden geistige Eigentumsrechte, insbesondere diejenigen, die sich auf neue pharmazeutische Wirkstoffe beziehen, so ausgestaltet, dass sie den Pharmaherstellern höhere Erträge bescherten, und dies zu Lasten der Verbraucher und des Staates (der einen Großteil der sich hieraus ergebenden höheren Arzneimittelkosten trägt).

10 Sogenannte »Steueroptimierung durch Sitzverlegung ins Ausland«. Oftmals ändert sich außer dem rechtlichen Sitz der Firmenzentrale nur wenig. Der Ort der eigentlichen Produktion/Leistungserbringung bleibt der gleiche. Die Tatsache, dass diese Unternehmen so bereitwillig ins Ausland abwandern, zeigt ihren tiefen Mangel an Loyalität – das Einzige, was sie wirklich interessiert, ist Geld und Gewinn. Trotzdem setzt sich die US-Regierung in internationalen Foren und Handelsgesprächen für ihre Interessen ein, was wieder einmal die Macht von Wahlkampfspenden zeigt. Die Pharmahersteller machen besonders anschaulich, worum es geht: Die Medikamente schaffen kaum Arbeitsplätze, oft werden sie in China, nicht in den USA, hergestellt. Die Pharmaproduzenten haben ihr Geschäft so organisiert, dass sie wenig Steuern zahlen – im Rahmen einer Strategie der Steuervermeidung verlagern sie ihre Patente in ein Niedrigsteuerland. Dennoch sind zentrale – und umstrittenste – Bestimmungen in neueren Handelsabkommen so gestaltet, dass sie Generikahersteller benachteiligen, was zur Folge hat, dass die großen Pharmakonzerne höhere Gewinne einstreichen. Infolge der höheren Preise sind letztlich US-Bürger die Leidtragenden. Selbst Obama, der sich mit seinen Bemühungen brüstete, die Arzneimittelkosten zu senken, hat im TTP, dem Abkommen über Transpazifische Partnerschaft, seine Prinzipien verraten.

11 Der Unterbietungswettlauf nimmt noch viele andere Formen an: Banken zum Beispiel drohten, sie würden ihre Aktivitäten ins Ausland verlagern, wenn die Regulierungen nicht gelockert würden. Dies führte zu einem regulatorischen Unterbietungswettlauf. Eine von dessen Folgen war die Weltfinanzkrise von 2008.

12 Steuern sind, wie bereits erwähnt, nur eine von vielen Variablen, die Standortentscheidungen von Firmen beeinflussen. Aber selbst wenn man sich nur auf Steuern konzentriert, veranlassen Steuersenkungen Unternehmen lediglich dann zur Standortverlagerung, wenn das Land, dem wir Arbeitsplätze wegnehmen wollen, nicht reagiert. Wenn es seine Steuern ebenfalls senkt, erhalten wir keinen Vorteil. Letztendlich sind die einzigen Gewinner dieses Unterbietungswettlaufs die Unternehmen, die diesen Wettlauf in Gang setzten.

13 Vgl. Kapitel 1 und 9 für einige empirische Daten und die theoretischen Analysen, die erklären, warum diese steuerlichen Maßnahmen nicht die positiven Wirkungen entfalteten, die ihre Befürworter ins Feld führten.

14 Nicht zuletzt wegen des hohen Defizits, das die Steuersenkung erzeugen wird, unter anderem deshalb, weil das Gesetz die Immobilienspekulation begünstigen und wirtschaftliche Aktivitäten in den dynamischsten Bereichen der Wirtschaft hemmen,

insbesondere aber Investitionen in Infrastruktur und Bildung beeinträchtigen wird. Standardmodelle deuten darauf hin, dass das Bruttonationaleinkommen (unter Berücksichtigung der Tatsache, dass wir zur Finanzierung der Defizite Kredite im Ausland aufnehmen müssen und dass die höhere Staatsverschuldung einen Teil der privaten Investitionen verdrängen wird) 2027 wahrscheinlich ungefähr die gleiche Höhe haben wird wie heute oder niedriger sein wird. Ich danke Jason Furman, dem damaligen Vorsitzenden des wirtschaftswissenschaftlichen Beirats von Präsident Obama, für diese Berechnungen, die auf einer gemeinsamen Arbeit mit Robert Barro von der Harvard University beruhen (persönliche Korrespondenz).

15 Der effektive Körperschaftssteuersatz betrug 18,6 Prozent. »International Comparisons of Corporate Income Tax Rates«, CBO, 8. März 2017, verfügbar unter https://www.cbo.gov/publication/52419.

16 Als die EU von der geheimen Absprache zwischen Apple und Irland Wind bekam, forderte sie von Apple Steuernachzahlungen in Höhe von 13 Milliarden Euro.

17 Das Ausmaß, in dem diese verschwiegenen Paradiese für Steuervermeidung, Geldwäsche und andere sittenwidrige Aktivitäten genutzt werden, wurde mit der Veröffentlichung von zwei riesigen Dokumentenbeständen durch das Internationale Netzwerk investigativer Journalisten aufgedeckt. Das eine dieser Konvolute waren die sogenannten »Panama Papers«, überwiegend Unterlagen der Anwaltskanzlei Mossack Fonseca, das andere waren die sogenannten »Paradise Papers« mit Dokumenten der Anwaltskanzlei Appleby.

18 Auch wenn die Banken und ihre Unternehmens- und superreichen Kunden sich selbstverständlich einem entschlossenen Vorgehen gegen die Steuerparadiese widersetzen werden, ist dieses doch durchaus machbar. Nach den Anschlägen vom 11. September 2001 befürchteten die USA, die Steuerparadiese könnten zur Finanzierung terroristischer Aktivitäten dienen, und es gelang ihnen, deren Nutzung zu diesen Zwecken erheblich einzuschränken. Tatsächlich gab es auch gewisse Fortschritte bei der Eindämmung einiger der schlimmsten Auswüchse; so wurden gegen einige Banken wegen vorsätzlicher Pflichtverstöße im Zusammenhang mit Steuerflucht hohe Geldbußen verhängt. Diese Erfolge zeigen jedoch, wie viel mehr getan werden könnte und schon längst hätte getan werden sollen.

19 Solche technologischen Fortschritte werden »qualifikationsverzerrt« genannt. Während gegen Ende des 20. Jahrhunderts ein Großteil der Zunahme der Ungleichheit auf qualifikationsverzerrten technologischen Wandel zurückgeführt wurde, besteht heute zunehmende Einigkeit darüber, dass dieser nur einen Teil der Zunahme der Ungleichheit in den letzten 20 Jahren erklären kann. Selbst Facharbeiter haben es schwer. Vgl. zum Beispiel die Diskussion des qualifkationsverzerrten technologischen Wandels in Piketty, *Das Kapital im 21. Jahrhundert*; und John Schmitt, Heidi Shierholz und Lawrence Mishel, »Don't Blame the Robots: Assessing the Job Polarization Explanation of Growing Wage Inequality« (Economic Policy Institute, 19. Nov. 2013). Es gibt noch ein tiefergehendes Problem: Da die Arbeitslosigkeit unter den ungelernten Arbeitskräften bereits so hoch ist und ihre Löhne so niedrig sind, stellt sich die Frage, warum die Innovation in unserer Marktwirtschaft eine Richtung genommen hat, die ihre Arbeitslosigkeit erhöht und ihre Löhne senkt. Etwas stimmt nicht mit einem Innovationssystem, das die Forschungsaktivitäten nicht auf reale gesellschaftliche Bedürfnisse ausrichtet – wie etwa den Planeten vor dem Klimawandel zu retten –, sondern bestehende gesellschaftliche Probleme verschlimmert. Bereits in den 1960er-Jahren erschienen die ersten Publikationen renommierter Wissenschaftler, die die Richtung des technologischen Wandels und darüber hinaus die Frage erklärten, ob er die Produktivität von Fachkräften oder ungelernten Arbeitskräften, Kapital oder natürlichen Ressourcen steigert. Vgl. Emmanuel M. Drandakis und Edmond S. Phelps, »A Model

of Induced Invention, Growth, and Distribution«, *Economic Journal* 76 (Dez. 1966), S. 832–40; William Fellner, »Two Propositions in the Theory of Induced Innovations«, *The Economic Journal* 71, Nr. 282 (1961), S. 305–8; Charles Kennedy, »Induced Bias in Innovation and the Theory of Distribution«, *Economic Journal* 74, Nr. 295 (1964), S. 541–7; und Paul A. Samuelson, »A Theory of Induced Innovation along Kennedy-Weizsäcker Lines«, *The Review of Economics and Statistics* 47, Nr. 4 (1965), S. 343–56. In jüngerer Zeit habe ich versucht, zu erklären, warum Marktlösungen in der Regel ineffizient sind, weil sie der Erhaltung natürlicher Ressourcen zu wenig Gewicht und der Einsparung von Arbeitskräften und insbesondere von ungelernten Arbeitskräften zu großes Gewicht beimessen. Diese Probleme wurden nach der Krise von 2008 weltweit durch geldpolitische Maßnahmen verschlimmert, die die Kapitalkosten verringerten und es so vergleichsweise attraktiver machten, Arbeitskräfte einzusparen.

20 Auch dies trug erheblich zum Anstieg der Ungleichheit bei. Vgl. David H. Autor, Alan Manning und Christopher L. Smith, »The Contribution of the Minimum Wage to US Wage Inequality over Three Decades: A Reassessment«, *American Economic Journal: Applied Economics* 8, Nr. 1 (2016), S. 58–99. Sie kommen zu dem Ergebnis, dass etwa ein Drittel des Anstiegs der Ungleichheit in den USA zwischen dem Median und den unteren 10 Prozent auf den sinkenden Realwert des Mindestlohns zurückzuführen sei.

21 Dadurch, dass Zölle die Kosten von Einfuhren erhöhen, hemmen sie den Außenhandel. Aber es gibt eine Vielzahl weiterer Maßnahmen, die Importe weniger konkurrenzfähig machen. Landwirtschaftliche Produkte dürfen oftmals deshalb nicht eingeführt werden, weil sie unseren »pflanzengesundheitlichen Anforderungen« nicht genügen. In gleicher Weise erschweren es die nachfolgend diskutierten EU-Rechtsvorschriften über gentechnisch veränderte Organismen (GMO) amerikanischen Weizen- und Maisfarmern, in die EU zu exportieren. Viele dieser Regulierungen sind gerechtfertigt, denn sie sind Ausdruck tatsächlicher Gesundheits- und Sicherheitsbedenken in der Bevölkerung. Einige dienen jedoch hauptsächlich als Einfuhrschranken. Es ist oftmals schwierig, beide Situationen auseinanderzuhalten.

22 Allerdings war es etwas irreführend, das Abkommen »Partnerschaft« zu nennen. Es war eine Partnerschaft, in der die USA praktisch sämtliche Bedingungen diktierten. Die Namen von Handelsabkommen sind schon seit Langem in berüchtigter Weise irreführend. Das NAFTA war kein Freihandelsabkommen, denn ein solches hätte die Beseitigung sämtlicher Handelsschranken einschließlich Subventionen bedeutet. Die USA behielten aber ihre massiven Agrarsubventionen in vollem Umfang bei. Das TTP wurde oft als ein Freihandelsabkommen bezeichnet, aber seine 6000 Seiten mit spezifischen Vereinbarungen, die unzählige Sektoren betrafen, zeigen, dass dieses und andere Handelsabkommen eher als Abkommen über Handelslenkung betrachtet werden sollten.

23 Vgl. »Trans-Pacific Partnership Agreement: Likely Impact on the U.S. Economy and on Specific Industry Sectors« (United States Trade International Commission, Investigation No. TPA-105-001, USITC Publication 4607, 2016). Eine andere Studie stellte negative Effekte auf das US-Wirtschaftswachstum fest. Jeronim Capaldo, Alex Izurieta und Jomo Kwame Sundaram, »Trading Down: Unemployment, Inequality and Other Risks of the Trans-Pacific Partnership Agreement« (Global Development and Environment Institute, Arbeitspapier 16-01, Tufts University, 2016). Die üblichen Vorkämpfer der Handelsliberalisierung dagegen kamen, vielleicht wenig überraschend, sogar auf etwas größere positive Effekte als die US-Regierung, zumindest ab dem Jahr 2030: Peter A. Petri und Michael G. Plummer (Peterson Institute for International Economics) und die Weltbank schätzten, dass das TTP ab 2030 das BIP jährlich um 0,5 Prozent erhöhen würde. Vgl. World Bank Group, *Global Economic Prospects: Spillovers amid Weak Growth. A World Bank Group Flagship Report* (Washington, DC, 2016), S. 219–34.

24 Es ist aufschlussreich, auf den Sprachgebrauch zu achten: Indem das Abkommen von geistigen Eigentumsrechten sprach, gab es diesen Bestimmungen einen ähnlichen Stellenwert wie Menschenrechten – obwohl geistige Eigentumsrechte dadurch, dass sie Preise für lebensrettende Medikamente so weit erhöhen, dass sie für viele Menschen in den Entwicklungs- und Schwellenländern unerschwinglich werden, diesen das grundlegendste Recht von allen, das Recht auf Leben, vorenthalten. Dadurch, dass das Abkommen von »handelsbezogenen Aspekten der Rechte des geistigen Eigentums« sprach, schien es ihre Einbeziehung in ein Handelsabkommen zu rechtfertigen, obwohl die Bestimmungen das intellektuelle Eigentum an Gütern betrafen, ob diese gehandelt wurden oder nicht, und obwohl es bereits eine internationale Organisation gab, die gegründet worden war, um internationale Standards für geistiges Eigentum festzulegen, die Weltorganisation für geistiges Eigentum (WIPO) in Genf. Auch wenn die Aufnahme von Bestimmungen über geistiges Eigentum in Handelsabkommen vor allem auf Initiative der Pharmaindustrie zurückgeht, ist sie nicht allein. Die Unterhaltungsbranche (Filmindustrie) hat einen besonders prägenden Einfluss auf urheberrechtliche Bestimmungen ausgeübt. Vgl. die frühere Diskussion über die »Micky Maus«-Klausel.

25 Als die USA aus dem TPP ausstiegen, schlossen die verbliebenen Länder interessanterweise untereinander ein Handelsabkommen, das sogenannte »Comprehensive and Progressive Agreement for Trans-Pacific Partnership«, wobei sie die für die Verbrauchergesundheit fragwürdigsten Vorschriften, auf denen die USA bestanden hatten, fallen ließen.

26 Das Schutzregime des geistigen Eigentums führte zu einem Abfluss von Geldern aus Entwicklungs- und Schwellenländern, da sie für die Nutzung von geistigem Eigentum zahlen mussten. Die USA erhielten im Jahr 2016 über 17 Milliarden Dollar an Patentabgaben und Lizenzgebühren aus Entwicklungsländern (Berechnung des Autors auf der Basis von Daten der United States International Trade Commission).

27 Zum traditionellen Wissen gehört jenes, das sich auf Lebensmittel und auf Heilmittel bezieht (ein US-Unternehmen erhielt ein Patent auf ein traditionelles indisches Nahrungsmittel, Basmatireis, und US-Patente wurden für medizinische Anwendungen von Kurkuma- und Neemöl gewährt, die in der traditionellen indischen Heilkunst eine wichtige Rolle spielen). TRIPS und ähnliche Bestimmungen, wie etwa landwirtschaftliche Vorschriften (Saaten), in späteren Handelsabkommen hatten auch noch andere negative Auswirkungen auf Entwicklungsländer. Vgl. zum Beispiel Mario Cimoli, Giovanni Dosi, Keith E. Maskus, Ruth L. Okediji, Jerome H. Reichman und Joseph E. Stiglitz (Hg.), *Intellectual Property Rights: Legal and Economic Challenges for Development* (Oxford 2014).

28 Als Trump dies schließlich verstanden hatte, wies er seinen Finanzminister an, die langjährige Politik des »starken« Dollars zu revidieren. Als er diese neue geldpolitische Strategie stockend verkündete, kam es auf dem Devisenmarkt zu heftigen Turbulenzen, allerdings nur für kurze Zeit. Die Worte des Finanzministers oder auch des Präsidenten (selbst eines Präsidenten, der ernst genommen wird) beeinflussen die Märkte in der Regel nur kurzzeitig, da grundlegende Wirtschaftskräfte schon bald wieder die Oberhand gewinnen.

29 So verkündete Trump im März 2018, aus bestimmten Ländern eingeführter Stahl werde ab sofort mit Zöllen in Höhe von 25 Prozent belegt werden: Dies erhöht den Preis, den Amerikaner, die Stahl aus diesen Ländern kaufen wollen, zahlen müssen, um 25 Prozent. Die Einfuhr aus China kam praktisch zum Erliegen.

30 Haushalts- und Außenhandelsdefizit entwickeln sich normalerweise parallel, weshalb sie auch »Zwillingsdefizite« genannt werden. Es gibt einige wenige Fälle, in denen dies wegen anderer gleichzeitiger Veränderungen in der Wirtschaft nicht geschieht. Als die

USA in den 1990er-Jahren ihr Haushaltsdefizit verringerten, ging das Außenhandelsdefizit wegen des gleichzeitigen Investitionsbooms nicht im gleichen Umfang zurück.

31 Mit oder ohne neue Handelsabkommen wird es in einer begrenzten Anzahl von Nischenmärkten zu einer gewissen Rückkehr von industriellen Produktionskapazitäten (manchmal »Onshoring« genannt) kommen, wenn neue Technologien wie das dreidimensionale Drucken es ermöglichen, einen Teil der Produktion näher am Ort des Konsums auszuführen.

32 Wie schon gesagt, dürften die politischen Entscheidungen Trumps, aufs Ganze gesehen, das Handelsbilanzdefizit ausweiten. Es ist daher nicht überraschend, dass dieses Defizit, ungeachtet des Trump'schen Versprechens, es zu verringern, in seinem ersten Amtsjahr um über 10 Prozent anstieg, von 502 Milliarden Dollar 2016 auf 552 Milliarden Dollar 2017. Es gibt selbstverständlich noch viele weitere Faktoren, die sich sowohl auf den Wechselkurs als auch auf das Handelsbilanzdefizit auswirken. Wenn zum Beispiel die zukünftige Entwicklung eines Landes pessimistisch eingeschätzt wird, versuchen Inländer möglicherweise, ihr Geld außer Landes zu schaffen, und dies drückt den Wechselkurs. Folglich werden Investoren, die sich Sorgen wegen der Auswirkungen eines großen Haushaltsdefizits auf die weitere wirtschaftliche Entwicklung machen, möglicherweise versuchen, ihr Geld außer Landes zu schaffen, und daher wird die Verabschiedung eines Gesetzes, das ein größeres Haushaltsdefizit erzeugt, möglicherweise den Wechselkurs drücken. Mittelfristig aber werden die gerade beschriebenen Kräfte tendenziell vorherrschen.

33 Professor Lawrence J. Lau hat in *The China–U.S. Trade War and Future Economic Relations* (Hongkong 2018) gezeigt, dass sich bei ausschließlicher Betrachtung der Wertschöpfung das Ausmaß des scheinbaren bilateralen Handelsbilanzdefizits um 40 Prozent verringert. (Aus dem gleichen Grund wird bei einem niedrigen Anteil der Wertschöpfung in China ein Zoll von 25 Prozent viele Unternehmen dazu veranlassen, zumindest die letzten Produktionsstufen zu verlagern.) Lau schätzt, dass der US-Handelskrieg das chinesische BIP höchstens um knapp über 1 Prozent reduzieren wird, was eine Volkswirtschaft, die mit über 6 Prozent pro Jahr wächst, leicht verkraften kann.

34 Die *Washington Post* führte zusammen mit der George Mason University eine Umfrage durch, die zeigte, dass 56 Prozent der US-Wähler der Ansicht waren, der Handelskrieg sei schlecht für Arbeitsplätze in den USA. Vgl. Aaron Blake, »How Trump's Trade War with China Could Go Sideways on Him«, *Washington Post*, 7. Juli 2018.

35 Es gibt noch zwei weitere Punkte, die an Chinas Umgang mit geistigem Eigentum beanstandet werden. Da ist zum einen seine Weigerung, konventionelle geistige Eigentumsrechte durchzusetzen. Während diese Vorwürfe vor ungefähr zehn Jahren häufig zu hören waren, sind sie heute seltener geworden, vielleicht weil chinesische Unternehmen selbst eine steigende Zahl von Patenten erhalten und selbst deren konsequente Durchsetzung fordern. Der zweite Punkt ist Cyberdiebstahl. Während die Regierung Obama mit China eine Vereinbarung erreichte, diesen einzuschränken, scheint man sich gegenwärtig nicht mehr daran zu halten. Da Cyberdiebstahl im Verborgenen stattfindet, kann man das tatsächliche Ausmaß auf beiden Seiten nur schwer abschätzen, aber es scheint erheblich zu sein und weiter zuzunehmen. Die Klagen der US-Regierung über Chinas laxen Umgang mit geistigem Eigentum werfen diese drei unterschiedlichen Probleme in einen Topf, und sie wären glaubwürdiger, wenn die Aufmerksamkeit insbesondere auf Cyberdiebstahl gerichtet werden würde.

36 Die Ironie liegt darin, dass es vielleicht möglich gewesen wäre, ein internationales Investitionsabkommen zu erreichen, das diese Probleme aufgegriffen hätte, aber amerikanische Unterhändler, die die Interessen der US-Unternehmen wahrnahmen, haben »überzogen«, indem sie nicht nur Schutz gegen Diskriminierung, sondern auch Schadensersatz für zum Beispiel Änderungen regulatorischer Vorschriften verlangten.

37 Chinesische Unternehmen erhalten etwa zehnmal so viele US-Patente wie vor zehn Jahren. Vgl. Susan Decker, »China Becomes One of the Top 5 U. S. Patent Recipients for the First Time«, *Bloomberg*, 9. Jan. 2018.

38 Kritiker der amerikanischen Position warfen der US-Regierung Heuchelei vor: Die USA selbst hätten nämlich im 19. und frühen 20. Jahrhundert geistiges Eigentum anderer gestohlen beziehungsweise (manchmal unabsichtlich) genutzt, zum Beispiel das Bessemer-Verfahren zur Stahlherstellung (vgl. Philip W. Bishop, *The Beginnings of Cheap Steel* [Projekt Gutenberg, http://www.gutenberg.org/files/29633/29633-h/29633-h.htm]). Die entscheidende Innovation in der Flugtechnik stammt von einem Brasilianer, der diese Jahre vor den Gebrüdern Wright entwickelte. Das Gleiche gilt für viele der bedeutenden Fortschritte, die zum Automobil führten. Jetzt, da die USA die Leiter erklommen haben, wollen sie es anderen erschweren, ihnen zu folgen, lautet die zentrale Botschaft in Ha-Joon Changs eindringlichem Buch *Kicking Away the Ladder: Development Strategy in Historical Perspective* (New York 2002).

39 Selbstverständlich gibt es immer wieder Beschwerden über »unfaire« Handelspraktiken, und das Regelwerk der WTO wurde gezielt so konzipiert, derartige Praktiken zu verhüten. Wenn ein Land gegen diese Regeln verstößt, kann es »vor Gericht gebracht« werden, vor ein WTO-Gericht, und wenn es schuldig gesprochen wird, muss es die Praktiken entweder einstellen, oder der Handelspartner hat das Recht, angemessene Zölle und andere Handelsbeschränkungen zu verhängen. Manchmal gibt es wechselseitige Beschuldigungen: Die USA glauben, dass Europa Airbus in unfairer Weise subventioniert, und Europa glaubt, dass die USA Boeing in unfairer Weise subventionieren. Das Problem ist, dass die beiden Lager recht unterschiedliche Subventionsstrategien verfolgen. Viele Regulierungen sind Ausdruck nationaler Anliegen, und sie werden von anderen Ländern als unfaire Handelsschranke angesehen, wie wir in unserer Diskussion von gentechnisch veränderten Organismen anmerkten.

40 Diese Investitionsabkommen enthalten viele weitere Bestimmungen, die geändert werden müssen, einschließlich des Systems der Streitbeilegung. Es sollte vorgeschrieben werden, dass zuerst der inländische Rechtsweg beschritten werden sollte, ehe man sich auf die Sondervorschriften des Investitionsabkommens berufen kann. Dies ist besonders wichtig bei Investitionsabkommen mit anderen Industrieländern, bei denen man davon ausgehen kann, dass sie leistungsfähige Rechtssysteme besitzen. Wenn es ein Problem gibt, sollte es für inländische und ausländische Investoren in symmetrischer Weise angegangen werden. Im Fall eines Regelverstoßes muss auch die Höhe des Schadensersatzes neu bemessen werden – gegenwärtig richtet er sich nach der Höhe des entgangenen Gewinns statt einfach nach der Höhe der verlorenen Investitionen. Vgl. Stiglitz, »Towards a Twenty-First-Century Investment Agreement«.

41 Während der Verhandlungen über die Transpazifische Partnerschaft erlebte ich ein extremes Beispiel für die Engstirnigkeit des US-Handelsbeauftragten. Ich hatte Bedenken wegen der negativen Auswirkungen der Vertragsbestimmungen auf die Verfügbarkeit von Generika. Es gelang mir, ein Treffen mit sämtlichen Unterhändlern auf diesem Gebiet zu arrangieren – außer mit denen aus den USA.

42 Es gibt hartherzige Menschen, die meinen, wir sollten diesen Personen nicht helfen. Vor 100 Jahren war eine »Sozialdarwinismus« genannte Gesellschaftsideologie im Schwange, die behauptete, die Gesellschaft sei besser dran, wenn wir diejenigen, die nicht für sich selbst sorgen könnten, einfach leiden ließen. Das Schlagwort lautete »Survival of the Fittest«, das tendenziös umgedeutet wurde zum »Überleben des Stärksten« (während es eigentlich das »Überleben des Bestangepassten« meint). Diese Doktrin war nicht nur unmenschlich, vielmehr stützten sich auch die Analysen, die nahelegten, ein solches Vorgehen diene dem Gemeinwohl, auf eine völlig falsche Interpretation der Darwin'schen Evolutionstheorie.

43 Manchmal werden industriepolitische Maßnahmen als protektionistisch angesehen – wenn sie die Absicht verfolgen, alte, sterbende Industrien zu schützen, wie es Trump versucht. Die Industriepolitik, für die ich plädiere, ist das genaue Gegenteil – sie ist bestrebt, die Entwicklung neuer Sektoren und die Anpassung an sich wandelnde Märkte und Technologien zu fördern. Es bedarf einer strengen Aufsicht, um sicherzustellen, dass die Industriepolitik nicht zum Schutz etablierter Unternehmen vor Wettbewerbern missbraucht wird, was nicht anderes ist als eine Form von Rent-Seeking.

5. Die Finanzmärkte und die Krise in den USA

1 Später in diesem Kapitel beschreibe ich einen der früheren Versuche, zentrale Teile von Dodd-Frank zu annullieren. Im Jahr 2018 wurden Banken mit einer Bilanzsumme von unter 250 Milliarden Dollar von der strengeren Aufsicht, die Dodd-Frank vorschrieb, ausgenommen. Die Banken wehrten sich gegen jede noch so kleine Verschärfung der Regulierung. Wie es ein Mitarbeiter einer Regulierungsbehörde mir gegenüber formulierte: Die Banken nutzen jeden noch so kleinen Zwischenraum zwischen Wand und Tapete. Und sie geben sich größte Mühe, dafür zu sorgen, dass der Zwischenraum zwischen beiden so breit wie möglich ist.

2 Nach der Krise haben zwei derer, die maßgeblich an dem Rettungsprogramm mitwirkten – Geithner und der damalige US-Notenbankchef Ben Bernanke (beide Republikaner, die von Obama ernannt worden waren) –, ihre Memoiren geschrieben (Ben Bernanke, *The Courage to Act* [New York 2015]; Timothy F. Geithner, *Stress Test: Reflections on Financial Crises* [New York 2014]). Die schwachen Rechtfertigungen ihres Handelns – auf die in Rezensionen der beiden Bücher ausdrücklich hingewiesen wurde (vgl. zum Beispiel »Does He Pass the Test?« von Paul Krugman, *New York Review of Books*, 10. Juli 2014; »More Talk, More Action«, *The Economist*, 17. Okt. 2015) – bestätigen die Sichtweise, dass es eine Rettung war, bei der die Interessen des Finanzsektors absolute Priorität hatten, während die Interessen aller anderen Amerikaner kaum Beachtung fanden.

3 Viele der Ideen in diesem Abschnitt werden in meinem Buch *Im freien Fall* näher ausgeführt.

4 Ich sollte erwähnen, dass unsere Banker nicht die Einzigen waren: Trump verhielt sich bei seinen Geschäften und in seinem Umgang mit der Trump University moralisch noch fragwürdiger. Und die Probleme waren auch nicht auf die USA beschränkt. Die Geschäftspraktiken einiger ausländischer Banken waren genauso unlauter. Die umfangreichen Betrügereien von Autoherstellern, die ihre Produkte als umweltfreundlicher ausgaben, als sie es tatsächlich waren, zeigen, dass die moralische Verkommenheit nicht auf den Finanzsektor beschränkt war. Dennoch war dieser in Bezug auf die Summen, um die es bei den betrügerischen und unlauteren Aktivitäten ging, mit weitem Abstand am stärksten betroffen. Allein bei dem Pyramidensystem von Bernie Madoff entstand den Betroffenen ein finanzieller Schaden von insgesamt rund 65 Milliarden Dollar. Und da der Finanzsektor praktisch mit allen anderen Wirtschaftssektoren in Verbindung steht, verbreitete er das Virus in weiten Teilen der Wirtschaft.

5 Als komplexe Wertpapiere wie sogenannte »Residential Mortgage Backed Securities« (RMBS) – mit Hypotheken auf Wohnimmobilien besicherte Wertpapiere – kreiert wurden, mussten die Emittenten und Investmentbanken, damit sie diese Wertpapiere, die Tausende von Hypotheken bündelten, erfolgreich vermarkten konnten, eine Art »Geld-zurück«-Garantie anbieten: Banken erklärten sich bereit, sämtliche Hypotheken zurückzukaufen, die nicht dem entsprachen, was denjenigen, die in die Wertpapiere investiert oder diese versichert hatten, mitgeteilt worden war. Nur auf diese Weise hatten

die Versicherer und Investoren überhaupt das mindeste Vertrauen in das, was sie versicherten oder kauften. Als sich herausstellte, dass viele Hypotheken nicht den Informationen entsprachen, die über sie mitgeteilt worden waren (zum Beispiel war eine Hypothek für eine Immobilie, die als selbst genutztes Eigentum beschrieben worden war, in Wirklichkeit für ein Mietobjekt), weigerten sich die Banken oftmals, ihre Versprechungen einzulösen. Es machte einen Unterschied, weil die Ausfallquoten bei von Eigentümern selbst genutzten Immobilien viel niedriger sind. Schließlich zahlten die Banken, zumindest in einigen Fällen, nach vielen Jahren die Beträge, die sie schuldeten. (Um ganz ehrlich zu sein: Ich trat in einigen der Prozesse, die aus diesem Grund geführt wurden, als Sachverständiger auf. Mehr als ein Jahrzehnt nach den Ereignissen ist die gerichtliche Aufarbeitung noch immer nicht abgeschlossen.)

6 Bei einer Kongressanhörung sagte Senator Carl Levin dem CEO und Chairman von Goldman Sachs, Lloyd Blankfein, er würde Goldman »nicht trauen«, als er mehrfach fragte, ob die Bank ihre (Wertpapier-)Position offenlegen würde, wenn ihre Kunden etwas kauften, »das Sie ihnen empfehlen, und Sie dann eine Gegenposition eingehen«. »Ich glaube nicht, dass wir dazu verpflichtet sind«, dies Investoren mitzuteilen, antwortete Mr Blankfein. Vgl. James Quinn, »Goldman Boss Lloyd Blankfein Denies Moral Obligation towards Clients«, *Telegraph*, 28. Apr. 2010. Den vollständigen Wortwechsel kann man sich auf C-Span ansehen. Blankfeins vorbereitete Kommentare und ein Video der Anhörung findet man ebenfalls auf der Webseite des Homeland Security and Governmental Affairs Permanent Subcommittee on Investigations, aufgerufen am 23. Juli 2018, https://www.hsgac.senate.gov/subcommittees/investigations/hearings/-wall-street-and-the-financial-crisis-the-role-of-investment-banks.

7 Das Eingehen dieser Position ist vielleicht tatsächlich Teil der Kurzsichtigkeit von Goldman Sachs: Sie sahen die Möglichkeit, mit dem Wertpapiergeschäft heute Geld zu verdienen. Sie unterschätzten die zukünftigen Gewinneinbußen infolge des Reputationsverlusts.

8 *Financing SMEs and Entrepreneurs 2018*, OECD. Die Zahlen über US-Kredite an mittelständische Unternehmen beziehen sich auf den Bestand an ausstehenden Firmenkrediten. Bemerkenswerterweise ist auch der Anteil von Krediten, der an Kleinbetriebe vergeben wurde, drastisch zurückgegangen, von 30,1 Prozent 2007 auf 18,5 Prozent 2016.

9 Sie wurde von fünf führenden Schwellenländern gegründet, Brasilien, Russland, Indien, China und Südafrika, eine Ländergruppe, die nach ihren Anfangsbuchstaben BRICS genannt wird.

10 Bereits im Jahr 1996 scheiterte eine effektive Reform des Wohlfahrtssystems daran, dass ganze 5 Milliarden Dollar pro Jahr für Ausbildung und Kinderbetreuung derjenigen fehlten, die aus der Sozialhilfe herausfielen. Zwanzig Jahre später, im Haushaltsjahr 2015, betrugen die Ausgaben im Rahmen des US-Programms für bedürftige Familien (Temporary Assistance for Families in Need, TANF) lediglich 16,5 Milliarden Dollar.

11 Es gelang ihnen, durch ein raffiniertes gesetzgeberisches Manöver die Verabschiedung dieser gesetzlichen Bestimmung zu erreichen, indem sie diese in einen Gesetzesentwurf einfügten, der verabschiedet werden musste, damit die Regierung weiterarbeiten konnte. Vgl. Erika Eichelberger, »Citigroup Wrote the Wall Street Giveaway the House Just Approved«, *Mother Jones*, 10. Dez. 2014.

12 Mehrere Banken wurden mit hohen Bußgeldern belegt, weil sie die Linie überschritten. Credit Suisse zum Beispiel zahlte eine Geldstrafe von 2,6 Milliarden Dollar. Ausländische Banken beklagen zu Recht, die US-Regierung haben sie wegen Fehlverhaltens viel konsequenter verfolgt als US-Banken.

13 Diese Vorteile fallen deshalb an, weil der größte Teil der erhaltenen Gelder als Wertsteigerungen von Kapitalvermögen und nicht als Dividenden besteuert werden.

14 Die vermögenden Empfänger dieses Geldes geben ein bisschen etwas für Konsum aus; vielleicht investieren sie einen Teil in Immobilien – und blähen dadurch die Immobilienpreise auf; vielleicht diversifizieren sie ihr Portfolio und investieren im Ausland. Vielleicht nehmen sie einen Teil und spekulieren damit, indem sie Derivate und CDS (Credit Default Swaps) kaufen. Oder sie verwenden einen Teil dieses Geldes für neue, produktive Investitionen in anderen Bereichen der Wirtschaft. Die Sorge besteht, dass ein viel kleinerer Prozentsatz der Unternehmensgewinne in realwirtschaftliche Investitionen in den USA zurückfließt, eine der Ursachen für die sinkende Investitionsquote in den USA.

15 Der Gesamtbetrag der Mittelabflüsse aus Unternehmen (Dividenden und Aktienrückkäufe) verdoppelte sich von weniger als 3 Prozent des BIP in den 1960er-Jahren auf etwa 6 Prozent in den letzten Jahren. Seit 2005 sind die Summen, die in Aktienrückkäufe von Nichtfinanzunternehmen flossen, größer als die Nettokapitalbildung. Vgl. Lester Gunnion, »Behind the Numbers«, *Deloitte Insights*, Nov. 2017, basierend auf Daten des Bureau of Economic Analysis. Die Tatsache, dass es einen allgemeinen Trend zur Ausweitung von Aktienrückkäufen und sinkenden Unternehmensinvestitionen gibt, bedeutet an sich noch nicht, dass das eine die Ursache des anderen ist. Tatsächlich lassen sich beide als Manifestationen der in Kapitel 3 diskutierten Marktmachtzunahme interpretieren, die gleichzeitig die Gewinne erhöht und die Investitionsanreize tendenziell senkt.

16 Am 6. Dezember 2018 gaben US-Unternehmen bekannt, sie hätten in diesem Jahr bis dahin 969 Milliarden Dollar für Aktienrückkäufe ausgegeben, und sie erwarteten, dass die Summe bis zum Jahresende 1 Billion Dollar übersteigen würde. Vgl. Michael Schoonover, »Will the Record-Setting Buyback Trend Continue in 2019?«, *Catalyst Fund Buyback Blog*, 7. Dez. 2018. In Anbetracht der Tatsache, dass ein Großteil der zusätzlichen Mittel, die Unternehmen infolge der Steuersenkung zur Verfügung standen, in Aktienrückkäufe und Dividenden flossen, war es nicht weiter verwunderlich, dass die Investitionen nicht nennenswert und die Entlohnung der Arbeitnehmer praktisch gar nicht anstieg. Das Economic Policy Institute schätzte, dass Arbeitnehmern aufgrund der Steuersenkung einen Stundenlohnzuschlag von 2 Prozent für das Jahr 2018 erhielten. Die 145 Unternehmen im Russell-1000-Index, die am 10. Dezember 2018 bekanntgaben, wie sie die Steuereinsparungen verwendeten, erklärten, nur 6 Prozent davon an ihre Mitarbeiter weiterzugeben (https://justcapital.com/tax-reform-weekly-updates/). Bemerkenswerterweise sind ein Jahr nach der Verabschiedung der Steuerreform und den riesigen Geldgeschenken an die Konzerne nicht einmal die Aktienkurse gestiegen, und das CBO schätzte, dass sich das Wachstum ab 2020 bis 2022 auf 1,6 Prozent abschwächen wird. Vgl. Vox, »Republican Tax Cut Bill One Year Later: What It Did – and Didn't – Do«, https://www.vox.com/policy-and.../tax-cuts-and-jobs-act-stock-market-economy.

17 In der modernen Literatur werden diese Wirkungen der negative Anreizeffekt und der negative Selektionseffekt steigender Zinssätze genannt. Vgl. zum Beispiel Joseph E. Stiglitz und Andrew Weiss, »Credit Rationing in Markets with Imperfect Information«, *American Economic Review* 71, Nr. 3 (1981), S. 393–410.

18 Auch wenn das Modell bereits zu Beginn der 1990er-Jahre entwickelt wurde. Vgl. Vitaly M. Bord und Joao A. C. Santos, »The Rise of the Originate-to-Distribute Model and the Role of Banks In Financial Intermediation«, Federal Reserve Bank of New York Policy Review, Juli 2012, 21–34, verfügbar unter https://www.newyorkfed.org/medialibrary/media/research/epr/12v18n2/1207bord.pdf.

19 Die Bedeutung von Reserven lässt sich relativ leicht verstehen. Angenommen, die Bank hat Einlagen von 1000 Dollar und leiht 1000 Dollar aus, hält aber 100 Dollar Eigenkapital als Reserveguthaben; wenn mehr als 10 Prozent der Kredite ausfallen, erhält

sie weniger als 900 Dollar zurück, die mit den 100 Dollar in den Reserven nicht ausreichen, um die Einleger auszuzahlen. Hier muss der Staat einspringen. Hätte die Bank 10 000 Dollar als Einlagen hereingenommen und die gleiche Summe ausgeliehen, hätte sie schon dann, wenn nur 1 Prozent der Kredite nicht zurückgezahlt würde, das Problem, Einleger nicht auszahlen zu können. Vor der Krise waren die Mindestreservepflichten so niedrig, dass schon ein geringer Prozentsatz nicht zurückgezahlter Kredite ein Problem darstellen konnte.

20 Seine Bemerkung wurde zum Titel des populären Films »The Flaw« über die Finanzkrise, bei dem David Sington Regie führte.

21 Dies ist nur einer der Bereiche, in denen Anreize nicht deckungsgleich sind. Banker und andere im Finanzsektor verdienen umso mehr Geld, je mehr Transaktionen getätigt werden. Sie mögen »Transaktionskosten« und Gebühren, denn daraus stammt ein Großteil ihrer Gewinne. Selbstverständlich gilt, dass sich die Kunden der Bank umso schlechter stehen, je höher die Gebühren sind. In einem Wettbewerbsmarkt mit umfassend informierten, rationalen Kunden könnten sich die Banken nicht erlauben, überhöhte Gebühren zu verlangen, aber Finanzmärkte sind weit von diesem Ideal entfernt. Wenn Banker einen Kunden dazu überreden können, ihnen die Verwaltung seines Vermögens zu überlassen, dann werden sie versuchen, die Umsätze auf dem Kundenkonto durch nicht erforderliche Käufe und Verkäufe in die Höhe zu treiben, mit der Begründung, sie seien immer bestrebt, Gelder dort anzulegen, wo sie die höchste Rendite erwirtschaften. Die empirischen Daten belegen das Gegenteil: Ein Affe, der Pfeile auf eine Scheibe wirft, wäre bei der Aktienauswahl genauso gut wie die meisten Vermögensverwalter. Aber der Affe ist wenigstens ehrlich. Bei Vermögensverwaltern gibt es Interessenkonflikte. Sie verdienen mehr Geld, wenn sie Kundengelder in einem bestimmten Investmentfonds als in einem anderen anlegen, weil sie eine höhere Provision erhalten, und sie verdienen erst recht mehr Geld, je mehr Käufe und Verkäufe sie mit den Kundengeldern tätigen. Als die Regierung Obama vorschlug, gewissen Vermögensverwaltern treuhänderische Pflichten aufzuerlegen – sodass sie angehalten wären, im besten Interesse ihrer Kunden zu handeln –, gab es einen Aufschrei unter Banken und Vermögensverwaltern, die behaupteten, mit solchen treuhänderischen Pflichten könnten sie nicht überleben, anders ausgedrückt, sie seien schlichtweg gezwungen, ihre Kunden hin und wieder auszunutzen. Sie gaben schamlos zu, dass sie sich nicht dazu verpflichten könnten, im besten Interesse ihrer Kunden zu handeln. Die Banker konnten nichts Unrechtes an Interessenkonflikten erkennen, da sie sich – um geschätzte 17 Milliarden Dollar jährlich – zulasten von Rentnern selbst bereicherten. Wie die früher zitierte Aussage des Chefs von Goldman Sachs, Blankfein, ist auch dies ein Beispiel für die neue Unmoral im Finanzsektor und die Gleichgültigkeit gegenüber der eigenen Reputation.

22 Milton Friedman, der Hohepriester der Chicagoer Schule, von dem wir bereits gesprochen haben, war ein Verfechter dieser Sichtweise, obwohl schon damals neue wirtschaftswissenschaftliche Erkenntnisse erklärten, warum die Maximierung des Unternehmenswertes (Aktionärsvermögens) im Allgemeinen nicht dem Gemeinwohl dient. Vgl. zum Beispiel Sanford Grossman und Joseph E. Stiglitz, »On Value Maximization and Alternative Objectives of the Firm«, *Journal of Finance* 32, Nr. 2 (1977), S. 389–402; und »Stockholder Unanimity in the Making of Production and Financial Decisions«, *Quarterly Journal of Economics* 94, Nr. 3 (1980), S. 543–66.

23 Vgl. Tooze, *Crashed.*

24 Die Steuerreform der Republikaner hat die Ertragskraft der Banken noch weiter erhöht. So verdiente zum Beispiel die Bank of America in den ersten drei Monaten des Jahres 2018 fast 7 Milliarden Dollar, mehr als in irgendeinem Quartal zuvor. Aber während die Gewinne sprudelten, musste die Bank of America aufgrund des neuen Geset-

zes rund 26 Prozent weniger Steuern zahlen. Vgl. Matt Egan, »Big Banks Are Minting Money Right Now«, *CNN Money*, 18. Apr. 2018.

25 Bei den Vorwahlen der Demokraten im Jahr 2016 gab es eine törichte Debatte darüber, ob die sogenannten systemrelevanten Banken das eigentliche Problem seien, sodass es angezeigt wäre, wieder eine Version des Glass-Steagall-Act, der die Trennung des Kredit- und Einlagengeschäfts vom Investmentbanking anordnete, einzuführen, oder ob man nicht eher gegen das Schattenbankensystem vorgehen sollte. Die richtige Antwort lautet, dass wir in beiden Fällen Reformen benötigen. Vgl. zum Beispiel Stiglitz, *Im freien Fall*; Commission of Experts on Reforms of the International Monetary and Financial System, ernannt vom Präsidenten der UN-Generalversammlung, *The Stiglitz Report: Reforming the International Monetary and Financial Systems in the Wake of the Global Crisis* (New York 2010); Simon Johnson und James Kwak, *13 Bankers: The Wall Street Takeover and the Next Financial Meltdown* (New York 2010); und Rana Foroohar, *Makers and Takers: How Wall Street Destroyed Main Street* (New York 2016).

6. Die neuen Technologien als Herausforderung

1 Das Go spielende Computerprogramm von Google, AlphaGo, das von der KI-Tochtergesellschaft des Hightech-Giganten, Deep Mind, entwickelt wurde, schlug den Go-Weltmeister Lee Se-dol im März 2016. Vgl. See Choe Sang-Hun, »Google's Computer Program Beats Lee Se-dol in Go Tournament«, *New York Times*, 15. März 2016. Anderthalb Jahre später kündigte Google die Veröffentlichung eines Programms mit noch weitergehenden KI-Fähigkeiten an. Vgl. Sarah Knapton, »AlphaGo Zero: Google DeepMind Supercomputer Learns 3,000 Years of Human Knowledge in 40 Days«, *Telegraph*, 18. Okt. 2017.

2 Robert J. Gordon, *The Rise and Fall of American Growth: The US Standard of Living since the Civil War* (Princeton 2016). Ich sollte gleich hinzufügen, dass nicht alle Wissenschaftler Gordon beipflichten. Der renommierte Wirtschaftshistoriker Joel Mokyr, der wie Gordon an der Northwestern University lehrt, hat eine viel optimistischere Einschätzung. Vgl. zum Beispiel Joel Mokyr, »The Next Age of Invention: Technology's Future Is Brighter than Pessimists Allow«, *City Journal* (Winter 2014), S. 12–20. Einige behaupten, es gebe große Fehler bei der BIP-Messung, sodass diese Kennzahl die wahre Wachstumsrate unterschätze, aber meines Erachtens ändern diese tatsächlich vorhandenen großen Messfehler nichts an dem allgemeinen Befund, insbesondere daran, dass das BIP heute langsamer wächst als früher. Selbstverständlich können wir nicht sicher einschätzen, wie hoch die Innovationsgeschwindigkeit in Zukunft sein wird.

3 Diesen Punkt nannte er »Singularität«. Vgl. auch Stanislaw Ulam, »Tribute to John von Neumann«, *Bulletin of the American Mathematical Society* 64, Nr. 3, Teil 2 (1958), S. 5. Vgl. auch Anton Korinek und Joseph E. Stiglitz, »Artificial Intelligence and Its Implications for Income Distribution and Unemployment«, in *Economics of Artificial Intelligence* (Chicago, in Kürze erscheinend).

4 Zügige Fortschritte auf dem Gebiet der Künstlichen Intelligenz in den letzten fünf Jahren haben zu weitreichenden Spekulationen darüber geführt, wann KI bei einer Reihe von Arbeitsaufgaben die menschliche Leistungsfähigkeit übertreffen wird. KI-Experten sagten bei einer Befragung vorher, dass KI im Jahr 2024 menschlichen Übersetzern und im Jahr 2027 menschlichen Lkw-Fahrern überlegen sein wird. Nach Einschätzung dieser Experten wird KI mit einer Wahrscheinlichkeit von 50 Prozent in 45 Jahren Menschen bei sämtlichen Arbeitsaufgaben übertreffen. Vgl. Katja Grace, John Salvatier, Allan Dafoe, Baobao Zhang und Owain Evans, *Journal of Artificial Intelligence Research* (2018), arXiv:1705.08807.

5 Vgl. Carl B. Frey und Michael A. Osborne, »The Future of Employment: How Susceptible Are Jobs to Computerisation?«, *Technological Forecasting and Social Change* 114 (2017), S. 254–80. Vgl. auch das Buch von Erik Brynjolfsson und Andrew McAfee, *Race against the Machine* (Lexington 2011).

6 Für eine Version dieser Anekdote vgl. »Difference Engine: Luddite Legacy«, *The Economist*, 4. Nov. 2011.

7 Vgl. Stiglitz, *Arm und Reich*, S. 460–472, basierend auf früheren Forschungen von Domenico Delli Gatti, Mauro Gallegati, Bruce Greenwald, Alberto Russo und J. E. Stiglitz, »Mobility Constraints, Productivity Trends, and Extended Crises«, *Journal of Economic Behavior & Organization* 83, Nr. 3 (2012), S. 375–93; und »Sectoral Imbalances and Long Run Crises«, in *The Global Macro Economy and Finance*, hg. v. Franklin Allen, Masahiko Aoki, Jean-Paul Fitoussi, Nobuhiro Kiyotaki, Roger Gordon und Joseph E. Stiglitz, International Economic Association World Conference Bd. 150-III (Houndmills, UK, und New York 2012), S. 61–97.

8 Ein Beispiel für sinkende Agrarpreise während dieser Zeit ist Weizen, dessen Preis Anfang der 1920er-Jahre um rund 60 Prozent sank; Anfang der 1930er-Jahre kam es zu einem weiteren Rückgang von rund 70 Prozent, »The Wheat Situation«, Bureau of Agricultural Economics, US Department of Agriculture, WS-61, Nov. 1941.

9 Vgl. Delli Gatti et al., »Mobility Constraints, Productivity Trends, and Extended Crises«. Weitere Studien haben Einkommensrückgänge in einem ähnlich eindrucksvollen Ausmaß nachgewiesen. Vgl. »Wages and Income of Farm Workers, 1909 to 1938«, *Monthly Labor Review* 49, Nr. 1 (1939), S. 59–71; dieser Aufsatz stellt einen Einkommensrückgang von über 50 Prozent fest.

10 Für eine Diskussion des sinkenden Bodenwertes in dieser Zeit vgl. »Publications: Trends in U. S. Agriculture: Land Values«, United States Bureau of Agriculture, National Agricultural Statistics Service, aufgerufen am 2. Juli 2018, verfügbar unter https://www.nass.usda.gov/Publications/Trends_in_U.S._Agriculture/Land_Values/index.php.

11 Es kann sein, dass am Arbeitsmarkt nachgefragte Qualifikationen und Qualifikationen, die Arbeitnehmer gegenwärtig besitzen, nicht deckungsgleich sind. In diesem Fall können Umschulungsprogramme helfen, Arbeitnehmern die notwendigen Qualifikationen zu vermitteln. Aber diese Fehlpassung ist in den letzten Jahren nicht das eigentliche Problem gewesen; andernfalls wären die Löhne von Fachkräften viel schneller gestiegen, als sie es getan haben.

12 Ich spreche von hässlichem parteipolitischem Hickhack, weil die Republikaner, als sie die Gelegenheit sahen, ihrer eigenen Partei und jenen reichen Konzernen und Milliardären zu helfen, die sie unterstützten, sämtliche ideologischen Bekenntnisse zu ausgeglichenen Haushalten über Bord warfen, Bekenntnisse, die sie scheinbar davon abgehalten hatten, jene fiskalpolitischen Maßnahmen zu unterstützen, die uns erlaubt hätten, schneller aus der Großen Rezession herauszukommen.

13 Es gab einen Zielkonflikt: eine kurzfristige Zunahme der Nachfrage nach Arbeitskräften infolge der gestiegene Investitionen und eine längerfristige Abnahme, da Maschinen Arbeitskräfte ersetzten. Die niedrigeren Zinsen verringerten auch den Konsum jener älteren Menschen, die auf Zinseinnahmen aus Staatsanleihen angewiesen sind.

14 Aus dem gleichen Grund mögen Änderungen in der Struktur des Arbeitsmarktes – Stichwort »Gig-Economy« – zu Arbeitsplätzen führen, die unsicher sind und kaum Zusatzleistungen bieten.

15 In vielen dieser Sektoren sind die Löhne niedrig, weil die Arbeitsplätze traditionell geschlechtsspezifisch differenziert wurden, und es gab eine systematische Lohndiskriminierung gegen Frauen.

16 Diejenigen, die die Nutzung von Big Data durch die Techgiganten verteidigen, behaupten auch, dies erlaube ihnen, Verbraucher zu Produkten zu lenken, die ihre Bedürfnisse besser befriedigten. Einmal abgesehen von den Big-Brother-Aspekten dieses »Lenkens«, sollte klar sein, dass es den Techgiganten nicht darum geht, die Zufriedenheit von Verbrauchern zu erhöhen, sondern ihren Gewinn und jenen der Unternehmen, die auf ihren Webseiten werben, zu steigern. Doch wie die nachfolgende Diskussion verdeutlichen wird, gibt es leider viele Nutzungsweisen von Big Data, die Verbraucher insgesamt und vor allem schlecht informierte Verbraucher benachteiligen. Einige haben das im Entstehen befindliche marktwirtschaftliche System, das auf Big Data basiert, »Überwachungskapitalismus« genannt. Vgl. zum Beispiel John Bellamy Foster und Robert W. McChesney, »Surveillance Capitalism«, *Monthly Review*, 1. Juli 2014; Shoshana Zuboff, »Big Other: Surveillance Capitalism and the Prospects of an Information Civilization«, *Journal of Information Technology* 30, Nr. 1 (2015), S. 75–89; und Shoshana Zuboff, *Das Zeitalter des Überwachungskapitalismus* (Frankfurt a. M. 2018).

17 »Perfekte« Preisdifferenzierung ist das Bestreben, von jedem Verbraucher das Maximum dessen zu verlangen, was er für ein Gut oder eine Dienstleistung zu zahlen bereit ist. In jedem Markt für ein Gut oder eine Dienstleistung gibt es potenzielle Käufer – Konsumenten –, die bereit wären, in Abhängigkeit von ihren Präferenzen und Mitteln für den gleichen Artikel eine Bandbreite von Preisen zu zahlen. Nehmen wir ein modisches Paar Schuhe, deren Herstellungskosten 100 Dollar betragen. Es gibt Konsumenten, die für die Schuhe nur 1 Dollar zahlen würden, andere, die 500 Dollar zahlen würden, und viele dazwischen. Ein Unternehmen kann seinen Gewinn maximieren, wenn es Schuhe an alle Verbraucher verkauft, die mehr als 100 Dollar zu zahlen bereit sind, und zwar zu dem Höchstpreis, den jeder einzelne Konsument zu zahlen bereit ist. Einige zahlen 101 Dollar, andere 200 Dollar, und eine Handvoll wird 500 Dollar zahlen. Firmen nutzen unterschiedliche Methoden, um zwischen den Konsumenten zu differenzieren, die bereit sind, ihre Produkte zu kaufen: Aufbau einer Markenführung, Sonderangebote und Rabatte für gewisse Gruppen sind Beispiele. Eine solche Differenzierung hat keinerlei gesellschaftlichen Nutzen – es ist einfach eine Methode, um Verbrauchern möglichst viel Geld aus der Tasche zu ziehen. Wirtschaftswissenschaftler sprechen in diesem Zusammenhang vom »Abschöpfen der Konsumentenrente«, das heißt, das Unternehmen versucht, sich vom Gesamtwert, den das Gut für den einzelnen Verbraucher hat, so viel wie möglich anzueignen. Der Robinson-Patman Act von 1936 verbot es, unabhängig von den Kosten von verschiedenen Verbrauchern verschiedene Preise zu verlangen, aber das Gesetz wird nur selten angewandt. Für eine Diskussion der Preisdifferenzierung im Zusammenhang mit Big Data vgl. Silvia Merler, »Big Data and First-Degree Price Discrimination«, Bruegel, 20. Feb. 2017, verfügbar unter http://bruegel.org/2017/02/big-data-and-first-degree-price-discrimination/.

18 Das Standardargument für die Effizienz von Märkten beruht auf der Annahme, dass der Grenznutzen eines Gutes für Verbraucher gleich und gleich den Grenzkosten ist, und dies stimmt, weil sie sich alle denselben Preisen gegenübersehen. Auch wenn bei perfekter Preisdifferenzierung nach wie vor Markteffizienz gegeben sein kann, ist die reale Welt unvollkommener Preisdifferenzierung durch weitverbreitete Ineffizienzen und Verzerrungen gekennzeichnet. Vgl. zum Beispiel Stiglitz, »Monopoly, Non-Linear Pricing and Imperfect Information: The Insurance Market«, *Review of Economic Studies* 44, Nr. 3 (1977), S. 407–30. Wiederabgedruckt in *Selected Works of Joseph E. Stiglitz, Volume I: Information and Economic Analysis* (Oxford 2009), S. 168–92. KI führt auch zu Informationsasymmetrien. Einige Unternehmen wissen mehr als andere, und die Techgiganten wissen mehr als die Verbraucher. Märkte sind nur dann effizient, wenn es keine verzerrenden Informationsasymmetrien gibt, unabhängig davon, ob diese na-

türlich sind oder vom Markt geschaffen wurden. Big Data verstärkt diese Asymmetrien und macht dadurch Ressourcenallokationen möglicherweise weniger effizient.

19 Jennifer Valentino-DeVries, Jeremy Singer-Vine und Ashkan Soltani, »Websites Vary Prices, Deals Based on Users' Information«, *Wall Street Journal*, 24. Dez. 2012.

20 Oder, um einen blumigen Ausdruck der Nobelpreisträger George Akerlof und Robert Shiller aufzugreifen, »Narren zu angeln« (»phish for phools«). Vgl. Akerlof und Shiller, *Phishing for Fools*.

21 Vgl. Tüfekçis TED-Rede, »We're Building a Dystopia Just to Make People Click on Ads«, 27. Okt. 2017.

22 Andere schlossen sich der Klage gegen Myriad an, darunter auch die University of Pennsylvania und Forscher an Columbia, NYU, Emory und Yale. Die American Civil Liberties Union und die Public Patent Foundation stellten anwaltliche Vertretung für die Kläger bereit. Ich schrieb ein Sachverständigengutachten für die Kläger über die wirtschaftlichen Aspekte des Falls und vertrat die Auffassung, dass die Annullierung des Patents der Innovation förderlich wäre. Die anschließenden Ereignisse standen in Einklang mit meiner Analyse.

23 Die Regierung hat die Macht, sich Zugriff auf Daten in privater Hand zu verschaffen, wenn sie dies will; in den USA ist das schwieriger als in einigen anderen Ländern wie China, aber wir sollten nicht so tun, als gäbe es eine eiserne Wand zwischen den beiden. Und genauso beunruhigend ist, dass Privatunternehmen ohne gesetzliche Beschränkungen einen größeren Anreiz haben, die Daten für kommerzielle Zwecke zu nutzen und zu missbrauchen.

24 George Orwell, *1984* (München 2002); Dave Eggers, *Der Circle* (Köln 2014).

25 Vgl. Greenwald und Stiglitz, *Die innovative Gesellschaft*, und die dort zitierten Arbeiten.

26 Viele in der Techbranche sagen einfach: »Lasst uns nur machen. Wir sind schlau. Wir haben das Problem geschaffen. Wir werden es lösen. Wir brauchen nicht mehr als ein bisschen Selbstregulierung. Wir können uns selbst beaufsichtigen.« Das haben wir schon einmal gehört. Die Banken sagten genau das Gleiche, und wir wissen, wohin uns das geführt hat. Es sollte offensichtlich sein, dass man es nicht einfach der Privatwirtschaft überlassen kann. Ihre Anreize decken sich nicht ausreichend mit den gesamtgesellschaftlichen Interessen. Ihnen geht es um Gewinne, nicht ums Gemeinwohl.

27 In ihrer DSGVO (Datenschutz-Grundverordnung). Auch wenn sie ein wichtiger erster Schritt ist, reicht sie keineswegs aus, um die hier erörterten Probleme zu beheben.

28 So hat die Regierung Trump der EU vorgeworfen, ihre Datenschutzrichtlinien als Handelsschranke zu nutzen.

29 Equifax stellte Dritten Informationen über die Kreditwürdigkeit einer Person zur Verfügung. Es gibt keinen aufsichtsrechtlichen Rahmen, der dafür sorgt, dass ein Unternehmen wie Equifax seine Datenbestände ausreichend absichert. Unternehmen sind kurzsichtig – sie konzentrieren sich auf ihre heutigen Gewinne. Ausgaben zur Verbesserung der Datensicherheit verringern den gegenwärtigen Gewinn, sodass Unternehmen einen starken Anreiz haben, bei fehlender Regulierungsaufsicht zu wenig für Datensicherheit auszugeben. Außerdem sind andere – die Personen, deren Daten sie gesammelt haben – die Hauptnutznießer einer größeren Datensicherheit, und für deren Belange interessieren sie sich offensichtlich kaum.

30 Die konkrete Ausgestaltung der regulatorischen Bestimmungen ist eine sehr komplexe Angelegenheit. Wenn zum Beispiel ein Verbraucher mehrfach in einem Lebensmittelladen die gleiche Bestellung aufgegeben hat, dürften diese Informationen gespeichert – nicht aber für andere Zwecke genutzt – werden.

31 Es mag nicht ausreichen, die Daten zu anonymisieren. Da die Big-Data-Unternehmen die Person identifizieren können, wenn sie genügend Daten über diese erhalten, muss ein Teil der in den Daten enthaltenen Informationen entfernt werden.

32 Plattformen erhielten Immunität gemäß Paragraf 230 des Communications Decency Act. Eine Haftpflicht für die Veröffentlichung verleumderischer Artikel im Internet könnte die Plattformen leicht in die Insolvenz treiben, sodass ihre Haftpflicht möglicherweise begrenzt werden müsste – einerseits müssten sie einen Anreiz haben, eine gewisse Sorgfalt im Umgang mit dem, was auf ihnen gepostet wird, walten zu lassen, andererseits dürfte man ihnen keine umfassenden Kontrollpflichten auferlegen, denn dann müssten sie ihren Betrieb einstellen. Auch Verlage müssen Urheberrechte respektieren, aber den Plattformen wurde gemäß Paragraf 512 des Digital Millennium Copyright Act Immunität gewährt. Auch das muss sich ändern. Aber es bedarf einer regulatorischen Feinabstimmung. Es könnte die Überlebensfähigkeit von Suchmaschinen gefährden, wenn sie für jedes Fitzelchen Information, das angezeigt wird, zahlen müssten.

33 Einige der Technologiegiganten vertreten eine widersprüchliche Position; sie behaupten, Verlage zu sein, wenn dies zu ihrem Vorteil ist, und sie bestreiten, es zu sein, wenn es ihnen nicht nützt.

34 Jason Horowitz, »In Italian Schools, Reading, Writing, and Recognizing Fake News«, *New York Times*, 18. Okt. 2017, https://www.nytimes.com/2017/10/18/world/europe/italy-fake-news.html. Leider sprechen historische Erfahrungen mit Verbraucheraufklärung dafür, dass sie nur begrenzt wirksam ist.

35 Nach der Abtrennung von Instagram und WhatsApp.

36 Einige Aspekte dieser Aufsicht, die für unsere politischen Prozesse relevant sind, werden später im Buch ausführlicher diskutiert. Es ist möglicherweise wünschenswert, wenn der Staat eine öffentliche Option schafft, eine alternative Plattform, die mit der privaten Plattform konkurriert. (Öffentliche Optionen werden in Kapitel 10 ausführlicher diskutiert.) Die öffentliche Option wäre frei von den negativen Anreizen, die mit Privateigentum verbunden sind – etwa zur kommerziellen Nutzung von Daten in einer ausbeuterischen Weise oder zur Förderung von Suchtverhalten, das destruktiv sein kann.

37 Es ist tatsächlich komplex und schwierig, den gesellschaftlichen Nutzen der sozialen Medien zu messen. Da der Nutzen scheinbar gratis erbracht wird (sofern man den Wert der Daten ignoriert), erfassen die Statistiken unserer volkswirtschaftlichen Gesamtrechnung nicht den Nutzwert, den sie für ihre User erzeugen. Andererseits gehen die Gewinne der Social-Media-Unternehmen in das Volkseinkommen ein, aber ein Anstieg der Gewinne bedeutet nicht notwendigerweise eine Zunahme der gesellschaftlichen Wohlfahrt. Wie bereits erwähnt, geht die Gewinnzunahme zulasten der Wohlfahrt der Einzelnen, wenn sie sich einer besseren Nutzung der Daten zum Zweck der Verbraucherausbeutung verdankt (um die Konsumentenrente eines Verbrauchers »zu Geld zu machen«). Außerdem geht ein Teil der Gewinne zulasten der »traditionellen« Verlage wie etwa Zeitungen, und auch diese stellen Dienstleistungen bereit, die für Verbraucher von immensem Nutzen sind, wie etwa die Investigativberichterstattung, deren gesellschaftlicher Nutzwert ebenfalls nicht in die Berechnung des Volkseinkommens eingeht.

38 Zum Beispiel im Gesundheitswesen, wo Big Data und KI wichtig sind – und wo sich noch heiklere Fragen in Bezug auf den Schutz personenbezogener Daten stellen.

39 Der Ausdruck »Splinternet« wurde von Scott Malcomson in seinem Buch *Splinternet: How Geopolitics and Commerce Are Fragmenting the World Wide Web* (New York 2016) popularisiert. Der ehemalige Executive Chairman von Google, Eric Schmidt, ist gemeinsam mit seinem Co-Autor Jared Cohen in *The New Digital Age: Reshaping the Future of People, Nations and Businesses* (New York 2013) der Sorge auf den Grund gegangen, dass eine »Balkanisierung« des Internets drohe.

40 Insbesondere die in Anmerkung 27 erwähnte Datenschutz-Grundverordnung.

41 Einige argumentieren, da Märkte im Wesentlichen lokal seien, sei der Nutzen globaler Informationen begrenzt. Der Grenznutzen von Informationen über mehrere Märkte (zum Beispiel über China, die Vereinigten Staaten und Europa) wäre nach dieser Sichtweise so klein, dass wir den »unfairen« Vorteil, der aus verschiedenen regulatorischen Ordnungsrahmen resultiert, außer Betracht lassen könnten.

42 Online-Desinformation stellt eine besonders große Herausforderung dar, insbesondere in einer Welt, in der »Institutionen, die der Wahrheit verpflichtet sind«, angegriffen werden (vgl. Kapitel 1). Es würde allerdings den Rahmen dieses kurzen Buches sprengen, wenn wir geeignete politische Gegenmaßnahmen erörtern wollten.

7. Wozu brauchen wir den Staat?

1 Sir Isaac Newton sagte im Jahr 1675: »Wenn ich weiter geblickt habe, so deshalb, weil ich auf den Schultern von Riesen stehe.«

2 Ich habe einige dieser Ideen erstmals in dem kleinen Buch *The Economic Role of the State* (Oxford 1989) ausgeführt.

3 Beziehungsweise »Samuelson'sche reine öffentliche Güter«, nach Paul A. Samuelson, der erstmals die Unterschiede zwischen solchen Gütern und gewöhnlichen »privaten« Gütern klar herausarbeitete, in »The Pure Theory of Public Expenditure«, *The Review of Economics and Statistics* 36 (1954), S. 387–9. Dies gab den Anstoß zu zahlreichen Publikationen, die sich mit verschiedenen Arten von öffentlich bereitgestellten Gütern befassten, zum Beispiel öffentlich bereitgestellten privaten Gütern, und Gütern, die »unreine« öffentliche Güter sind. Vgl. zum Beispiel Anthony B. Atkinson und Joseph E. Stiglitz, *Lectures on Public Economics* (New York 1980; Neuaufl. 2015, mit einer neuen Einleitung [Princeton]).

4 Dies lässt sich auch noch anders formulieren: Jeder möchte kostenlos von den Anstrengungen anderer profitieren. Sie können die Vorteile der von anderen bereitgestellten Güter in Anspruch nehmen, ohne die Kosten zu tragen. (Dies wird, wenig überraschend, das »Trittbrettfahrerproblem« bei der Bereitstellung öffentlicher Güter genannt.)

5 An anderer Stelle habe ich dies die weiche Infrastruktur einer Gesellschaft genannt. Viele der Schwierigkeiten, die Länder haben, die von einer Plan- auf eine Marktwirtschaft umstellen, waren das Ergebnis des Fehlens dieser weichen Infrastruktur. Vgl. Joseph E. Stiglitz, *Whither Socialism?* (Cambridge, MA, 1994).

6 Die moderne Wirtschaftstheorie hat viele Formen dieses Marktversagens erklärt. Das Versagen auf Versicherungsmärkten hängt oftmals zusammen mit Informationsasymmetrien, Problemen der adversen Selektion (wenn es bedeutende Unterschiede zwischen Einzelpersonen gibt, die Unternehmen als Arbeitgeber, Kreditgeber oder Versicherer nicht leicht feststellen können) und moralischem Risiko (wenn zum Beispiel die Gewährung von Versicherungsschutz Personen dazu veranlasst, sich in einer Weise zu verhalten, die die Versicherungsgesellschaft höheren Risiken aussetzt, die jedoch der Versicherer nicht überwachen und daher auch nicht kontrollieren kann). Der Staat kann zum Beispiel einige der Probleme im Zusammenhang mit adverser Selektion vermeiden, weil er durch die Social Security die gesamte Bevölkerung versichert.

7 Private Programme, die im Wesentlichen die gleichen Leistungen erbringen wie Medicare, haben bis zu 20 Prozent mehr gekostet. Private Rentenversicherer haben oftmals zehnmal so hohe Verwaltungskosten wie die öffentlichen Versicherer. Es gibt einen guten Grund für niedrigere Kosten und bessere Ergebnisse öffentlicher Anbieter: Sie müssen keine Ausgaben für Werbung oder für die Ausübung von Marktmacht tätigen. Privatunternehmen betreiben unentwegt Rosinenpickerei, das heißt, sie sind bestrebt,

die besten Risiken zu finden. Die Privatwirtschaft versucht immer, ihre Marktmacht auszunutzen.

8 Private Haftanstalten sind problematischer. Sie sind bestrebt, ihren Gewinn zu maximieren, was möglicherweise die Kürzung von Ausgaben für die Personalschulung oder auch für die Lebensmittelversorgung zur Folge hat, ganz abgesehen davon, dass sie sich kaum für Resozialisierung interessieren. Tatsächlich steigt ihr Gewinn, wenn mehr der aus Haft Entlassenen wieder ins Gefängnis zurückkehren. Das öffentliche Interesse besteht darin, dafür zu sorgen, dass diese Menschen so schnell wie möglich wieder in die Gesellschaft integriert werden. Es ist schwer, öffentliche und private Interessen zur Deckung zu bringen. Vgl. Seth Freed Wessler, »The Justice Department Will End All Federal Private Prisons, Following a ›Nation‹ Investigation«, *The Nation*, 18. Aug. 2016. Die allgemeine Theorie, die das Versagen des privaten Vergabewesens erklärt, wird dargelegt in David Sappington und Joseph E. Stiglitz, »Privatization, Information and Incentives«, *Journal of Policy Analysis and Management* 6, Nr. 4 (1987), S. 567–82.

9 Es gibt eine Vielzahl weiterer Beispiele, die diese Punkte verdeutlichen. Öffentliche Hypothekenprogramme des Bundesstaates New York kamen bei der Krise 2008 viel glimpflicher davon als private Programme. Nach überwiegender Einschätzung waren die Privatisierungen der Eisenbahngesellschaften in Großbritannien, der Produktion von angereichertem Uran in den USA oder von Straßen in Chile oder in Mexiko ein Fehlschlag, und in einigen Fällen musste sogar eine erneute Verstaatlichung stattfinden. In Entwicklungsländern, in denen die wirtschaftliche Leistungsfähigkeit durch Privatisierungen verbessert wurde, hing dies manchmal mit der Beseitigung künstlicher Zugangsbeschränkungen zu Finanzierungen zusammen, die vom IWF auferlegt worden waren. Vgl. Anzhela Knyazeva, Diana Knyazeva und Joseph E. Stiglitz, »Ownership Changes and Access to External Financing«, *Journal of Banking and Finance* 33, Nr. 10 (Okt. 2009), S. 1804–16; und »Ownership Change, Institutional Development and Performance«, *Journal of Banking and Finance* 37 (2013), S. 2605–27.

10 Vgl. Elizabeth Warrens Rede zum Thema Regulierung, die sie am 5. Juni 2018 an der juristischen Fakultät der Georgetown University hielt, verfügbar unter https://www.warren.senate.gov/newsroom/press-releases/senator-warren-delivers-speech-on-dangers-of-deregulation.

11 Wirtschaftswissenschaftler sprechen von »externen Effekten«.

12 In der EU gibt es ein anderes Verfahren für den Erlass und die Durchsetzung gewisser Typen von Regulierungen, das in vielerlei Hinsicht weniger anfällig für Politisierung ist als das in den USA.

13 Daher kam es bei Diskussionen im Vorfeld des Telekommunikationsgesetzes von 1995 zu einer hitzigen Debatte darüber, ob sich die Technologie in einer Weise weiterentwickeln würde, die auch ohne staatliche Eingriffe einen funktionierenden Wettbewerb sicherstellte, oder ob sie sich vielleicht in eine Richtung entwickeln würde, die zu einer noch stärkeren Konzentration von Marktmacht führte. Ich teilte entschieden letztere Auffassung, aber ich sagte auch, die Sorgfalt erfordere es, dass selbst dann, wenn dies mit einer gewissen Wahrscheinlichkeit richtig sei, wir institutionelle Vorkehrungen treffen sollten, um die Zunahme und den Missbrauch von Marktmacht einzudämmen. Leider sollte sich meine Einschätzung als richtig erweisen. Vgl. Stiglitz, *Die Roaring Nineties.*

14 Trump hat das Vertrauen in das regulatorische System, das von zentraler Bedeutung für den Schutz unserer Gesundheit, der Arbeitssicherheit, der Umwelt und auch der Wirtschaft ist, untergraben, da er es in arglistiger Weise falsch dargestellt hat. Er behauptete, Regulierungen würden von gesichtslosen Bürokraten, die nicht rechenschaftspflichtig seien, erlassen. Trump schien nicht einmal ansatzweise Sinn und Zweck der staatlichen

Gewaltenteilung und die Bedeutung eines Systems der gegenseitigen Kontrolle zu verstehen, auch von unserem Regulierungssystem schien er keine große Ahnung zu haben, und ganz offensichtlich hielt er es auch nicht für nötig, diese und andere Bildungs- und Wissenslücken zu schließen.

15 Schlimmer noch: Diese Institutionen und ihre Geldgeber wehrten sich nicht nur gegen Regulierung, sondern es gelang ihnen auch, im US-Insolvenzgesetz Bestimmungen unterzubringen, die es praktisch unmöglich machten, diese Schulden loszuwerden. Die Trump University wurde zum Beispiel par excellence dieser ausbeuterischen Institutionen.

16 An den meisten Orten sind die Wahlmöglichkeiten sogar noch stärker eingeschränkt, da es dort nur zwei Anbieter gibt.

17 In Bezug auf den Wettbewerb im Telekommunikationssektor ist die Position der Regierung Trump, die nicht gerade für ihre intellektuelle Kohärenz bekannt ist, widersprüchlich. Sie versuchte, die Fusion von Time Warner (der Muttergesellschaft von CNN) und AT&T mit der Begründung zu verhindern, dies würde den Wettbewerb beeinträchtigen. Ich glaube, sie hat recht, auch wenn das Bezirksgericht zu einem anderen Urteil kam. Es handelt sich um eine vertikale Fusion, denn Time Warner und AT&T gehören nicht der gleichen Branche an. Das eine Unternehmen stellt Dienstleistungen für das andere bereit. Die Wettbewerbshüter haben bislang immer nur die Wettbewerbssituation auf einem Markt betrachtet, weniger die Wechselwirkungen zwischen Märkten. Wir wissen, dass das nicht sachgerecht ist. Microsoft hat seine marktbeherrschende Stellung bei PC-Betriebssystemen dazu genutzt, bei einer ganzen Palette von Anwendungen ebenfalls eine Marktdominanz zu erreichen. In diesem Fall wurden die möglichen negativen Auswirkungen der Fusion durch die Aufhebung der Netzneutralität verstärkt.

18 Was selbstverständlich bedeutet, dass sie keine Wahl haben. Vgl. Jon Brodkin, »50 Million US Homes Have Only One 25 Mbps Internet Provider or None at All«, *Ars Technica*, 30. Juni 2017.

19 Dieses Beispiel verdeutlicht auch die Komplexität und die Folgen von Monopolmacht. Die Internetanbieter verkaufen ihre Dienste (die Datenübertragung zwischen Inhalte-Anbietern und Kunden) an Inhalte-Anbieter wie Netflix. Durch Ausübung ihrer Marktmacht beeinflussen Internetanbieter den Markt für Inhalte-Anbieter und damit indirekt, aber auf eine bedeutsame Art und Weise Verbraucher. Man könnte sie jedoch auch als Verkäufer von Programmen an Verbraucher ansehen, die Content (wie etwa von Netflix bereitgestellte Filme) von anderen kaufen. Hier besitzen sie Monopson-Macht, da es nur ein oder zwei Unternehmen gibt, die Inhalte »kaufen«, um sie Internetnutzern zur Verfügung zu stellen. Sie nutzen ihre Marktmacht über das Internet, um ihre eigenen Content-Dienste gegenüber denjenigen von Rivalen zu bevorzugen. So oder so sind aber letztlich Verbraucher die Leidtragenden hoher Preise und/oder verringerter Innovation und schlechterer Produkte.

20 In *The Economic Role of the State* erkläre ich, warum wir uns nicht bloß auf freiwilliges kollektives Handeln stützen können. So würde zum Beispiel aufgrund des »Trittbrettfahrerproblems« bei der Bereitstellung öffentlicher Güter jeder gern deren Vorteile in Anspruch nehmen, ohne sich an den Kosten zu beteiligen.

21 Vgl. zum Beispiel Joseph E. Stiglitz, »Some Lessons from the East Asian Miracle«, *World Bank Research Observer* 11, Nr. 2 (Aug. 1996), S. 151–77; und *The East Asian Miracle: Economic Growth and Public Policy*, ein Policy Research Report der Weltbank (New York 1993). Der Staat spielte eine so zentrale Rolle, dass Wissenschaftler in Bezug auf diese Länder von einem »Entwicklungsstaat«-Modell sprachen. Vgl. zum Beispiel Atul Kohli, *State-Directed Development: Political Power and Industrialization in the Global Periphery* (Cambridge 2004).

22 Vgl. zum Beispiel Mariana Mazzucato, *Das Kapital des Staates: Eine andere Geschichte von Innovation und Wachstum* (München 2014); und Chang, *Kicking Away the Ladder*.

23 Einige behaupten, dies sei kein Zufall. Beide Parteien sind eine Koalition verschiedener Gruppen. Die Republikanische Partei ist Bündnis aus Evangelikalen, Großunternehmen, Superreichen und Libertären, und ein Element der Strategie derjenigen, die sich für die wirtschaftliche Agenda der Konzerne/Elite einsetzen, besteht darin, die Kulturkriege anzufachen, in der Hoffnung, dieses Ablenkungsmanöver werde viele der Evangelikalen darüber hinwegtäuschen, dass die von ihnen propagierte Wirtschaftspolitik ihren eigenen wirtschaftlichen Interessen zuwiderläuft. Vgl. Thomas Frank, *What's the Matter with Kansas: How Conservatives Won the Heart of America* (New York 2004). Er behauptet des Weiteren, dass die Neuen Demokraten unter Bill Clinton und die Parteifraktion Democratic Leadership Council dem in die Hände spielten, da sie ein wirtschaftspolitisches Programm erarbeiteten, das den Finanzsektor und andere Wirtschaftseliten ansprechen sollte, während sie die Interessen ihrer traditionellen Wählerbasis, der Arbeiter, vernachlässigten.

24 Es ist schwer, an eine genaue Zahl derjenigen zu kommen, die ihr Eigenheim verloren haben – es waren jedenfalls zwischen drei und zehn Millionen, je nachdem, welchen Zeitraum man betrachtet und wie genau »Eigenheimverluste« gezählt werden. Auf dem Höhepunkt der Rezession waren 15 Millionen Amerikaner arbeitslos (Daten des Bundesamts für Arbeitsmarktstatistik).

25 Vgl. Jesse Eisinger, *The Chickenshit Club: Why the Justice Department Fails to Prosecute Executives* (New York 2017); Rana Faroorhar, *Makers and Takers: The Rise of Finance and the Fall of American Business* (New York 2016); und Danny Schechter, *The Crime of Our Time: Why Wall Street Is Not Too Big to Jail* (San Francisco 2010). Im Gefolge der Bausparkassenkrise 20 Jahre früher, die viel geringere Ausmaße hatte, wurden über 1000 Banker zu Freiheitsstrafen verurteilt. In dieser Krise dagegen wurden nur wenige angeklagt und noch weniger verurteilt. William D. Cohan, »How Wall Street's Bankers Stayed Out of Jail«, *Atlantic*, Sept. 2015. Schechter behauptet, nach der Bausparkassenkrise hätten die Banken massiv in Lobbyarbeit investiert, um die Gesetzgebung so zu beeinflussen, dass ihnen bei Vergehen keine Freiheitsstrafe drohte.

26 Überwiegend Republikaner, aber es gab auch viele auf dem konservativen Flügel der Demokratischen Partei, die für beides die Werbetrommel rührten. Allerdings setzten sich die Demokraten in der Regel zumindest für Programme ein, die diejenigen schützen sollten, die möglicherweise zu den Leidtragenden dieser politischen Entscheidungen gehörten. So sprachen sich die Demokraten insbesondere im Fall der Globalisierung für Handelsanpassungshilfen aus, doch als angesichts des Widerstands der Republikaner keine ausreichende Hilfe gewährt wurde, blieben viele bei ihrer Unterstützung, anscheinend in der Überzeugung, irgendwie würden die *trickle-down economics* schon funktionieren.

27 In solchen Systemen kann es sogar schwer sein, systemische Stabilität sicherzustellen. Vgl. Stefano Battiston, Guido Caldarelli, Robert M. May, Tarik Roukny und Joseph E. Stiglitz, »The Price of Complexity in Financial Networks«, PNAS (Proceedings of the National Academy of Sciences of the United States of America) 113, Nr. 36 (2016), S. 10031–6; und Tarik Roukny, Stefano Battiston nd Joseph E. Stiglitz, »Interconnectedness as a Source of Uncertainty in Systemic Risk«, *Journal of Financial Stability* 35, S. 93–106.

28 Vgl. Anmerkung 92 in Kapitel 3 für eine weiterführende Diskussion von Sammelklagen.

8. Die Wiederherstellung der Demokratie

1 Harry Enten, »The GOP Tax Cuts Are Even More Unpopular than Past Tax Hikes«, *FiveThirtyEight*, 29. Nov. 2017, https://fivethirtyeight.com/features/the-gop-tax-cuts-are-even-more-unpopular-than-past-tax-hikes/.

2 In ihrem Buch *Democracy in Chains*. Vgl. auch Steven Levitsky und Daniel Ziblatt, *How Democracies Die* (New York 2018).

3 Tatsächlich beginnt es schon vorher, mit der Einwanderung, indem man versucht, die Zuwanderung derjenigen einzuschränken, die wahrscheinlich für die Demokraten stimmen werden. Der Konflikt über die Einwanderungspolitik ist zumindest zum Teil ein Konflikt über zukünftige Wähler.

4 Ebenso wird bemerkenswerterweise in vielen US-Bundesstaaten Strafgefangenen und verurteilten Verbrechern das Wahlrecht entzogen, obwohl sie für Zwecke der Repräsentation gezählt werden. Einige Bundesstaaten haben Haftanstalten an ganz bestimmten Orten errichtet, was ihnen die Manipulation von Wahlbezirksgrenzen zusätzlich erleichtert.

5 Vgl. Michelle Alexander, *The New Jim Crow: Mass Incarceration in the Age of Colorblindness* (New York 2010).

6 Gegenüber 1,8 Prozent der nicht afroamerikanischen Erwachsenen. Eine unverhältnismäßig große Zahl der Afroamerikaner, denen das Wahlrecht entzogen wurde, sind Männer. Vgl. »6 Million Lost Voters: State-Level Estimates of Felony Disenfranchisement, 2016«, Sentencing Project, Okt. 2016. Einer der großen Erfolge der Zwischenwahlen war das Referendum in Florida, bei dem 1,5 Millionen Einwohnern dieses Bundesstaates, davon rund ein Drittel Afroamerikaner, das Wahlrecht wieder zuerkannt wurde.

7 2018 haben fünf Bundesstaaten (Indiana, Kentucky, New Hampshire, Ohio und Oklahoma) teilweise mit Erfolg versucht, restriktive Wahlgesetze zu beschließen. »Voting Laws Roundup 2018«, Brennan Center for Justice, 2. Apr. 2018, https://www.brennancenter.org/analysis/voting-laws-roundup-2018.

8 Es gibt eine umfangreiche, hervorragende Literatur über Wahlrechtsentziehung in den USA, die sich nicht nur gegen Arbeiter, sondern auch gegen Frauen (die eher gegen Kriege waren) und Personen richtete, die erst vor Kurzem in die USA eingewandert waren. Vgl. Alexander Keyssar, *The Right to Vote: The Contested History of Democracy in the United States* (New York 2000). Suresh Naidu, mein Kollege an der Columbia University, zeigte, dass diese Bemühungen, Wähler an der Ausübung ihres Wahlrechts zu hindern, in den Südstaaten nach dem Ende des Sezessionskriegs erfolgreich waren: Die Wahlbeteiligung insgesamt sank um 1 auf 7 Prozent, und der Stimmenanteil der Demokraten bei den nationalen Wahlen stieg um 5 auf 10 Prozent. Er wies auch nach, dass dies wiederum weitreichende Auswirkungen auf die Ausgaben für Schulen für Schwarze hatte, es zeigten sich enorme Umverteilungswirkungen: »Schwarze Arbeitskräfte erlitten aufgrund von Wahlrechtsentziehungen insgesamt einen Verlust in Höhe von mindestens 15 Prozent des Jahreseinkommens, während Grundbesitzer einen Einkommenszuwachs von 12 Prozent verzeichneten.« (»Suffrage, School, and Sorting in the Post-Bellum U.S. South«, NBER Working Paper Nr. 18129, Juni 2012). Neuere Bemühungen um Wahlrechtsentziehungen konzentrieren sich auf Hispanoamerikaner.

9 Vgl. »State Poll Opening and Closing Times (2018)«, *Ballotpedia*, verfügbar unter https://ballotpedia.org/State_Poll_Opening_and_Closing_Times_ (2018).

10 Technologische Fortschritte haben dazu geführt, dass Wahlbezirksgrenzen noch ausgeklügelter manipuliert werden können, sodass es noch schwieriger geworden ist, ein faires Wahlergebnis zu erhalten.

11 Dies gilt besonders dann, wenn man nicht nur die Wahlbeteiligung der registrierten Wähler, sondern auch den Prozentsatz jener wahlberechtigten Bürger betrachtet, die tatsächlich ihre Stimme abgeben. Bei der Kongress- und Präsidentschaftswahl 2016 lag letztere Zahl unter 56 Prozent. (Da Trump landesweit nur 46 Prozent der Stimmen erhielt, bedeutet dies, dass nur 26 Prozent aller wahlberechtigten Bürger – eine kleine Minderheit – für ihn stimmte.) Bei den letzten Parlamentswahlen in Belgien betrug die Wahlbeteiligung 87 Prozent, in Schweden lag sie bei 83 Prozent. Vgl. Drew DeSilver, »U.S. Trails Most Developed Countries in Voter Turnout«, Pew Research Center, 15. Mai 2017. Wahlen auf bundesstaatlicher und kommunaler Ebene haben in der Regel eine noch viel geringere Wahlbeteiligung. In Kalifornien zum Beispiel beteiligten sich im Jahr 2018 an den Vorwahlen im März nur 36 Prozent der registrierten Wähler – in einem Bundesstaat, der dafür gerühmt wird, dass er der Regierung Trump entschlossenen politischen Widerstand leistet.

12 Einmal abgesehen von den Bemühungen, Wahlberechtigte von der Stimmabgabe abzuhalten, und abgesehen von legalen Wanderarbeitern, die Steuern zahlen, aber nicht wählen dürfen, halten sich allein in Kalifornien rund 2,5 Millionen Immigranten ohne Papiere auf – das entspricht jedem zehnten Arbeitnehmer in Kalifornien. Vgl. »Just the Facts: Undocumented Immigrants in California«, aufgerufen am 11. März 2018, verfügbar unter http://www.ppic.org/publication/undocumented-immigrants-in-california/.

13 Das System sollte einen wahnsinnigen Herrscher mit autoritären Tendenzen wie König Georg III. davon abhalten, seine Macht zu missbrauchen. Die Präsidentschaft Trumps führt uns nachdrücklich vor Augen, wie wichtig dieses System der wechselseitigen Kontrolle ist.

14 Der Soziologe und Ökonom Max Weber unterstrich die große Bedeutung einer gut funktionierenden Bürokratie (*Wirtschaft und Gesellschaft* [Tübingen 1922]). Es entbehrt nicht einer gewissen Ironie, dass die Republikaner immer wieder unsere gesichtslose Bürokratie kritisiert haben, während die Amerikaner selbst die Leistung vieler, wenn nicht der meisten Zweige des Verwaltungssystems – wie das National Park System, das Social-Security- und Medicare-System – sehr positiv beurteilen. Jeder amerikanische Schüler weiß, dass Präsident Andrew Jackson vor allem wegen der in seiner Amtszeit (1829–1837) vollzogenen Einführung des »spoils system«, der Ämterpatronage, heftig kritisiert wurde.

15 Interessanterweise befürworten die meisten Konservativen eine unabhängige Währungsbehörde, da die Politisierung der Festlegung der Geldmenge in ihren Augen womöglich die Konjunktur belastet. Für eine hervorragende Darstellung der Grundsätze und Kontroversen um die Unabhängigkeit der Zentralbank vgl. Paul Tucker, *Unelected Power: The Quest for Legitimacy in Central Banking and the Regulatory State* (Princeton 2018).

16 Zwei Tweets nach den Terrorangriffen in New York City verdeutlichen Trumps Geringschätzung der Judikative: »Wir brauchen schnelle Urteile, und wir brauchen harte Urteile – viel schnellere und viel härtere als heute. Denn was wir heute haben, ist ein Witz und eine Lachnummer. Und da ist es nicht verwunderlich, dass so viele dieser Dinge passieren« und »... die Gerichte sind langsam und politisch!«. Vgl. auch zum Beispiel Kristine Phillips, »All the Times Trump Personally Attacked Judges – and Why His Tirades Are ›Worse than Wrong‹«, *Washington Post*, 26. Apr. 2017.

17 Vor Präsident Johnson waren auch die Demokraten ein eigentümliches Bündnis aus Nordstaaten-Liberalen und Dixiecrats.

18 Wie zu erwarten, führten sie eine Reihe eleganter spitzfindiger Argumente ins Feld, um zu begründen, warum sie diesmal gegen die Rechte der Bundesstaaten entschieden hatten; aber ausschlaggebend war das Ergebnis.

19 Selbstverständlich können die Entscheidungen jeder politischen Gruppierung, da sie Kompromisse zwischen verschiedenen Interessen und Sichtweisen darstellen, als prinzipienlos erscheinen, weil sie nicht in sich schlüssig sind (dies ist die zentrale Einsicht von Kenneth J. Arrows berühmtem Unmöglichkeitstheorem; Arrow, *Social Choice and Individual Values* [New York 1951]). Aber je stärker Überzeugungen, Interessen und Präferenzen voneinander abweichen, um so eher treten erhebliche Widersprüche auf.

20 Durch Entscheidungen, die zum Beispiel zentrale Bestimmungen des Voting Rights Act und des Affordable Care Act untergruben. Letztere, *National Federation of Independent Business v. Sebelius*, ist vor allem dadurch in Erinnerung geblieben, dass sie 2012 die meisten Bestimmungen von Obamacare bestätigte. Allerdings erlaubte die Entscheidung Bundesstaaten auch, aus der Medicaid-Ausweitung, die der Affordable Care Act ursprünglich anordnete, auszusteigen. Neunzehn Bundesstaaten haben dies getan, was dazu führte, dass rund 2,2 Millionen Amerikaner, darunter unverhältnismäßig viele Afroamerikaner, ohne Krankenversicherung dastanden. Bei den Wahlen 2018 haben Wähler in Idaho, Nebraska und Utah diese Entscheidungen rückgängig gemacht. Vgl. zum Beispiel Scott Lemieux, »How the Supreme Court Screwed Obamacare«, *The New Republic*, 26. Juni 2017. Im Juni 2013 entschied der Oberste Gerichtshof (mit fünf zu vier Stimmen), dass ein Kernstück des Voting Rights Act von 1965 gegen die Verfassung verstoße – eine Bestimmung, die eine Schlüsselrolle dabei spielte, Afroamerikanern wieder das Wahlrecht zuzugestehen; die Entscheidung erinnerte an das Urteil des Obersten Gerichtshofs von 1883, in dem der Civil Rights Act von 1875 aufgehoben wurde. Vgl. Lawrence Goldstone, *Inherently Unequal: The Betrayal of Equal Rights by the Supreme Court, 1865–1903* (New York 2011).

21 Vgl. zum Beispiel Lee Drutman, »The Case for Supreme Court Term Limits Has Never Been Stronger«, *Vox*, 31. Jan. 2017. Vgl. auch die Publikationen von Norm Ornstein, einschließlich »Why the Supreme Court Needs Term Limits«, *Atlantic*, 22. Mai 2014.

22 Gemäß dem obigen Vorschlag würde dies erlauben, unter Berücksichtigung von Todesfällen oder Rücktritten die Zahl der Richter am Obersten Gerichtshof bei neun zu halten. Wenn es keine Rücktritte oder Todesfälle gäbe und die neun Richterstellen bereits besetzt wären, könnte dem Präsidenten dennoch erlaubt werden, regelmäßig einen zusätzlichen Richter zu ernennen, aber der Ernannte würde sein Amt erst antreten, wenn eine Stelle frei werden würde. Wenn die Zahl der amtierenden Richter eine ungerade Zahl wäre, würde der Ernannte seinen Sitz ebenfalls erst dann einnehmen, wenn zwei Ernennungen anstünden.

23 Die Ablehnung eines Kandidaten würde nicht die Anzahl der Positionen erhöhen, die der nächste Präsident besetzen könnte.

24 Vgl. zum Beispiel Stefano DellaVigna und Ethan Kaplan, »The Fox News Effect: Media Bias and Voting«, *The Quarterly Journal of Economics*, 122, Nr. 3 (2007), S. 1187–234.

25 So hat zum Beispiel das Congressional Budget Office (CBO) geschätzt, dass die Steuerzahler im Schnitt 11 Milliarden Dollar pro Jahr einsparen könnten, wenn es der Regierung erlaubt wäre, die Hersteller von Markenmedikamenten dazu zu zwingen, einen Mindestrabatt auf gewisse Medikamente, deren Kosten von Medicare erstattet werden, zu gewähren. Vgl. »Options for Reducing the Deficit: 2015–24« (CBO, Nov. 2014), S. 51. Es ist nicht weiter verwunderlich, dass die Pharmaindustrie angesichts dieser Großzügigkeit sehr viel Geld in die Hand genommen hat, damit diese Bestimmungen im Gesetz stehen bleiben. »Seit Januar 2003 haben Pharmahersteller und -großhändler Präsidentschafts- und Kongresskandidaten, Parteiausschüsse, Political Action Committees und andere politische Lobbygruppen mit Spendengeldern in Höhe von 147,5 Millionen Dollar unterstützt.« Der größte Teil davon floss an Republikaner. Von Stuart Silverstein, »This Is Why Your Drug Prescriptions Cost So Damn Much: It's Exhibit A in How Crony Capitalism Works«, *Mother Jones*, 21. Okt. 2016.

26 Dazu gehören auch Sheldon Adelson, der, mit seiner Ehefrau und den von ihnen kontrollierten Unternehmen, die Republikaner und unabhängige konservative Gruppierungen allein in dem Wahlzyklus 2016 mit mehr als 82 Millionen Dollar unterstützte, sowie Steve Wynn, der als Finance Chairman des Republican National Committee tätig war, bis er aufgrund von Anschuldigungen gravierenden sexuellen Fehlverhaltens zum Rücktritt gezwungen wurde. Vgl. »Top Individual Contributors: All Federal Contributions«, OpenSecrets.org, https://www.opensecrets.org/overview/topindivs.php. Dies ist nur eine Gruppe von den vielen Rent-Seekern, die in der Republikanischen Partei eine so wichtige Rolle spielen. (Erinnern wir uns daran, dass Rent-Seeker es nicht dadurch zu Reichtum bringen, dass sie den nationalen Kuchen vergrößern, zum Beispiel indem sie mehr Güter produzieren, die Menschen wollen oder brauchen, sondern dadurch, dass sie sich ein größeres Stück vom Kuchen abschneiden.)

27 Die Steuervergünstigungen für Immobilienfonds sind sogar noch größer als die für Kleinbetriebe, weil Privatpersonen Letztere nur begrenzt nutzen können, während Erstere uneingeschränkt gelten.

28 Die Regierung Obama hat in ihren letzten Jahren die Vorschriften geringfügig modifiziert, sodass es leichter geworden ist, Geldwäsche zu entdecken; diese Vorschriften gelten aber nur in New York und an einigen anderen Orten. Dem Vernehmen nach hatten sie erhebliche Auswirkungen auf die Immobilienpreise von Objekten im Wert von mehreren Millionen Dollar; das bestätigt die Rolle, die die Geldwäsche auf diesem Markt spielt.

29 *Citizens United v. Federal Election Commission*, 2010. Die Entscheidung im Fall *Citizens United* war der Auslöser für die Gründung der intransparenten Super-PACs, durch die ein Großteil der politischen Spenden fließt. In *SpeechNow.org v. FEC* entschied ein nachgeordnetes Gericht, aus *Citizen United* folge, dass Begrenzungen der politischen Spendensummen unabhängiger Gruppierungen verfassungswidrig seien.

30 In einigen Fällen mag der Vorstandschef seine politische Unterstützung einer Partei oder eines Kandidaten mit dem Argument rechtfertigen, diese werde zu einer Erhöhung des Unternehmensgewinns führen und es sei seine oberste Pflicht, den Gewinn zu steigern. Aber in einer gut funktionierenden Wirtschaft und Gesellschaft müssen Unternehmen ihren Blickwinkel erweitern. Es ist offensichtlich unrecht, wenn ein Unternehmen seinen Gewinn durch Betrug steigern will – aber es sollte ebenso offensichtlich sein, dass es unrecht ist, wenn ein Unternehmen seinen Gewinn durch Wahlkampfspenden steigern will, um auf diese Weise zu erreichen, dass die Regierung ihm weiterhin erlaubt »zu schwindeln«. Regulierungen können Rahmenbedingungen schaffen, unter denen diejenigen, die nicht »schwindeln« wollen, nicht dazu gezwungen sind, damit ihre Wettbewerber, die grob sittenwidrig handeln, nicht die Oberhand gewinnen.

31 Professor John Attanasio (ehemals Dekan der SMU Dedman School of Law) präsentiert in seinem Buch *Politics and Capital* (Toronto 2018) Daten, die belegen, dass es einen Zusammenhang zwischen *Citizens United* und höheren Wahlkampfspenden der Superreichen gibt: In den ersten elf Monaten nach der Entscheidung spendete das oberste 0,01 Prozent 65 Prozent mehr. Nach *Citizens United* haben sich die Spenden an jene intransparenten Nonprofit-Organisationen fast verdreifacht, denen die Bundessteuerbehörde aufgrund ihrer Gemeinnützigkeit den teils von Einkommensteuer befreiten Status 501(c)(4) zuerkannt hat.
Es gibt eine umfangreiche politikwissenschaftliche Literatur, die zeigt, dass Spenden zu erhöhtem Zugang führen und dass Zugang zu erhöhtem Einfluss führt, was Folgen für die Gesetzgebung hat. Attanasio unterstreicht die Bedeutung einer früheren Entscheidung des Obersten Gerichtshofs, *Buckley v. Valeo*, 424 U. S. 1 (1976), in der Grenzen für Wahlkampfspenden für nichtig erklärt wurden. Obgleich der Gerichtshof die

Bedeutung von Geld bei der Verbreitung von Ideen anerkannte, maß er Bedenken, dass dadurch der gleiche Zugang zur politischen Arena gefährdet sein könnte, kein Gewicht bei. (Vgl. auch die Diskussion in Anmerkung 35 unten.) In Anbetracht der hohen Ungleichheit in den USA schien der Oberste Gerichtshof ein System abzusegnen, das eine »Regierung des 1 Prozents, durch das 1 Prozent und für das 1 Prozent« sicherstellte. Benjamin I. Page und Martin Gilens haben in ihrem weiter gefassten Buch *Democracy in America?: What Has Gone Wrong and What We can Do About It* (Chicago 2017) gezeigt, dass die Meinungen der breiten mittleren und unteren Einkommensschichten praktisch keinen Einfluss auf die Politik haben, und zwar nicht nur wegen der Macht des Geldes, sondern auch aufgrund einer ganzen Reihe antidemokratischer Maßnahmen wie der Manipulation der Wahlbezirksgrenzen, des unverhältnismäßig starken Einflusses kleiner Bundesstaaten, deren beide Senatoren das gleiche Stimmgewicht haben wie ihre Kollegen aus viel bevölkerungsreicheren Bundesstaaten wie New York, Kalifornien und Texas, sowie die Hastert Rule, die von dem republikanischen Präsidenten des Repräsentantenhauses, Dennis Hastert (1999–2007), eingeführt wurde und besagt, dass nur solche Gesetzesentwürfe zur Abstimmung gestellt würden, die eine Mehrheit der republikanischen Abgeordneten unterstütze.

32 Wirtschaftswissenschaftler haben für diesen Prozess eine plastische Metapher gefunden: Sie sprechen von »Kaperung« *(capture)*. Der Ausdruck scheint bei der Weltbank geprägt worden zu sein, ungefähr zu der Zeit, als ich dort als Chefvolkswirt tätig war, und er war eine natürliche Erweiterung des Begriffs »Kaperung des Regulierers« (*regulatory capture*; gemeint ist die Beeinflussung der Aufsichtsbehörde durch den Sektor, den sie regulieren soll). Dieser stammt von dem Nobelpreisträger für Wirtschaftswissenschaften George Stigler, der an der Universität Chicago lehrte (»The Theory of Economic Regulation«, *The Bell Journal of Economics and Management Science* [Frühjahr 1971], S. 3–21).

33 Vertreter von Kapitalinteressen, insbesondere aus dem Finanzsektor, haben selbstverständlich ebenfalls in der Demokratischen Partei eine große Rolle gespielt. Dennoch haben sich viele führende Demokraten entschieden für diese Reformen ausgesprochen. Es ist bemerkenswert, dass die übliche Fünf-zu-vier-Spaltung in der Frage des unbeschränkten Einsatzes von Geld zur politischen Einflussnahme entlang von Parteigrenzen verlief.

34 Das Gesetz war etwas komplizierter als gerade dargestellt. Der Kandidat, der für eine öffentliche Finanzierung optierte, durfte keinerlei Geld von privaten Spendern, persönliches Geld, Spenden von PACS etc. annehmen, und es gab eine Obergrenze von 75 000 Dollar für Kandidaten, die sich für dieses Programm entschieden, sodass eine Person, die gegen einen Kandidaten antreten würde, der nicht für öffentliche Finanzierung optierte, nur bis zu einer Höchstgrenze von 75 000 Dollar Mittel in gleicher Höhe erhielte. Wenn der Rivale sich mehr als 75 000 Dollar beschaffen könnte, würde die darüber hinausgehende Summe nicht ausgeglichen werden.

35 Das bundesstaatliche Gesetz war das Ergebnis eines Referendums, das von Bürgern in die Wege geleitet wurde. Elena Kagan, Richterin am Obersten Gerichtshof, die im Namen der vier von der Mehrheitsmeinung abweichenden Richter argumentierte, sagte: »Der hauptsächliche Zweck des Ersten Verfassungszusatzes besteht darin, ein funktionstüchtiges, dynamisches politisches System voller lebendiger Diskussionen und Debatten zu fördern. Das Antikorruptionsgesetz von Arizona, der Arizona Citizens Clean Elections Act, verstößt in keinem Punkt gegen diesen verfassungsrechtlichen Schutz.« Des Weiteren führte sie aus, Bundesstaaten hätten ein Interesse daran, »den Würgegriff, in den Sonderinteressen gewählte Amtsträger genommen haben«, zu bekämpfen. Das Gesetz »fördert sowohl den kraftvollen Wettstreit der Ideen als auch dessen höchstes Ziel – eine Regierung, die dem Willen des Volkes Geltung verschafft«.

Kritiker der Gerichtsentscheidung, wie etwa Monica Youn, die früher am Brennan Center for Justice der New York University tätig war, wiesen zu Recht darauf hin, der Gerichtshof habe ein neues Recht geschaffen, nämlich das »Recht, auf Geldvermögen beruhende Vorteile zu bewahren«. Die Gerichtsmehrheit schob, wie schon früher, diese Einwände mit dem Argument beiseite, die Angleichung der Ausgangsbedingungen beseitige das Recht jedes Bürgers, sein Geld zu seinem Vorteil zu nutzen. Vgl. zum Beispiel Robert Barnes, »Supreme Court Strikes Arizona's ›Matching Funds‹ for Publicly Financed Candidates«, *Washington Post*, 27. Juni 2011. Die offizielle Bezeichnung des Falles lautete *McComish v. Bennett*, und das Urteil erging im Jahr 2011.

36 Auch wenn sich die personelle Zusammensetzung des Gerichtshofs seit *Citizens United* geändert hat, kann man davon ausgehen, dass es wieder zu einer Fünf-zu-vier-Entscheidung käme, wenn dem Gerichtshof ein ähnlicher Fall vorgelegt werden würde. Es genügte, diese unglückselige Entscheidung aufzuheben, wenn ein einziger Richter sein Abstimmungsverhalten änderte – oder wenn die Anzahl der Richter am Obersten Gerichtshof um zwei erhöht werden würde.

37 Die in diesem Kapitel diskutierte Liste der Mechanismen, über die Geld Einfluss auf die Politik nimmt, ist nicht erschöpfend. Lobbyarbeit zum Beispiel spielt eine wichtige Rolle. Bemühungen, den Einfluss von Lobbyisten zurückzudrängen, waren teilweise erfolgreich, aber es gibt Verbesserungspotenzial. Auch hier könnten erweiterte Offenlegungspflichten hilfreich sein, einschließlich der Veröffentlichung von Listen der Personen, die sich mit Regierungsvertretern treffen. Die Regierung Trump hat die Verschleierung externer Einflussnahmen auf die Spitze getrieben, indem sie sich weigerte, die Besucherprotokolle des Weißen Hauses zu veröffentlichen. Vgl. Julie Hirschfeld Davis, »White House to Keep Its Visitor Logs Secret«, *New York Times*, 14. Apr. 2017.

38 Donald Trump war in zweifacher Hinsicht ein Minderheitskandidat: Auch wenn er mehr Unterstützung als irgendeiner der anderen 16 Kandidaten hatte, war klar, dass er von weniger als der Hälfte der Partei unterstützt wurde. Aber das Wahlsystem erlaubte ihm, die Republikanische Partei erfolgreich zu »übernehmen« und dann mit weitaus weniger Stimmen, als seine Gegnerin erhielt, Präsident zu werden. Einige behaupten, der gleiche Prozess vollziehe sich auch in der Demokratischen Partei, aber es gibt grundlegende Unterschiede. Den Extremisten in der Republikanischen Partei ist deren Übernahme gelungen. Im Repräsentantenhaus war die Tea Party so stark, dass sie Gesetze, die sie ablehnte, blockieren konnte. Selbst Bernie Sanders und Elizabeth Warren sind konventionelle »Sozialdemokraten«, die sich kaum von europäischen Sozialdemokraten unterscheiden (und in vielen Fragen leicht »rechts« von diesen stehen).

39 Der Politikwissenschaftler Russell J. Dalton und seine Co-Autoren haben darauf hingewiesen, dass die Verdrossenheit über das Parteiensystem eine lange Geschichte hat, Tatsache aber ist, dass es für das reibungslose Funktionieren der Demokratie in den USA unverzichtbar ist. Vgl. Russell J. Dalton, David M. Farrell und Ian McAllister, *Political Parties and Democratic Linkage: How Parties Organize Democracy* (New York 2011); und Sean Wilentz, *The Politicians and the Egalitarians* (New York 2016).

40 Ganz offensichtlich machen Schwächen in unserem Bildungssystem die US-Wähler anfällig für die Tatsachenverdrehungen und die Lügen von Trump und Fox News. Aber unser öffentliches Bildungssystem wird nie Hervorragendes leisten, wenn sich die Reichen einfach ausklinken oder Enklaven für sich schaffen können.

41 Kapitel 6 zeigte, wie sie durch neue Technologien möglicherweise noch mehr Macht erhielten, um dies zu tun.

9. Die Erneuerung einer dynamischen Wirtschaft

1 Es entbehrt vielleicht nicht einer gewissen Ironie, dass die Demokraten, die als Kritiker der Märkte galten, die Aufgabe übernommen haben, die Funktionstüchtigkeit der Märkte wiederherzustellen, während die Republikaner den Sonderinteressen der Konzerne nachgaben, die jene wettbewerbsverzerrende Ökonomie der Rent-Seeker wollen, zu der wir geworden sind.

2 Tatsächlich ist nicht einmal das BIP pro Kopf ein gutes Maß des Lebensstandards, wie wir in Kapitel 2 anmerkten: Bei Betrachtung der gängigen Maße des Lebensstandards zeigt sich, dass die USA deutlich schlechter abschneiden als etliche Länder mit niedrigerem BIP pro Kopf. Für eine umfassende Diskussion der Frage, warum das BIP kein gutes Maß ist, vgl. Joseph E. Stiglitz, Jean-Paul Fitoussi und Amartya Sen, *Mismeasuring Our Lives: Why GDP Doesn't Add Up* (New York 2010), den Bericht einer von mir geleiteten internationalen Kommission über die Messung der wirtschaftlichen Leistungsfähigkeit und des sozialen Fortschritts.

3 Wir könnten etwas gegen die niedrige Geburtenrate tun, aber in Anbetracht der Herausforderungen, vor denen wir stehen, insbesondere derjenigen, die mit dem Klimawandel verbunden sind, ist nicht klar, ob wir dies tatsächlich tun sollten.

4 Vgl. die Diskussion von Case und Deaton, »Rising Morbidity and Mortality in Midlife among White Non-Hispanic Americans in the 21st Century«.

5 Die Befürworter der Steuerreform behaupteten, sie führe zu mehr privaten Investitionen. Wie bereits erwähnt, verwendeten die Konzerne die zusätzlichen Einnahmen ganz überwiegend für Dividendenzahlungen und Aktienrückkäufe.

6 Im Januar 2018, nur Wochen nach Verabschiedung der Steuerreform, nahm ich in Davos an einer Diskussion teil, bei der Trumps Verkehrsministerin Elaine L. Chao nochmals ihre Entschlossenheit betonte, die Infrastruktur zu erneuern, dem stehe nur ein Problem im Wege: unzureichende Mittel. Die Regierung hatte stillschweigend ihre Prioritäten verdeutlicht: Selbst eine schlecht konzipierte Steuersenkung für die Reichen war wichtiger als die Infrastruktur.

7 Durch Bestimmungen, die die steuerliche Absetzbarkeit bundesstaatlicher Einkommen- und Vermögenssteuern begrenzten.

8 Er sagte, die Wirtschaft werde so stark wachsen, dass die Steuereinnahmen steigen würden. Bekanntlich ist nur das Defizit enorm angewachsen.

9 Die private Sparquote fiel auf 2,2 Prozent und blieb bis zur Finanzkrise niedrig. Die Tatsache, dass die Steuersenkungen unter Bush die Ersparnisbildung, die Investitionen und das Wachstum nicht ankurbelten, wird in Anmerkung 44 in Kapitel 1 ausführlich diskutiert.

10 Es gäbe natürlich noch viel mehr darüber zu sagen, wie man innovationsfördernde gesellschaftliche und wirtschaftliche Rahmenbedingungen schafft. Vgl. zum Beispiel Stiglitz und Greenwald, *Die innovative Gesellschaft.*

11 Der Begriff »Industriepolitik« ist irreführend, denn sie fördert nicht unbedingt die Industrie. Sie fördert einfach einen Sektor der Wirtschaft oder eine Technologie, oder sie ermuntert Unternehmen, sich an bestimmten Orten anzusiedeln.

12 So ist eine aktive Arbeitsmarktpolitik manchmal kritisiert worden: Während sie sich in einigen Ländern bewährte, etwa in Skandinavien, ist ihre Erfolgsbilanz andernorts durchwachsen. Das hat einen Grund, und aus diesem Scheitern lassen sich einige wichtige Lehren ziehen: Wenn Menschen für Arbeitsplätze ausgebildet werden, die es nicht gibt – entweder weil die makroökonomische Politik keine Arbeitsplätze geschaffen hat oder weil es der Berufsbildungspolitik nicht gelungen ist, Bildungsprogramme auf vorhandene Arbeitsplätze abzustimmen –, dann ist das Scheitern absehbar. Die Industriepolitik wurde auch von orthodoxen Neoliberalen kritisiert. Es sei nicht Auf-

gabe des Staates, Gewinner auszuwählen, sagten sie. Tatsache aber ist, dass jedes erfolgreiche Land Industriepolitik betrieben hat; in den USA wurden industriepolitische Aktivitäten zu einem Großteil unter Federführung des Verteidigungsministeriums durchgeführt. Wir wären beim Internet nicht führend, wenn es nicht entsprechende staatliche Forschungsprogramme gegeben hätte. Jedenfalls müssen alle Regierungen langfristige bildungs- und infrastrukturpolitische Entscheidungen treffen, und diese müssen auf einem tragfähigen Zukunftskonzept für die weitere Entwicklung der Gesellschaft basieren. Für eine ausführliche Diskussion vgl. Stiglitz und Greenwald, *Die innovative Gesellschaft,* und Mazzucato, *Das Kapital des Staates.*

13 Ökonomen und Soziologen sprechen vom organisationalen und sozialen Kapital innerhalb einer Gemeinde. Dieses Kapital wird zerstört, wenn die kommunale Gemeinschaft zerstört wird. Vgl. zum Beispiel Robert J. Putnam, *Bowling Alone* (New York 2000); und Robert J. Sampson, *Great American City: Chicago and the Enduring Neighborhood Effect* (Chicago 2011).

14 Ganz allgemein gilt, dass die räumliche Verteilung wirtschaftlicher Aktivitäten aufgrund starker Marktüberlastungen und anderer standortspezifischer Externalitäten nicht effizient ist. (Erinnern wir uns daran, dass Externalitäten immer dann auftreten, wenn die Folgen der Entscheidungen einer Person sich nicht vollständig in den Kosten, die sie tragen muss, widerspiegeln; und immer wenn Externalitäten auftreten, sind Märkte nicht effizient.)

15 Die Rolle, die er spielte, war teilweise ein ungewolltes Nebenprodukt des Zweiten Weltkriegs, da die Regierung Menschen half, vom Land in die Städte umzuziehen, in denen der Schwerpunkt der Kriegsproduktion lag, und später – durch die G. I. Bill – auch dafür sorgte, dass die Kriegsheimkehrer jene Qualifikationen erwarben, die für einen erfolgreichen Einstieg in die neue Industrieökonomie erforderlich waren. Für weitergehende Ausführungen zu diesem Punkt vgl. die in Kapitel 6, Anmerkung 7, zitierten Studien.

16 Die moderne Wirtschaftstheorie hat (ausgehend vom Konzept der Informationsasymmetrie) erklärt, warum dies so ist und warum die Probleme grundsätzlicher Art sind.

17 Diese Idee wurde näher ausgeführt in Joseph E. Stiglitz und Jungyoll Yun, »Integration of Unemployment Insurance with Retirement Insurance«, *Journal of Public Economics*, 89, Nr. 11–12 (2005), S. 2037–67; und »Optimal Provision of Loans and Insurance Against Unemployment From A Lifetime Perspective« (NBER Working Paper Nr. 19 064, 2013).

18 Ich danke Alan Krueger für Diskussionen über diese Fragen. Der Staat könnte zum Beispiel einen Teil der Differenz zwischen dem Lohn des alten Arbeitsplatzes und dem der neuen Stelle zumindest eine Zeit lang ausgleichen; der Einzelne könnte dann weiterhin nach einer besseren Stelle suchen. Langfristig wird er entweder diese Stelle finden oder aber seine Lohnerwartungen herunterschrauben. Doch im Rahmen dieses Programms hätte er wenigstens eine Stelle.

19 Automatische Stabilisatoren führen dem Wirtschaftssystem mithin möglicherweise bereits Geld zu, noch bevor Standardindikatoren (wie das Wachstum des BIP oder die Höhe der Arbeitslosigkeit) überhaupt auf ein Problem hinweisen. Insbesondere im politischen System der USA, in dem sich die beiden großen Parteien systematisch wechselseitig blockieren, genügt es nicht, ein Problem zu erkennen, wie uns die Reaktion auf die Große Rezession zeigte. Es kann zu langen, kostspieligen Verzögerungen kommen, ehe der Kongress beschließt, der Wirtschaft die notwendigen Mittel zuzuführen.

20 In zahlreichen Büchern wird für ein bedingungsloses Grundeinkommen geworben, u. a.: Guy Standing, *Basic Income: A Guide for the Open-Minded* (New Haven 2017); Annie Lowrey, *Give People Money: How a Universal Basic Income Would End Poverty, Revolutionize Work, and Remake the World* (New York 2018); und Philippe Van Parijs und Yannick Vanderborght, *Basic Income: A Radical Proposal for a Free Society and*

a Sane Economy (Cambridge, MA, 2017). Die Titel geben zu verstehen, dass ein bedingungsloses Grundeinkommen nach Ansicht der Autoren unsere Gesellschaft von Grund auf verändern würde.

21 Einige haben behauptet, dass damit auch politische Vorteile verbunden sind – universelle Programme wie Social Security erhalten mehr Unterstützung, einfach deshalb, weil sie universell sind. Im Englischen gibt es einen alten Spruch, wonach »*means-tested*« (»means« im Sinne von »Einkommen«), also von einer Bedürftigkeitsprüfung abhängige Sozialprogramme *mean* seien (im altenglischen Sinne von »knauserig«).

22 Die Beibehaltung extrem niedriger Zinssätze kann Fehlanreize in der Wirtschaft und insbesondere im Finanzsektor hervorrufen und übermäßige Investitionen in kapitalintensive Technologien fördern sowie zu viel zu niedrigen Risikoprämien führen. Die Fokussierung auf die Geldpolitik kann außerdem zinssensible Sektoren einer übermäßigen Belastung aussetzen.

23 Daten der OECD.

24 Vgl. Peter Wagner und Wendy Sawyer, »Mass Incarceration: The Whole Pie 2018«, Prison Policy Initiative, 14. März 2018.

25 »Employed Full Time: Median Usual Weekly Real Earnings: Wage and Salary Workers: 16 Years and Over«, St. Louis FRED Economic Data, aufgerufen am 14. Juli 2018, verfügbar unter https://fred.stlouisfed.org/series/LES1252881600Q. Einige haben behauptet, Ursache für diese niedrige Erwerbsquote sei die Tatsache, dass diejenigen, die nicht als Erwerbspersonen angesehen würden, nicht über die passenden Qualifikationen für die geschaffenen Stellen verfügten. Solche Diskrepanzen zwischen Qualifikationen und Anforderungsprofil erklären nicht vollständig die gegenwärtige Lage auf dem Arbeitsmarkt, denn wenn das der Fall wäre, hätten die Löhne von Personen mit Qualifikationen, bei denen die Nachfrage das Angebot übersteigt, eigentlich steigen müssen, während Abwärtsrigiditäten bei Löhnen in anderen Bereichen dort zu begrenzten Rückgängen geführt hätten. Entsprechend hätten die Durchschnittslöhne viel schneller ansteigen müssen, als sie es taten.

26 Wie es die USA während des Irak- und Afghanistankriegs taten. Vgl. Joseph Stiglitz und Linda Bilmes, *Die wahren Kosten des Krieges. Wirtschaftliche und politische Folgen des Irak-Konflikts* (München 2008).

27 Es handelt sich de facto um eine Subvention, wenn man nicht die tatsächlichen sozialen Kosten (wie zum Beispiel den Wert der Umweltschäden) trägt. Ohne Kohlenstoffsteuern kommen Unternehmen in keiner Weise für die von ihnen verursachten Umweltschäden auf. Wenn wir Unternehmen nicht zwingen, die Schäden, die sie der Allgemeinheit auferlegen, zu bezahlen, subventionieren wir sie de facto.

28 Selbst nach der herkömmlichen Messweise, ohne Berücksichtigung des Nutzens für die Umwelt. Ein Teil des Aufkommens dieser Steuer wiederum könnte für Investitionen in eine »grüne« Ökonomie, zum Beispiel für einen klimafreundlichen Umbau unserer öffentlichen Infrastruktur, genutzt werden. All dies (einschließlich der daraus resultierenden Schaffung von Arbeitsplätzen im privaten und öffentlichen Sektor) ist Teil dessen, was heute »Green New Deal« genannt wird. Einige haben sich entsprechend den Empfehlungen der High-Level Commisson on Carbon Prices, die ich gemeinsam mit dem britischen Wirtschaftswissenschaftler Nicholas Stern leitete, für eine Kohlenstoffsteuer ausgesprochen, schlugen aber vor, die Einnahmen daraus den Steuerzahlern zurückzuerstatten. Die Befürworter einer solchen Maßnahme ignorieren unsere eindringliche Warnung bezüglich des Ausmaßes neuer Investitionen einschließlich öffentlicher Investitionen, das ein solcher ökologischer Umbau der Wirtschaft erfordern würde. (Ein globales Konsortium aus hochrangigen Wirtschafts- und Regierungsvertretern, das damals von der französischen Umweltministerin Ségolène Royal und einem führenden niederländischen Geschäftsmann geleitet wurde, beauftragte uns, die

Höhe einer Kohlenstoffsteuer zu ermitteln, die notwendig wäre, um das Ziel einer Begrenzung der globalen Erwärmung auf 1,5° C bis 2° C zu erreichen, das in den internationalen Abkommen von Paris und Kopenhagen vereinbart worden war. Vgl. »Report on the High-Level Commission on Carbon Prices«, auch »The Stern-Stiglitz Report« genannt, Carbon Pricing Leadership Coalition, aufgerufen am 4. Juli 2018, verfügbar unter https://www.carbonpricingleadership.org/report-of-the-highlevel-commission-on-carbon-prices/.) Eine Kohlenstoffsteuer hätte den weiteren Vorteil, dass sie eine Fokussierung der Forschung auf die Verringerung der Kohlenstoffemissionen – auf die Rettung des Planeten – fördern würde. In unserem gegenwärtigen System, in dem Kohlenstoffemissionen Unternehmen keine Kosten verursachen, haben diese nur einen geringen Anreiz, um ihre Emissionen durch Innovationen zu senken.

29 Das Argument ist einfach: Der wachstumsanregende Effekt der Staatsausgaben ist stärker als der wachstumshemmende Effekt der Steuer. Der wachstumsdämpfende Effekt ist besonders klein, wenn die Steuern den Superreichen auferlegt werden; und die wachstumsanschiebenden Effekte sind bei bestimmten Typen von Investitionen wie etwa in Bildung und Technologie und bei vielen Umweltinvestitionen möglicherweise besonders groß.

30 Vgl. Mazzucato, *Das Kapital des Staates.*

31 »Some Dates and Figures«, European Investment Bank, aufgerufen am 4. Juli 2018, verfügbar unter http://www.eib.org/about/key_figures/index.htm.

32 Bald nach ihrem Amtsantritt gab es seitens der Regierung Trump Vorschläge, Hedgefonds durch Gewährung großer Steuervorteile zur Bereitstellung von Infrastrukturfinanzierungen zu bewegen. Steuervergünstigungen sind selbstverständlich nicht »kostenlos«; sie entziehen dem Staat Gelder, die er anderweitig hätte ausgeben können. Allerdings wären Finanzierungen durch eine nationale Infrastrukturbank für die Allgemeinheit weitaus kostengünstiger als Finanzierungen durch Hedgefonds, die grundsätzlich stärker daran interessiert wären, Flughäfen und andere Projekte, die ihnen direkte Einnahmen bescherten, zu finanzieren als Straßen in ländlichen Regionen und andere, stärker vernachlässigte Aspekte unserer Infrastruktur.

33 Empirische Daten aus anderen Ländern zeigen, dass solche Anstrengungen nicht nur die Lebensqualität verbessern, sondern auch Wissenserwerb fördern und die Kriminalität senken. In Krankenhäusern, Schulen und den Seniorenheimen gibt es weitere Arbeitsmöglichkeiten. Die Verkürzung von Wartezeiten für diejenigen, die öffentliche Dienstleistungen in Anspruch nehmen, hat einen Wert, der in unserer volkswirtschaftlichen Gesamtrechnung nicht angemessen abgebildet wird.

34 Für eine Beschreibung der Erfolge des indischen Programms vgl. Jayati Ghosh, »Can Employment Schemes Work? The Case of the Rural Employment Guarantee in India«, in *Contributions to Economic Theory, Policy, Development, and Finance: Essays in Honor of Jan A. Kregel*, hg. v. Dmitri Papadimitriou (London 2014), S. 145–71. Selbstverständlich hat der indische Arbeitsmarkt eine ganz andere Struktur als der US-amerikanische, sodass das Programm anders konzipiert werden müsste. Dennoch bleibt die Tatsache bestehen, dass sich ein viel ärmeres Land mit einem viel kleineren Prozentsatz von Arbeitnehmern in regulären Arbeitsverhältnissen ein Programm mit einer Beschäftigungsgarantie leisten konnte und es erfolgreich umsetzte. Daher sollten auch die USA dazu in der Lage sein. Bei der Umsetzung eines solchen Programms müssen viele technische Details geklärt werden. Einerseits wäre es falsch, diesen Arbeitnehmern keinen auskömmlichen Lohn zu zahlen. Andererseits möchte man die Schaffung von Arbeitsplätzen im Privatsektor nicht beeinträchtigen. Diese Maßnahme sollte daher als Ultima Ratio angesehen werden: Die Hoffnung besteht, dass mit geeigneten geld- und fiskalpolitischen Maßnahmen die Vollbeschäftigung für alle Gruppen erreichbar ist. Allerdings ist dies nicht immer der Fall. Die Arbeitslosigkeit von Afroamerikanern ist

oftmals doppelt so hoch wie beim Rest der Bevölkerung, teilweise aufgrund von Diskriminierung; und dies bedeutet: Wenn es der Regierung nicht gelingt, die Gesamtarbeitslosigkeit auf ein sehr niedriges Niveau zu drücken, wird die Arbeitslosigkeit bei dieser und anderen Gruppen unannehmbar hoch sein. Beschäftigungsgarantieprogramme weisen gewisse Ähnlichkeiten mit *Workfare* auf, einem Arbeitsmarktkonzept, das Sozialleistungen an die Pflicht zur Arbeitsaufnahme oder zur Teilnahme an Qualifizierungsmaßnahmen knüpft und eine durchwachsene Erfolgsbilanz hat. Oftmals waren die zugewiesenen Arbeitsaufgaben keine wirklich sinnvollen Tätigkeiten, die einbezogenen Personen waren möglicherweise für die Aufgaben nicht ausreichend ausgebildet, und es fanden kaum berufliche Qualifizierungsmaßnahmen statt, die die Betreffenden befähigt hätten, wieder in den regulären Arbeitsmarkt einzusteigen. Erkenntnisse aus diesen Fehlschlägen könnten in die Konzipierung eines effektiven Beschäftigungsgarantieprogramms einfließen. Selbst ein mit Mängeln behaftetes Programm könnte wünschenswert sein, wenn wir uns einmal die sehr hohen sozialen Kosten von Langzeitarbeitslosigkeit vor Augen führen, insbesondere dann, wenn sich diese an gewissen Orten oder auf gewisse Untergruppen der Bevölkerung konzentriert.

35 Einige rechtsstehende Politiker behaupten, man solle alles dem Markt überlassen. Wenn der Nutzen der Arbeitstätigkeit einschließlich der Fähigkeit, die Kosten von Kinderbetreuung zu zahlen, unter dem Strich unzulänglich ist, sollte der Betreffende nicht arbeiten; nach dieser Sichtweise verzerren staatliche Kinderbetreuungszuschüsse die effiziente Funktionsweise des Arbeitsmarkts. Dies ignoriert die vielfältigen Verzerrungen, die bereits auf dem Arbeitsmarkt und andernorts in der Gesellschaft existieren, wie etwa eine weitverbreitete Geschlechterdiskriminierung; und es ignoriert die gesellschaftliche Wertschätzung der Arbeit, die Bedeutung der Arbeit für die individuelle Selbstachtung und die Zunahme des Humankapitals durch Erwerbstätigkeit.

36 Es versteht sich von selbst, dass dies bedeutet, dass man Arbeitskräften Kompetenzen vermittelt, die besser auf die Bedürfnisse des Arbeitsmarkts zugeschnitten sind.

37 Zum Thema Prädistribution vgl. Jacob S. Hacker und Paul Pierson, *Winner-Take-All Politics: How Washington Made the Rich Richer – And Turned Its Back on the Middle Class* (New York 2010); und Stiglitz, *Der Preis der Ungleichheit.*

38 Für eine umfassendere Diskussion der Bestimmungsfaktoren der Lohnungleichheit vgl. die Diskussion in Kapitel 2 einschließlich Anmerkung 23.

39 Auch nach der Aufhebung des Glass-Steagall Act, jenes Gesetzes, das die Trennung von Geschäfts- und Investmentbanken anordnete, kam es zu einer enormen Zunahme der Konzentration im Bankensektor, was zur Folge hatte, dass die Banken noch mehr Marktmacht erhielten. Die Vermögenswerte der fünf größten Banken in Prozent der Gesamtaktiva sämtlicher Geschäftsbanken stieg von 29 Prozent im Jahr 1998 (dem Jahr vor der Aufhebung von Glass-Steagall) auf 46 Prozent im Jahr 2015. »5-Bank Asset Concentration for United States«, St. Louis FRED Economic Data, aufgerufen am 14. Juli 2018, https://fred.stlouisfed.org/series/DDOI06USA156NWDB.

40 Es gibt eine hitzige Debatte über die relativen Vorteile einer Erhöhung des Mindestlohns gegenüber einer Erhöhung staatlicher Lohnzuschüsse. Ich glaube, die USA brauchen beides.

41 Miles Corak hat den Zusammenhang zwischen Einkommensgleichheit und Chancengleichheit empirisch nachgewiesen. Alan Krueger, Vorsitzender des Wirtschaftswissenschaftlichen Beirats unter Präsident Obama, nannte diesen Zusammenhang die »Große-Gatsby-Kurve«. Vgl. Corak, »Income Inequality, Equality of Opportunity, and Intergenerational Mobility«, *Journal of Economic Perspectives* 27, Nr. 3 (2013), S. 79–102; und Krueger, »The Rise and Consequences of Inequality in the United States«, Vortrag am Center for American Progress, 12. Jan. 2012.

42 Die reichsten 25 Prozent der Schulbezirke geben laut US-Bildungsministerium 15,6 Prozent mehr Geld aus als die ärmsten 25 Prozent, Daten aus dem Education Finance Statistics Center, aufgerufen am 4. Juli 2018, verfügbar unter http://nces.ed.gov/edfin/xls/A1_FY2012.xls. C. Kirabo Jackson, Rucker C. Johnson und Claudia Persico kamen in einer Studie zu dem Ergebnis, dass jede 10-prozentige Erhöhung der Ausgaben pro Schüler während ihres zwölfjährigen Schulbesuchs zu einem um 7 Prozent höheren Lohn und einem um 3,2 Prozent niedrigeren jährlichen Armutsrisiko führt. Vgl. Jackson, Johnson und Persico, »The Effects of School Spending on Educational and Economic Outcomes: Evidence from School Finance Reforms«, *Quarterly Journal of Economics* 131, Nr. 1 (2016), S. 157–218. Diese Ergebnisse stimmen mit denjenigen überein, auf die wir in Kapitel 2 eingegangen sind, nämlich dass Menschen, die in bestimmten Regionen aufwachsen, geringere Aufstiegschancen haben.

43 In Anbetracht der Bedeutung des Bildungswesens ist es nicht weiter verwunderlich, dass es zahllose Reformbemühungen und Bücher gibt, die alternative Ansätze vorschlagen. Ein paar Absätze können dieser reichhaltigen Literatur nicht gerecht werden. Ich habe eine dieser Reformanstrengungen, den Leistungslohn, diskutiert. Eine andere konzentriert sich auf Charter Schools – also die Zulassung neuer Schultypen. Diese Schulen sind allerdings in der Regel öffentlichen Schulen nicht überlegen (Philip Gleason, Melissa Clark, Christina Clark Tuttle und Emily Dwoyer, »The Evaluation of Charter School Impacts: Final Report (NCEE 2010–4029)« [Washington, DC: National Center for Education Evaluation and Regional Assistance, Institute of Education Sciences, U.S. Department of Education, 2010]), einige wenige erzielten jedoch bemerkenswerte Erfolge. Sie sollten als »Labore der pädagogischen Innovation« betrachtet werden, aus denen erfolgreiche Projekte von öffentlichen Schulen übernommen werden. Sie sollten nicht als eine Alternative zu öffentlichen Schulen betrachtet werden. Dies würde beinahe zwangläufig zu einem Schulsystem mit wirtschaftlicher, sozialer und wahrscheinlich auch ethnischer Segregation führen. Eine dritte Säule von Reformen setzt an den heftig kritisierten Lehrergewerkschaften an – das ist seltsam, weil die Schulen mit hohem gewerkschaftlichem Organisationsgrad zu den besten gehören. Die in den Führungsetagen der Konzerne weitverbreiteten arbeiter- und gewerkschaftsfeindlichen Einstellungen fanden, wenig verwunderlich, ihren Weg in die Debatte über Bildungsreform.

44 Im Verfahren *Shelby County v. Holder*, in dem er eine Schlüsselbestimmung des Gesetzes für verfassungswidrig erklärte. Das Gesetz unterstellte die Regionen der USA mit einem historischen Erbe der Wählerdiskriminierung der Bundesaufsicht. Befreit von den Beschränkungen, haben viele dieser Regionen Maßnahmen ergriffen (wie etwa die Schließung und Verlegung von Wahllokalen), die die Stimmabgabe durch Afroamerikaner behindern. Geringe Wahlbeteiligung hat Folgen für die Zuteilung öffentlicher Ressourcen. Für eine umfassendere Diskussion dieser Ideen einschließlich der Entscheidung des Obersten Gerichtshofs vgl. Kapitel 8.

45 Quelle: World Prison Population List, International Center for Prison Studies.

46 Dieses System der massenhaften Inhaftierung wurde »New Jim Crow« (neues System der Rassendiskriminierung) genannt. Wie in Kapitel 8 angemerkt, dient es jedoch einem politischen Zweck: Es erleichtert das Vorhaben, einer großen Zahl von Afroamerikanern das Wahlrecht zu entziehen. Vgl. Alexander, *The New Jim Crow*. Es ist auch ein System der Ausbeutung. Wie erwähnt, stellen Strafgefangene heute fast 5 Prozent aller Industriearbeiter in den USA, und ihre Löhne liegen in der Regel weit unter dem Mindestlohn.

47 Die Finanzkrise hat die schlimmsten Seiten des US-Wirtschafts- und Gerichtssystems zum Vorschein gebracht. Banken wie Wells Fargo wählten gezielt Afroamerikaner als Opfer ihrer ausbeuterischen Kreditvergabepraktiken aus. Fast keiner der reichen Ban-

ker, die für die Krise (beziehungsweise für diese Diskriminierung) verantwortlich waren, wurde zur Rechenschaft gezogen – nicht einmal für das Verbrechen, Menschen, die keinerlei Kreditschulden hatten, zum Verlassen ihrer Häuser zu zwingen, und dies betraf auch viele Eigenheimbesitzer, bei denen die Banken ihren Dokumentationspflichten nicht nachgekommen waren. Vgl. »Gerechtigkeit für manche Menschen« in Stiglitz, *Arm und Reich*, S. 213–16.

48 Vgl. Andrea Flynn, Dorian T. Warren, Susan Holmberg und Felicia Wong, »Rewrite the Racial Rules: Building an Inclusive American Economy«, Roosevelt Institute, Juni 2016.

49 In Interviews von Trump-Unterstützern war eines der Themen, das immer wieder erwähnt wurde, ihr Eindruck, andere könnten ohne eigene Anstrengung die soziale Stufenleiter erklimmen. Beim Golfspiel wissen wir, dass ein Wettbewerb »auf Augenhöhe« die Zuweisung eines Handicaps erfordert. Ebenso müssen wir erkennen, dass manche Menschen mit Benachteiligungen ins Leben starten und Hilfe benötigen, damit sie auch wirklich »auf Augenhöhe« mit anderen konkurrieren können.

50 Diese Argumente sind Teil einer Klage, die im Namen von 21 Kindern gegen die Klimapolitik der Regierung Trump eingereicht wurde. Gegenwärtig liegt dieser Fall, *Juliana v. US*, so lange auf Eis, bis die Hauptverhandlung in Eugene, Oregon, eröffnet wird, nachdem der Oberste Gerichtshof (in einer 7–2-Entscheidung) das Klagerecht von Kindern bestätigt hat. Ich wirke als Sachverständiger an dem Verfahren mit.

51 Vgl. Stiglitz, »Reforming Taxation to Promote Growth and Equity«, Roosevelt Institute White Paper, 28. Mai 2014. Wichtige Reformschritte wären die vollständige Besteuerung von Dividenden, Vermögenszuwächsen, der Zinsen auf Kommunalobligationen und das Stopfen einer Vielzahl von Schlupflöchern einschließlich der Bestimmung über die Heraufsetzung des Buchwerts (eines ererbten Vermögenswerts) für die Besteuerung von Veräußerungsgewinnen bei ererbten Vermögenswerten, sodass Steuern nur auf die Differenz zwischen dem Preis, zu dem der Vermögenswert veräußert wird, und dem Preis zum Zeitpunkt des Erbfalls fällig werden – der gesamte Vermögenszuwachs in der früheren Generation bleibt steuerfrei.

52 Zu diesen gehört auch die früher erwähnte Bestimmung zur »Gewinnbeteiligung« (im US-Bundessteuergesetz von 1986): Leitende Angestellte von Private-Equity-Gesellschaften (die Unternehmen kaufen, sie restrukturieren und dann verkaufen) zahlen in der Regel auf ihr Einkommen die niedrige Kapitalertragssteuer und nicht die viel höhere Einkommensteuer, die Arbeitnehmer in anderen Sektoren zahlen müssen.

53 Auch wenn die empirischen Daten in all diesen Fällen darauf hindeuten, dass die Reaktionen normalerweise gering sind – die Steuerelastizitäten sind niedrig, wie die Wirtschaftswissenschaftler sagen.

54 Vgl. Henry George, *Fortschritt und Armut: Eine Untersuchung über die Ursache der industriellen Krisen und der Zunahme der Armut bei zunehmendem Reichtum* (Marburg 2017), S. 339–49.

55 Man kann dies auch noch auf andere Weise betrachten: Der Wert von Land wird abnehmen, und wenn Menschen daher ein gewisses Vermögen zum Beispiel für ihren Ruhestand bilden wollen, müssten sie einen größeren Teil dieses Vermögens in Form von Produktivkapital halten.

56 Vgl. »The Stern-Stiglitz Report«, der in Anmerkung 28 oben diskutiert wird.

57 Selbstverständlich ist es sinnvoll, unsere hohen Subventionen für fossile Energieträger abzuschaffen (geschätzte 20,5 Milliarden Dollar an »Konzernwohlfahrt« pro Jahr, ein Großteil davon in Form steuerlicher Vergünstigungen, und auf diese Weise könnte der Staat die zusätzlichen Einnahmen für andere Zwecke ausgeben). David Roberts, »Friendly Policies Keep US Oil and Coal Afloat Far More than We Thought«, Vox, 7. Okt. 2017, basierend auf Daten von Oil Change International. Diese Daten lassen

allerdings viele Kategorien von Subventionen unberücksichtigt, etwa diejenigen, die direkt Verbrauchern zufließen. Der IWF veranschlagt die Energiesubventionen (die meisten davon für fossile Energieträger) auf 5,3 Billionen Dollar im Jahr 2015, was 6,5 Prozent der globalen Wirtschaftsleistung entspricht. David Coady, Ian Parry, Louis Sears und Baoping Shang, »How Large Are Global Energy Subsidies?«, *International Monetary Fund*, 2015. Sie schätzen die US-Subventionen auf 600 Milliarden Dollar pro Jahr.

58 Die Gesamthöhe der globalen Schäden aufgrund von Naturkatastrophen belief sich auf 335 Milliarden Dollar. Auf die Vereinigten Staaten entfielen 88 Prozent der globalen wirtschaftlichen Verluste. *Natural Disasters 2017*, www.emdat.be/publications (aufgerufen am 28. Jan. 2019). Vgl. auch Pascaline Wallemacq und Rowena House, »Economic Losses, Poverty and Disasters 1998–2017« (United Nations Office for Disaster Risk Reduction and Centre for Research on the Epidemiology of Disasters, 2018), aufgerufen am 24. Jan. 2019, https://www.unisdr.org/we/inform/publications/61119.

59 Tatsächlich beeinträchtigt sie die Effizienz der Finanzmärkte. Wie Michael Lewis in seinem 2014 erschienenen Buch *Flash Boys: Revolte an der Wall Street* (München 2014) darlegt, ist ein Großteil des Hochfrequenzhandels nichts anderes als eine technologisch fortgeschrittene Form von »Frontrunning« (eine Art des Insiderhandels, bei dem Börsenmakler vertrauliche Informationen für eigene Geschäfte nutzen), das in weniger ausgetüftelter Form illegal ist. Das Geld, das diesen Wertpapierhändlern zufließt, ist Geld, das andernfalls denjenigen zugeflossen wäre, die in reale, womöglich die gesamtwirtschaftliche Effizienz steigernde Informationen investieren. Vgl. Joseph E. Stiglitz, »Tapping the Brakes: Are Less Active Markets Safer and Better for the Economy?«, Vortrag auf der Federal Reserve Bank of Atlanta 2014 Financial Markets Conference: Tuning Financial Regulation for Stability and Efficiency, 15. Apr. 2014, verfügbar unter http://www.frbatlanta.org/documents/news/conferences/14fmc/Stiglitz.pdf.

10. Ein menschenwürdiges Leben für alle

1 Selbst in Costa Rica, das nur ein Viertel des Pro-Kopf-Einkommens der USA aufweist, haben die Menschen eine längere Lebenserwartung, weil der Staat eine qualitativ hochwertige Gesundheitsversorgung für alle sicherstellt.

2 Daten des U.S. Bureau of Economic Analysis. Die Bruttoverschuldung erreichte nach dem Zweiten Weltkrieg mit 119 Prozent des BIP ihren Höchststand. »Gross Federal Debt as Percent of Gross Domestic Product«, St. Louis FRED, aufgerufen am 15. Juli 2018, abrufbar unter https://fred.stlouisfed.org/series/GFDGDPA188S.

3 Die Renditen von Bildungsinvestitionen waren immens – nach einem Bericht des Kongresses beliefen sie sich auf 7 Dollar je investiertem Dollar. Es gab große Unterschiede zwischen den Rassen bezüglich der Inanspruchnahme von Studienbeihilfen: Nur 12 Prozent der Afroamerikaner nahmen ein Studium auf, im Gegensatz zu 28 Prozent der Weißen. Edward Humes erklärt den Mechanismus, über den diese Diskriminierung erfolgte, in »How the GI Bill Shunted Blacks into Vocational Training«, *The Journal of Blacks in Higher Education*, Nr. 53 (Herbst 2006), S. 92–104. Es ist bemerkenswert, dass sich die G.I. Bill zwar auf das Bildungsniveau im Norden, nicht aber im Süden auswirkte. Vgl. Sarah Turner und John Bound, »Closing the Gap or Widening the Divide: The Effects of the GI Bill and World War II on the Educational Outcomes of Black Americans«, *The Journal of Economic History* 63, Nr. 1 (2003), S. 145–77. Die G.I. Bill gewährte auch Zuschüsse beim Immobilienkauf, aber die Praxis des »Redlining« – Bewohner bestimmter Gebiete, in denen vornehmlich Schwarze oder Angehörige ethnischer Minderheiten lebten, erhielten bestimmte Dienstleistungen nur ver-

teuert – bei der Kreditvergabe bedeutete auch, dass Afroamerikaner nicht in der Lage waren, diese Zuschüsse umfassend zu nutzen. Vgl. Edward Humes, *Over Here: How the G. I. Bill Transformed the American Dream* (New York 2006).

4 Während die Diskussion in diesem Kapitel betont, wie wichtig staatliche Programme (einschließlich neuer öffentlicher Optionen) sind, um allen Amerikanern ein Leben in Würde zu ermöglichen, sollte auch der Beitrag nicht vergessen werden, den die im vorangehenden Kapitel erörterten regulatorischen Ordnungsrahmen dazu leisten. Ein Leben in Würde setzt voraus, dass Arbeitnehmer nicht leicht von ihren Arbeitgebern ausgebeutet werden können (zum Beispiel durch geteilte Schichten und Nullstundenverträge), dass die Umwelt nicht verschmutzt wird und dass man als Verbraucher nicht ständig von den Unternehmen ausgebeutet wird, deren Dienstleistungen man in Anspruch nehmen muss – ob es der Internetanbieter, die Mobilfunkgesellschaft oder Fluggesellschaften sind.

5 Die öffentliche Option ist daher möglicherweise einem ausschließlich staatlichen Dienstleistungsangebot ohne Wahlmöglichkeit vorzuziehen.

6 Ironischerweise führte der Kongress bei Medicare eine begrenzte private Option ein – aber er musste den privaten Anbietern erhebliche Subventionen zukommen lassen, damit sie konkurrenzfähig waren.

7 Bereits bevor Trump versuchte, den Affordable Care Act zu untergraben, hatten rund 12 Prozent der erwachsenen US-Amerikaner – 30 Millionen Menschen – keinen Versicherungsschutz. Vgl. Zac Auter, »U.S. Uninsured Rate Steady at 12.2% in Fourth Quarter of 2017« (Gallup, 16. Jan. 2018); und Edward R. Berchick, Emily Hood und Jessica C. Barnett, »Current Population Reports, P60–264, Health Insurance Coverage in the United States: 2017« (US Government Printing Office, Washington, DC, 2018). Das Congressional Budget Office (CBO) schätzte im November 2017, dass infolge des Steuergesetzes von 2017 bis 2027 weitere 13 Millionen Personen nicht mehr versichert sein werden. Vgl. »Repealing the Individual Health Insurance Mandate: An Updated Estimate« (CBO, 8. Nov. 2017).

8 Diese Option bedeutet im Wesentlichen nichts anderes, als dass Subventionen, die durch das private Versicherungssystem von den Gesunden an Kranke fließen, durch das Steuersystem erbracht werden.

9 Vgl. Peter R. Orszag und Joseph E. Stiglitz, »Rethinking Pension Reform: Ten Myths about Social Security Systems«, in *New Ideas about Old Age Security*, hg. v. Robert Holman und Joseph E. Stiglitz (Washington, DC: World Bank, 2001), S. 17–56. Die meisten Versicherten wissen nichts von den Gebühren, die alternative Pläne berechnen, und sie kennen daher auch nicht die Auswirkungen von Gebühren auf ihr Renteneinkommen. In den USA vermindern die Transaktionskosten von individuellen Rentensparplänen die Rentenleistungen um schätzungsweise 30 Prozent. Vgl. Robert Hiltonsmith, »The Retirement Savings Drain: The Hidden and Excessive Costs of 401(k)s«, New York: Demos.org, 2012, abgerufen am 24. Januar 2019, verfügbar unter https://www.demos.org/publication/retirement-savings-drain-hidden-excessive-costs-401ks.

10 Vgl. die Diskussion in Anmerkung 21, Kapitel 5. Die Regierung Trump, die sich auf die Seite der Banken schlug und deren Wunsch unterstützte, sich auf Kosten von Ruheständlern zu bereichern, indem sie weiterhin Interessenkonflikte ausnutzten, verzögerte die Einführung einer Pflicht zur treuhänderischen Vermögensverwaltung – wie sie in anderen Industriestaaten gang und gäbe ist. Dann kippte das Bundesberufungsgericht für den Fünften Gerichtsbezirk, das für Texas, Louisiana und Mississippi zuständig ist, die Regel. Vgl. für eine vertiefte Diskussion zum Beispiel Alessandra Malito, »The Fiduciary Rule Is Officially Dead. What Its Fate Means to You«, *Market Watch*, 25. Juni 2018, https://www.marketwatch.com/story/is-the-fiduciary-rule-dead-or-alive-what-its-fate-means-to-you-2018-03-16.

11 Das sogenannte Originate-to-Distribute-System, bei dem Hypothekenmakler Banken halfen, Hypothekendarlehen zu vertreiben, worauf sie Darlehensforderungen an Investmentbanken verkauften, die diese zu Wertpapieren bündelten, die dann an Pensionsfonds und andere, die ihr Portfolio diversifizieren wollten, weiterverkauft wurden. Der Vorgang wird in Kapitel 5 beschrieben.

12 Vgl. Laurie Goodman, Alanna McCargo, Edward Golding, Jim Parrott, Sheryl Pardo, Todd M. Hill-Jones, Karan Kaul, Bing Bai, Sarah Strochak, Andrea Reyes und John Walsh, »Housing Finance at a Glance: A Monthly Chartbook«, Urban Institute, Dez. 2018, verfügbar unter https://www.urban.org/research/publication/housing-finance-glance-monthly-chartbook-december-2018/view/full_report.

13 Das ökonomische Modell wird »hedonische Preisberechnung« genannt; dabei wird der Wert ermittelt, den Märkte verschiedenen Eigenschaften eines Hauses wie etwa seiner Lage und den verschiedenen Ausstattungsmerkmalen zuschreiben.

14 So haben zum Beispiel die Hypothekenfinanzierungsinstitute und Investmentbanken Mietobjekte oftmals als Eigentumsobjekte dargestellt. Dies ist wichtig, weil das Kreditausfallrisiko bei Ersteren viel höher ist als bei Letzteren.

15 Wirtschaftswissenschaftler sprechen in diesem Zusammenhang von »Verbundvorteilen«. Für die meisten Kreditnehmer könnten die Zahlungen direkt mit ihrer Gehaltsabrechnung verbunden werden, mit Grenzkosten, die de facto bei null liegen würden. Es gibt eine Reihe von praktischen Fragen und Problemen, die im Zusammenhang mit diesem Vorschlag gelöst werden müssten. Auch wenn diese wichtigen Details unsere Aufmerksamkeit erfordern, geht es uns hier lediglich um den Hinweis, dass es genügend Möglichkeiten gibt, um eine öffentliche Kreditanstalt zu gründen, die erheblich effizienter wäre als bestehende Strukturen – die, ob stillschweigend oder ausdrücklich, die Risikoübernahme und die Gewährleistung auf den Staat abwälzen.

16 Das Hypothekenprodukt mit einer Laufzeit von 30 Jahren hätte eine viel geringere Ausfallwahrscheinlichkeit als jene Produkte, zu denen Privatmärkte in den Jahren vor der Krise zunehmend tendierten, wie etwa variabel verzinsliche oder Schlussratenkredite; aber selbst dieses Produkt teilt Risiken nicht so effizient und stabilisiert die Wirtschaft nicht in der gleichen Weise wie viele andere, die vorgeschlagen worden sind (wie etwa das gerade im Text beschriebene) und, in einigen Fällen, bereits in anderen Ländern angeboten werden (einschließlich der berühmten dänischen Hypothekenanleihen).

17 Vgl. zum Beispiel Deirdre Bloome, Shauna Dyer und Xiang Zhou, »Educational Inequality, Educational Expansion, and Intergenerational Income Persistence in the United States«, *American Sociological Review* 83, Nr. 6 (2018), S. 1215–53.

18 Vgl. James J. Heckman, »Invest in early childhood development: Reduce deficits, strengthen the economy«, https://heckmanequation.org/www/assets/2013/07/F_HeckmanDeficitPieceCUSTOM-Generic_052714-3-1.pdf; und Ajay Chaudry, Taryn Morrissey, Christina Weiland und Hirokazu Yoshikawa, *Cradle to Kindergarten: A New Plan to Combat Inequality* (New York 2017).

19 Die Alternativen unterscheiden sich vor allem in den Auswirkungen auf die Einkommensverteilung zwischen den Generationen, die noch von anderen Faktoren beeinflusst wird, wie etwa der Ausgestaltung der Social Security (Renten). Einkommensabhängige Kredite erlegen der Generation die Last der (Aus-)Bildungsfinanzierung auf, die die Bildung erhält, während ein unentgeltliches Studium die Last der gegenwärtigen Erwerbsbevölkerung auferlegt.

20 Kreditschuldner sollten einen staatlichen Kredit erhalten können, um den Privatkredit zurückzuzahlen; Vorfälligkeitsentschädigungen sollten verboten werden.

21 Für eine Diskussion über den Zusammenhang zwischen Ungleichheit und wirtschaftlicher Segregation vgl. Sean F. Reardon und Kendra Bischoff, »Income Inequality and Income Segregation«, *American Journal of Sociology* 116, Nr. 4 (2011), S. 1092–1153.

11. Rückbesinnung auf die Werte und Ideale Amerikas

1 Selbstverständlich lassen sich die beiden nicht völlig voneinander trennen, wie wir deutlich in Kapitel 5 gesehen haben: Die moralische Verkommenheit der Banker hat maßgeblich dazu beigetragen, dass unser Finanzsystem nicht so funktionierte, wie es hätte funktionieren sollen.

2 Im 19. Jahrhundert wurde dieser Archetyp in einer Reihe von Büchern von Horatio Alger eingefangen, der verarmte Jungen beschrieb, die es durch Entschlossenheit und harte Arbeit zu Wohlstand brachten.

3 Die meisten der selektivsten Hochschulen in den USA haben »bedürfnisblinde« Zulassungsverfahren, das heißt, Bewerber werden unabhängig von den finanziellen Verhältnissen ihrer Eltern zugelassen, und sie bieten Finanzierungen an, um sicherzustellen, dass sich alle einschreiben können. Trotzdem stammt ein bemerkenswert kleiner Teil (unter 10 Prozent) aus Haushalten aus der unteren Hälfte der Einkommensverteilung. In den Ivy-Plus-Universitäten (Ivy League plus MIT, Standford University, Duke University und Universität Chicago) kommen 14,5 Prozent der Studenten aus dem obersten 1 Prozent, während 13,5 Prozent aus den unteren 50 Prozent stammen. Anthony P. Carnevale und Stephen J. Rose, »Socioeconomic Status, Race/Ethnicity, and Selective College Admission«, in *America's Untapped Resource: Low-Income Students in Higher Education*, hg. v. Richard D. Kahlenberg (New York 2004); und Raj Chetty, John N. Friedman, Emmanuel Saez, Nicholas Turner und Danny Yagan, »Mobility Report Cards: The Role of Colleges in Intergenerational Mobility« (NBER Working Paper Nr. w23 618, Juli 2017), https://www.nber.org/papers/w23618.pdf.

4 Die moderne Verhaltensökonomik hat einiges dazu beigetragen, diese Probleme zu beheben. Aber ein Großteil der Wirtschaftspolitik in den USA und in anderen Industrieländern basiert nicht auf den Erkenntnissen der Verhaltensökonomik, sondern auf den Rezepten der wirtschaftswissenschaftlichen Standardtheorie, die von der unrealistischen Annahme ausgeht, Menschen seien vollkommen rational, wohlinformiert und egoistisch.

5 Erstere Einstellung spiegelt sich in dem Lob wider, das führende Politiker, die sich für »Reformen« aussprechen, erhalten, selbst wenn die Reform lediglich bedeutet, die Spielregeln zugunsten einer Gruppe und zulasten einer anderen oder auch der gesamten Wirtschaft zu verändern. Reagans Reformen führten zu einer Abschwächung des Wachstums und mehr Ungleichheit; die einzigen Gewinner waren die obersten Einkommensbezieher. Letztere Einstellung verkörpern jene Richter am Obersten Gerichtshof, die offensichtlich glauben, die Gründerväter sollten unser Leitstern sein, obwohl wir mit Problemen konfrontiert sind, die diese sich mit Sicherheit nicht vorstellen konnten.

6 Tatsächlich hieß Smiths erstes Buch *Die Theorie der ethischen Gefühle*, dessen englisches Original 1759 erschien.

7 Die Liste hat nicht den Anspruch, vollständig zu sein; sie konzentriert sich auf die zentralen Probleme, mit denen ich mich in diesem Buch befasst habe; und ich will nicht behaupten, dass irgendeine konkrete Ausformulierung dieser Werte einhellig unterstützt würde. Aber ich kann mir kaum vorstellen, dass sich viele Menschen offen gegen zum Beispiel Rechtsstaatlichkeit und ein System umfassender Toleranz aussprechen würden. Selbstverständlich gibt es diejenigen, die diese Werte gern in einer Weise ausgestalten würden, die stärker mit der Förderung ihres Eigennutzes in Einklang steht.

8 Die Amerikaner bekamen einen Eindruck davon, wie wichtig Behörden für das Funktionieren unserer Wirtschaft und Gesellschaft sind, als Trump Ende 2018 und Anfang 2019 einen Teil der Staatsverwaltung lahmlegte.

9 Im Jahr 2017 beschäftigte die US-Bundesregierung (ohne den US Postal Service) 2,19 Millionen Menschen; im Jahr 1967 hatte sie ungefähr 2,13 Millionen Bedienstete (U. S. Bureau of Labor Statistics, All Employees: Government: Federal, Except U. S. Postal Service [CES9 091 100 001], abgefragt von FRED, Federal Reserve Bank of St. Louis; https://fred.stlouisfed.org/series/CES9091100001. Aufgerufen am 24. Jan. 2019).

10 Dies war der Fall, bevor Gesetze über die Sicherheit von Kraftfahrzeugen verabschiedet wurden, wie es Ralph Nader in seinem klassischen Buch *Unsafe at Any Speed: The Designed-In Dangers of the American Automobile* (New York 1965) dokumentierte.

11 Ein Präsident, der behauptet, ihm stehe ein uneingeschränktes Recht zu, sich selbst und diejenigen, die ihm als Präsident dienen, zu begnadigen, ist ein Präsident, der schrankenlose autoritäre Machtbefugnisse für sich beansprucht, die nur noch durch den höchsten Kontrollmechanismus, den die Verfassung vorsieht, die Amtsenthebung, gezügelt werden können. Aber angesichts des massiven Rückhalts in seiner eigenen Partei (um einen Präsidenten seines Amtes zu entheben, bedarf es einer Zweidrittelmehrheit im Senat) und in Anbetracht eines überwältigenden Selbstbewusstseins, aus dem heraus er sich zu der Behauptung verstieg, er könne jemanden auf der Fifth Avenue »abknallen« und seine loyalen Wähler würden auch dann noch zu ihm stehen, scheint er aus dieser Richtung wenig zu befürchten zu haben.

12 Viele wichtige Änderungen von Rechtsvorschriften haben wenig Beachtung gefunden: Eine einfache Änderung, die die (rechtliche) Verbindlichkeit des Attests des eigenen Arztes bei Verfahren zur Anerkennung einer Erwerbsunfähigkeit aufhebt, könnte dazu führen, dass viele Antragsteller keine Erwerbsunfähigkeitsrente erhalten.

13 Laut Daten der OECD war das Wachstum des US-BIP pro Kopf (inflationsbereinigt) 2017 etwas niedriger als im OECD-Durchschnitt, 2018 dagegen etwas höher.

14 In *Rewriting the Rules of the American Economy* haben meine Co-Autoren und ich die Globalisierung und den technologischen Fortschritt als die maßgeblichen globalen Gestaltungskräfte beschrieben, die durch die Ordnungsregeln unserer Volkswirtschaft in unsere alltäglichen Erfahrungen eingehen, einschließlich derjenigen, die zu Ungleichheit und Ausschließung führen. Aber die Zusammenhänge sind komplexer: Die globalen Gestaltungskräfte des technologischen Fortschritts und der Globalisierung sind das Produkt politischer Maßnahmen und werden von diesen geprägt. Der technologische Fortschritt wird von der Grundlagenforschung angetrieben, und selbst im privaten Sektor wirken sich politische Entscheidungen auf seine Richtung aus. Strenge Klimaschutzvorschriften hätten mehr Investitionen in die Erforschung von Technologien zur Reduzierung von Emissionen klimarelevanter Gase ausgelöst. Niedrige Zinsen haben die Kapitalkosten im Verhältnis zu Arbeitskosten verringert und so Forschungs- und anderweitige Investitionen zur Einsparung von Arbeitskräften gefördert. Die Globalisierung wird hauptsächlich von politischen Vereinbarungen beeinflusst, die sich auf die grenzüberschreitende Bewegung von Gütern, Dienstleistungen, Kapital und Menschen auswirken.

15 Das ist nicht ganz zutreffend: Wie in Anmerkung 11, Kapitel 8, erwähnt, hat Trump aufgrund der geringen Wahlbeteiligung die Stimmen »von nur 26 Prozent aller Wahlberechtigten« erhalten.

16 Darauf habe ich bereits in meinen Büchern *Der Preis der Ungleichheit* und *Arm und Reich* aufmerksam gemacht. Aber ich war nicht der Einzige. Vgl. zum Beispiel Piketty, *Kapital im 21. Jahrhundert*; und Angus Deaton, *Der große Ausbruch: Von Armut und Wohlstand der Nationen* (Stuttgart 2017).

17 Mit Bezug auf die Entscheidung *Worcester v. Georgia*, 31 U. S. (6 Pet.) 515 (1832). Tatsächlich sagte Andrew Jackson zu Brigadegeneral John Coffee: »Die Entscheidung des Obersten Gerichtshofs ist eine Totgeburt, und sie sind der Auffassung, dass sie [die Entscheidung] Georgia nicht zwingen kann, der gerichtlichen Weisung Folge zu leisten.«

18 Der Süden entwickelte ein Wirtschaftssystem, das die Vorherrschaft der einstigen Sklavenhalterklasse durch Naturalpacht aufrechterhielt. Der Süden war in Bezug auf Bildung, Einkommen, Gesundheitsversorgung – in jedem Indikator des sozialen und wirtschaftlichen Wohlergehens – gegenüber dem Norden im Rückstand, und das galt insbesondere, wenn auch nicht nur, in Bezug auf Afroamerikaner. Politische Führer im Süden haben überall rassistische Vorurteile ausgenutzt, um den Zorn armer Weißer auf ihre schwarzen Nachbarn zu lenken. Schließlich verbesserten sich die Statistiken, nicht zuletzt dank der Einführung eines nationalen Mindestlohns unter Präsident Franklin D. Roosevelt im Jahr 1938, der massiven Wanderung einer sehr großen Zahl von Afroamerikanern aus dem Süden in den Norden und der Verlagerung von Industriebetrieben in den Süden, weil dort die Arbeitskosten niedriger waren. Mit den Bürgerrechtsgesetzen der 1960er-Jahre, die ihrerseits das Ergebnis einer Massenbewegung gegen diese langjährigen wirtschaftlichen und rassischen Ungerechtigkeiten waren, verband sich die Hoffnung, dass dies zu einer Trendwende führen könnte, und zumindest eine Zeit lang schien es, dass dies geschehen könnte. Aber 25 Jahre später haben reaktionäre Kräfte, insbesondere in den Gerichten, den Fortschritt zum Stillstand gebracht, wenn nicht gar die Uhr zurückgedreht: Ökonomische Segregation, die wirtschaftliche Spaltung zwischen den Rassen und die Schwächung der politischen Teilhabe haben seither rasch zugenommen.

19 Trumps Versuch, den Rassismus zu seinem politischen Vorteil zu nutzen, hat selbstverständlich historische Vorläufer. Im Anschluss an die auf Initiative von Präsident Lyndon B. Johnson verabschiedeten Bürgerrechtsgesetze haben sich Republikaner im Süden den weitverbreiteten Rassismus zunutze gemacht, um eine grundlegende Neuorientierung der Parteibindungen unter den Südstaatlern zu fördern.

20 Einige haben darauf hingewiesen, dass Kriege manchmal die soziale Gleichheit förderten. Der Zweite Weltkrieg erzeugte eine Solidarität, die eine hochgradig progressive Besteuerung ermöglichte und die Voraussetzungen für eine Nachkriegsära ungewöhnlich niedriger Ungleichheit schuf. Aber Kriege sind weder eine notwendige noch eine hinreichende Bedingung, um egalitäre Gesellschaften hervorzubringen – und außerdem sind sie eine kostspielige und ineffiziente Weise, um dies zu tun.

21 In Übereinstimmung mit der Auffassung, dass wir (durch den Staat) heute unsere natürlichen Ressourcen treuhänderisch für zukünftige Generationen verwalten sollten. Dies wird auch »Doktrin des öffentlichen Interesses« genannt, die auf den Codex Iustinianus zurückgeht und Ende des 19. Jahrhunderts in das US-Recht übernommen wurde. Sie ist eine der Grundlagen für die Klage von 21 Kindern gegen die Regierung Trump, der sie vorwerfen, keine geeigneten Maßnahmen gegen den Klimawandel zu ergreifen, um ihre Interessen zu schützen. Ich habe diese Klage in Anmerkung 50, Kapitel 9, diskutiert.

22 Laut Daten der US-Einlagenversicherungsanstalt und der US-Aufsichtsbehörde für Genossenschaftsbanken. Während Genossenschaftsbanken vor der Krise ungefähr die gleiche Insolvenzquote hatten wie gewinnorientierte Banken, war ihre Insolvenzquote während der Krise deutlich niedriger. Während zudem die Kredite von Geschäftsbanken an Kleinbetriebe zwischen 2008 und 2016 um fast 100 Milliarden Dollar zurückgingen, haben sich die Ausleihungen von Genossenschaftsbanken an den gleichen Kundenkreis von 30 auf 60 Milliarden Dollar verdoppelt. Vgl. den NAFCU-Bericht 2017 für Genossenschaftsbanken, verfügbar unter https://www.nafcu.org/sites/default/files/data-research/economic-credit-union-industry-trends/industry-trends/Annual%20Report%20 on%20Credit%20Unions/NAFCU%20Report%20on%20Credit%20Unions%20-%202017.pdf; und Rebel A. Cole, »How Did Bank Lending to Small Business in the United States Fare After the Financial Crisis?« (Small Business Administration, Jan. 2018).

23 Zum Beispiel Land O'Lakes, der größte Butterproduzent des Landes. Aus seinen bescheidenen Anfängen als Minnesota Cooperative Creameries Association ist er zu einem Großunternehmen mit mittlerweile 10 000 Mitarbeitern geworden, die in 50 US-Bundesstaaten und mehr als 50 Ländern einen Nettoumsatz von 14 Milliarden Dollar erwirtschaften. Ausgenommen Wohnungsbaugenossenschaften, gibt es in den USA über 64 000 Genossenschaften, einschließlich Versorgungsbetriebe und Agrargenossenschaften. Weitere bekannte Genossenschaften sind Sunkist und Ocean Spray (Cranberrys).

24 Die entschiedenste Ablehnung der Bedeutung kollektiven Handelns und gesellschaftlichen Wohlergehens stammt von der ehemaligen britischen Premierministerin Margaret Thatcher, die 1987 sagte: »Gesellschaft? – So etwas gibt es nicht.«

25 Vgl. zum Beispiel Paxton, *Anatomie des Faschismus.*

Namenregister